Herwig Friesinger / Fritz Krinzinger (Hrsg.)
Der römische Limes in Österreich

H. Friesinger – F. Krinzinger (Hrsg.)

Der römische Limes in Österreich

Führer zu den archäologischen Denkmälern

Redaktion: V. Gassner – S. Jilek – A. Stuppner

Wien 1997
Verlag der Österreichischen Akademie der Wissenschaften

Vorgelegt von w. M. Herwig Friesinger in der Sitzung am 12. Juni 1996

Gedruckt aus Mitteln des Holzhausen-Legats
der Österreichischen Akademie der Wissenschaften

Die Deutsche Bibliothek – CIP-Einheitsaufnahme
Der römische Limes in Österreich :
Führer zu den archäologischen Denkmälern /
H. Friesinger ; F. Krinzinger (Hrsg.). –
Wien : Verl. der Österr. Akad. der Wiss., 1997
ISBN 3-7001-2618-2

Umschlaggestaltung: R. Zündel

ISBN 3-7001-2618-2
Copyright © 1997 by
Österreichische Akademie der Wissenschaften
Wien
Satz, Repro und Belichtung: Weitzer & Partner GmbH., Graz
Druck: 1. Aichfelder Druck Ges.m.b.H., Judenburg

Inhaltsverzeichnis

Vorwort der Herausgeber

Die österreichische Kulturlandschaft ist noch heute – mehr als 1500 Jahre nach dem Abzug der letzten Romanen aus jenem Gebiet, das wenige Jahrhunderte später die Keimzelle für Ostarrichi bilden sollte, – nachhaltig von der fast fünfhundertjährigen Anwesenheit der Römer geprägt. Viele Städte im ehemaligen Limesbereich liegen dort, wo die Römer ihre Verwaltungszentren und ihre Kastelle zum Schutz gegen die Barbaren nördlich der Donau errichtet hatten; römische Verkehrsachsen lassen sich in den meisten Fällen im modernen Straßennetz nachverfolgen. Antike Straßenverbindungen wurden über das Mittelalter hinaus bis in die Neuzeit weiter benutzt und bestimmen – an manchen Orten nachweisbar – bis zum heutigen Tag die Parzellierung von Grundstücken.

Über der Erde sind nur relativ wenige Monumente erhalten. Bauwerke wie das Stadttor in Traismauer, der sogenannte „Römerturm" in Mautern, der „Salzturm" in Tulln, der „Körnerkasten" in Zeiselmauer oder so gewaltige Wahrzeichen in der Landschaft wie das Heidentor in Petronell sind Zeugen der monumentalen Verteidigungsanlagen der Spätantike. Unter der Erde treffen wir fast allerorts auf Spuren unserer Vorfahren – oft zum vordergründigen Ärgernis von Gemeinden, Baugesellschaften oder auch einzelnen Mitbürgern, die sich durch archäologische Funde bei der Durchführung von Bauprojekten behindert sehen.

Demgegenüber zeigt die breite Öffentlichkeit in den letzten Jahrzehnten zunehmendes Interesse an der Archäologie und ihren Ergebnissen. Die Beschäftigung mit der Geschichte ist ein wichtiger Faktor im Freizeitverhalten unserer Gesellschaft geworden. Dieser Entwicklung wird seitens der öffentlichen Kulturarbeit durch große Leistungen auf dem Gebiet der Denkmalpflege – wie die Errichtung von archäologischen Parks –, durch die Themenwahl von Landesausstellungen und durch viele weitere regionale und lokale Aktivitäten in hohem Maße Rechnung getragen.

So konnten durch das Bundesdenkmalamt die heute noch sichtbaren Reste einiger wichtiger Limeskastelle sowie mehrere *burgi* renoviert werden. Ein wichtiger Impuls ist zweifellos von dem im Jahre 1995 eröffneten Archäologie-Park Carnuntum ausgegangen. Im Zuge dieses internationalen und interdisziplinären Projektes wurde das Museum Carnuntinum neu gestaltet und die längst überfällige Sanierung der Freilichtanlagen in Angriff genommen. In vielen ehemaligen Limesorten wurden Regionalmuseen gegründet oder bestehende Ausstellungen neu gestaltet, so etwa in Enns, Traismauer, Mautern oder Tulln; auch sie sind Gegenstand dieses neuen Führers.

Das zunehmende Interesse der Öffentlichkeit an der Geschichte des österreichischen Limes und der Umstand, daß der von Hermann Vetters und Manfred Kandler anläßlich des 14. Internationalen Limeskongresses in Carnuntum 1986 zusammengestellte Limesführer zehn Jahre nach seinem Erscheinen in der 2. Auflage vergriffen ist, bewog die Österreichische Akademie der Wissenschaften eine völlige Neubearbeitung in Auftrag zu geben. Für eine Neubearbeitung sprach auch, daß unser aktueller Wissensstand zu vielen Anlagen am Limes durch die zahlreichen Rettungsgrabungen des letzten Jahrzehnts bedeutend erweitert werden konnte.

Der hier vorliegende neue Limesführer wurde entsprechend den veränderten Anforderungen eines Führers konzipiert. In erster Linie werden jene Orte berücksichtigt, an denen der Besucher heute noch Reste der römischen Vergangenheit in Form konservierter Ruinen oder in Museen sehen kann. Der in geographischer Ordnung von West nach Ost gegliederte Katalogteil bringt eine kurze Einführung zu jedem Platz und im Anschluß daran die wichtigste Literatur. In einem eigenen Abschnitt werden die sichtbaren Monumente beschrieben bzw. nachvollziehbare Spuren der römischen Bauten im modernen Stadtplan erläutert. Anschauliche Pläne und viele Fotos vervollständigen diesen Teil und sollen dem Benutzer die konkrete Auffindung der Objekte erleichtern. Dem Katalog vorangestellt ist eine Reihe von einführenden Texten. Diese geben eine verständliche Einführung in die verschiedenen Probleme der Limesforschung und fassen den aktuellen Stand der österreichischen archäologischen Forschung in diesem Bereich zusammen. Dieses Konzept wurde vom beauftragten Redaktionsteam V. Gassner, S. Jilek und A. Stuppner im wesentlichen selbständig entwickelt und erfolgreich umgesetzt. Für diese Leistung sind ihnen Dank und Anerkennung der Herausgeber und wohl auch der Benutzer sicher!

Für die Abfassung der einführenden Texte sowie der Katalogbeiträge konnte eine Reihe von Fachkollegen gewonnen werden, denen auch an dieser Stelle für ihr Engagement zu danken ist. Beim Aufbau und der Gestaltung der Beiträge wurde den Autoren, unter Berücksichtigung minimaler Richtlinien, größtmögliche Freiheit gelassen, auch wenn dies die formale Einheitlichkeit dieses Führers manchmal beeinträchtigen mag. Die leichte Benutzbarkeit und der direkte Kontakt mit den Autoren schien uns wertvoller. Auch der Inhalt der einzelnen Artikel gibt selbstverständlich die persönliche fachliche Meinung der jeweiligen Autoren wieder, so daß durchaus in verschiedenen Artikeln unterschiedliche Ansichten vertreten sein können. Hier wurde zugunsten der Transparenz aktueller Forschungsansätze von redaktionellen Glättungen abgesehen.

Allen Institutionen und Fachkollegen, die zum Entstehen dieses Führers und zu seiner Ausstattung mit Informationen, Planunterlagen, Zeichnungen oder Fotografien beigetragen haben, gilt unser besonderer Dank.

Wien, September 1996

Herwig Friesinger
Fritz Krinzinger

Forschungsgeschichte

Die Beschäftigung mit den Zeugnissen der römischen Vergangenheit in Österreich blickt auf eine lange Tradition zurück, die von ganz unterschiedlichen Faktoren bestimmt wurde. Ihre Wurzeln reichen bis zu den ersten Chronisten des frühen Mittelalters zurück, die einfach das Vorhandensein römischer Ruinen an einzelnen Orten erwähnten, und führten über die Phase der „Schatzgräber" schließlich zur wissenschaftlichen Erforschung der materiellen Hinterlassenschaften der Römer in Österreich.

Im Mittelalter müssen noch zahlreiche römische Gebäude als Ruinen sichtbar gewesen sein. Darauf deuten Flur- und Ortsnamen wie Burgstall, Burgfeld, Heidenstatt u.ä. hin, aber auch in der mittelalterlichen Geschichtsschreibung finden wir schon ab dem 11.Jh. die ersten Erwähnungen römischer Baureste, römischer Inschriften und Grabsteine, wie etwa die Nennung des Meilensteins von NIETZING aus dem Jahre 1324 oder einer Grabinschrift eines Veteranen der *legio II Italica* um das Jahr 1300. Auf besonderes Interesse stießen natürlich spektakuläre Funde wie Münzschätze u.ä.

Mit dem Einsetzen des Humanismus im 15.Jh. begann die erste, gleichsam wissenschaftliche Beschäftigung mit der Antike, die sich damals vor allem auf die griechischen und lateinischen Schriften konzentrierte. Eine wichtige Rolle spielte dabei die Auffindung der *Tabula Peutingeriana*, einer mittelalterlichen Kopie einer spätrömischen Welt- und Straßenkarte, auf der zahlreiche römische Orte an der Donau eingezeichnet waren. Der Humanismus und die Erschließung bis heute wichtiger, neuer Quellen haben auch zu einem anderen Antikenverständnis beigetragen.

Zu dieser Zeit setzt auch eine massive Sammlertätigkeit römischer Altertümer ein, die sich hauptsächlich mit Inschriften und Münzen beschäftigt. Nicht zuletzt waren es die großen Herrscher, zum Beispiel Maximilian I., die ihren Herrschaftsanspruch durch die Herleitung von antiken Traditionen bekräftigen wollten. Von Maximilian I. wissen wir, daß er viele Gelehrte am Gebiet der Antikenforschung beschäftigte. Diesem Umstand haben wir es auch zu verdanken, daß eine wichtige spätrömische Bauinschrift eines Burgus bei YBBS, die damals gefunden wurde (CIL III 5670a) – heute ist sie leider verschollen – in Abschrift erhalten ist (Abb.13). Oft war diese Sammeltätigkeit mit dem Aufbau von Kuriositätenkabinetten oder Bibliotheken verbunden. Gutes und bekanntestes Beispiel für diese Sammelleidenschaft war der Leiter der kaiserlichen Bibliothek Kaiser Ferdinands, Wolfgang Lazius (1514–1565), der im Lazenhof in der Wiener

Judengasse ein Lapidarium einrichtete, in dem sich zahlreiche Antiken aus CARNUNTUM befanden. Vereinzelt wurden diese Sammlungen auch editiert (*Exempla aliquot S. vetustatis Romanae in saxis quibusdam* ... Wien 1560).

Durch die Auffindung der Itinerarien wird die römische Provinz und Limeszone in ihrer Bedeutung erkannt, und es wurde versucht, die einzelnen, dort genannten Orte mit den bekannten Ruinenfeldern zu identifizieren. Von Lazius, Aventinus (1477–1534) und Cuspinian erhalten wir die ersten Beschreibungen von Denkmälern. Auch gibt es Berichte von ersten archäologischen Ausgrabungen 1599 in CARNUNTUM.

Abbildungen von römischen Ruinen verdanken wir C. Beuttler auf seinen Stichen, die als Anhang zu M. Zeillers *Topographia provinciarum Austriacarum* unter dem Titel „Absonderliche Beschreibungen der Herrschaften; Stätte und Schlösser Windhaag, Reichenau, Horn, Drosendorf und Petronell" in der Merianschen Offizin in Frankfurt am Main 1656 herausgegeben wurden.

Nach dem Abklingen des humanistischen Einflusses zeigt sich ein allgemeines Desinteresse an den Relikten. Ausführliche Erwähnungen und Erörterungen besonders zu CARNUNTUM sind uns nur aus den Reisebeschreibungen der Engländer E. Browne (1644–1708), R. Pococke (1704–1708) und J. Milles (1714–1784) erhalten.

Einen wichtigen Schritt für die Erforschung der Römerzeit in Österreich bedeuteten die ersten planmäßigen Aufnahmen von römischen Militärbauten im Gelände. Diese Zeichnungen wurden oft von Soldaten, darunter gegen Ende des 17.Jhs. vom Grafen L.F. Marsigli angefertigt.

1755 wird von Kaiser Franz I. die erste denkmalpflegerische Maßnahme gesetzt. Er stellt das Heidentor in CARNUNTUM unter Schutz, welches sonst dem Steinraub zum Opfer gefallen wäre.

In der zweiten Hälfte des 18.Jhs. nimmt das Interesse an den römischen Denkmälern wieder zu, die Welt der Antike übt mit einem Mal wieder großen Reiz aus. Die Entdeckungen und Ausgrabungen in POMPEJI und HERCULANEUM und auch die Begründung der klassischen Archäologie durch J. Winckelmann (1717–1768) beeinflußten und regten die archäologischen Forschungen, zum Beispiel in WIEN, ZEISELMAUER oder MAUER AN DER URL an. Diese Untersuchungen werden ausführlich beschrieben, manche Ruinen auch skizziert. Aus den antiquarischen Studien wurden nun wirklich archäologische Forschungen.

Zu Beginn des 19.Jhs. bildet sich ein neues Kulturverständnis heraus, der Begriff der Heimatgeschichte. Die Folge ist ein wesentlich regeres Interesse an den antiken Ruinen und die Bildung von lokalen Heimatvereinen und Museen. Aus Geldmangel der offiziellen Stellen kam es bald zur Bildung von privaten Vereinen. 1885 ersteht der „Verein Carnuntum", 1892 der „Musealverein Enns und Umgebung". Diese Institutionen setzten sich zum Ziel, Ausgrabungen zu unternehmen und mit den Funden Museen einzurichten. Die erste planmäßig durchgeführte Grabung in SCHLÖGEN in Oberösterreich wird von einem Verein finanziert und geleitet und anschließend 1840 von J. Gaisberger (1792–1871) publiziert. Wenige Zeit später werden auch Grabungen in OBERRANNA und ENNS durchgeführt. Dabei stellt nicht nur die Erforschung der Altertümer, sondern auch die Erhaltung und Publikation der Ergebnisse einen wichtigen Faktor dar. E. v. Sacken (1825–1883) verfaßte nicht nur eine Monographie über CARNUNTUM, sondern betätigte sich auch in der Lehre: Das zeigt seine Schrift „Leitfaden zur Kunde des heidnischen Alterthumes" oder „Ueber den Vorgang beim Ausgraben und die Behandlung von Alterthümern". Bis zu diesem Zeitpunkt hatte die Universität die archäologische Bodenforschung komplett vernachläßigt. Erst mit der Gründung der Lehrkanzel für klassische Archäologie der Universität Wien durch A. Conze (1831–1914) und O. Hirschfeld ändert sich diese Tradition. Hirschfeld, der Lehrer am Seminar für römische Geschichte, Altertumskunde und Epigraphik war, hat auch 1877 mit der großangelegten Freilegung von CARNUNTUM begonnen.

1897 kommt es dann zur Einrichtung einer Kommission zur Erforschung des römischen Limes in Ober- und Niederösterreich, bald danach – 1898 – wurde das Österreichische Archäologische Institut gegründet. Mit diesen beiden Einrichtungen wurden neue Institutionen geschaffen, die über lange Zeit in Zusammenarbeit mit den Heimat- und Museumsvereinen einen großen Teil der Limesforschung getragen haben.

Neben der Tätigkeit in CARNUNTUM wurde erstmals der gesamte Limesbereich in die Forschungen miteinbezogen. Unter M. von Groller-Mildensee (1838–1920) (Abb.1) und E. Nowotny (1872–1935) wurden große Teile des Legionslagers und der canabae legionis in CARNUNTUM untersucht. Ab 1904 laufen auch großangelegte Grabungen im Legionslager von ENNS (Abb.2). Dieser Zeit vor dem ersten Weltkrieg verdanken wir zahlreiche Aktivitäten am Limes in Niederösterreich und viele ausführliche Berichte. F. v. Kenner (1834–1922) kommt der Verdienst zu, bei den großen Umbaumaßnahmen an der Ringstraße in Wien die römischen Überreste dokumentiert zu haben. Zielbewußte, systematische Forschungen sollten nun unsere Kenntnis der provinzialrömischen Kultur vermehren.

In den dreißiger Jahren bringen die schwierigen wirtschaftlichen Verhältnisse einen schweren Rückschlag für die archäologische Forschung. Als Nachfolgeeinrichtung der in der Monarchie gegründeten Zentral-Commission wird das Bundesdenkmalamt eingerichtet. Es wird wenig

Abb. 1: M. v. Groller-Mildensee

Abb. 2: Enns. Alte Rekonstruktion des Legionslagers

später durch die geänderten politischen Bedingungen unter dem natio-
nalsozialistischen Regime in seinen Kompetenzen stark reduziert. 1937
wird der Schatz von MAUER AN DER URL, der das Inventar eines
Dolichenusheiligtums enthält (Abb.20), entdeckt und unter schwierigen
Bedingungen für das Kunsthistorische Museum gerettet. Durch die Ein-
gliederung Österreichs in das Dritte Reich werden bedeutende Institutionen, zum Beispiel das Österreichische Archäologische Institut, von der
Auflösung bedroht. Bewährte Einrichtungen, wie zum Beispiel der Verein
CARNUNTUM, werden ersatzlos aufgelöst. Obwohl 1939 großangelegte Grabungen in der Zivilstadt von CARNUNTUM unter der Leitung von E. Swoboda
(1896–1964) beginnen (Abb.3), sind in dieser Zeit am gesamten Limesabschnitt nur wenige Forschungen möglich, darunter die von engagierten
Heimatforschern, zum Beispiel A. Gaheis (1869–1942), der in ENNS tätig
ist. Der Ausbruch des Zweiten Weltkriegs stoppt die wenigen Aktivitäten
und die Limesforschung im Gelände ruht fast völlig.
Der Neubeginn nach dem Zweiten Weltkrieg und die Wiederaufnahme
der archäologischen Forschungen setzt mit H. Vetters und L. Klima ein,
die sich eingehend mit dem Lageramphitheater von CARNUNTUM befaßten.
Während des großen Wirtschaftsaufschwunges nach dem Krieg konnte
die Archäologie bei der Erforschung im Gelände mit ihren geringen

Abb. 3: Carnuntum. Grabung in der großen Therme 1939

finanziellen Mitteln und dem Mangel an Personal nur teilweise mithalten. Viele Befunde in den römischen Kastellen und Siedlungen entlang des Donaulimes sind unbeobachtet zerstört worden. Im Gegensatz zu den Legionslagern in ENNS und CARNUNTUM, die systematisch und relativ großflächig im 19.Jh. ergraben wurden (Abb.17 und 97), werden jetzt viele Rettungsgrabungen notwendig, die möglichst zeit- und kostengünstig durchgeführt werden müssen. Dennoch gelingt es durch die Zusammenarbeit verschiedener Forschungsinstitutionen unsere Kenntnisse zur Archäologie am Limes bedeutend zu vermehren.

Das Bundesdenkmalamt beschäftigt sich schwerpunktmäßig mit der archäologischen Landesaufnahme und führt bedeutende Rettungsgrabungen vor allem am östlichen Limesabschnitt von Noricum von ENNS bis KLOSTERNEUBURG durch (H. Adler, Chr. Farka, Chr. u. W. Neugebauer, J. Offenberger, M. Pollak, H. Ubl). Die Einrichtungen der Landesarchäologien in Ober- und Niederösterreich leisten einen wesentlichen Beitrag zur systematischen Beobachtung der gefährdeten römischen Siedlungen und beteiligen sich auch an Grabungen und Forschungsprojekten z.B. in SCHLÖGEN, ENNS und CARNUNTUM (L. Eckhart, A. Kloiber, W. Jobst, Chr. Schwanzar). Naturgemäß gestaltet sich die Arbeit der Stadtarchäologen wegen der Verbauung in den Stadtzentren, die nicht flächig untersucht werden können (Abb.89), besonders schwierig. Den Stadt-archäologen verdanken wir bedeutende neue Erkenntnisse zur Frühge-schichte von LINZ, ST. PÖLTEN UND WIEN (O. Harl, A. Neumann, E. Ruprechtsberger).

Auch die einzelnen Forschungsinstitutionen, die Universitätsinstitute und die Limeskommission der Österreichischen Akademie der Wissenschaf-ten sind an den Arbeiten und wissenschaftlichen Untersuchungen be-teiligt. Das Österreichische Archäologische Institut forscht intensiv in ST. PÖLTEN und in den Kastellen und Zivilsiedlungen von MAUTERN, ZWENTENDORF und CARNUNTUM (M. Kandler, P. Scherrer, H. Stiglitz, H. Vet-ters, H. Zabehlicky). Das Institut für alte Geschichte, Archäologie und Epigraphik der Universität Wien initiierte ab 1970 die Rettungsgrabungen am Pfaffenberg von CARNUNTUM und betätigt sich ebenso wie das Institut für Ur- und Frühgeschichte der Universität Wien in Forschung und Lehre sowie in der praktischen Ausbildung der Studenten im Gelände (A. Betz, H. Friesinger, W. Jobst, F. Krinzinger, H. Vetters). 1968 wird auch die Limeskommission der Akademie der Wissenschaften wieder mit Grabun-gen im Bereich des Legionslagers und später bei großflächigen Grabun-gen in den Canabae von CARNUNTUM aktiv (Chr. Ertl, V. Gassner, M. Grünewald, M. Kandler, H. Zabehlicky).

Die zahlreichen archäologischen Rettungsgrabungen und die teilweise veränderten wissenschaftlichen Zielsetzungen, die die Bewältigung einer großen Informationsfülle verlangen, haben neue Einrichtungen notwendig gemacht. Einen ersten Schritt in diese Richtung bedeuten Grabungs-firmen, z.B. ARSINOE, die einzelne Projekte von der Aufnahme im Ge-lände bis zur Publikation betreuen.

Großen Anteil an der intensiven Erforschung haben auch die Heimatfor-scher, die durch ihr reges Interesse manchen Hinweis auf unbekannte oder gefährdete Fundstellen gaben. Alle diese Aktivitäten haben unsere Kenntnisse zur römischen Geschichte am Limesabschnitt und auch die Zahl der Funde erheblich vergrößert, wenngleich noch viele Fragen bisher unbeantwortet geblieben sind. Die Ergebnisse dieser Forschungen finden ihren Niederschlag in den zahlreichen alten und neuen Museen am Limes.

Sonja Jilek

Literatur
M. Kandler in: Kandler – Vetters 1986, 41ff.
M.A. Niegl, Die archäologische Erforschung der Römerzeit in Österreich. Denk-schriften der Österreichischen Akademie der Wissenschaften 141 (Wien 1980); P. Uiblein, Geschichte der Altertumsforschung in Österreich vor Wolfgang Lazius. Ungedr. phil. Diss., Wien 1950.

Keltische Siedlungen an der mittleren Donau

Im Laufe des 2.Jhs.v.Chr. läßt sich in Mitteleuropa archäologisch eine Änderung der Siedlungsstruktur feststellen. Es entstanden oft mehr als 15 ha große Siedlungen, die einen zentralen Platz im Siedlungsbild der jüngeren Latènezeit einnahmen. Diese Großsiedlungen waren oftmals bewehrt. Im westlichen Mitteleuropa, insbesondere im Bereich der späteren Provinz Gallien, wurde diese von den Römern als *oppida* bezeichneten Plätze durch einen *murus Gallicus* befestigt. Die Konstruktionsweise dieser Befestigungswerke wurde uns durch Caesar (*bellum gallicum* 7 23, 1–5) gut beschrieben, und sie ist auch oftmals in Frankreich, der Schweiz und Deutschland archäologisch nachgewiesen. Im östlichen Mitteleuropa findet sich dagegen eine andere Form der Befestigungsweise: die sogenannte Pfostenschlitzmauer. Bei dieser Form wird ebenso wie beim *murus Gallicus* eine mächtige Erdrampe durch eine auf der Außenseite errichtete Blendmauer gestützt. Diese wird wiederum durch eine Reihe Pfosten befestigt, die in nischenartigen Aussparungen entlang der Vorderfront der Mauer senkrecht in den Boden eingeschlagen worden waren. Ein davorliegender Graben diente weiters als Annäherungshindernis. Im Bereich der Tore knickten die Befestigungswerke beidseits im rechten Winkel nach innen ein und bildeten so eine Torgasse, die in der Regel noch durch einen hölzernen Wehrbau verstärkt worden war. Eine derartige Anlage konnte nun in den letzten Jahren auch in Österreich, in Schwarzenbach (Farbtafel 1.1), nachgewiesen werden. Die Befestigung liegt an einem nordwestlichen Ausgang der Oberpullendorfer Bucht, in der ein wirtschaftlich bedeutendes Zentrum der Eisengewinnung und -aufbereitung für die jüngere Latènezeit nachgewiesen ist (Farbtafel 1.2). Vieles spricht dafür, daß in Schwarzenbach, ebenso wie im Burgstall von Sopron und im weiter südlich gelegenen Velem-St. Vid (beide Ungarn), das Eisen aus dem mittleren Burgenland weiterverarbeitet oder/und verhandelt worden ist (Abb.4).

Während der letzten beiden Jahrhunderte v.Chr., die archäologisch als jüngere Latènezeit oder Oppidakultur bezeichnet werden, setzen erstmals für den mittleren Donauraum antike Nachrichten ein. Im Zuge der Berichte über den sogenannten Kimbernzug werden uns wohl für die Jahre um 115 v.Chr. Boier im Herzynischen Wald überliefert. Sie konnten die einfallenden Germanen abdrängen, diese zogen weiter donauabwärts zu den Skordiskern, dann zu den Tauriskern und schlugen 113 v.Chr. die für die Römer so verlustreiche Schlacht bei Noreia, das bisher zwar nicht lokalisiert werden konnte, wahrscheinlich aber in Kärn-

Abb. 4: Rekonstruierte Eisenschmelzöfen

ten lag. In diesem Zusammenhang erscheint es nicht uninteressant, daß in den Berichten noch kein *regnum Noricum* erwähnt wurde. Wohl ist bereits seit der Zeit Königs Cincibilus (um 170 v.Chr.) ein Stammesbündnis in den Alpen bekannt, eine Vormachtstellung der Noriker wird dabei allerdings noch nicht deutlich. Vielleicht haben jedoch die zunehmenden Unruhen, der Kimbernzug 113 v.Chr. oder der Boiereinfall um 70 v.Chr., bei dem Noreia bestürmt, aber nicht eingenommen worden ist, die Entstehung eines Bündnisses, des *regnum Noricum*, gefördert.

Im Bereich des Herzynischen Waldes führte wohl der zunehmende Druck der Germanen zur Abwanderungen der Boier. Ihr Siedlungsschwerpunkt lag im 2.Jh.v.Chr. nach dem Verbreitungsgebiet der älteren boischen Münzprägungen noch in weiten Teilen Böhmens und reichte vielleicht noch nach Süden bis in das Donautal. Im ersten Viertel des 1.Jhs.v.Chr. verlagerte sich der Schwerpunkt der boischen Siedlungstätigkeit nach Süden an die Donau. Ein (Groß)teil der Boier dürfte sein Glück auch vor NOREIA versucht haben. Ihr weiteres Schicksal ist recht unklar. Ein Teil könnte sich in der Nähe des Bodensees niedergelassen haben, wo er sich dann 58 v.Chr. dem Zug der Helvetier anschloß; ein anderer Teil könnte zurückgezogen sein und sich im Bereich der Porta Hungarica beziehungsweise der heutigen Slowakei niedergelassen haben. Wir wissen es nicht genau. Aus numismatischer Sicht erscheint es jedoch gesichert, daß nach 69 v.Chr. eine jüngere, boische Münzprägung im Raum BRATISLAVA einsetzte (Abb.5.2). Der Zentralort in dieser Zeit erstreckte sich auf dem PRESSBURGER BURGBERG. Er dürfte aber ebenso wie der benachbarte BRAUNSBERG bei HAINBURG bereits älter sein. Auf dem BRAUNSBERG bei HAINBURG ist eine einfache Wallbefestigung mit äußerer Holzverschalung und Holzaufbauten nachgewiesen, die vermutlich bereits im 2.Jh.v.Chr. (Latène C2) errichtet worden ist. Während dieser Zeit wurden zahlreiche Höhen im Wein- und Waldviertel sowie im oberösterreichischen Alpenvorland und Donautal von den Kelten besiedelt. In Oberösterreich unter anderem am Ausgang der Krems der GEORGENBERG bei MICHELDORF, im Linzer Raum der FREINBERG, der GRÜNDBERG und weiter westlich der KÜRNBERG, in Niederösterreich unter anderem der GÖTTWEIGER STIFTSBERG, im Kamptal die spätere THUNAUER SCHANZE und der UMLAUFBERG bei ALTENBURG, im Weinviertel der OBERLEISERBERG bei Ernstbrunn sowie der BURGBERG der Ruine FALKENSTEIN, im Wiener Raum der LEOPOLDSBERG und möglicherweise auch der BISAMBERG, im Süden Niederösterreichs das bereits erwähnte SCHWARZENBACH sowie im anschließenden Burgenland der TABORAC bei DRASSBURG. Die meisten genannten Höhensiedlungen sind nur durch wenige Grabungsschnitte untersucht, und diese sind nur selten einem mo-

Abb. 5: Keltische Münzen

dernen Standard entsprechend bearbeitet und veröffentlicht. Wir haben daher auch noch keine genauen Vorstellungen von der Innenbebauung und der Siedlungsstruktur, wie dies von den gallischen *oppida* bekannt ist. Von einer vorschnellen Klassifizierung unserer Anlagen als *oppidum* oder gar keltischen Stadt wird daher in der Regel abgesehen. Der Bereich der Porta Hungarica erscheint besonders interessant, da mehrere Höhensiedlungen der jüngeren Eisenzeit in diesem Raum archäologisch untersucht sind und so eine teilweise Abfolge der Siedlungen sichtbar wird. So zeigt sich, daß neben den bereits genannten Siedlungen von BRATISLAVA-BURGBERG und HAINBURG-BRAUNSBERG, die beide bereits in der Subphase Latène C2 besiedelt worden sind, der BURGBERG von DEVÍN erst später, während der Subphase Latène D1, ausgebaut worden ist. Das nach dem heutigen Forschungsstand vorliegende Enddatum der keltischen Besiedlung ist wiederum unterschiedlich. Die jüngsten Funde vom BRAUNSBERG fallen noch in die Subphase Latène D1. Das *oppidum* von BRATISLAVA dürfte wohl erst um 40 v.Chr. im Zuge der historisch überlieferten kriegerischen Auseinandersetzungen zwischen den Boiern und Dakern zerstört worden sein. Außerhalb des *oppidums*, im Bereich der heutigen Stadt BRATISLAVA, fanden sich Siedlungsspuren, die noch in die Subphase Latène D2 datiert werden können. Als einzige Großsiedlung überdauerte der BURGBERG von DEVÍN den Boier-Daker-Krieg. Vom DEVÍNER BURGBERG sind neben Latène D1 und Latène D2-zeitlichen Funden auch zahlreiche dakische Funde belegt. Die Siedlung dürfte wegen ihrer herausragenden verkehrsgeographischen Lage direkt oberhalb der Marchmündung noch bis in die römische Kaiserzeit bestanden haben. Es spricht einiges dafür, daß sich auf diesem Berg das bei

Periode		Subphasen	v. Chr.
Oppidazeit	Spät-	Latène D2	70/50–20/10
bzw. jüngere	latènezeit	Latène D1	140/12–70/50
Latènezeit	Mittel-	Latène C2	200/180–140/120
Flachgräberzeit	latènezeit	Latène C1	260/240–200/180

Tab.: Gliederung der Mittel- und Spätlatènezeit.

Velleius Paterculus (Hist. Rom. 2, 109, 5) im Dativ erwähnte *Carnunto, qui locus Norici regni* erstreckt hat, von dem aus Tiberius 6 n.Chr. selbst mit seinen Truppen gegen die Markomannen aufbrechen wollte.

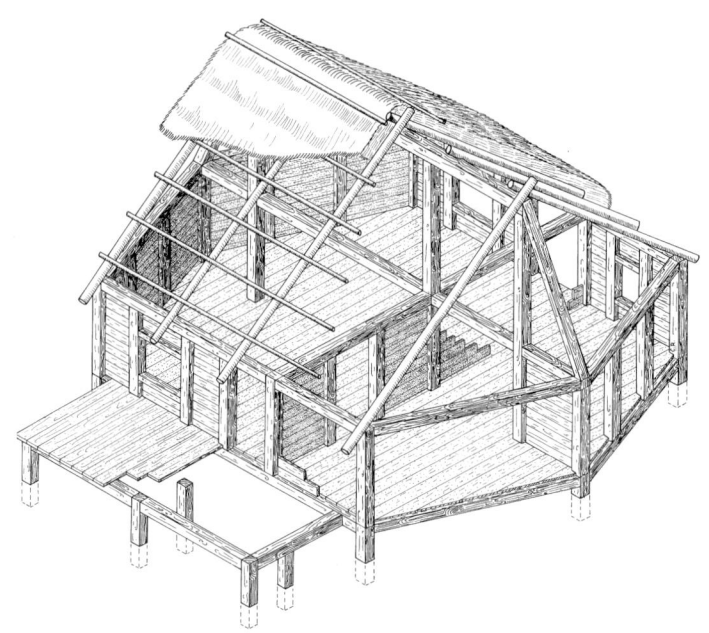

Abb. 6: Leopoldsberg. Rekonstruktionsvorschlag eines spätlatènezeitlichen Gebäudes

Auf dem OBERLEISERBERG bei ERNSTBRUNN und möglicherweise auch auf dem LEOPOLDSBERG bei WIEN fanden sich neben Grubenhütten und Pfostenbauten (Abb.6) auch Funde, die noch in die Subphase Latène D2 datieren (Farbtafel 1.3). Es zeigt sich, daß im Bereich Niederösterreichs nicht alle keltischen Höhensiedlungen dem in Süddeutschland und Tschechien üblichen Trend folgten und am Ende der Subphase Latène D1 abbrachen, sondern vereinzelt noch bis nach Latène D2, ja sogar, wie das Beispiel DEVÍN zeigt, bis in die römische Kaiserzeit besiedelt worden sind.

Für das Ende der Großsiedlungen finden sich in der Literatur zahlreiche Theorien. Neben historischen Ereignissen (Vorstoß der Germanen, Boier-Daker-Krieg) werden oft auch ökonomische Überlegungen (Zusammenbruch der Wirtschaft) genannt. Vielleicht spielen diese beiden Theorien auch zusammen. Abwanderungen und kriegerische Ereignisse, von denen uns nur zwei, mehr oder weniger zufällig, erhalten geblieben sind (der Boiervorstoß nach NOREIA um 70 v.Chr. und der Boier-Daker-Krieg um 40 v.Chr.), führen zu einem Rückgang der Gesamtbevölkerung und in der

Folge zu einem Zusammenbruch der notwendigen Infrastruktur keltischer Großsiedlungen. In weiterer Folge kommt es zu einer Änderung der Siedlungsform: Die Höhen werden verlassen und vielleicht – soweit eine Arbeitshypothese – die Siedlungen in der Ebene angelegt bzw. ausgebaut. Daß dieser Prozeß nicht schlagartig alle Höhensiedlungen im Donauraum trifft, überrascht wenig. Die Germanen drangen anfangs nur nach Böhmen und Mähren, kaum südlich der Thaya, vor und die Folgen des Boier-Daker-Krieges dürften sich eher im Bereich der Porta Hungarica und weiter östlich abgezeichnet haben. Sollte die von den meisten Althistorikern gezogene Verbindung der Entstehung der *deserta Boiorum* in Folge der Dakerkriege zutreffen, so müßten die dakischen Unruhen bis in das Gebiet der römischen Städte Scarbantia (Sopron) und Savaria (Szombathely) gereicht haben, da diese nach Plinius (*nat. hist.* 3, 27, 146) im Gebiet der *deserta Boiorum* angelegt worden sind. Über die genaue Datierung der spätlatènezeitlichen Funde von Sopron ist bisher nur wenig publiziert. In Velem-St. Vid, einer bedeutenden spätkeltischen Höhensiedlung im Nahraum von Savaria, könnte das bisher vorliegende Fibelspektrum einen Abbruch während der Subphase Latène D2 wahrscheinlich machen. Das Gebiet verfiel sicher nicht zum völlig unbewirtschafteten Ödland, aber die zentralen Großsiedlungen wurden aufgelassen.

Im Gebiet des südlichen Wiener Beckens, des Wiener Waldes und weiter Teile des Wein–, vielleicht auch des Waldviertels bestanden einige Höhensiedlungen noch länger; allerdings kaum bis in die römische Kaiserzeit. Der Leopoldsberg dürfte bis in die Subphase Latène D2 besiedelt worden sein; zwei ebenfalls aus dieser Zeit stammende Siedlungen, der Töpferofen von Wien 3., Engelsbergasse-Riesgasse, und die leider noch weitgehend unveröffentlichten Funde von Unterlaa liegen in der Ebene. Unterlaa könnte eine jener Fundstellen sein, die die Besiedlungslücke zwischen zentralen keltischen Höhensiedlungen und der römischen Siedlungtätigkeit füllen.

Weiter südlich, im Leitharaum, erstreckt sich noch in der älteren Kaiserzeit das Gebiet der *civitas Boiorum*. Einige Inschriftensteine sowie für diese Region typische Trachtgrabsteine (Abb.7) lassen es wahrscheinlich erscheinen, daß sich dieses Gebiet zwischen den Territorien von Vindobona, Carnuntum und Scarbantia erstreckte. In einigen Tumuli rund um den Neusiedler See finden sich reich mit Bronzegefäßen und Terra sigillata ausgestattete Brandgräber. Sie dürften von den einheimischen *nobiles* stammen. Als ein letztes Zeugnis dieses boisches Adels kann ein Grabstein aus Oberitalien gelten, der *L. Volcacius Primus [...] praef(ectus) ripae Danuvi et civitatium duar(um) Boior(um) et Azalior(um),* einen Präfekten der *Civitates Boiorum* und *Azaliorum*, nennt (CIL IX 5363).

Nördlich der Donau setzt die germanische Besiedlung erst in der zweiten Hälfte des 1.Jhs.n.Chr. intensiver ein. Oftmals errichteten die Germanen ihre Bauten auf alten keltischen Siedlungsplätzen. Eine direkte Kontinuität der keltischen und germanischen Siedlungstätigkeit ist allerdings meines Wissens bisher archäologisch noch nicht nachgewiesen. Dieser Mangel soll aber nicht überbewertet werden. Eine völlige Siedlungsleere ist sicher nicht anzunehmen; zu dieser kam es auch nicht in den schlimmsten Unruhen der Völkerwanderungszeit. Aufgrund der fehlenden Funde ist es nur nicht möglich, zu entscheiden, ob nicht doch die germanische Besiedlung, so wie in Mähren und der Westslowakei, etwas früher, bereits Ende des 1.Jhs.v.Chr. einsetzte, oder Reste der keltischen Bevölkerung ihre Dörfer weiter bewohnten. So wie es im Frühmittelalter allein aufgrund archäologischer Siedlungsfunde sehr schwer wäre, die bäuerliche slawische und bairische Besiedlung zu trennen, so erscheint dies ebenso mit den Kelten und Germanen. Oft hat man den Eindruck, daß eine scharfe Trennung dieser beiden Ethnien ein falsches historisches Bild erzeugt. Nach dem derzeitigen Stand der Forschung bleibt festzuhalten, daß mit Ausnahme von DEVÍN zwischen der keltischen Besiedlung auf den Höhensiedlungen und dem nachweislichen Beginn des Ausbaues römischer Lager am norisch-pannonischen Limes eine Lücke von zumindest einem halben Jahrhundert klafft. Dies kann, schlicht und einfach gesagt, ein Fehler unserer Chronologie sein. Es könnte natürlich auch eine Frage des Forschungsstandes sein oder stellt vielleicht den archäologischen Niederschlag der *deserta Boiorum* dar. Denn dieser Begriff steht in den antiken Nachrichten weder in direktem Zusammenhang mit dem Boier-Daker-Krieg noch ist die räumliche Ausdehnung der *deserta* wirklich gesichert. Der Begriff wird lediglich im Zusammenhang mit der Gründung von SCARBANTIA und SAVARIA genannt. Persönlich befürchte ich, daß von den drei genannten Hypothesen (falsche Chronologie, Forschungslücke, *deserta Boiorum*) die zweite die wahrscheinlichste ist. Es bleibt abzuwarten, ob weitere archäologische Forschungen und Bearbeitungen mittel- bis spätaugusteische Funde bringen werden.

Otto H. Urban

Literatur

F. u. O. Audouze, Towns, Villages and Countryside in Celtic Europe. London 1989; K. Bielenin, Der Rennofen vom Typ Burgenland in der frühgeschichtlichen Eisenverhüttung in Mitteleuropa. La sidérurgie ancienne de l'Est de la France dans son contexte européen. Annales littéraires Univ. Besancon 536, Sér. Arch. 40, 1995, 255ff.; J. R. Collis, Oppida. Earliest Towns North of the Alps. London 1984; G. Dobesch, Die Kelten in Österreich nach den ältesten Berichten der Antike. Wien/ Köln/Graz 1980; G. Dobesch, Die Kimbern in den Ostalpen und die Schlacht bei Noreia. Mitteilungen der Österreichischen Arbeitsgemeinschaft für Ur- u. Frühgeschichte 32, 1982, 51ff.; G. Dobesch, Anmerkungen zur Wanderung der mitteleuropäischen Boier. Tyche 8, 1993,1ff.; H. Friesinger – B. Vacha, Die vielen Väter Österreichs. Wien 1987; D. Gabler, Zum Anfangsdatum des römischen Carnuntum. Mitteilungen der Gesellschaft der Freunde Carnuntums 3,1981, 10ff.; E. Kolníková, Die keltischen Münzen von Bratislava (slowakisch mit deutscher Zusammenfassung). Bratislava 1991; K. Pieta – K. u. L. Zachar, Mladsia doba zelenzná (laténska). Najstarsie Dejiny Bratislavy. Bratislava 1993; E. M. Ruprechtsberger, Frühzeit-Botschaften von den Linzer Hügeln. Linzer Archäologische Forschungen, Sonderheft XII, 1995; O. H. Urban, Wegweiser in die Urgeschichte Österreichs. Wien 1989; O. H. Urban, Oppidazeit. In: J. W. Neugebauer, Die Kelten im Osten Österreichs, Wissenschaftliche Schriftenreihe NÖ, 92/94, 1992, 118ff.; O. H. Urban, Keltische Höhensiedlungen an der mittleren Donau, 1. Der Freinberg, 2. Der Braunsberg. Linzer Archäologische Forschungen 22/23, 1994/95; O. H. Urban, Kelten auf dem Leopoldsberg. 21. Österreichischer Historikertag, Wien 1996, im Druck; Chr. Wedekin, Abschluß der archäologischen Untersuchung der prähistorischen Wallbefestigung „Burg" bei Schwarzenbach. Archäologie Österreich, 4/2, 1993, 26ff.; L. Zachar – D. Rexa, Beitrag zur Problematik der spätlatènezeitlichen Siedlungshorizonte innerhalb des Bratislavaer Oppidums. Zbornik Slovenska Narodne Múzeum 82, História 28, 1988, 27ff.

Die historische Entwicklung des Limes in Noricum und dem westlichen Pannonien

Die römische Geschichte Österreichs begann 15.v.Chr. mit der politischen Entscheidung des Kaisers Augustus, das römische Imperium nach Norden über die Alpen und das Voralpenland zu erweitern. Glaubte man früher dahinter ein großangelegtes strategisches Konzept zu erkennen, das darauf abzielte, zwischen Elbe, Donau und dem Balkanraum eine gesicherte Nordgrenze des römischen Herrschaftsbereiches zu schaffen, so vertritt die neuere Forschung die Meinung, daß das römische Heer zeitlich unterschiedliche Einzeloffensiven gegen konkrete Gegner führte. Im Zusammenhang mit den Eroberungsfeldzügen im Westen unterwarfen seine Stiefsöhne, Drusus und Tiberius, auch das Siedlungsgebiet der rätischen und vindelicischen Stämme. Das westliche Österreich, Tirol und Vorarlberg, das mit seinen zahlreichen Alpenpässen schon damals eine wichtige Verbindung zwischen Italien und Germanien darstellte, wurde von den Römern besetzt und einem frühen Verteidigungssystem eingegliedert, das vom Inn bis nach Augst in der Nordschweiz reichte. Das übrige Gebiet Österreichs bevölkerten keltische Stämme, die sich im 2.Jh.v.Chr. unter der Führung der Noriker zum *regnum Noricum* zusammengeschlossen hatten (Abb.7). Heute wissen wir, daß es weitgehend wirtschaftliche Interessen waren, die die ersten Kontakte zwischen Römern und der einheimischen, keltischen Bevölkerung veranlaßten. Das an Bodenschätzen reiche Alpengebiet mit seinen Eisen- und Goldvorkommen stellte für Rom schon seit dem 2. Jh.v.Chr. einen bedeutenden Handelspartner dar. Die augusteische Siedlung und das Handelszentrum auf dem MAGDALENSBERG ist ein wichtiges und fundreiches Zeugnis dieser intensiven Beziehungen zwischen Kelten und Römern.

Vor der Zeit der Besetzung durch das römische Heer wurden das heutige Wiener Becken und das Burgenland *deserta Boiorum* genannt. Es gehörte damals noch zum östlichen Einflußbereich des *regnum Noricum*. 6 n.Chr. zog ein illyrisches Heer unter Führung von Tiberius gegen den germanischen Stamm der Markomannen. Dabei erfolgte die Aufmarschroute entlang eines alten Verkehrsweges, der Bernsteinstraße, die schon sehr lange eine wichtige Rolle als Handelsverbindung zwischen Ostsee und Mittelmeer darstellte (Farbtafel 2.1). Die Aufmarschbasis und Bereitstellungslinie für das im Inneren von Pannonien operierende Heer stellten die großen Legionslager EMONA, POETOVIO und SISCIA im Gebiet zwischen Drau und Save dar, die zur Sicherung der wichtigen adriatischen Verbindungsstraße bereits 16–9 v.Chr. eingerichtet worden waren. Sueton be-

Abb. 7: Eisenstadt, Museum. Grabstein einer Boierin

richtet uns, daß Tiberius und sein Heer im Raum von CARNUNTUM überwintert hätten. Bis heute ist es noch nicht gelungen, den genauen Ort dieses (Zelt-?)Lagers im Gelände zu lokalisieren. Der Aufstand der Breuker und Daesidiaten in Pannonien stoppte den offensiven Kriegszug. Drei Jahre dauerten die Kämpfe zur Unterwerfung der östlich des *regnum Noricum* ansäßigen Bevölkerung. Es verging aber noch geraume Zeit, bis Noricum und Pannonien den Provinzstatus und die damit verbundenen Verwaltungsorganisationen erhielten (Abb.8).

Als wahrscheinlich unter Kaiser Claudius (41–54 n.Chr.) dieses *regnum Noricum* zur neuen Provinz Noricum erklärt wurde, soll diese Annexion äußerlich friedlich verlaufen sein. Erste militärische Anlagen wurden eingerichtet. Sie sollten strategisch wichtige Punkte an Handelswegen und Flußmündungen überwachen oder waren Stützpunkte des Heeres und der Flotte an der Donau. Der Fluß bildete eine klare Grenze zwischen den Römern und den angrenzenden Germanenstämmen und bot sich auch als ausgezeichneter Transportweg an. Trotz dieser günstigen Bedingungen kann eine ständige militärische Besatzung und der Bau eines festen Lagers bisher nur in CARNUNTUM ab claudischer Zeit nachgewiesen werden. Am westlichen Donauabschnitt sind gleichzeitige Anlagen bis jetzt nicht gefunden worden; einige wenige Hinweise auf eine frühe militärische Präsenz gibt es aber auch in LINZ und ENNS.

Nachdem die Eroberungspolitik des Augustus unter seinen Nachfolgern zum Stillstand gekommen war, wurde ab dem letzten Viertel des 1.Jh.n.Chr. versucht, eine stabile Grenzsituation an der Donaulinie zu erreichen. Die archäologischen Forschungen lassen erkennen, daß erst unter den flavischen Kaisern ein neues Grenzkonzept umgesetzt wurde. In einer ersten Ausbauphase wurden entlang der Donau Truppenlager in Holz-Erde-Technik errichtet. Spuren ihrer Palisaden, Gräben, Erdwälle und hölzernen Innenbauten kennen wir aus LINZ, TRAISMAUER, MAUTERN, TULLN, ZWENTENDORF, KLOSTERNEUBURG, WIEN, SCHWECHAT und CARNUNTUM. Auffällig erscheint das Fehlen von größeren frühkaiserzeitlichen Militärstützpunkten zwischen den Kastellen WELTENBURG bzw. HAARDORF in Rätien und LINZ in Noricum. Die Forschung begründet die Negativevidenz mit dem Fehlen eines Gegners in dem relativ unbewohnte Gebiet der böhmischen Masse mit seinen undurchdringlichen Wäldern nördlich der Donau. Dagegen erforderte die starke Präsenz der germanischen Stämme der Quaden und Markomannen im nördlichen Niederösterreich, im Weinviertel und Marchfeld im Osten ein starkes Truppenaufgebot. In CARNUNTUM bedeutete die Anlage eines Hilfstruppenlagers neben dem Legionslager eine wesentliche Truppenverstärkung. Die neue Besatzung, eine 500 Mann starke Reitereinheit (*ala*) sollte größere Mobilität bei der Überwa-

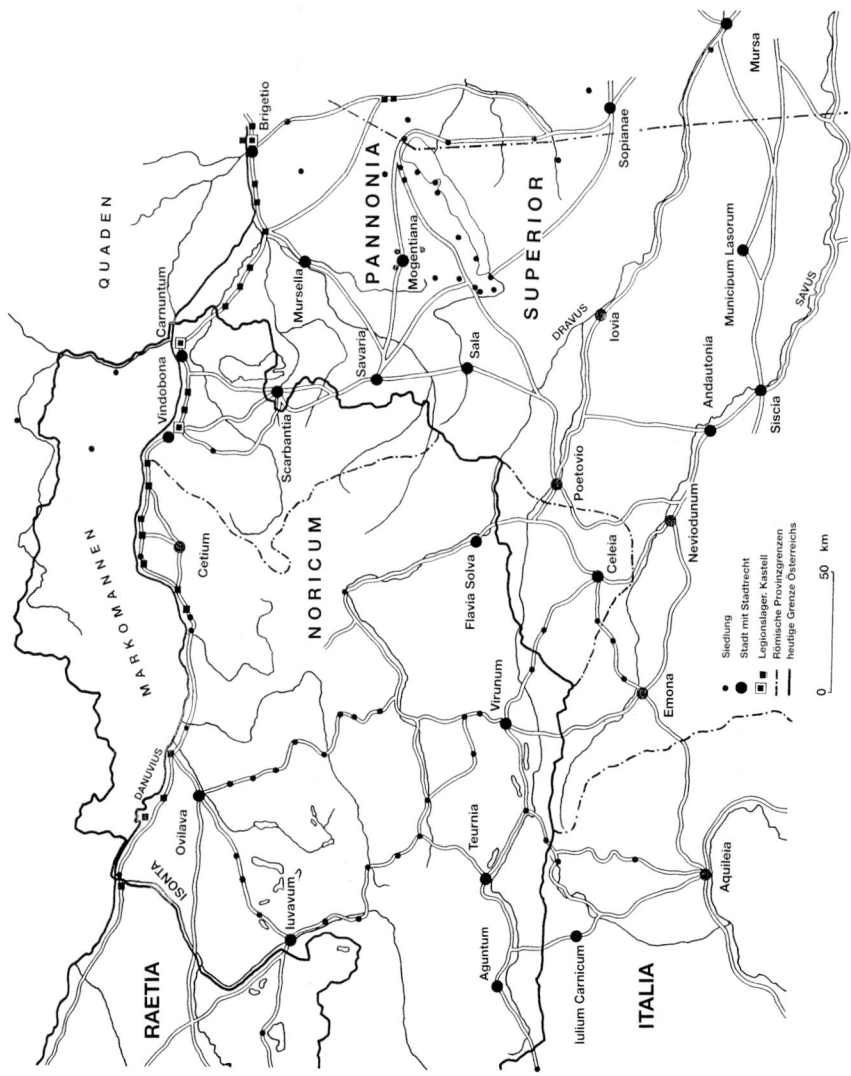

Abb. 8: Die Provinzen Noricum und Pannonien vor den Markomannenkriegen

chung des Feindes ermöglichen. In der Verteilung der Truppengattungen auf die einzelnen Lager spielten hauptsächlich strategische Überlegungen eine Rolle. So ist zu beobachten, daß in unübersichtlichem, schwierigem Gelände bevorzugt Infantrie eingesetzt wurde, weite Ebenen oder wichtige, große Straßenverbindungen dagegen weisen eine Konzentration von mobilen Truppen auf. In diesen Truppenlagern wurden Reiter oder gemischte Infanterie- Kavallerieeinheiten stationiert.

Die Germanenkriege des Kaisers Domitian (81–96 n.Chr.) führten in Rätien zur Errichtung einer befestigten Grenze, die durch eine Straße verbunden wurde; diese Art der Grenzbefestigung wird vom römischen Historiker Tacitus als *limes* bezeichnet. Auch die norische und oberpannonische Verteidigungslinie an der Donau wurde gegen Ende des 1. und am Beginn des 2.Jh.n.Chr. verstärkt. Die Forschung verknüpft damit die Errichtung eines zusätzlichen Legionslagers in WIEN. Möglicherweise wurden unter Kaiser Domitian (81–96 n. Chr.) zwischen den bereits bestehenden Anlagen neue Lager eingerichtet. Da Vorlagen vergleichbarer Fundspektren aus den frühkaiserzeitlichen Kastellen fehlen, kann bisher nicht entschieden werden, welche Kastelle neu gebaut wurden bzw. Umbauten erfuhren. Erste Hinweise für einen späteren Baubeginn finden sich in den Kastellen von WALLSEE, ZEISELMAUER und SCHWECHAT.

In den Regierungjahren des Kaisers Traian (98–117 n.Chr.) erfolgte die Teilung von Pannonien in *Pannonia Superior* (Oberpannonien) und *Pannonia Inferior* (Unterpannonien). Das westliche Oberpannonien wurde von einem in CARNUNTUM regierenden, konsularischen Statthalter verwaltet. Der Abmarsch einzelner Kastellbesatzungen zu den Kriegen an der östlichen Donau gegen die Daker und im Nahen Osten gegen die Parther spiegelt sich in den Um- bzw. Neubauten einzelnen Lager wider. In dieser Zeit können wir die ersten mit steinernen Wehrmauern umgebenen Lager in WIEN und CARNUNTUM beobachten (Abb.18).

Während der Regierung Hadrians (Farbtafel 2.2), der die Donauländer schon als Offizier und später im Jahre 107 n.Chr. als erster Statthalter der *Pannonia Inferior* kennengelernt hatte, wurde die Reorganisation der militärischen Grenzverteidigung, die ab diesem Zeitpunkt alle Stützpunkte im Provinzinneren aufgab und sich nur mehr an der Donaulinie konzentrierte, abgeschlossen. Gleichzeitig wurde den rasch wachsenden zivilen Siedlungen in WELS, ST. PÖLTEN und CARNUNTUM das Stadtrecht verliehen. In dieser wirtschaftlichen Blütezeit lassen sich auch gute Handelskontakte mit den nördlichen Nachbarn feststellen.

Doch schon wenige Jahrzehnte später werden Anzeichen für erste Schwierigkeiten mit den Germanen und Sarmaten erkennbar. Die Ursache für diese neuen Auseinandersetzungen zwischen Römern und Ger-

manen sieht die neue Forschung in den großen Bevölkerungsbewegungen, die von Skandinavien und dem Weichselgebiet im heutigen Polen ausgehen und südwärts drängten. Als Reaktion darauf wurden nach vielen Jahren defensiver Grenzpolitik in Oberitalien zwei neue
Legionen ausgehoben und in LŌCICA, im heutigen Slowenien, stationiert.
Ab dem Jahr 167 n.Chr. überstürzten sich die Ereignisse: Die Markomannen drangen zuerst in kleineren Gruppen in Noricum und Westpannonien ein, bevor sie in großer Zahl Teile der Provinzen überrannten. In
einem ersten Ansturm brachen sie bis Oberitalien durch, zerstörten
OPITERGIUM (ODERZO) und belagerten AQUILEIA. Innerhalb weniger Jahre
wurden auch Rätien und östlich von Pannonien die Provinz Dakien von
Germanen bedroht und von Verwüstungen heimgesucht. Diese Raub-
züge waren in Noricum und Pannonien besonders erfolgreich, da die
Provinzen infolge der Partherkriege im Osten von großen Truppenteilen
entblößt waren.
In vielen Kastellen und Zivilsiedlungen des österreichischen Donaulimes
zwischen LINZ und RUSOVCE wurden starke Brandschichten und Zerstörungen beobachtet, die vielleicht mit diesen Markommanneneinfällen
in Zusammenhang gebracht werden können. Durch die intensiven Forschungen der letzten Jahre ist es in ST. PÖLTEN und CARNUNTUM gelungen,
diese verheerenden Zerstörungsspuren mit einiger Sicherheit nachzuweisen. Die Angriffe der Markomannen richteten sich neben kleineren
Militäranlagen wohl hauptsächlich gegen die ungeschützten Siedlungen.
Ihre Einfälle forderten zahlreiche Menschenleben und brachten vorüber-
gehend die Wirtschaft und den Handel zum Erliegen. Einen anschauli-
chen Beweis finden wir unter anderem in dem verbrannten Depot eines
Sigillatahändlers in ST. PÖLTEN, wo sich zahlreiche zerstörte Gefäße, die
sicherlich einen erheblichen Wert repräsentierten, fanden. Kaiser Mark
Aurel, der die militärischen Operationen zeitweise sogar persönlich überwachte, mußte noch weitere Verluste in den Reihen seiner Truppen durch
eine in den schriftlichen Quellen als Pest bezeichnete Seuche hinneh-
men, die durch die aus den Kriegen im Osten heimkehrenden Soldaten
eingeschleppt worden war. Mit Hilfe der neu ausgehobenen 2. und der
3. Italischen Legion, die in ALBING, in der Nähe des späteren Standortes
ENNS, beziehungsweise in der Umgebung von REGENSBURG in EINING-UNTER-
FELD stationiert waren, versuchte man, die Grenze zu sichern. 172 n.Chr.
rüstete Kaiser Mark Aurel von CARNUNTUM aus zu einem Feldzug. Römische Feldlager wie jene bei MUŠOV oder die Inschrift bei TRENCIN geben
Zeugnis für den römischen Vorstoß nach Norden (Abb.9). Alle weiteren
Expansionspläne aber brachen mit dem Tod des Kaisers in WIEN (?) im
Jahr 180 n.Chr. zusammen. Sein Sohn Commodus (180–192 n.Chr.)

Abb. 9: Rom. Mark Aurelsäule, Eroberung eines germanischen Dorfes

suchte den Krieg rasch zu beenden und initiierte erste Aufbauarbeiten, wie einige Bauinschriften in Rätien vermuten lassen.

Die Zerstörungen am gesamten Donaulimes machten zahlreiche Wiederaufbauten notwendig. Gleichzeitig nutzte man die Möglichkeit, Lücken zwischen den einzelnen Lagern und Kastellen zu schließen beziehungsweise die Abstände zwischen diesen zu verringern. Der Krieg hatte gezeigt, daß der Frontabschnitt in Noricum mit seinem teilweise recht unübersichtlichem Gelände ohne Legionsbesatzung seiner Verteidigungsaufgabe nicht gewachsen war. In den Provinzen Rätien und Noricum wurden zwei neue Legionslager errichtet. Die schon während der Markomannenkriege eingesetzten Legionen II und III Italica wurden jetzt endgültig in ENNS und REGENSBURG stationiert. Auch die bis zu diesem Zeitpunkt relativ offene Grenzlinie zwischen PASSAU und LINZ wurde mit einem Kleinkastell in SCHLÖGEN und vermutlich einer Reihe von Wachttürmen geschlossen. Der kleinere Vorgängerbau des spätantiken *burgus* vom HIRSCHLEITENGRABEN kann hier als Beispiel angeführt werden.

Im Zuge der Grenzpolitik unter Kaiser Commodus und seinem Nachfolger Septimius Severus (193–211 n.Chr.), der als Statthalter von Pannonien von seinen Truppen in CARNUNTUM zum neuen Kaiser proklamiert wurde, erhielten alle nach den Markomannenkriegen um- oder neugebauten Kastelle Befestigungsanlagen und Innenbauten aus Stein. Nach den schrecklichen Erfahrungen der Markomannenkriege dürften sich auch die Zivilstädte von WELS, WIEN und CARNUNTUM in dieser Zeit durch mächtige Stadtmauern und Gräben geschützt haben. Der in Pannonien ausgerufene Kaiser hat dem pannonischen Heer seine Dankbarkeit bewahrt und mit zahlreichen Vergünstigungen in Pannonien eine Zeitspanne großer wirtschaftlicher und kultureller Blüte eingeleitet. Unter seinem Sohn und Nachfolger Caracalla (211–217 n.Chr.) wurde auch die Reparatur und der Ausbau des Straßensystems im norischen und pannonischen Grenzgebiet in Angriff genommen, wie mehrere Meilensteine beweisen (Abb.10).

In den folgenden Jahrzehnten der Soldatenkaiser scheint es zunächst am österreichischen Limesabschnitt ruhig gewesen zu sein. Diese friedliche Periode war aber nur von kurzer Dauer, da bereits um das Jahr 233 n.Chr. im Westen in Germanien und Rätien zahlreiche Einfälle der Alemannen erfolgten. Wieweit diese Zerstörungen auch auf das norische Provinzgebiet übergriffen, kann bisher nicht mit Sicherheit beantwortet werden. In ENNS (LAURIACUM) werden mächtige Brandschichten mit dem Einfall der Juthungen in Zusammenhang gebracht – diese Annahmen konnten bis jetzt allerdings von der jüngeren Forschung noch nicht überprüft werden. An nahezu allen Fronten des römischen Reiches drängten die germanische Völker gegen Süden. Gesicherte Befunde gerade dieser wechselhaften Zeit sind an fast allen archäologischen Fundorten des österreichischen Donaulimes nicht oder nur mit großen Schwierigkeiten zuzuweisen. Antike Schriftsteller berichten in ihren Werken von Zerstörungen in Rätien und Noricum. Aus ENNS und CARNUNTUM scheint es Hinweise zu geben, daß die Bevölkerung sich bereits damals zum Teil aus den offenen Siedlungen zurückgezogen hat, da über oder in einigen mittelkaiserzeitlichen Häusern und Stadtvierteln Tote begraben wurden, was nach römischem Recht innerhalb der Siedlung nicht möglich war. Über die Entwicklung der Militäranlagen und der zivilen Städte sind wenige Details bekannt. Erst die jüngsten Untersuchungen in der neuen Landeshauptstadt von Niederösterreich, in ST. PÖLTEN, und in ENNS könnten ein wenig Einblick in diese durchwegs instabilen Zeiten geben.

Betrachtet man die taktische Aufgabe des Limes der ersten zwei Jahrhunderte, so lag es nie in seiner Konzeption, als unüberwindliches Hindernis gegen germanische Völkerschaften zu fungieren. Die militärisch überwachte Reichsgrenze an der Donau mit ihren gut organisierten, beeindruckenden Militärbauten bedeutete – politisch gesehen – eine

Abb. 10: Wels. Meilenstein

Machtdemonstration gegen die barbarischen Stämme nördlich der Donau, militärisch sollte sie gegen unvorhergesehene räuberische Überfälle der Germanen schützen, wirtschaftlich gesehen stellte sie die Zollgrenze nach außen dar. Die verheerenden Auswirkungen der Markomannenkriege hatten gezeigt, daß diese Schutzmaßnahmen bei größeren Angriffen auf die Provinz völlig unzureichend waren. Gallienus setzte die schon unter seinen Vorgängern begonnene Heeresreform mit einschneidenden Maßnahmen durch. Alle Soldaten, die bereits seit severischer Zeit eine nach römischem Recht gültige Ehe schließen durften, konnten außerhalb der Dienstzeiten das Lager verlassen und im Lagerdorf wohnen. Das bedeutete eine grundlegende Umstrukturierung der römischen Heerespolitik und führte in der Folge zur Entwicklung einer Art von Wehrbauerntum. Die jetzt seßhaften Soldaten – die *limitanei* – die im Lager nur ihren Dienst taten, beschützten und bewirtschafteten das Grenzgebiet. Die neugebildete Feldtruppe hingegen – die *comitatenses* – war ein mobiler Truppenkörper, der an strategisch wichtigen Abschnitten stationiert wurde und im Notfall zu Hilfe gerufen werden konnte.

Mit der Ausrufung Diokletians zum Kaiser im Jahre 284 n.Chr. begann die Konsolidierung der schwierigen Lage und eine Fortsetzung der schon unter Gallienus begonnenen Reformen. Die ersten Regierungsjahre waren vor allem der Befriedung der noch immer prekären außenpolitischen Situation gewidmet. Im Donaubereich sind hier neben den Kämpfen gegen die Alemannen im Westen vor allem Kriege gegen die Sarmaten zu nennen, die in den Jahren 289–294 n.Chr. aus der ungarischen Tiefebene nach Pannonien drängten. Erst nach der militärischen Sicherung der Grenze am Euphrat im Osten sowie an Rhein und Donau im Westen wurden zahlreiche Reformen der Wirtschaft, im Finanz- und Verwaltungswesen in Angriff genommen, die auf eine Dezentralisierung der Macht sowie eine Besserung der wirtschaftlichen Verhältnisse abzielten, darüber hinaus aber die Struktur des *Imperium Romanum* grundsätzlich änderten.

Im Jahre 293 n.Chr. wurde das Reich in eine Tetrarchie umgewandelt, das heißt, daß der Augustus für den Osten, Diokletian, und der 285 n.Chr. zum Augustus des Westen ernannte Maximianus jeweils einen Mitregent unter der Bezeichnung Caesar an die Seite gestellt bekamen. Im Osten war dies Galerius Maximianus, im Westen Constantius. Die bestehenden Provinzen wurden in kleinere Einheiten aufgeteilt und diese zu 12 größeren Verwaltungseinheiten, den sogenannten Diözesen, zusammengefaßt. Für unseren Bereich bedeutet dies, daß die große Provinz Pannonia Superior in die Provinz Pannonia Prima im Norden und Pannonia Savia im Süden geteilt wurde, wobei Pannonia Prima den österreichischen und

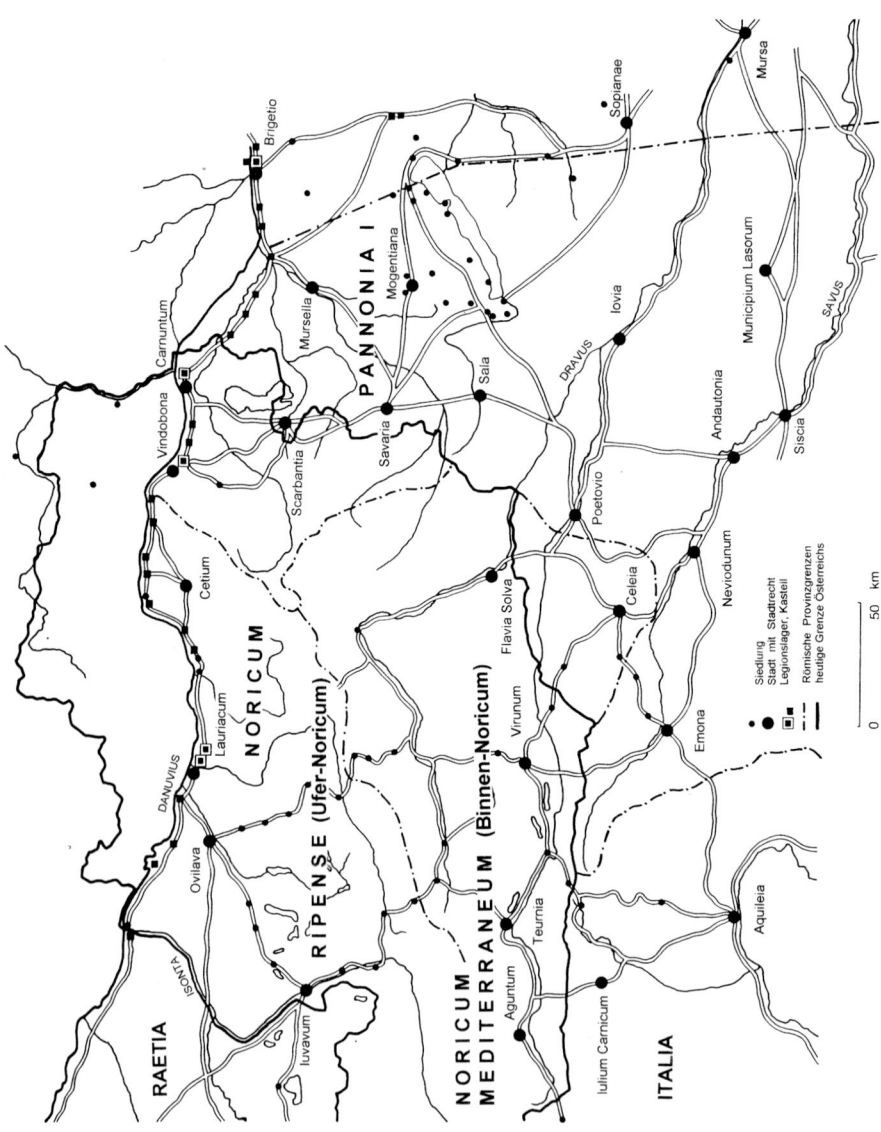

Abb. 11: Die Neueinteilung der Provinzen Noricum und Pannonien nach der Reform von Kaiser Diokletian

westungarischen Abschnitt umfaßte. Noricum wurde etwa entlang des Alpenhauptkamms in Noricum Mediterraneum sowie Noricum Ripense, dem Limes-Gebiet, geteilt (Abb.11). Alle Provinzen gehörten zur großen Diözese Illyricum. Weiters erfolgte eine strikte Trennung von militärischer und ziviler Gewalt. Der Oberbefehlshaber war unter dem Titel *dux Pannoniae primae et Norici ripensis* nun nur für die militärischen Belange zuständig, während die zivile Verwaltung einem Statthalter mit dem Titel *praeses* oblag. Dèr Sitz des militärischen Oberkommandierenden war in CARNUNTUM, ebenso jener des Statthalters für Oberpannonien. Für den *praeses* von Noricum ripense wurde früher angenommen, daß sein Amtssitz nach der Reform von VIRUNUM nach OVILAVA als größtem städtischem Gemeinwesen der Region verlegt wurde. Neuere Forschungen vermuten aber, daß er sich in der Colonia LAURIACUM und damit in unmittelbarer Nähe des Legionslagers befunden hat. Die schon von Gallienus eingeführte Trennung der Truppen in Heeresteile zur Grenzverteidigung, die *limitanei*, sowie ein mobiles, schlagkräftiges Einsatzheer, die *comitatenses*, wurde beibehalten. Darüber hinaus wurden eine Reihe neuer Truppenverbände aufgestellt, die allerdings von geringerer Mannstärke waren als die mittelkaiserzeitlichen Legionen, sodaß die Zahl der Soldaten gleich blieb. Für den norischen Bereich wichtig ist die Aufstellung der *legio I Noricorum*, deren Abteilungen nach Aussage der Ziegelstempel in verschiedenen Kastellen, so in MAUTERN und in YBBS stationiert waren.

Als Diokletian nach einer schweren Erkrankung im Jahre 305 n.Chr. abdankte, zeigte sich bald, daß sich die von ihm entworfene Nachfolgeregelung nicht bewährte, sondern zu erbitterten Auseinandersetzungen führte. Um einen Ausweg aus dieser schwierigen politischen Lage zu finden, wurde im Jahre 308 n.Chr. in CARNUNTUM eine Kaiserkonferenz einberufen, aus der Galerius als Augustus für den Osten, Licinius als Augustus für den Westen hervorgingen. Ein anläßlich dieser Konferenz gestifteter und in CARNUNTUM gefundener Altar für Mithras gibt Zeugnis für dieses Ereignis (Abb.12). Von den folgenden Bürgerkriegen, die der Herrschaft Konstantins vorausgingen, war unser Grenzgebiet nur wenig betroffen. Auch die Auseinandersetzungen mit den Goten, die ab 332 n.Chr. an der mittleren Donau einzudringen begannen, haben am österreichischen Limesabschnitt kaum Spuren hinterlassen. So ist z.B. für CARNUNTUM, aber auch für LAURIACUM oder LINZ für diese Zeit wieder eine rege Bautätigkeit in den Canabae beziehungsweise den Zivilstädten nachgewiesen.

In die Zeit Konstantins werden traditionellerweise eine Reihe von Bauvorgängen im Bereich der Militärlager datiert, die das Bild der römischen

D · S · I · M

FAVTORI·IMPERII·Svi
IOVII·ET·HERCVLII
RELIGIOSISSIMI
AVGVSTI·ET·CAESARES
SACRARIVM
RESTITVERVNT

5

Abb. 12: Carnuntum. Inschrift zur Kaiserkonferenz 308 n. Chr.

Verteidigungsanlagen in Österreich bis heute bestimmen. Bei mehreren Kastellen wurden an die Lagerecken statt der bisher verwendeten Innentürme mächtige, weit vorkragende Fächertürme angesetzt, so z.B. in KLOSTERNEUBURG, TULLN, ZEISELMAUER, TRAISMAUER oder MAUTERN, während sich diese Turmform an den Legionslagern von CARNUNTUM und LAURIACUM nicht beobachten läßt. Aufgrund von Parallelen vor allem in Pannonien wurde angenommen, daß diese Verstärkung der Defensivanlagen in der wirtschaftlich prosperierenden Zeit der konstantinischen Dynastie erfolgte, wobei sich das Bauprogramm wohl über mehrere Jahrzehnte hinzog. Nach der Mitte des 4.Jh.n.Chr. nehmen die Barbareneinfälle aus dem Gebiet östlich der Donau zu und werden nun auch in der Pannonia Prima spürbar. Neben den Sarmaten sind es vor allem die Quaden, welche im Gebiet der heutigen Slowakei (etwa gegenüber BRIGETIO/SZÖNY) zu lokalisieren sind, die nach Süden drängen. Um dieser neuerlichen Gefahr zu begegnen, läßt Valentinian I neuerlich die militärischen Stützpunkte des Donaulimes ausbauen und ordnet im Rahmen seiner offensiven Außenpolitik sogar an, Stützpunkte im Quadengebiet jenseits der Donau zu errichten. Die Situation eskalierte freilich, als der zum *dux* der Provinz Valeria ernannte Sohn des Maximinus, Marcellianus, im Jahr 374 n.Chr. den quadischen König Gabinius gegen das Gastrecht während der Verhandlungen ermorden ließ. Valentinian selbst leitete den Feldzug gegen die Quaden und ist 375 n.Chr. dabei auch nach CARNUNTUM gekommen, das der Historiker Ammianus Marcellinus als verlassenen und schmutzigen Ort (*desertum quidem nunc et squalens*) beschreibt. Archäologische Forschungen der letzten Jahre haben gezeigt, daß für den schlechten Zustand der Stadt ein Erdbeben knapp nach der Mitte des 4.Jh.n.Chr. verantwortlich sein dürfte, dessen Spuren sich unter anderem im Legionslager, aber auch im Tempelbezirk auf den Mühläckern in den östlichen Canabae erkennen ließen, der bis dahin in Benutzung stand, dessen Schäden aber wohl auch im Zuge der fortschreitenden Christianisierung nicht mehr behoben wurden.

Mit der erwähnten Bautätigkeit Valentinians am Limes werden zahlreiche Wachttürme, sogenannte *burgi*, in Pannonien und Noricum in Verbindung gebracht. Zu einem derartigen Turm gehört eine in YBBS gefundene, heute aber verschollene Bauinschrift, die die Errichtung eines Turmes durch *milites auxiliares Lauriacenses,* also Hilfstruppen aus LAURIACUM, bezeugt (Abb.13). Der Regierungszeit Valentinians werden häufig auch weitere Baumaßnahmen zugeschrieben, wie die drastische Verkleinerung des Kastellareals durch den Einbau von kleinen Festungen, soge-

D·D·D · N · N · N ·VALENTINIANI ·VALENTI

S · ET·GRATIANI · PERENNIVM·AVGVSTOR

VM · SALVBERRIMA · IVSSIONEM · HVNC

sic   BVRGVM A EVNDAMENTIS·ORDINANTE

5   VIRO · CLARISSIMO ·EQVITIO:COMITE·ET

VTRIVSQVAE · MILITIAE · MAGISTRO · I

NSISTENTE · ETIAM · LEONTIO ·P·P·MILI

TES · AVXILIARES · LAVRIACENSES · CV

RE · EIVS · CONMISSI · CONSVLATVS   p. C. 370

10   EORVNDEM · DOMINORVM · PRIN

CIPVMQVE · NOSTRORVM · TERTII · AD

SVMMAM · MANVM · PERDVXERVNT

PERFECTIONES

Abb. 13: Ybbs. Valentinianische Bauinschrift eines Burgus

nannten Restkastellen, innerhalb der alten, für die verringerte Besatzung längst nicht mehr nötigen und wohl auch schon weitgehend von der Zivilbevölkerung bewohnten ursprünglichen Kastelle. Solche Restkastelle können für WALLSEE, MAUTERN, TRAISMAUER, ZEISELMAUER (Abb.86) oder auch für das Legionslager CARNUNTUM angenommen werden. Allerdings ist auch hier die Datierung ins späte 4.Jh.n.Chr. keineswegs gesichert. Wenige Jahre nach dem Tod Valentinians, nämlich 378 n.Chr., erschütterte die Niederlage des Kaisers Valens bei ADRIANOPEL, dem heutigen EDIRNE, das römische Reich. Aufgrund dieser verlorenen Schlacht mußten Teile der Ostgoten und Alanen in der Provinz Pannonien als *foederati* („Verbündete") angesiedelt werden. Wenngleich diese Ansiedlung vor allem das östliche Pannonien, nämlich besonders die Provinz Valeria, betroffen haben wird, sind ihre Auswirkungen bis in unseren Bereich zu spüren, da sich dessen östlicher Flankenschutz plötzlich in unsicheren Händen befand. In der materiellen Hinterlassenschaft zeichnet sich das verstärkte Eindringen von nicht-romanischen Bevölkerungsteilen durch das Auftauchen von fremden Trachtbestandteilen, aber auch durch neuartige Keramikformen ab. Hier ist besonders die sogenannte eingeglättete Keramik zu nennen, eine einfache graue Gebrauchskeramik, deren Oberfläche durch charakteristische Glättmuster verziert war (Farbtafel 2.3 und 32.3), und die sich im Laufe des 5.Jhs.n.Chr. rasch im ganzen Limesbereich bis weit nach Westen ausbreitete. Im Jahr 395 n.Chr. wurde schließlich auch der Limes in der Pannonia Prima von Markomannen und Quaden überrannt (Abb.14), die in der Folge ebenfalls innerhalb der Provinz angesiedelt werden mußten. Auf dieses Ereignis geht wohl ein in der *Notitia Dignitatum* überlieferter *tribunus gentis Marcomannorum* zurück.

Auch in den ersten Jahren des 5.Jh.n.Chr. wurde der österreichische Limes von zahlreichen kriegerischen Einfällen heimgesucht. Möglicherweise sind die Brandzerstörungen, die sich in den meisten Restkastellen nachweisen lassen, mit ihnen in Zusammenhang zu bringen. So sind im Jahre 401 n.Chr. die Vandalen entlang der Donau nach Westen gezogen, 405 n.Chr. durchquerten die ostgotischen Scharen des Radagais auf ihrem Weg nach Süden den östlichen Teil Österreichs. Wenig später, nämlich 407 n.Chr., hat der Westgotenkönig Alarich sich vor seinem Marsch Richtung Italien im südlichen Teil der Provinz Noricum niedergelassen und vom weströmischen Kaiser Honorius die Abtretung der Provinz Noricum gefordert (Zosimus 5, 29), wobei er bezeichnenderweise darauf hinwies, daß Rom aus dieser Provinz ohnehin kaum mehr Steuerleistungen zu erwarten hätte. Trotz dieser Ereignisse und obwohl der Münzumlauf mit dem Ende des 4.Jh.n.Chr. praktisch zum Erliegen kam, ist die Verwaltung in Noricum nicht vollständig zusammengebrochen. Für das

Abb. 14: Wien-Leopoldau. Skelett mit dreiflügeliger Pfeilspitze im Lenden-
wirbel

Jahr 409 n.Chr. berichtet wieder Zosimus (5, 46, 2), daß ein *magister
militum* namens Generidus mit der Neuorganisation der Verteidigung der
Provinzen Pannonia Prima, Noricum sowie Rätien beauftragt wurde, ohne
daß wir freilich beurteilen können, ob sein Kommando wirklich noch im
ganzen genannten Bereich Gültigkeit hatte. Anderseits beweist eine Stelle
des oströmischen Historikers Priskos, daß es im ersten Drittel des 5.Jhs.
n.Chr. noch norische Verwaltungsbeamte gab, da er solche am Hofe
Attilas antraf. Ein wichtiges Zeugnis für die Zähigkeit, mit der sich die
römischen Verwaltungsstrukturen auch in diesem äußersten Grenzbereich hielten, ist die Tatsache, daß noch für die Jahre nach der Mitte des
5.Jh.n.Chr. überliefert wird, daß die Soldaten des rätischen Kastells Batavis sich nach Italien aufmachten, um ihren ausgebliebenen Sold einzu-
fordern, dabei aber auf dem Weg überfallen und erschlagen wurden.

In den ersten Jahrzehnten des 5.Jhs.n.Chr. hatte sich im Karpatenbogen zwischen Donau und Theiß das Hunnenreich konsolidiert. Die Provinz Pannonien wurde 433 n.Chr. an die Hunnen abgetreten und ist somit dem weströmischen Einfluß verloren gegangen. Für die Jahre 430/431 n. Chr. ist eine Revolte in Noricum überliefert, als deren Ursache die zu hohe von der Bevölkerung nicht mehr aufzubringende Steuerlast angesehen wird. Sie wurde vom militärischen Oberkommandanten Aetius niedergeschlagen. 451 n.Chr. haben eben diese Hunnen Noricum auf dem Weg nach Westen durchquert, ohne daß wir bestimmte Zerstörungen mit Sicherheit diesem hunnischen Durchzug zuschreiben können. Nach der Niederlage auf den Katalaunischen Feldern und dem Tod Attilas im Jahre 453 n.Chr. ist es im Osten zu neuerlichen massiven Völkerbewegungen gekommen. In der Folge siedeln in Pannonien Teile der Goten, im ostnorischen Bereich entsteht nördlich der Donau mit dem Zentrum im Gebiet von KREMS das Königreich der Rugier.

Etwa in das Jahr 460 n.Chr. fällt auch die Ankunft des Hl. Severins in Noricum, der sich – aus dem Osten kommend – in FAVIANIS (MAUTERN) niedergelassen hat. Der von seinem Mitbruder und Biographen Eugippius verfaßten Lebensbeschreibung des Heiligen verdanken wir eines der wichtigsten historischen Dokumente dieser Zeit, in dem uns eine präzise

Abb. 15: Museum Carnuntinum, Goldglas

Schilderung der politischen Vorgänge, aber auch der sozialen, kulturellen und wirtschaftlichen Situation an der Grenze gegeben wird. So erfahren wir von Hungersnöten und schlechten Ernten, aber auch, daß es noch reiche Einzelpersonen, wie etwa die Witwe Procula, gegeben hat, und daß noch Handel mit Italien betrieben wurde. Politisch war das Verhältnis zu den in KREMS/STEIN gegenüber von MAUTERN siedelnden Rugiern bestimmend, die zwar römische Siedlungen wie etwa COMAGENA (TULLN) besetzten und regelmäßige Tribute verlangten, dafür aber auch eine gewisse Schutzfunktion ausübten und sogar für weit entfernt wohnende Provinzialen, wie die Einwohner von BOIOTRO (PASSAU) erwünschte Handelspartner waren. Severin kümmerte sich nicht nur um die seelsorgerischen Belange seiner Gemeinde, sondern half tatkräftig bei der Organisation des schwierigen Alltags und übernahm auch die diplomatischen Verhandlungen mit den Germanen, vor allem mit den benachbarten Rugiern.

Besonders die Limesorte im Westen waren jedoch ständigen Angriffen der Alemannen, aber auch der Heruler und anderer germanischer Stämme ausgesetzt, sodaß schließlich alle romanischen Siedlungen westlich von LAURIACUM geräumt werden mußten, also nur mehr die Städte in der direkten Einflußsphäre der rugischen Schutzmacht überleben konnten. Freilich wirkten sich die Entwicklungen in der Reichspolitik auch auf die entfernten Provinzgebiete aus. Nach dem Ende des weströmischen Reiches 476 n.Chr. versuchten die unter oströmischem Einfluß stehenden Rugier sich gegen Odoaker, den Nachfolger des weströmischen Kaisers, zu erheben und in Italien einzufallen. Das rugische Reich wurde daraufhin von Odoaker in zwei Feldzügen 487 und 488 n.Chr. vernichtet. Mit dem Zusammenbruch des rugischen Reiches war aber für die Romanen kein Schutz mehr vor den verschiedenen germanischen Völkerschaften gegeben. Odaker erkannte, daß die Gebiete an der Donau nicht zu halten waren und ließ 488 n.Chr. durch seinen Bruder Hunwulf den Abzug der Romanen nach Italien organisieren, wobei der Leichnam des 482 n.Chr. verstorbenen Hl. Severins mitgenommen wurde. Damit endete die römische Geschichte Österreichs.

Verena Gassner – Sonja Jilek

Literatur
A. Betz – E. Weber, Aus Österreichs römischer Vergangenheit. Wien 1990; H. Castritius, Die Grenzverteidigung in Rätien und Noricum im 5. Jh.n.Chr. Ein Beitrag zum Ende der Antike. In: H. Wolfram – A. Schwarz, Die Bayern und ihre Nachbarn. Teil 1. Berichte des Symposiums der Kommission für Frühmittelalterfor-

schung 25. – 28. Oktober 1982, Stift Zwettl, NÖ., Wien 1985, 17ff.; N. Christie, The Alps as a frontier (A.D. 168–774). Journal of Roman Archaeology 3, 1990, 410ff.; W. Czysz – K. Dietz – Th. Fischer – H.J. Kellner, Die Römer in Bayern. Stuttgart 1995; J. Fitz, Das Jahrhundert der Pannonier (193 – 284). Budapest 1982; H. Friesinger – J. Tejral – A. Stuppner (Hrsg.), Markomannenkriege – Ursachen und Wirkungen. Brno 1994; H. Gottlieb (Hrsg.), Raumordnung im Römischen Reich. Zur regionalen Gliederung in den gallischen Provinzen, in Rätien, Noricum und Pannonien. München 1989; M. Hainzmann, Geschichte der Austria Romana, in: I. Weiler (Hrsg.), Grundzüge der politischen Geschichte des Altertums. Köln-Wien; H.P. Kuhnen (Hrsg.), Gestürmt – Geräumt – Vergessen? Der Limesfall und das Ende der Römerherrschaft in Südwestdeutschland. Stuttgart 1992; H.U. Nuber, Das Ende des Obergermanisch-Rätischen Limes – eine Forschungsaufgabe. In: H.U. Nuber u.a. (Hrsg.), Archäologie und Geschichte des ersten Jahrtausends in Südwestdeutschland. Freiburger Forschungen, Bd. 1, Sigmaringen 1990, 51ff.; H. v. Petrikovits, Die römischen Provinzen am Rhein und an der oberen Donau im 5. Jh.n.Chr. Beiträge zur römischen Geschichte und Archäologie II. (Köln – Bonn 1991), 225ff.; W. Scheidel, Der Germaneneinfall in Oberitalien unter Marcus Aurelius und die Emmissionsabfolge der kaiserlichen Reichsprägung, Chiron 20, 1990, 1ff.; K. Strobel, Militär- und Bevölkerungsstruktur in den nordwestlichen Provinzen des Römischen Reiches, Mainz 1991, 287ff. J. Tejral – K. Pieta – J. Rajtár (Hrsg.), Kelten, Germanen, Römer. Vom Ausklang der Latène-Zivilisation bis zum 2. Jh. im Mitteldonaugebiet. Brno – Nitra 1995; G. Ulbert – Th. Fischer, Der Limes in Bayern: von Dinkelsbühl bis Eining. Stuttgart 1983; G. Winkler, Die römischen Straßen und Meilensteine in Noricum – Österreich. Schriften des Limesmuseums Aalen 35 (Stuttgart 1985); H. Wolff, Einige Probleme der Raumordnung im Imperium Romanum, dargestellt an den Provinzen Obergermanien, Rätien und Noricum. Ostbairische Grenzmarken 28, 1986, 152ff.; H. Wolff, Die verspätete Erschließung Ostraetiens und die Nordgrenze von Noricum – Ein Forschungsproblem. Ostbairische Grenzmarken 30, 1988, 9ff.; H. Wolff, Die Kontinuität städtischen Lebens in den nördlichen Grenzprovinzen des römischen Reiches und das Ende der Antike. In: W. Eck – H. Galsterer (Hrsg.), Die Städte in Oberitalien und in den nordwestlichen Provinzen des Römischen Reiches. Mainz 1991, 287ff.; Severin zwischen Römerzeit und Völkerwanderung. Ausstellungskatalog Enns (Enns 1982).

Militärische Anlagen am Limes

Nach der militärischen Okkupation von Noricum und Pannonien unter Augustus und Tiberius wurde ab claudischer Zeit mit dem Bau eines Legionslagers in CARNUNTUM begonnen. Aber erst mit der Anlage weiterer Auxiliarkastelle und Kleinkastelle entlang der Donau im letzten Viertel des 1. Jhs.n.Chr. entwickelte sich eine feste Verteidigungslinie. Diese Anlagen wurden durch eine Straße verbunden, die römische Militäringenieure anlegten, um schnelle Truppenbewegungen zu ermöglichen (Farbtafel 5.2). Die von Tacitus erstmals erwähnte Bezeichnung *limes* bedeutet ursprünglich „Pfad, Rain, Steg" und wurde später für jede Art von Grenze verwendet. Art und Aufbau der Grenzverteidigung orientierten sich stark an Naturraum und Landschaftsbild in den einzelnen Provinzen. In den Eroberungsphasen waren die Truppenlager häufig an Flußläufe gebunden oder entlang großer, alter Handelsrouten wie zum Beispiel der Bernsteinstraße angelegt. Diese Taktik gewährleistete den raschen Nachschub an Truppen und Material unter den noch unsicheren Verhältnissen. Während der stabilen Perioden der mittleren Kaiserzeit hingegen bedeutete die an der Donau angelegte Lagerkette eine statische Machtdemonstration gegenüber den außerhalb des *Imperium Romanum* lebenden „Barbaren". Große Flußläufe wie der Rhein und die Donau bildeten natürliche Barrieren. Dadurch wurde die Anlage von geschlossenen Befestigungssystemen und besonderen Schutzvorrichtungen, die zum Beispiel am Hadrianswall und in Rätien durch Mauern und Gräben erreicht wurden, überflüssig. Die Veränderungen der politischen Situation in der Spätantike hatten auch direkte Auswirkungen auf die Zusammensetzung und Positionierung der militärischen Truppen. Um die militärischen Objekte und zivilen Siedlungen wirkungsvoll gegen unberechenbare feindliche Übergriffe zu schützen, wurde ein Frühwarnsystem eingerichtet. Direkt an der Grenze lag eine enge Kette von kleinen, befestigten Stützpunkten, sogenannten *burgi*, die gemeinsam mit den zentral in den Provinzen stationierten, mobilen Truppenverbänden ein flächiges Verteidigungssystem bildeten.

Eine ganze Reihe der norischen und pannonischen Truppenlager beweisen, daß die Platzwahl bei der Anlage von Lagern und Wachttürmen (Abb.16) oft von geographischen Gegebenheiten bestimmt wurde. Man trachtete nach der Kontrolle von Flußmündungen und Handelswegen. Sie wurden daher mit Vorliebe an Seitenarmen und Altwassern angelegt, da diese oft eine bessere Situation für einen Hafen boten als der offene Fluß. Daß der Fluß häufig eine bessere Verkehrsader als die Straße

Abb. 16: Rom. Traianssäule. Römische Soldaten beim Kastellbau

darstellte, beschreibt uns M. Porcius Cato, der angibt, daß es viermal teurer war, die Güter auf dem Landweg zu transportieren als auf dem Wasser. Am österreichischen Limes sind uns Hafenanlagen zum Beispiel aus den Donauauen bei SCHLÖGEN und zwischen PETRONELL und BAD DEUTSCH-ALTENBURG bekannt. Sie wurden aber nie genauer untersucht. Durch systematische Forschungen am Beginn unseres Jahrhunderts wurden Namen und ungefähre Lage der Kastelle im Gelände bekannt. Hierzu lieferten die Angaben des *Itinerarium Antonini* vom Anfang des 3.Jh.n.Chr. und die *Tabula Peutingeriana*, die Umzeichnung einer spätantiken Landkarte der römischen Provinzen, die in WIEN in der Nationalbibliothek aufbewahrt wird, wesentliche Hinweise.

Legionslager

Einen Begriff von den Bauwerken des römischen Heeres geben die großen Standlager der Legionen. Das befestigte Areal für eine Legion umfaßte eine Fläche von 18 bis 25 ha. Von dem unter Kaiser Domitian

46

errichteten Lager in WIEN kennt man nicht viel mehr als den Umriß unter dem heutigen ersten Bezirk und einige Offiziers- und Mannschaftsunterkünfte (Abb.89 und 90). Als Beispiele können aber die großen Legionslager in ENNS und CARNUNTUM dienen, die um die Jahrhundertwende fast zur Gänze ausgegraben wurden (Abb.17 und 97). Aus dem republikanischen Marschlager mit seiner oft polygonalen Form entwickelte sich erst um die Mitte des 1. Jhs.n.Chr. als Standard ein Lager mit rechteckigem Grundriß und den charakteristischen, abgerundeten Ecken. Die Umwehrung bestand ursprünglich aus einem Erdwall mit vorgesetzten Palisaden und den vorgelagerten Spitzgräben. Später wurde die Holzpalisade von einer steinernen Wehrmauer abgelöst, vor der ein oder mehrere Spitzgräben lagen (Farbtafel 3.1). Zumeist befanden sich an allen vier Seitenfronten große Toranlagen, wobei die *porta praetoria* an der einen Schmalseite meist dem Feind zugewandt war. Das Innere des Legionslagers war dicht verbaut. Die einzelnen Bauformen hatten sich über längere Zeit herausgebildet. Der Plan des Lagers, der einem Raster sich rechtwinkelig kreuzender Straßen glich, spiegelt die differenzierte Organisation der Truppe wider. Die meisten Legionslager des Reiches besaßen einen ähnlichen Grundriß. Dabei hatten die Militärarchitekten einige Gebäudetypen der städtischen Architektur entlehnt. Das galt beispielsweise für die Kommandantur, die *principia*, die im Lagerzentrum lag und dem Forum einer Koloniestadt entsprach. Sie diente hauptsächlich für verwaltungstechnische und kultische Belange. In unmittelbarer Nähe dieses Verwaltungsgebäudes ist das Haus des Kommandeurs (*praetorium*) gelegen, dessen Bauform der mediterranen Innenhofvilla mit Peristyl entsprach. Die Mannschaftsbaracken für die Centurien, die in dichten Reihen nebeneinander lagen, finden ihre Vorläufer in den langen Zeltreihen der römischen Marschlager. Es gab außerdem Wohngebäude für die Offiziere, Magazine, Werkstätten, Verwaltungsgebäude, Thermen und ein Lazarett.

Auxiliarlager und Kleinkastelle

Im Gegensatz zu den Legionären, die sich in der frühen und mittleren Kaiserzeit ausschließlich aus römischen Bürgern zusammensetzten, haben sich die Hilfstruppeneinheiten aus der provinzialen Bevölkerung rekrutiert. Da sie ihre Kastelle nach dem Vorbild der Legionslager errichteten, waren auch die Grundrisse dieser Wehrbauten im ganzen Reich ähnlich. Auxilien hatten in ihrem Bereich keine Selbstverwaltung, sondern sie waren den Legionen unterstellt. Wurde ein Soldat von einer fernen Provinz an die Donau versetzt, konnte er sich in dem neuen Lager ohne Schwierigkeiten zurechtfinden. Die Auxiliarlager (*castellum, praesidium*)

1 *principia*   5 Wirtschaftsbau

2 Kasernen   6 Unterkünfte für *immunes*

3 Thermen   7 Lazarett

4 Kasernen für die 1. Kohorte

Abb. 17: Enns. Legionslagerplan

waren viel kleiner als die Legionslager. Der Raumbedarf richtete sich nach der Größe der Einheit, wobei die Alen (Reitereinheiten) und die 1000 Mann starken Kohorten (Infanterieeinheiten) die größeren Kastelle benötigten. Ihre Fläche lag zwischen 3 und 6 ha. Die 500 Mann starken Kohorten besetzen eine Lagerfläche zwischen 1,6 und 3,2 ha Fläche. Die größeren waren für die teilweise berittenen Kohorten bestimmt, die zusätzliche Reiter und Pferde unterbringen mußten. Die Fläche für die kleinen Numeruskastelle betrug oft nur 0,6 bis 0,8 ha.

In Noricum und Pannonien sind nur wenige Auxiliarkastelle großflächig ergraben worden. Oft sind uns nur kleine Ausschnitte von den Grundrissen der Innenbauten bekannt. Ein positives Beispiel bietet das erst vor 20 Jahren neu entdeckte und bisher zur Hälfte freigelegte Hilfstruppenlager westlich des Legionslagers von CARNUNTUM (Abb.18). Viele andere Kastelle besonders am norischen Limesabschnitt erstrecken sich unter den modernen Stadt- beziehungsweise Gemeindezentren und sind nur mehr in wenigen kleinen Untersuchungen faßbar. Hier kennt man meist nur die Umwehrung und einige wenige Innenbauten, zumeist die *principia*. In der Frühzeit der römischen Okkupation besaßen alle Militärlager eine hölzerne Umwehrung (LINZ ?, CARNUNTUM) oder eine Kastellmauer aus Lehmziegeln (TULLN). Die Breite der früh- und mittelkaiserzeitlichen Kastellmauern am norisch-pannonischen Limes schwankt zwischen 1–1,5 m. Daher verstehen sich die Kastelle am Limes auch nicht als Festungen, sondern nur als befestigte Kasernen. In der zweiten Bauperiode des Auxiliarkastells von CARNUNTUM war hinter einer nur mäßig hohen Steinmauer ein Erdwall aufgeschüttet, der zugleich den Wehrgang trug. Vor der Mauer liegen zwei Spitzgräben, die – wie üblich – nicht mit Wasser gefüllt waren. Viele Kastelle hatten auch nur einen Verteidigungsgraben. In der Mitte der Limeskastelle befand sich stets die Kommandantur (*principia*). Die Ausgrabungen in TRAISMAUER, ZEISELMAUER und CARNUNTUM zeigen, daß sie einen Innenhof mit gedecktem Umgang besaßen. Das Gebäude war mit einer Vorhalle versehen, die sich zur *via principalis* hin öffnete, die die Seitentore miteinander verband. Hier trat die Truppe zum Appell an. Im rückwärtigen Teil der Kommandantur lagen hinter einer Querhalle mehrere, teilweise beheizte Räume. Im mittleren, wichtigste Raum der *principia* war das Fahnenheiligtum (*aedes*). In dem oftmals architektonisch betonten Raum waren die Kaiserbildnisse und die Feldzeichen aufgestellt (Farbtafel 4). Er war den römischen Gottheiten und dem Kaiserkult geweiht, und darunter im Kellerraum wurde die Truppenkasse verwahrt. Vor dem Heiligtum wurden an den vorgeschriebenen Festtagen die Kulthandlungen der Truppe zu Ehren des Kaisers und der Götter abgehalten. Die Räume neben dem Fahnenheiligtum wurden als Schreibstuben für die

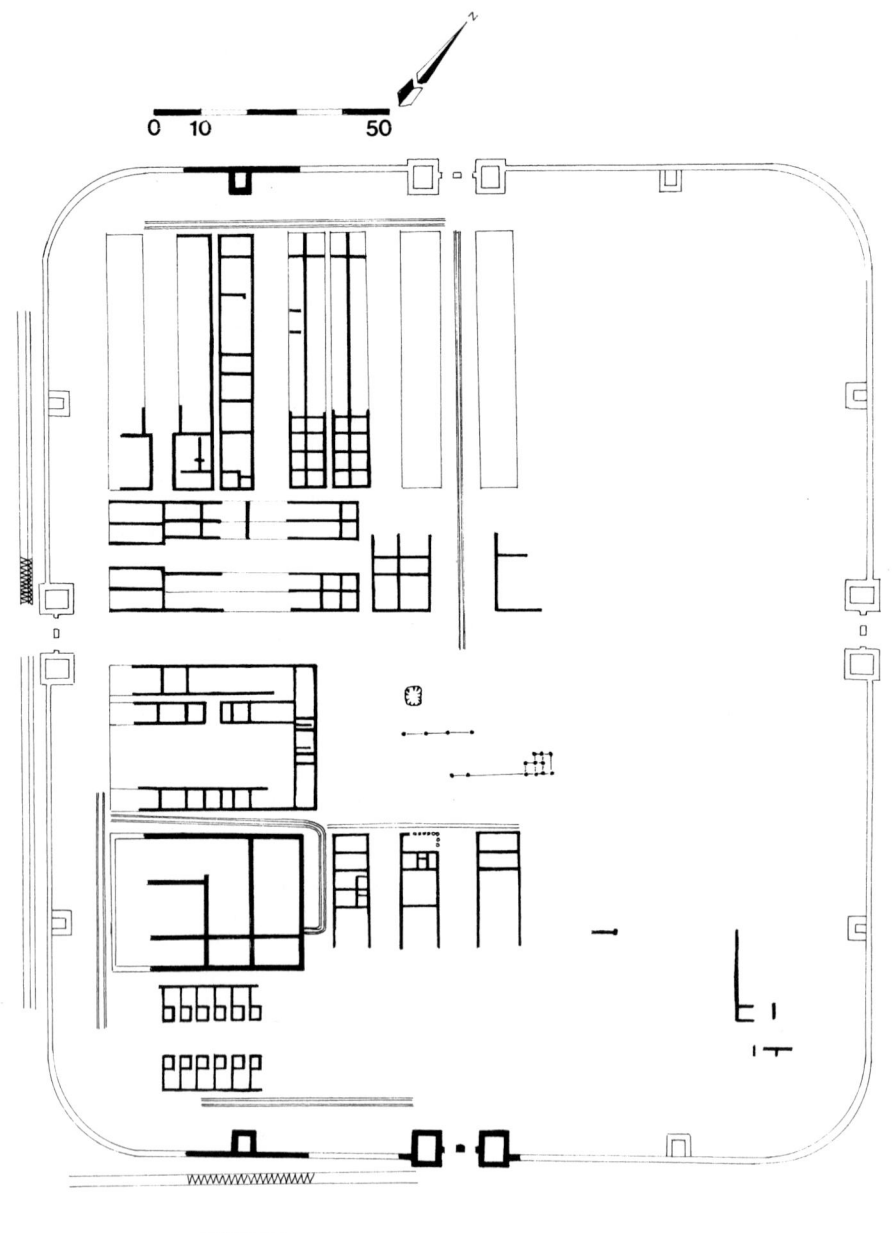

Abb. 18: Carnuntum. Auxiliarkastell. 1. Steinbauphase

Truppenverwaltung und als Versammlungsräume (*scholae*) der Offiziere und Unteroffiziere benutzt. In den seitlichen Räumen der *principia* lagen Waffenkammern (*armamentaria*). In den *principia* nahm der Kohortenpräfekt die Meldungen der Offiziere entgegen und gab den Tagesbefehl aus. Der oberste Befehlshaber einer Hilfstruppe (*praefectus*) logierte ebenso wie der Legionslagerkommandant (*legatus legionis*) in einem größeren Wohnhaus, das die Bezeichnung *praetorium* führte. Das *praetorium* des Auxiliarkastells von Carnuntum, ein Haus, dessen Zimmer sich um einen kleinen Innenhof mit Brunnen versammelten, wurde unmittelbar nördlich an der *via praetoria* angeschnitten .

Die Mannschaftsbaracken, die einen großen Teil der Kastellinnenfläche einnahmen, waren bis zu 70 Meter lange, schmale Bauten. Eine Centurienbaracke enthielt 8–10 Stuben (*contubernia*) für die Centurie. Jede Stube faßte acht Mann. Vor den Mannschaftsbaracken erstreckte sich eine offene Vorhalle, deren Dach auf einer Reihe hölzerner Stützen ruhte. Die Contubernien besaßen einen Vorraum für die Kleidung und die Ausrüstung der Soldaten. Dahinter lag der eigentliche Wohn- und Schlafraum der Mannschaften, der stets mit einer einfachen Feuerstelle versehen war. Er diente zur Heizung im Winter, und die Soldaten bereiteten dort ihr Essen. Die Wohnung des Centurio befand sich in einem größeren Anbau an einer Schmalseite der Baracke. Die Reiter in den Alenlagern von Linz, Tulln, Schwechat und Carnuntum waren ähnlich untergebracht. Zwei *turmae* lagen mit ihren Decurionen in einer Baracke; die Kavalleriebaracken im Auxiliarkastell in Carnuntum hatten ebenfalls an einer Schmalseite einen Kopfbau, der als Offizierswohnung fungierte.

In den Auxiliarlagern gab es außerdem Speicher (*horrea*) für die Weizenrationen und andere Lebensmittel. In ihm konnte die Truppe für ein Jahr Vorräte einlagern. In den Werkstätten arbeiteten ebenso wie in den Legionslagern die truppeneigenen Handwerker – Schmiede, Schuster, Tischler, Maurer und andere. In den größeren Limeskastellen befand sich meist auch ein Lazarett, das von einem Truppenarzt betreut wurde.

Außerhalb der Kastelle befand sich oft ein Thermenbau (*balineum*). Denn die Truppeneinheiten an den einzelnen Standorten brauchten auf ihre Bäder, die sowohl der Hygiene als auch der Freizeitgestaltung der Soldaten dienten, nicht zu verzichten. Die Ausnahme von der Regel findet sich im Alenkastell von Carnuntum, wo das große Kastellbad innerhalb des Lagerareals lokalisiert wurde.

Als Limeskastelle werden hier diejenigen Truppenlager bezeichnet, in denen eine selbständige Einheit dauernd ihre Unterkunft besaß. Es gab aber sowohl am norischen als auch am pannonischen Limes zwischen den größeren Kastellen kleinere Anlagen, deren Fläche unterhalb derjenigen lag, die für die kleinsten Numeri üblich waren (0,6 ha). Diese werden zumeist als Kleinkastelle bezeichnet. In einigen Fällen besteht die Möglichkeit, daß eine ganz kleine Hilfstruppe dauernd die Besatzung eines solchen Kleinkastells bildete. Viel wahrscheinlicher aber ist es, daß in ihnen kurzfristig abkommandierte Soldaten untergebracht waren. Diese kamen vom nächsten Limeskastell und wurden auch von dort abgelöst. In Österreich sind solche Kleinkastelle nur aus SCHLÖGEN und HÖFLEIN bekannt, sodaß wir über die Art der Besatzung wenig sagen können. Kleinkastelle können verschiedene Aufgaben abdecken. Einige bewachten Flußübergänge oder lagen an stärker gefährdeten Punkten des Limes auf Höhenlagen, oder sie sperrten Täler. An einigen Limesstrecken sind Kleinkastelle wie zum Beispiel SCHLÖGEN erst nach den Markomannenkriegen errichtet worden, da die stärkere Bedrohung der Grenze dies erforderlich machte. Die Unterschiede in Aufgabe und Zeitstellung der Kleinkastelle bewirkten eine Vielfalt von Größen, Grundrissen und Bauweisen. Von der Nachbarprovinz Rätien ist uns bekannt, daß Kleinkastelle bis zur Mitte des 2. Jhs.n.Chr. meist reine Holzkonstruktionen waren; erst von dieser Zeit an erhielten sie steinerne Umwehrungen.

Zur Zeit des Kaisers Gallien reichte der lineare Grenzschutz nicht mehr aus. Daraus resultierte eine Verstärkung bestehender Anlagen beziehungsweise etwas später eine Wandlung im Festungsbau. Zumeist wurden jetzt auch die Hauptverkehrswege durch zusätzliche Militärposten gesichert. Die Festungen des neuen Typs haben wesentlich stärkere Umfassungsmauern und breitere Gräben. Trotzdem die unter Diocletian (284–305 n.Chr.) durchgeführte Heeresreorganisation sicherlich auch Konsequenzen für die Lager am Limes hatte, verbinden wir eine intensive militärische Bautätigkeit erst mit Constantinus I. (306–337 n.Chr.). An die bereits bestehenden Anlagen wurden Fächertürme angesetzt, die den Verteidigern eine wesentlich verbesserte, strategische Position boten. Sie konnten von den weit vor die eigene Kastellmauer vorragenden Ecktürmen aus mit ihren Waffen die angreifenden Feinde bestreichen. Diese nachträglichen Umbauten haben sich in WALLSEE, TRAISMAUER, MAUTERN, ZWENTENDORF, ZEISELMAUER und KLOSTERNEUBURG nachweisen lassen und sind zum Teil noch die einzigen über dem Fundamentbereich erhaltenen römischen Ruinen Österreichs. Ein letzter Ausbau der Kastelle und Limesanlagen kann unter Valentinianus I. (364–375 n.Chr.) beobachtet werden, der zahlreiche Verstärkungen und fortifikatorische Verbesserungen an bestehenden Anlagen initiierte, aber auch den Neubau einer großen Anzahl von *burgi* an der Donaulinie und an den Straßen im grenznahen Bereich befahl.

Wachttürme – *burgi*

Kleinere Weg- oder Flußmündungen wurden mit Wachttürme gesichert. Diese Türme, die am norisch- pannonischen Limes wahrscheinlich alle erst nach den Markomannenkriegen eingerichtet wurden, waren vermutlich dreigeschossig (Abb.19). In der späteren Kaiserzeit besaßen sie zu Verteidigungszwecken massive Grundmauern bis zu 3,2 m Stärke. Das Ergeschoß besaß keinen Eingang, der Turmeingang bzw. das Innere war nur über eine Leiter zugänglich und befand sich im ersten Obergeschoß. Dieses Obergeschoß diente als Wohn- und Schlafraum der Besatzung. Darüber befand sich der eigentliche Wachraum. Die auf den Reliefs der Traianssäule in Rom abgebildeten Wachttürme helfen, das heute nicht mehr erhaltene Obergeschoß zu rekonstruieren. Es war mit großen Aussichtsfenstern versehen. Der Wachtturm von BACHARNSDORF westlich von MAUTERN ist noch bis zum ersten Geschoß erhalten. In der Turmmauer sind noch Fenster und die Rüstlöcher für den Geschoßboden erhalten. Die kleine Besatzung der Wachttürme dürfte nicht mehr als vier bis fünf Mann stark gewesen sein.

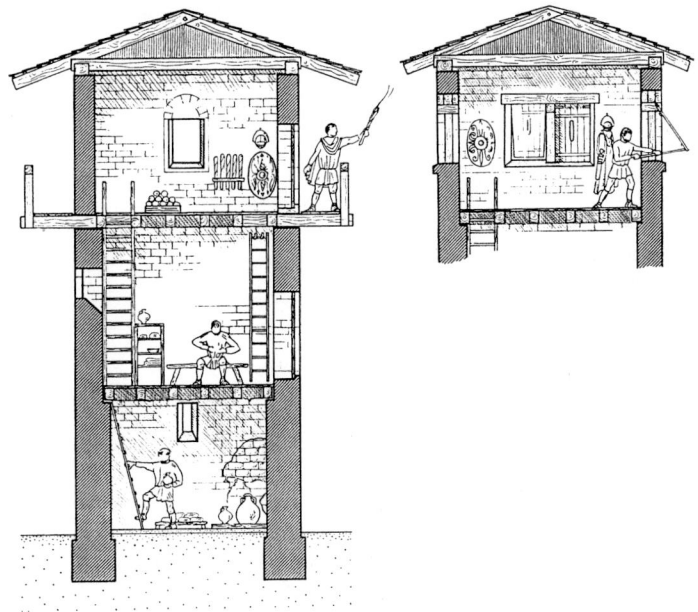

Abb. 19: Rekonstruktionszeichnung eines Wachtturmes

Die Türme wurden so angelegt, daß die anschließende Limesstrecke und möglichst auch die jeweiligen Nachbartürme zu sehen waren. Aus diesem Grund findet man Turmruinen fast immer auf Höhen, wie den in den letzten Jahren genauer untersuchten Wachtturm vom HIRSCHLEITENGRABEN oder oft auch an den ein- und ausspringenden Winkeln der Grenzlinie. Eine Kette von Wachttürmen in der Wachau beweist, daß die Entfernung von Turm zu Turm selten mehrere Kilometer überstieg. Die Aussicht in das Vorgelände des Limes war zweitrangig, da die Wachposten selbst bei guter Aussicht in die Gegend vor dem Limes kaum die Möglichkeit gehabt haben, feindliche Bewegungen zu entdecken, denn vor den meisten Limesstrecken war das Gelände bewaldet.

Hatte ein Wachposten eine feindliche Gruppe im Bereich der Grenze entdeckt, gab er ein Signal an die benachbarten Türme. Tagsüber gab man Zeichen mit einer starkfarbigen Flagge, oder man benutzte Hornsignale, die auch bei Nebel und starkem Regen als Verständigung dienten. Es kann auch angenommen werden, daß über größere Entfernungen Feuer- oder Rauchsignale verwendet wurden, um Hilfe herbeizurufen oder um die Bevölkerung im Hinterland des Limes zu warnen. Nachts kann eine Fackel, wie sie auf der Traianssäule dargestellt ist, sehr weit gesehen werden. Die Signale wurden von den Wachttürmen an die Limeskastelle weitergegeben. Eventuell wurde auch ein Bote abgesandt. Die Kastelle schickten Mannschaften aus und rückten gegen die Eindringlinge vor.

Dieses ursprünglich so effizient strukturierte römische Verteidigungssystem wurde durch innere Wirtschaftskrisen und äußere Einflüsse der süd- und westwärts dringenden Germanenvölker extrem geschwächt und schließlich 488 n.Chr. mit dem Abzug der letzten romanisierten Bevölkerung endgültig aufgegeben.

Sonja Jilek

Literatur

M. Feugère, Les armes des Romains de la République à l'Antiquité-tardive Paris 1993; A. Johnson, Römische Kastelle. Mainz 1987; S. Johnson, Late Roman Fortifications. London 1983; Y. LeBohec, L'Armee romaine. Paris 1993; M. Makkensen, Frühkaiserzeitliche Kleinkastelle bei Nersingen und Burladingen. Münchner Beiträge zur Vor- und Frühgeschichte 41 (München 1987); H. v. Petrikovits, Die Innenbauten römischer Legionslager während der Prinzipatszeit. Abhandlungen der Rheinisch-Westfälischen Akademie d. Wissenschaften, Opladen 1975; H. Schönberger, Die römischen Truppenlager der frühen und mittleren Kaiserzeit zwischen Nordsee und Inn. Bericht der Römisch-Germanischen Kommission 66,

1985, 321ff.; S. Soproni, Die letzten Jahrzehnte des pannonischen Limes. Münchner Beiträge zur Vor- und Frühgeschichte 38 (München 1985). S. Soproni, Nachvalentinianische Festungen am Donaulimes. Studien zu den Militärgrenzen Roms III, Stuttgart 1986, 409ff.; Z. Visy, Der pannonische Limes in Ungarn. Stuttgart 1988.

Vicus und Canabae

Einleitung

Mit den Soldaten, die zur Errichtung der ersten Legionslager und Kastelle an die Donau kommandiert wurden, kamen auch eine Reihe von Frauen und Männern ins Land, die von den Truppen abhängig waren, ohne jedoch direkt dem Militär anzugehören. Es handelte sich um Handwerker, Händler, Wirte, Schausteller und Prostituierte, die als Troß den römischen Truppen folgten und das Leben der Soldaten durch die Versorgung mit verschiedenen Gütern und Dienstleistungen angenehmer machten. Diese im Lateinischen als *lixae* (Troß) bezeichneten Personen sind uns durch verschiedene Schriftsteller schon von den republikanischen Feldzügen bekannt.

Als die römischen Truppen nach Konsolidierung der Grenzen ihre festen Standlager erbauten, siedelten sich auch die Personen des Trosses, die den Soldaten oft nicht nur durch wirtschaftliche, sondern auch durch persönliche Beziehungen verbunden waren, neben diesen an. Wenn sich diese Siedlungen neben einem Hilfstruppenkastell entwickelten, nennen wir sie Kastellvici (*vicus* = Dorf), wenn sie neben einem Legionlager entstanden sind, Canabae (griech. *kanabos* = Gestell, Gerüst).

Erforschung

Neben einer Reihe von Kastellen und Legionslagern des römischen Limes in Österreich konnten die zugehörigen Siedlungen nachgewiesen werden, vieles ist aber noch unerforscht geblieben. Ein besonderes Problem stellt dabei die Siedlungskontinuität an vielen Orten des Limes dar, durch welche die römischen Reste heute oft zur Gänze unter dem mittelalterlichen und modernen Siedlungsareal liegen und so nicht planmäßig, sondern nur anläßlich von Baumaßnahmen punktuell und unter Zeitdruck erforscht werden können. Besonders negativ wirkt sich diese Tatsache auf alle jene archäologischen Denkmäler aus, die nicht aus Stein gebaut waren. Holzbauten, deren Spuren nur mehr als dunkle Verfärbungen im Boden erkennbar sind, aber auch Reste von Arbeitsplätzen, Gruben und ähnlichem können so häufig nicht erkannt und daher auch nicht dokumentiert und für die Forschung gerettet werden. Aus diesen Gründen ist vor allem unser Wissen um die Frühzeit der Vici und Canabae, die durch die Verwendung von leicht vergänglichen Baumaterialien wie Holz, Rutenputzwänden oder Lehmziegeln gekennzeichnet war, noch recht gering, während wir die Periode ab dem späten 2.Jh.n.Chr., in der die massive Steinbauweise vorherrschte, schon viel besser fassen können. Kastellvici wurden bis jetzt in Österreich nirgends großflächig freigelegt und ausführlich erforscht. Viele unserer Beobachtungen müssen daher durch Vergleiche mit den Forschungsergebnissen aus den benachbarten Provinzen Rätien und Obergermanien ergänzt werden. Von den Canabae sind am österreichischen Abschnitt des Donaulimes drei bekannt, nämlich das erst nach den Markomannenkriegen gegründete LAURIACUM in Noricum sowie VINDOBONA und CARNUNTUM in Westpannonien. Unser Wissen um Struktur und Aussehen der Canabae stützt sich dabei vor allem auf die archäologischen Forschungen in CARNUNTUM. Der Bereich um das Legionslager, der hier anders als in LAURIACUM (ENNS) oder VINDOBONA (WIEN) von späterer Überbauung großteils verschont geblieben ist, wurde zum überwiegenden Teil zwar schon im vorigen Jahrhundert freigelegt, wobei keine detaillierten Beobachtungen zur chronologischen Abfolge der einzelnen Gebäude oder zu Verfärbungen von Holzbauten zu erwarten sind, doch können wir hier die Ausdehnung und städteplanerischen Maßnahmen der späteren Phasen gut verfolgen.

Kastellvici

Die Hauptfunktion der Kastellvici war es, die Soldaten mit Dingen des täglichen Lebens zu versorgen sowie ihnen die Möglichkeit zur Unterhaltung und Entspannung in der dienstfreien Zeit zu geben. Landwirtschaftliche Tätigkeit ist für sie hingegen nicht vor der Spätantike nachgewiesen, sondern die Belieferung der Truppen mit Lebensmitteln, vor allem mit Getreide, erfolgte durch die zahlreichen *villae rusticae* des Umlandes. Über diese Aufgabe der unmittelbaren Versorgung der Soldaten hinaus entwickelten sich viele Kastellvici zu lokalen Marktzentren, in denen auch die Bewohner des Umlandes jene Dinge, die sie nicht selbst erzeugten, erstehen konnten. Außerdem können wir wohl annehmen, daß in vielen Fällen auch die Familien der Soldaten hier gewohnt haben. Zwar war es dem römischen Soldaten vor den Reformen des Kaisers Septimius Severus am Ende des zweiten Jhs.n.Chr. offiziell nicht erlaubt, zu heiraten, angesichts der langen Dienstzeit von 25 Jahren ist es aber nicht verwunderlich, daß de facto Familien existierten, die nach der ehrenvollen Entlassung legitimiert wurden. Häufig haben sich daher auch Veteranen nach ihrer Entlassung im Vicus angesiedelt und ein Geschäft oder ein Handwerk betrieben. Daraus ergab sich, daß sich die Bewohner dieser Siedlungen „ihren" Truppen eng verbunden fühlten und dies – wie einige Inschriften bezeugen – auch in ihrer Bezeichnung als *lixae* einer bestimmten Kohorte zum Ausdruck brachten. Untersuchungen in Obergermanien und Rätien haben gezeigt, daß aus diesen Gründen bei Abzug der Truppe zumindest ein Teil der Vicus-Bewohner mit ihr zu ihrem nächsten Standort mitgezogen ist, und eine ähnliche Situation können wir wohl auch in Noricum und Pannonien vermuten.

Im Regelfall entstanden Kastellvici gleichzeitig mit der Gründung des zugehörigen Kastells. Sie hatten zunächst einen sehr einfachen Charakter und erstreckten sich entlang der wichtigen Ausfallsstraßen aus dem Lager. Im Laufe der Zeit sind sie zu größeren Dörfern, die oft mehrere Seiten des Kastells umgaben, angewachsen. Trotzdem können wir gleich bei ihrer Gründung eine gewisse Planung für ihre Entwicklung und Größe (bis zu einer Entfernung von zirka 500 m von der Kastellmauer) voraussetzen, da kein Fall bekannt ist, daß die Gräberfelder, die sich ja außerhalb der Siedlungen befinden mußten, durch die spätere Ausdehnung des Vicus von Häusern überlagert wurden. Öffentliche Bauten, wie z.B. Marktgebäude, die wir nach Vergleichen mit anderen Provinzen in einem Kastellvicus erwarten können, fehlen an unserem Limes-Abschnitt. Auch von den Kastellbädern, die sich in der Regel ebenfalls außerhalb des Kastells befanden, haben sich bei uns nur wenige Reste erhalten, so in MAUTERN oder TRAISMAUER. Besser bekannt sind Heiligtümer, besonders für orientalische Gottheiten, so z.B. ein Mithräum in LINZ. Am bekanntesten ist der wichtige Fund des Kultinventars des Tempels für den kleinasiatischen Iuppiter Dolichenus aus dem Kastellvicus von MAUER AN DER URL (Abb.20). Kastellvici weisen einen ganz charakteristischen, langgestreckten Haustyp mit schmaler Straßenfront auf, der in der Fachliteratur Streifenhaus genannt wird. Gegen die häufig von einer Porticus gesäumten Straße zu lagen ein oder zwei Räume, die als Verkaufsräume oder für eine gewerbliche Tätigkeit dienten, dahinter folgte häufig ein größeres Zimmer, neben beziehungsweise hinter dem weitere, kleinere Kammern gruppiert waren. Typisch und oft als einziger Hinweis im archäologischen Befund noch erhalten sind rechteckige, über Stiegen erreichbare Keller, die entweder unter den Fronträumen oder im hinteren Trakt gelegen waren. Wie die ersten Kastelle waren auch die frühen Vici aus Holz errichtet, die Innenwände konnten auch aus lehmverputztem Flechtwerk bestehen (sogenannten Rutenputzwänden). Die Keller waren anfangs mit Holz verschalt, später gemauert.

Spuren der Vicusbebauung haben sich in einigen Orten erhalten, so zum Beispiel in TRAISMAUER oder TULLN. Die besten Beispiele dafür finden sich aber in LINZ und MAUTERN. In LINZ wurden im Bereich Altstadt/Hahnengasse zwei in Holz errichtete Streifenhäuser freigelegt, die gegen die Straße zu jeweils gemauerte Keller aufwiesen, während sich im hinteren Teil ein

Abb. 20: Mauer a. d. Url. Schatzfund

weiterer holzverschalter Keller, Brunnen und Feuerstellen befanden (Abb.21). Ihre Zerstörung durch eine große Brandkatastrophe könnte im Zuge der Markomannenkriege in der zweiten Hälfte des 2.Jh.n.Chr. erfolgt sein.

In MAUTERN konnten Beispiele für Holzbauten bei Grabungen im südlichen Vicus freigelegt werden. In der Nähe befanden sich noch eine Reihe von Abfall- und Vorratsgruben, darüber hinaus Arbeitsstellen und mehrere Töpferöfen. Mit dem fortschreitenden 2.Jh.n.Chr. wurden die meisten dieser Streifenhäuser in Stein umgebaut. Das am besten erhaltene Haus lag im östlichen Vicusbereich von MAUTERN (Parz.808). In seinem vorderen Teil befindet sich ein großer, steingemauerter Keller, dessen schön verputzte und einfach bemalte Wände durch Nischen gegliedert sind (Abb.22). Diese Ausstattung, die sich auch bei Kellern in Obergermanien und Rätien findet, läßt darauf schließen, daß diese Keller nicht nur zur Vorratslagerung, sondern auch zu Wohnzwecken verwendet wurden.

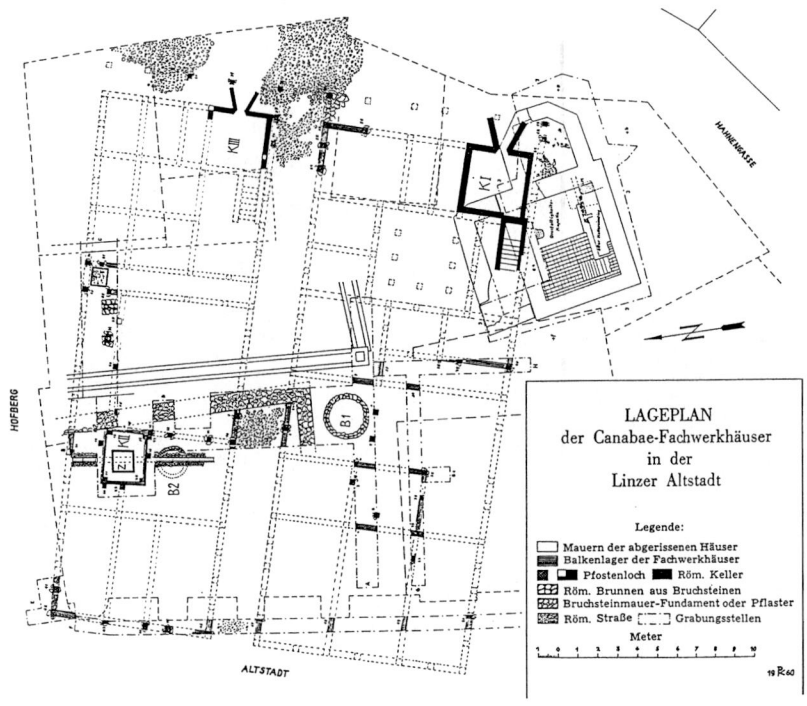

LAGEPLAN
der Canabae-Fachwerkhäuser
in der
Linzer Altstadt

Legende:

☐ Mauern der abgerissenen Häuser
▥ Balkenlager der Fachwerkhäuser
◪ ◼ Pfostenloch ◼ Röm. Keller
▦ Röm. Brunnen aus Bruchsteinen
▦ Bruchsteinmauer-Fundament oder Pflaster
▦ Röm. Straße [¯ ¯] Grabungsstellen

Meter

Abb. 21: Linz. Streifenhäuser im Vicus, Bereich Altstadt-Hahnengasse

Canabae

Auch die ersten Siedlungen rund um die Legionslager zeigten zunächst ähnliche Charakteristika wie die Kastellvici, entwickelten sich aber bald zu größeren, quasi-städtischen Orten – *in modum municipii exstructa* (wie eine Stadt gebaut), wie Tacitus berichtet (Historien 4, 22). Sie unterscheiden sich von römischen Städten jedoch durch das Fehlen eines planmäßig angelegten, rechtwinkeligen Straßennetzes und lassen immer ihre schrittweise Entwicklung erkennen. Noch wichtiger war aber der Unterschied in ihrer rechtlichen Stellung.

Grundsätzlich stand das Gelände rund um ein Kastell oder Legionslager dem Militär zur Verfügung und war daher der Verwaltung des Legionskommandanten beziehungsweise des *praefectus* eines Hilfstruppen-

60

Abb. 22: Mautern. Nischenkeller

lagers unterstellt. Hierher wurden jene Tätigkeiten des Militärs verlegt, die aus Gründen des Platzmangels, der Sicherheit oder der Lärmbelästigung nicht innerhalb des ummauerten Lagerareals ausgeübt werden sollten, wie etwa Handwerksbetriebe der Metallverarbeitung, aber auch Töpfereien und Ziegeleien. Weiters können wir uns vorstellen, daß die große Menge der von den Truppen benötigten Reit- und Lasttiere entsprechenden Raum für Weiden oder für die Futtergewinnung benötigten. Dazu kam noch der Platz für das tägliche Exerzieren und Üben der Soldaten und Tiere. In manchen unserer Quellen wird das Areal rund um das Lager daher auch *prata legionis* (Wiesen der Legion) genannt, in anderen einfach *territorium legionis* (Gebiet der Legion). Aus literarischen und epigraphischen Quellen, in unserem Abschnitt besonders aus dem reichen Inschriftenmaterial vom Heiligtum auf dem Pfaffenberg bei CARNUNTUM, wissen wir, daß es für die Ausdehnung dieses Gebietes genaue Vorschriften und Vermessungen gab. Auf Inschriften wird nämlich für dieses für das Militär reservierte Areal auch die Bezeichnung *intra leugam* (innerhalb der *leuga*) verwendet (Abb.23). Eine *leuga* war ursprünglich ein gallisches Längenmaß und bezeichnet eine Strecke von 2,22 km. Dieses Maß wurde vom Vermessungsmittelpunkt des Lagers, das heißt dem

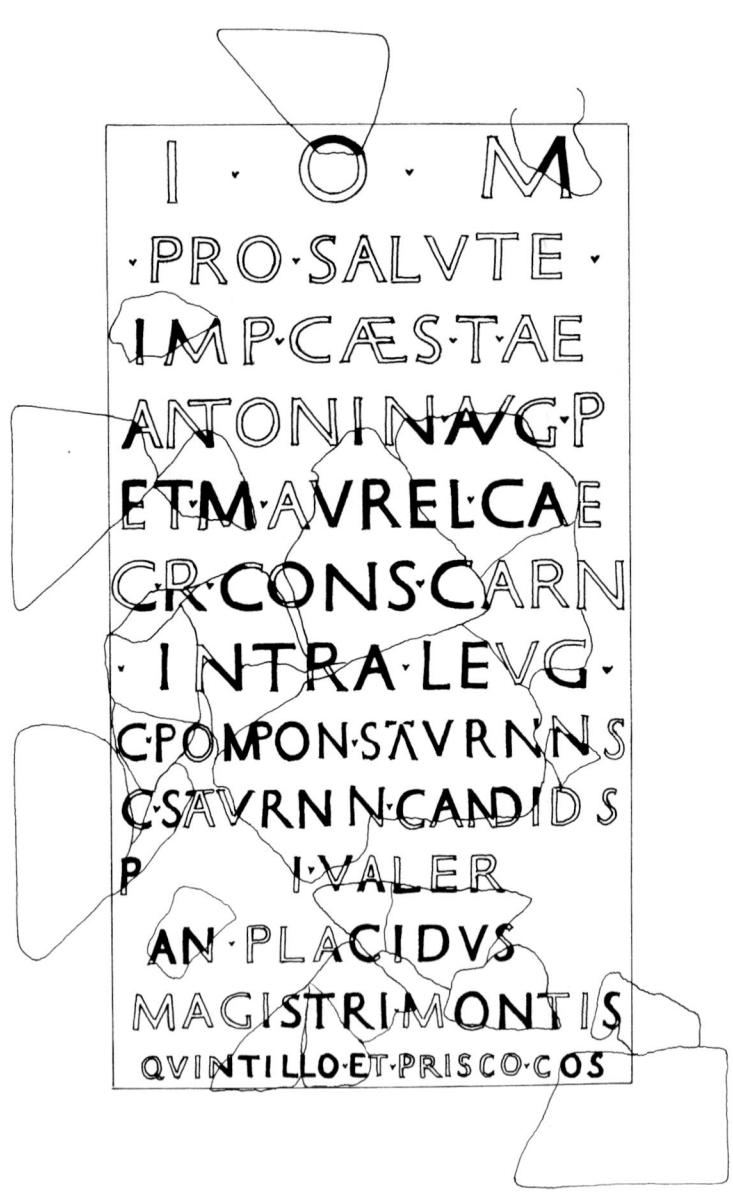

I · O · M
PRO · SALVTE ·
IMP · CÆS · T · AE
ANTONIN AVG P
ET M AVREL CAE
CR CONS CARN
· INTRA · LEVG ·
C POMPON SAVRNN S
C SAVRN N CANDID S
P I VALER
AN · PLACIDVS
MAGISTRI MONTIS
QVINTILLO · ET · PRISCO · COS

Abb. 23: Carnuntum/Pfaffenberg. Leuga-Inschrift

Schnittpunkt von *via praetoria* und *via principalis,* aufgetragen, wobei das Gebiet innerhalb dieses Abstands der militärischen Nutzung unterstand. Für die Bewohner der Siedlungen, die sich innerhalb dieses Territoriums befanden, dürfte dies die iuristische Konsequenz gehabt haben, daß sie zwar die Nutzung der von ihnen bewohnten Parzellen innehatten, jedoch kein Recht auf den Erwerb von Bodeneigentum. Ebensowenig hatten sie die Möglichkeit einer selbständigen Verwaltung wie in den Municipien, den autonomen Städten, sondern waren auch in dieser Beziehung vom Militär abhängig. Trotzdem hat sich im Laufe der Zeit für manche dieser Siedlungen eine quasi-munizipale Verwaltung etabliert, an deren Spitze zwei *magistri* genannte Beamte standen. Personen, die diese Gegebenheiten nicht akzeptieren wollten, die also zum Beispiel nicht auf den Besitz von Bodeneigentum verzichten wollten, siedelten sich außerhalb des militärischen Territoriums in einem eigenen Vicus an. Da jedoch auch sie an dem wirtschaftlich wichtigen Faktor Militär partizipieren wollten, erfolgten diese Ansiedlungen meist möglichst knapp an der *leuga*-Grenze, um nicht durch lange Anfahrts- und Transportwege ins Hintertreffen zu geraten. Daher sind häufig in der Nähe des Legionslagers, aber immer unter Einhaltung des 2 km Abstandes, zusätzlich zu den Canabae weitere Siedlungen entstanden, die rasch zu richtigen Städten angewachsen sind, denen früher oder später der Rang eines Municipiums oder einer Colonia zuerkannt wurde, so zum Beispiel in CARNUNTUM oder AQUINCUM. Sie werden in der Forschung meist als „Zivilstadt" bezeichnet. Die oft aufgestellte Behauptung, daß diesen Städten ursprünglich einheimisch-keltische Vorgängersiedlungen zugrunde liegen, konnte zumindest in unserem Raum durch Grabungen nicht bewiesen werden.

Gleichzeitig mit der Gründung des Legionslagers haben sich entlang der wichtigsten Straßen Siedlungszellen gebildet, die im Laufe der Zeit zu einer zusammenhängend bebauten Fläche rund um das Legionslager zusammenwuchsen. Die früheste Phase ist in allen österreichischen Canabae nur schlecht erforscht. Am meisten wissen wir noch über CARNUNTUM, weshalb sich die folgenden Ausführungen über das Aussehen und die Entwicklung der Canabae vor allem auf den Carnuntiner Befund stützen (Abb.96). Bedingt durch die alten Grabungsmethoden kennen wir die ältesten Teile der Canabae von CARNUNTUM, die unmittelbar vor den Lagertoren anzunehmen sind, nicht. Nur im Osten des Legionslagers kurz vor der Altenburger Senke konnten bei Grabungen auf den „Mühläkkern" Reste von mehreren Holzhäuser der zweiten Hälfte des 1.Jhs.n.Chr. mit vielen zugehörigen Vorrats- und Abfallgruben nachgewiesen werden. In ihrer Nähe befanden sich ausgedehnte Tongruben, die den Rohstoff für einen noch nicht lokalisierten Töpfereibetrieb geliefert haben. Diese Häusergruppe wird in dieser frühen Periode noch kaum als Teil einer zusammenhängenden Canabae-Bebauung zu werten sein, sondern als einer der Siedlungsteile, aus denen später die stadtähnliche Siedlung der Canabae entstanden ist.

Erst in der ersten Hälfte des 2.Jh.n.Chr. läßt sich eine grundlegende Änderung des Bebauungsschemas nachweisen. Neue Straßen wurden angelegt, an denen Häuser in Fachwerktechnik oder in Lehmziegelbauweise entstanden. Trotzdem läßt sich auch zu diesem Zeitpunkt kein regelmäßiges Straßensystem mit rechteckigen Häuserblöcken, wie in zivilen Städten üblich (vgl. ST. PÖLTEN Abb.79), nachweisen. Wie bei den Vici gehören die bekannten Steingebäude erst ins späte 2. beziehungsweise ins 3.Jh.n.Chr. Für diese Periode können wir in CARNUNTUM die größte Ausdehnung und Verbauungsdichte der Canabae annehmen, doch scheinen die Randbereiche stets stärker gewerblich genutzt worden zu sein, wie etwa große Kalköfen wiederum im Bereich der „Mühläcker" zeigen. Die in Stein gebauten Häuser weisen nun Grundrisse auf, die sich deutlich von den Streifenhäusern unterscheiden. Sie sind oft mit der Breitseite zur Straße orientiert; die Räume gruppieren sich häufig um einen Mittelkorridor und sind regelmäßig mit Heizungen und Wandmalerei ausgestattet.

Neben dieser privaten Wohnhausarchitektur ist uns eine Reihe von öffentlichen Gebäuden bekannt. Eng mit dem militärischen Bereich verbunden war der Palast des Statthalters, der in den Canabae in geringer Entfernung vom Legionslager identifiziert wurde. Wie im benachbarten AQUINCUM erhob er sich auch in CARNUNTUM (und vielleicht ebenso in LAURIACUM) nahe am Donauufer, sodaß seine mächtige Fassade eine beeindruckende Wirkung auf die Germanen auf der anderen Seite des Stromes ausübte. In den öffentlichen Bereich gehören auch die großen, an allen Seiten von mehrstöckigen Säulenhallen eingefaßten Forumsanlagen, die wir ebenso aus anderen Canabae, wie etwa NIJMEGEN am Rhein, kennen. Das Forum von CARNUNTUM erhob sich westlich des Legionslagers knapp vor der *porta principalis dextra* (Abb.24). Der große freie Platz in der Mitte wird der Abhaltung der wöchentlichen Märkte gedient haben, zu denen, wie wir aus der schriftlichen Überlieferung wissen, auch die Germanen Zutritt hatten. Eine Funktion im politischen Leben der Canabae, etwa für Versammlungen, oder im Bereich der Rechtssprechung können wir hingegen für die Basilika vermuten, die sich an seiner Südseite anschloß.

Eine Reihe von weiteren Gebäuden diente der Freizeitgestaltung von Soldaten und Canabae-Bewohnern. Hier ist in erster Linie das im späten 2.Jh.n.Chr. knapp östlich des Legionslagers errichtete Amphitheater zu nennen (Abb.98), das vielleicht einen Holzvorgänger gehabt hat. Weiters gehören hierher die ausgedehnten Thermenanlagen, die sich im Süd-

Taf. 1.1: Schwarzenbach. Rekonstruktion des Befestigungswerkes

Taf. 1.2: Schwarzenbach. Sogenannter Amulettring der Spätlatènezeit

Taf. 1.3: Leopoldsberg. Eisensporen und bronzener Knotenring einer Trense der Spätlatènezeit und frühkaiserzeitlicher, herzförmiger Bronzeblechanhänger einer Pferdeschirrung

Taf. 2.1: Carnuntum. Blick in Richtung Osten gegen Hainburg-Braunsberg

Taf. 2.2: Carnuntum. Aureus des
Kaisers Hadrianus mit der Umschrift
HADRIANVS AVGVSTVS

Taf. 2.3: Mautern. Eingeglättete
Keramik

Taf. 3.1: Carnuntum. Legionslagergraben

Taf. 3.2: Carnuntum. Mithrasrelief

Taf. 4: Carnuntum. Kaiserstatue mit Brustpanzer

Taf. 5.1: Carnuntum. Grabensemble

Taf. 5.2: Limesstraße bei Mautern

Taf. 6: Rekonstruktion eines Legionärs des 1. Jhs. n. Chr.

Taf. 7: Rekonstruktion eines Legionärs des 3. Jhs. n. Chr.

Taf. 8: Notitia Dignitatum – Schildembleme

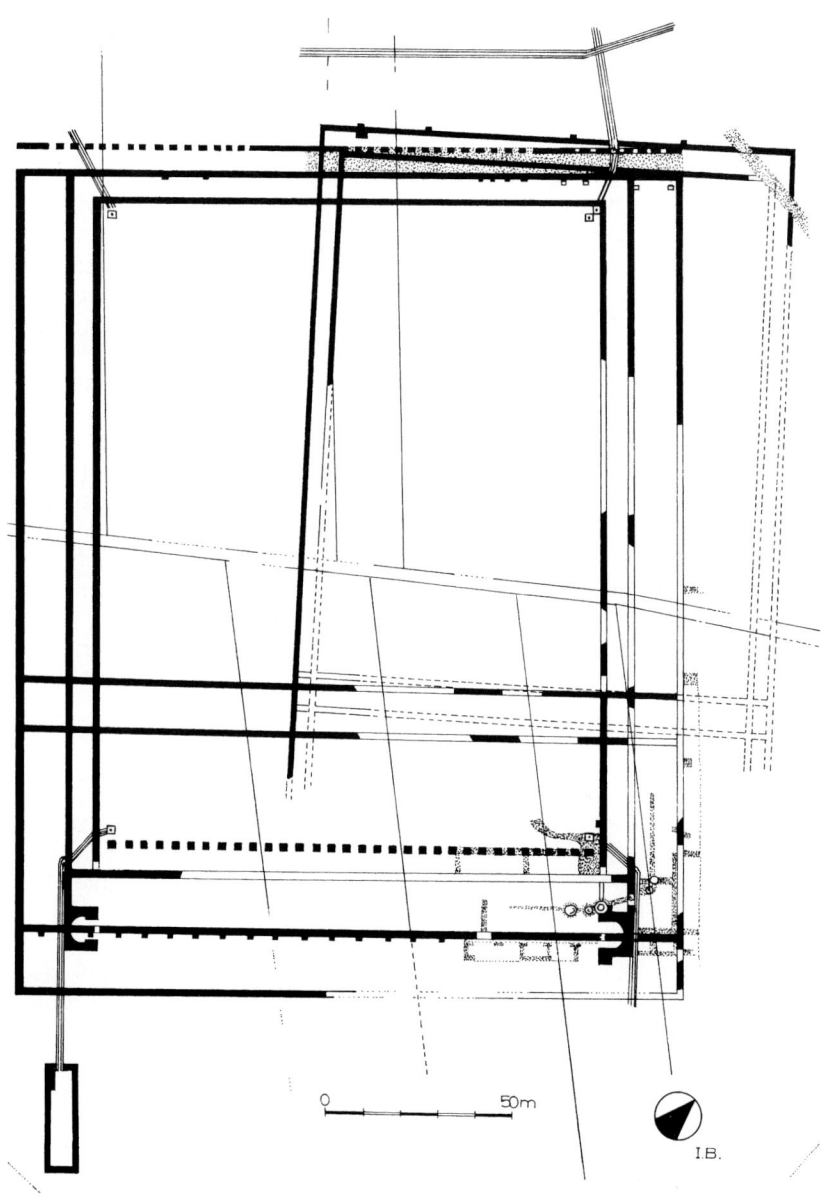

0   50m

I.B.

Abb. 24: Carnuntum. Das Forum der *canabae legionis*

65

osten des Lagers erstreckten. Da die Anlage schon um die Jahrhundertwende freigelegt wurde, ist es uns heute nicht möglich, die Baugeschichte dieses riesigen Komplexes nachzuvollziehen oder auch nur die einzelnen Räume in ihrer konkreten Funktion zu benennen.

Eine wichtige Rolle im Gemeinschaftsleben der Canabae haben die verschiedenen Heiligtümer gespielt. Wieder können wir uns über ihre Entwicklung am besten am Beispiel von CARNUNTUM informieren. Während sich östlich der Canabae auf dem heute zum Großteil durch einen Steinbruch zerstörten Pfaffenberg (Farbtafel 27.2) ein bedeutendes Zentrum der Iuppiter-Verehrung und des Kaiserkults befunden hat, sind uns aus dem Canabae-Bereich vor allem Heiligtümer östlicher Religionen bekannt, wie dies übrigens auch in LAURIACUM oder AQUINCUM der Fall ist. Zu nennen sind die Kultbezirke für den persischen Lichtgott Mithras („Am Stein" im Osten von BAD DEUTSCH ALTENBURG, Abb. 96; PETRONELL/Lange Gasse, Farbtafel 3.2), der Tempelbezirk für den besonders von Soldaten verehrten kleinasiatischen Iuppiter Dolichenus ebenfalls im Westen der Canabae im heutigen Ortsbereich von PETRONELL sowie der Tempelbezirk für die Heliopolitanischen Gottheiten auf den Mühläckern (Abb.96). In dieser Gegend können wir nach einer monumentalen Bauinschrift auch einen Tempel des ägyptischen Gottes Serapis vermuten. Diese bunte Mischung exotischer Kulte gibt uns nur einen kleine Einblick, in die „internationale" Zusammensetzung, die wir für die Bevölkerung der Canabae annehmen können.

Spätzeit

In den Kriegswirren der Spätantike werden Kastellvici und Canabae gleichermaßen aufgegeben. Erste Anzeichen dafür lassen sich etwa in CARNUNTUM schon am Ende des 3.Jh.n.Chr. feststellen, wo die Siedlung im Ostteil durch Gräber gestört wird, die vermuten lassen, daß die betreffenden Häuser nicht mehr in Benützung gestanden sind.

Ähnlich ist die Situation in den Kastellvici neben den Hilfstruppenkastellen. Aus ihnen sind uns für das 4.Jh.n.Chr. nur wenige Siedlungsspuren bekannt. Gegen Ende des 4.Jh.n.Chr. beginnen die Gräberfelder das ehemalige Siedlungsareal zu überlagern. Die Bevölkerung hat sich zu diesem Zeitpunkt auch hier offenbar schon in den Schutz der ummauerten Kastelle zurückgezogen, die sich so von rein militärischen Anlagen zu befestigten Städten gewandelt haben. Ab diesem Zeitpunkt existieren Canabae und Kastellvici nicht mehr.

Verena Gassner

Literatur

H. von Petrikovits, Die Canabae legionis. In: 150 Jahre Deutsches Archäologisches Institut. 1829–1979. Mainz 1981, 163ff.; I. Piso, Die Inschriften vom Pfaffenberg und der Bereich der Canabae legionis. Tyche 6, 1991, 132ff.; S. Sommer, Kastellvicus und Kastell. Untersuchungen zum Zugmantel im Taunus und zu den Kastellvici in Obergermanien und Rätien. Fundberichte aus Baden Württemberg 13 (1988), 457ff.; W. Jobst – M. Kandler – H. Stiglitz, Carnuntum. Aufstieg und Niedergang der Römischen Welt II/6, 1977, 626ff.;

Gräberfelder im Limesgebiet

Forschungsaufgaben und Voraussetzungen

Die Art und Weise, wie mit dem Körper verstorbener Menschen verfahren wird, wie Gräber angelegt werden, und welche Bräuche in der Folge zur Erinnerung an den Toten befolgt werden, stellt ein wichtiges Merkmal jeder Gesellschaft und jeder Kultur dar. Im Limesgebiet mischen sich mit der unterschiedlichen Zusammensetzung der Bevölkerung auch Traditionen des Bestattungswesens. Sie bleiben aber häufig erkennbar, sodaß die Erforschung von Gräberfeldern sehr wichtige Aussagen zur sozialen und kulturellen Zusammensetzung der Bevölkerung erbringen kann. Wichtige Ansätze für die Chronologie und Typologie von Fundstücken ergeben sich daraus, daß die in Gräbern gefundenen Stücke zum Zeitpunkt der Bestattung in Gebrauch waren und vielfach unzerstört in das Grab gelegt wurden, während an Siedlungsstellen zumeist nur Abfall gefunden werden kann, und Siedlungsschichten über längere Zeit hinweg entstehen.

Zum Zeitpunkt der Einrichtung der Provinzen war die „einheimische", das heißt die seit Generationen in einigen Siedlungskammern dieses Raumes lebende Bevölkerung der kleinste oder jedenfalls im Fundbestand unauffälligste Faktor. Gerade aus der späten LaTène-Zeit kennen wir recht wenige Gräberfelder. Die aus dem Mittelmeerraum, besonders Italien, stammenden Soldaten, die als römische Bürger in den Legionen dienten und daher in der Umgebung der Legionslager während oder nach ihrer Dienstzeit verstorben sind, haben ihre Traditionen mitgebracht, ebenso die Auxiliarsoldaten, die in verschiedenen Provinzen ausgehoben wurden und das Bürgerrecht erst nach ihrer Entlassung erhielten. Anzufügen sind Bevölkerungsgruppen, die aus übervölkerten Reichsteilen oder auch von Gebieten außerhalb des Reiches in den Provinzen angesiedelt wurden und noch lange *peregrini* blieben.

Lage und Struktur der Gräberfelder

Gemeinsam ist allen Gruppen, daß die Bestattung abseits der Siedlung erfolgt. Für ROM legt schon im 5.Jh.v.Chr. das 12-Tafel-Gesetz fest: *hominem in urbe ne urito ne sepelito* – innerhalb der Stadt soll kein Mensch verbrannt oder beigesetzt werden. Aber auch keltische oder germanische Gräberfelder überschneiden sich nicht mit gleichzeitigen Siedlungsplätzen. Gräberfelder geschlossener Siedlungen (Städte, Kastelle,

Vici) liegen meist etwa 100 m vom Rand der Verbauung entfernt, gelegentlich auch viel weiter (bis 500 m). Bei CARNUNTUM (Abb.96) zeigen sich die verschiedenen Formen und Lagen der Gräberfelder sehr deutlich. Das um die Mitte des 1.Jh.n.Chr. entstandene Legionslager und seine Canabae bilden den Ausgangspunkt der Siedlung, die Zivilstadt wird unter Hadrian Municipium. Von Lager und Canabae aus wird zunächst entlang der Straße nach SCARBANTIA eine „Gräberstraße" angelegt (Abb.25). Sie beginnt etwa 500 m vom Tor des Lagers entfernt und erstreckt sich auf wenigstens 2 km Länge. Diese Form hatte sich seit mehr als hundert Jahren in Italien entwickelt, wobei die meist sehr aufwendig und nicht selten originell gestalteten Grabbauten mit gutem Recht als „Selbstdarstellung städtischer Eliten" (v. Hesberg) bezeichnet worden sind. Jedes Grab oder jedes Grabareal hatte eine Front zur viel begangenen Hauptstraße. Obwohl die klar vorgegebene militärische Struktur der Legion kaum Platz ließ für eine konkurrierende Selbstdarstellung von Personen oder Familien, haben die aus dem Mittelmeerraum kommenden Legionäre ihr Gräberfeld in dieser Weise angelegt und etwa bis in das 3.Jh.n.Chr. benutzt. Aber auch Hügelgräberfelder orientieren sich an Wegen oder werden von solchen durchquert. Schon die ab dem 2.Jh.n.Chr. belegten Gräberfelder der Zivilstadt sehen anders aus, obwohl hier die soziale Struktur durchaus eine Gräberstraße hätte erwarten lassen. Die Gräberfelder südlich der Zivilstadt können vorläufig in das 2. bis 3.Jh.n.Chr. datiert werden, ebenso die im Westen, von denen sich

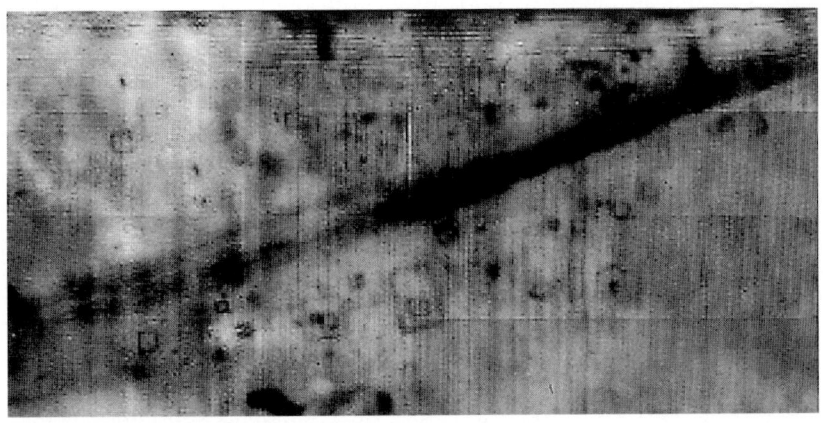

Abb. 25: Carnuntum. Widerstandsmessung im Bereich der Gräberstraße

eines an der Limesstraße orientiert. Ab dem 4.Jh.n.Chr. sind die Gräberfeldteile im Osten und Südosten der Stadt belegt worden, das östliche ist
wohl der direkten Straßenverbindung zum Legionslager zuzuordnen. Der
Abstand vom verbauten Gebiet ist mit etwa 100 m nicht sehr groß, manche
späteren Gräberfeldteile grenzen oft unmittelbar an die Stadtmauer.

Die flächenhaft ausgedehnten Gräberfelder im Bereich der Canabae
stammen ebenfalls aus späterer Zeit, sie setzen nicht vor dem 4.Jh.n.Chr.
ein. Sie widersprechen auch nicht der Regel, daß Gräber und Siedlung
getrennt sein sollen, da sie angelegt wurden, als hier große Siedlungsteile
schon aufgelassen waren. Es ist auch an anderen Orten nicht selten, daß
gerade in der Spätantike Gräber in aufgelassenen Siedlungsteilen angelegt werden. Solche Flächen waren ja durch die im Boden steckenden oder
noch teilweise aufrechten Mauern landwirtschaftlich nicht nutzbar.

Als Beispiel für einen Kastellort kann MAUTERN (FAVIANIS) (vgl. Abb. 77)
gelten, wo ein Gräberfeld (spätes 3. bis 5. Jh.n.Chr.) etwa 500 m vom
Kastell entfernt liegt und wahrscheinlich zur landwirtschaftlich-gewerb-
lichen Siedlung südlich des Kastells gehört. Ein weit größeres Gräberfeld der späten Kaiserzeit liegt über eine weite Fläche verteilt im Osten
des Kastells. Wohl ziehen Straßen durch die Gräberfelder, doch fehlen
Hinweise auf eine Gräberstraße im Sinne der italischen Tradition. Der
Plan des in mehreren Etappen mit uneinheitlicher Dokumentation
ergrabenen Gräberfeldes konnte teilweise rekonstruiert werden und
zeigt Gruppen, die in sich parallele Ausrichtung und reihenartige Anlage
aufweisen. Auch hier überlagern die Gräber gelegentlich aufgelassene
Bauten.

Für die Relation zwischen den *villae* und ihren zugehörigen Gräberfeldern ist an den pannonischen Gräberfeldern beobachtet worden, daß
die früheren Brandgräberfelder 200–300 m nördlich bis östlich der Hauptgebäude liegen, die späteren Körpergräberfelder aber 150–300 m südlich bis südwestlich. Etwa 150 m liegen auch in DEUTSCHKREUZ zwischen
dem Hauptgebäude der *villa* und dem Bestattungsplatz.

An Gräberstraßen ergibt sich die Aufreihung der manchmal besonders
hervorgehobenen Frontseiten an der Straße von selbst. Dort, aber auch
bei flächiger Anlage des Gräberfeldes, sind abgegrenzte Areale festzustellen. Diese entsprechen einerseits einer keltischen Tradition, wie die
Gräberfelder von MANNERSDORF und POTTENBRUNN zeigen, andererseits
auch der römischen Rechtsauffassung. Ein Grabareal war in der Verfügung dessen, der es erworben hat und als Grabinhaber Verfügungen
erlassen konnte, die rechtlich geschützt wurden, etwa, daß das Grabmal
nicht an seinen Erben übergeht. Die Beschädigung von Gräbern (*se-
pulchri violatio*) wird noch in der Rechtsliteratur der Spätantike unter

70

strenge Strafen gestellt. Die in Nordwestpannonien gehäufte Verwendung von älteren Grabsteinen für Steinkistengräber hat zwar nicht die Rechte des Grabinhabers berücksichtigt, dessen Erben wohl nicht mehr faßbar waren, wohl aber die Weihung an die Totengötter. Als Grabbestandteil blieben die Grabsteine ja in deren „Zuständigkeitsbereich". Inschriftlich sind umfriedete Grabareale auch als *viridiarium* (von *viridis/* grün abgeleitet) bekannt, woraus sich eine gärtnerische Ausgestaltung erschließen läßt. Die Abgrenzung der Grabareale durch Gräbchen wurde jüngst im Gräberfeld der Villa von HALBTURN festgestellt (Abb.26), in anderen Fällen trennten Mauern die Areale.

In den flächig angelegten Körpergräberfeldern zeigt sich nicht selten eine reihenartige Anlage. Zu den Einrichtungen eines Gräberfeldes, wenn es nicht reines Körpergräberfeld ist, gehört neben den Wegen und den Umfriedungen der Grabareale auch ein zentraler Verbrennungsplatz, die *ustrina* (Abb.27).

Zum Vorgang der Bestattung

Was geschah, wenn ein Mensch verstorben war, kennen wir für den römischen Bereich aus literarischen Quellen, sonst muß die Interpretation der Grabbefunde herangezogen werden. Außerdem wird sich die Bestattung eines Legionssoldaten des 2.Jh. n.Chr. deutlich von der *pompa funebris* für einen prominenten Mann in Rom unterschieden haben. Dem Verstorbenen werden die Augen geschlossen, er wird unter Klagegesängen gewaschen und in seine gewohnte Tracht – gegebenenfalls in seine Amtstracht – gekleidet und mit seinem Schmuck versehen. Die Aufbahrung erfolgt im Haus, wobei Lichter aufgestellt werden. Während der Aufbahrung oder vor dem Scheiterhaufen wurde eine Rede gehalten, die *laudatio funebris*. Am dritten Tag wird der Leichnam vor dem Morgengrauen zum Gräberfeld gebracht und dort verbrannt, wenn es sich um eine Brandbestattung handelt, oder unverbrannt beigesetzt. Ein Totenmahl am offenen Grab und Erinnerungsfeste in festgelegten Abständen nach der Bestattung waren üblich.

Verbrennung und Körperbestattung

Wie schon das zitierte 12-Tafel-Gesetz angibt, wurden um die Mitte des 5.Jh.v.Chr. in Rom Brand- und Körperbestattung nebeneinander geübt. Zur Zeit, als Rom an die Donau vordringt, dominiert aber im westlichen Mittelmeerraum sowie in West- und Mitteleuropa durchaus die Brandbestattung, auch wenn vereinzelt Körperbestattungen auftreten können.

Abb. 26: Halbturn. Gräberfeldplan

Abb. 27: Wels. Verbrennungsplatz-*ustrina*

Auch in dieser Hinsicht haben sich die übereinstimmenden italischen und einheimischen Traditionen getroffen. Im östlichen Mittelmeerraum verliert hingegen die Körperbestattung nie vollständig ihre große Bedeutung, und dieser Bereich ist ebenfalls Teil des römischen Reiches. Wahrscheinlich ist es ein zunächst geringer, später stärkerer Zustrom an Menschen aus dem Osten, der aus religiösen oder familiären Traditionen an der Körperbestattung festhält und in der weiteren Folge auch in den Donauprovinzen den allmählichen Wandel zur Dominanz der Körperbestattung bewirkt. Dieser Wandel setzt im 2.Jh.n.Chr. ein und dauert bis in das 4.Jh.n.Chr.

Grabformen

Die jeweiligen „sterblichen Überreste" bei Brand- und Körperbestattung wurden in sehr vielfältigen, aber für beide Bestattungsformen ähnlichen Grabbauten beigesetzt. Für italische Gräberstraßen waren die monumentalen Grabbauten aus Quadermauerwerk mit reicher Reliefverzierung typisch. Sie sind im Limesgebiet nur in bescheidenen Formen nachweisbar: kleinere Aedikulen (Grabhäuschen) und Grabaltäre (Abb.28). Eine gewisse „Monumentalität" ist auch den norisch-pannonischen Hügelgräbern zuzusprechen, die als annähernd kreisförmige Hügel von 5 bis 15 m Durchmesser und bis zu 3 m Höhe aufgeschüttet wurden. Diese Hügel überdecken Einbauten, die den folgenden, freistehenden Grabformen entsprechen. Aedikulen/Grabhäuschen wurden auch in der einfacheren und billigeren Steinmauertechnik errichtet, ihre Seitenlänge mißt bei etwa quadratischer oder länglich-rechteckiger Form meist 2 bis 3 m, gelegentlich bis 4 m. Auch kreisrunde Konstruktionen sind nicht selten. Kisten, die aus einem Stein gearbeitet und mit einem Steindeckel abgeschlossen sind, werden bei Brandgräbern als Ossuare, bei Körpergräbern als Sarkophage bezeichnet. Solche Kisten wurden auch aus einzelnen – behauenen oder unbehauenen – Steinplatten und aus Ziegeln hergestellt und flach oder dachförmig abgedeckt. Besonders Ziegel werden häufig dachförmig aufgestellt. In vielfältigen Formen wurden Steinsetzungen aus nicht behauenen Steinen errichtet. Wenn der Leichnam am Scheiterhaufen verbrannt wurde, war es notwendig, die Asche dort zu sammeln und

Abb. 28: Grabbauformen im norischen Limesgebiet. 1. Aedicula mit reliefverzierten Innenwänden 2. Grabaltar mit Rundmedaillon als Aufsatz 3. Grabaltar mit Cista als Aufsatz 4. Altarförmiges Grabmal mit Pyramidenaufsatz 5. Aschenkiste oder Sarkophag

zum Grab zu bringen. Das geschah gelegentlich in Behältern aus Leder oder aus Stoff, die sich nur durch die scharf abgeschlossene Aschefüllung erkennen lassen, oder in Holzkästchen. Dem entsprechen Holzsärge für Körperbestattungen. Häufig wurde die Asche in Tonurnen oder – im Limesgebiet selten – in Glasgefäßen gesammelt. Nicht notwendig war diese Aufsammlung, wenn die Verbrennung am Ort des Grabes stattfand. Solche Gräber sind als Wannen mit verbrannten Wänden im Boden erkennbar, sie werden als *bustum* bezeichnet. Die einfachste und wohl häufigste Möglichkeit des Grabes war, eine Grube auszuheben und Asche oder Leichnam hineinzulegen. Vielfach sind diese Formen und Bauweisen auch kombiniert worden: Mit Steinen ausgemauerte Gräber wurden mit Ziegeln überdeckt, oder eine Grube wurde nur zum Teil mit Steinen ausgelegt. Die zu erwartende Verwesung des Leichnams ist die Ursache dafür, daß das bloße Überschütten mit Erde nur bei Brandbestattung vorkommt, während Körperbestattungen nahezu immer unter der antiken Oberfläche lagen. Eine Ausnahme war nur bei gut verschlossenen Sarkophagen möglich, doch auch diese wurden eher eingegraben als aufgestellt. Die Verwesung trat aber nicht immer ein: einerseits wurde durch Zuzug aus Ägypten die Technik des Einbalsamierens bekannt, andererseits sind auch Fälle von natürlicher Mumifizierung nachweisbar.

Grabkennzeichnung

Grundsätzlich war in römischer Zeit schon wegen der Bestimmungen des Grabrechtes jedes Grab gekennzeichnet. Aus dem 1. bis 3.Jh.n.Chr. kennen wir auch eine große Anzahl von Grabsteinen, die für die Sozialgeschichte dieser Zeit eine Fülle von Angaben bringen. Häufig ist die Weihung an die Totengötter „*D(is) M(anibus)*", immer ist der Name des Verstorbenen angegeben, gelegentlich seine Heimat und sein Beruf oder bei Soldaten der Dienstgrad. „Für seinen Sohn C. Cassius Marinus und seine Schwester Cassia Procula aus AQUILEIA setzt C. Cassius Aelianus, ein *centurio* der XV. Legion, den Grabstein" (Abb.29). Die Inschriften enthalten aber vielfach noch mehr, z. B. die Angaben, daß der Grabinhaber das Grab bei Lebzeiten besorgt hat (*vivus fecit*) oder Grabgedichte, sogar in griechischer Sprache, die im Limesgebiet wohl nur von Wenigen verstanden wurde. Besonders im 3.Jh.n.Chr. werden die Inschriften sehr ausführlich und geben das Lebensalter bis auf die Stunde genau an. Auch wenn aus späterer Zeit nur wenige Grabsteine auf uns gekommen sind, muß eine Grabkennzeichnung angenommen werden, auch deshalb, weil zahlreiche Gräber geplündert wurden, was ja nur möglich war, wenn sie noch kenntlich waren. Der ursprünglich bunt bemalte Relief-

Abb. 29: Grabstein für C. Cassius Marinus
und Cassia Procula

schmuck dieser Grabsteine zeigt die Toten in ihrer Tracht und Symbole,
die aus den antiken Jenseitsvorstellungen verstanden werden müssen.

Trachtbestandteile und andere Beigaben

Die Toten wurden in der Regel in ihrer Tracht verbrannt oder beigesetzt,
gelegentlich wurden Teile der Tracht auch in Brandgräbern unverbrannt
beigegeben. Fibeln haben sowohl in der norisch-pannonischen Frauen-
tracht als auch bei manchen militärischen Uniformen die Gewänder an
der Schulter festgehalten. Von Gürteln, aber auch vom Schuhwerk sind
Schnallen bekannt; Schmuck im engeren Sinne waren Haarnadeln, Ohr-
gehänge, Halsketten aus Glas- oder Steinperlen und mit verschiedenen
Anhängern sowie Arm- und Fingerringe. Gefäße aus Glas und Ton sind,

sofern es sich nicht um die Aschenbehälter handelt, ein Hinweis auf Trank- und Speisebeigaben (Farbtafel 5.1). Dabei ist die Beigabe selbst kaum je erhalten, außer es handelt sich um Tierknochen, die von Fleischbeigaben zeugen. Die Beigabe von Münzen symbolisiert wohl überhaupt den Besitz des Verstorbenen, aber auch den „Charonspfennig", als Lohn für den Fährmann Charon, der die Toten über den Fluß Lethe in die Unterwelt übersetzt.

Als sichtbare Denkmäler sind Gräberfelder im österreichischen Limesgebiet nirgends konserviert worden. Die meisten Museen stellen aber auch Funde aus Gräbern aus.

Heinrich Zabehlicky

Literatur
Th. Braun, Das spätrömische Gräberfeld von Girm-Deutschkreutz, Burgenland. Römisches Österreich 19/20, 1995, 29ff.; S. Jilek – H. Stiglitz, Vorläufige Untersuchungsergebnisse der Notgrabung B 9 im Abschnitt Petronell 1985, Carnuntum Jahrbuch 1986, Wien 1987, 171ff.; K. Kaus – M. Prost, Spätantike Villenfriedhöfe am Beispiel eines Spoliengrabes in Halbturn. Akten des 14. internationalen Limeskongresses in Carnuntum 1986. Der römische Limes in Österreich, 36 (Wien 1990), 603ff.; G. Kremer, Antike Grabbauten in Noricum. Diss. Wien 1992, Publikation in Vorbereitung; R. Neumann, Forschungen in Vindobona 1948 bis 1967. II. Teil Zivilstadt und Landbezirk. Der römische Limes in Österreich, 24 (Graz-Wien-Köln) 1968, bes. 30ff.; M. Pollak, Spätantike Grabfunde aus Favianis/Mautern. Mitteilungen der prähistorischen Kommission der Österr. Akademie der Wissenschaften 28, Wien 1993; W. Rieß, Die ustrina des westlichen römischen Gräberfeldes von Ovilava. Oberösterreichische Heimatblätter, 28, 1974, 154ff.; O. H. Urban, Das Gräberfeld von Kapfenstein (Steiermark) und die römischen Hügelgräber in Österreich. Veröffentlichungen der Kommission zur archäologischen Erforschung des spätrömischen Raetien der Bayerischen Akademie der Wissenschaften = Münchner Beiträge zur Vor- und Frühgeschichte, 35 (München 1984); E.M. Winkler – A. Losert, Natürliche Mumifikation bei einer römerzeitlichen Doppelbestattung aus Petronell-Carnuntum, NÖ. Fundberichte aus Österreich, 24/25, Wien 1988, 197ff.; H. Zabehlicky, Die spätantiken und völkerwanderungszeitlichen Körpergräber im norischen Teil Niederösterreichs. Ungedr. Diss. Wien 1976; H. Zabehlicky, Zur Spolienverwendung in spätantiken Gräbern des österreichischen Donauraumes. In: Lebendige Altertumswissenschaft, Festschrift für Hermann Vetters, Wien 1985, 279ff.; H. Zabehlicky, Ritzungen auf Grabbeigaben aus Hallstatt. Specimina Nova, VII/1, Pécs 1991, 271ff.

Das römische Heer am österreichischen Abschnitt des römischen Donaulimes.
Strukturen, Bewaffnung, Ausrüstung

Aus der Erfahrung der langen Bürgerkriegsepoche ist Kaiser Augustus (27 v.–14 n.Chr.) zusammen mit seinen Beratern darangegangen, ein Heer aufzubauen, das allen Erfordernissen, die sein neues Staatswesen (Prinzipat) an die bewaffnete Macht stellen mußte, gerecht, dem Staat und dem Herrscher aber keine Gefahr mehr werden konnte (Cassius Dio 52, 27f.). Das Hauptgewicht dieses neuen, stehenden Heeres lag natürlich auf den Landstreitkräften. Einer großen Kriegsflotte fehlten im rundum nun befriedeten Mittelmeer zunächst größere Aufgaben.

Einer ersten Bewährungsprobe mußte sich dieses Heer im sogenannten Alpenkrieg (15 v.Chr.) stellen. In wenigen Monaten gelang es ihm, die Alpenstämme der Räter und Vindeliker bis zur Donau hin niederzuringen. Gleichzeitig wurde unblutig das bis dahin Rom befreundete Königreich Noricum kassiert. Im Gefolge des Alpenkrieges und der folgenden Eroberung des pannonischen Raumes (12 – 9 v.Chr.) erschienen römische Truppen auch im heute österreichischen Donautal. Sie waren als offensive Streitmacht organisiert und bewaffnet und sollten nach ursprünglicher Vorgabe in Erreichung des gesetzten strategischen Zieles die Donau überschreiten und den germanischen Großraum zwischen Rhein und Elbe unterwerfen. Der große pannonische Aufstand (6 n.Chr.) und zuletzt die Niederlage des Varus im Teutoburger Wald (9 n.Chr.) vereitelten dieses gewaltige Expansionskonzept und erwirkten ein strategisches Umdenken, in dessen Folge die Donau Reichsgrenze und Noricum und Pannonien Grenzprovinzen wurden. Diesen Grenzprovinzen wurden nach einer Zeit übergeordneter Militärverwaltung eigene Heere zugeteilt, die unter dem selbständigen Kommando der Provinzstatthalter standen. – Ein zentral geführtes Reichsheer kannte Rom während der ersten drei Jahrhunderte der Kaiserzeit nicht, wohl aber eine Mehrzahl von Provinzheeren (*exercitus provinciae*).

Die Stärke dieser Provinzheere war uneinheitlich; sie richtete sich nach dem Maß der Bedrohung von außen (und innen) und der strategischen Lage der Provinz beziehungsweise ihrer wirtschaftlichen Bedeutung für das Reich. So lassen sich Ein- und Mehrlegionenprovinzen und Provinzen mit ausschließlich Hilfstruppenbesatzung (*provinciae inermes*) unterscheiden. Noricum war zunächst *provincia inermis*; seine Statthalter gehörten dem Ritterstand an (*procuratores provinciae*) und befehligten nur Hilfstruppen. Während der Markomannenkriege (noch unter Marcus

Aurelius, 161–180 n.Chr.) wurde Noricum Einlegionenprovinz (*legio II Italica*), der Legionskommandant (*legatus legionis*), ein senatorischer Offizier, fungierte gleichzeitig als Provinzstatthalter (*legatus provinciae*). Die beiden pannonischen Provinzen waren gleich als legionare Provinzen eingerichtet worden; ihre Statthalter von unterschiedlichem Rang (Pannonia Superior als Dreilegionenprovinz und Pannonia Inferior als Einlegionenprovinz) gehörten dem Senatorenstand an (*legati provinciae*). Die Truppen der Provinzheere lagen zunächst zur Niederhaltung der Provinzbevölkerung über die Provinz verteilt (nur CARNUNTUM hatte sofort eine legionare Grenzgarnison) und entlang der strategisch wichtigen Verkehrswege (z.B. der Bernsteinstraße). Erst allmählich wurden die Provinztruppen allesamt an die Reichsgrenze = die Donaugrenze vorgezogen. Diese Entwicklung war vermutlich unter der Regierung Kaiser Domitians (81 – 96 n.Chr.) abgeschlossen.

Um den militärischen Aufgaben und den innenpolitisch – bevölkerungsstrukturellen Gegebenheiten gerecht zu werden, war das römische Heer augusteischer Prägung in mehrfacher Hinsicht gegliedert. Die Erfüllung militärischer Aufgaben forderte die Trennung in reine Infanterie- und reine Reitereinheiten, führte aber auch zur Schaffung von gemischten Formationen. Die Trennung in reine Bürgertruppen (Legionen und stadtrömische Truppen), rekrutiert ausschließlich aus *cives Romani* – zuerst vorwiegend Italiker – und in Hilfstruppen (*auxilia*), rekrutiert aus der Masse der Provinzbevölkerung, hatte zum Teil traditionell historische Hintergründe, folgte aber auch realpolitischen Erfordernissen: So wurden gerade in diese Auxilien die jungen Männer aus den noch nicht voll befriedeten Provinzen eingegliedert und, als mögliches Unruhepotential, aus ihrer Heimat in entfernte Reichsteile abkommandiert.

Das Kommando über sämtliche römische Truppen lag in den Händen von römischen Bürgern der beiden „Adelsstände", Senatoren und Ritter. Die Bekleidung von Militärkommanden in genau geregelter Folge gehörte zur vorbestimmten politischen Karriere (*cursus honorum*) dieser Leute. Das große Korps der Truppenoffiziere – der Centurionen in streng abgestufter Rangfolge – rekrutierte sich aus der breiten Masse des freien römischen Bürgertums, aus der sich schon in republikanischer Zeit eine Kaste von Berufsoffizieren herausgebildet hatte. Diesen „Haudegen", die *ex caliga* (von der Picke auf) gedient hatten, stand grundsätzlich sogar ein Aufstieg in die höheren und höchsten Ränge der Stabsoffiziere offen (sie hatten den Marschallsstab im Tornister).

Der Centurio war das Rückgrat der römischen Armee: Ihm zur Seite stand ein ausgewähltes und differenziertes Korps von Unteroffizieren (*principales*). Centurionen wurden in außerordentlicher Verwendung zur Führung von kleineren *Truppenkörpern (praepositus numeri)* oder kurzfristig zusammengestellten Kampf- und Arbeitseinheiten (*praepositus vexillationis*) befohlen. Centurionen konnten weiters mit der Überwachung von Grenzabschnitten (*praepositus limitis*) oder der Überwachung und „Umerziehung" unterworfener Stammesgruppen (*praefectus civitatium*) betraut werden.

Dem römischen Heer oblag nicht nur der militärische Schutz der Provinzen und des Reiches, es stellte den Provinzstatthaltern auch die Masse des Verwaltungspersonals. In den Büros der Provinzlegaten, Provinzprokuratoren und Finanzprokuratoren saß eine Armee von Schreibstubenchargen, die alle aus den Truppenkörpern der Grenze abkommandiert waren. Aus diesen oder über diese Büros liefen auch die zahllosen Bauvorhaben, deren Ausführung dem römischen Heer übertragen wurde: Straßenbau, Brückenbau, Landvermessung, Errichtung öffentlicher Gebäude, Stadtmauerbauten und vieles andere mehr, abgesehen vom Bau und der Instandhaltung der Militärlager und der Wachttürme an der Grenze sowie logistischer Einrichtungen (Speicherbauten, Nachschublager) im Hinterland und entlang der Reichsstraßen.

Nicht zuletzt hatte das römische Heer seinen gewichtigen Anteil an der Verwirklichung und Durchsetzung der Romanisierungspolitik in den Provinzen. In den an der Grenze stationierten Truppen entstand der einheimischen Bevölkerung (Bauern, Handwerker, Händler) ein gewaltiges Abnehmerpotential für Landesprodukte, die nun in barer (römischer) Münze bezahlt wurden und mit dem man in lateinischer Sprache verkehren mußte. Für weitere Kontakte mit römischer Kultur und Zivilisation sorgte der Zuzug von verschiedensten Zivilisten, die im Gefolge der Truppen an die Grenze kamen und sich in den um die Lager entstehenden Zivilsiedlungen (Canabae neben Legionslagern, Vici neben Auxiliarkastellen) niederließen. Einen nicht unbedeutenden Faktor für die Romanisierung bildeten die nach mindestens 25jährigem Dienst entlassenen Veteranen. Sie kamen als römische Bürger heim, stolz auf das neuverliehene Bürgerrecht und ausgestattet mit dem Privileg, eine einheimische Frau rechtmäßig zu ehelichen und römische Kinder zu zeugen. Diese Veteranen waren nun der lateinischen Sprache mächtig, fühlten sich als Römer und schufen den Grundstock des Romanentums der Spätantike.

Das Geheimnis des trotz manch einzelner Niederlagen unschlagbar scheinenden römischen Heeres gründete sich auf drei einander ergänzende Komponenten: eiserne Disziplin, hartes Exerziertraining und erprobte Ausrüstung. Seit Bestehen römischer, bewaffneter Verbände hat es der römische Soldat verstanden, seine Kampfesweise rasch jener des Gegners anzupassen und seine eigene Ausrüstung durch Übernahme überlegener Waffen der Feinde zu verbessern oder solche für den eigenen Gebrauch abzuändern. Als Beispiel mag die Hauptangriffswaffe des römischen Legionärs, der Gladius, genügen, den man aus Spanien (*gladius Hispaniensis*) entlehnt hatte. So waren Waffe und Ausrüstung des römischen Heeres seit der ausgehenden Republik einem überlegten Auslese- und Standardisierungsprozeß unterworfen. Dieser wurde früh mit dem Namen von C. Marius (158/57 – 86 v.Chr.) verbunden, der die einheitliche Bewaffnung der Legionen angestrebt haben soll. Einheitlichkeit der Bewaffnung bedeutet aber noch nicht Normierung im modernen Sinn, sondern Ausrüstung mit Waffen, die einem gemeinsamen Typus gleichkamen (etwa der Gladius vom Typus Pompeij), in untergeordneten Elementen – etwa Griffausführung oder Scheidenbeschlägen – durchaus variieren konnten. Eine Normierung im Sinne moderner Waffenmodelle war schon wegen des Fehlens von großen Waffenfabriken zunächst ausgeschlossen. Zentrale ärarische Produktionsstätten (*fabricae armorum*) wurden erst in der späten Kaiserzeit eingerichtet (vergleiche ihre Nennung in der *Notitia Dignitatum* des 4.Jhs.n.Chr.). Davor produzierte eine Vielzahl kleinerer und mittlerer Handwerksbetriebe in den städtischen und militärischen Zentren des Reiches den notwendigen Waffenbedarf. In der Kaiserzeit sorgten die truppeneigenen Werkstätten in den Lagern und Lagerdörfern für den sofortigen Waffenersatz und die Reparatur schadhaft gewordener Waffen. Grundformen der Waffen richteten sich nach den Erfordernissen der ausgeübten Fechtweise und Kampftaktik. Schmuckformen waren dem Geschmack von Träger und Hersteller überlassen. Neben den einfachen Gebrauchswaffen wurden reich dekorierte, mit edlen Materialien geschmückte Extra- und Paradewaffen hergestellt und erworben. Ihre Käufer waren vor allem Offiziere und Gardetruppen. Die Gleichartigkeit der Bewaffnung und Ausrüstung, wie sie von den antiken Bildquellen überliefert wird, läßt jedoch für die Kaiserzeit an Adjustierungs- und Bewaffnungsvorschriften denken, die von einer Zentralstelle in Rom herausgegeben worden sein mögen.

Entsprechend der Kampfesweise des römischen Heeres, die Entscheidung in der Schlacht nach einleitendem Geplänkel und Schwächung der gegnerischen Linie auf kurze Distanz letztlich im Gefecht Mann gegen Mann – Auge in Auge herbeizuführen, war der römische Soldat sowohl mit Fern- als auch mit Nahkampfwaffen ausgestattet. Der Unterschied zwischen Infanterie- und Reiterbewaffnung war dabei ein unerheblicher. Ähnlich standardisiert wie die Waffe war auch die militärische Kleidung. Sie zeigt bereits jene Einheitlichkeit in Schnitt und Zusammensetzung (über Kleiderfarben gibt es kaum Nachrichten), die einer modernen Uniform entspricht. Zur Grundausrüstung des einfachen römischen Soldaten, die er wohl bei Eintritt in die Truppe in den Waffen- und Kleiderkammern der Lager (*armamentaria*) ausgefaßt hat, für die ihm aber später vom Sold Abzüge gemacht wurden, gehörten Waffen, Rüstung und Uniform. An Waffen trug er Nahkampfwaffen und fernwirkende Waffen, an Rüstung Helm, Panzer und Schild, an Uniformstücken Unterwäsche, Tunika, Mantel, Schuhe und später auch Hosen. Zur Mannesausrüstung gehörten weiters noch Schanzzeug, Feldflasche, Kochgeschirr und verschiedene Beutel und Säcke für Verpflegung und persönliche Utensilien, getragen auf einer Stange (*sarcina*). Die Adjustierung von Spezialtruppen war vielfältiger, jene von Offizieren, Unteroffizieren und Garden vielfältiger und reicher.

Jede Waffe und jedes Ausrüstungsstück machte im Laufe der Kaiserzeit einen eigenen Wandel durch (Farbtafel 6 und 7). Manche Stücke verschwanden völlig – vermutlich sogar auf Anordnung – und wurden durch neue ersetzt. Waren es während der Republik vor allem iberische und keltische Waffen, die von römischen Soldaten adaptiert wurden, so sind es in der Kaiserzeit germanische und iranische Vorbilder, die das römische Arsenal bereichern und wandeln. Als Quellen unserer Kenntnis der römischen Waffen und ihrer Veränderungen lassen sich besonders die zahlreich erhaltenen römischen Bildwerke mit Soldatendarstellungen auswerten. Neben die offiziellen Bilderzyklen römischer Staatskunst reihen sich mit großer Aussagekraft die vielen Grabdenkmäler von aktiven Soldaten und Veteranen in allen Provinzen des Reiches.

Die Waffen

Die Nahkampfwaffen des römischen Infanteristen waren Schwert und Dolch. Das kurze, sowohl für Hieb und Stoß gleich gut geeignete Schwert (*gladius*) wurde in einer Scheide zuerst am Hüftgürtel, später an einem Schultergurt (*balteus*) an der rechten Hüfte getragen. Offiziere und einige Chargen trugen das Schwert gewechselt an der linken Seite. Im frühen 3.Jh.n.Chr. verschwindet der Gladius und wird durch ein langes Hiebschwert ersetzt (*spatha*), das nun mit breitem Schultergurt allgemein links getragen wird (Abb.30). Im 4.Jh.n.Chr. wird dieser Schultergurt abgelegt, die Spatha nun mit schmalen Riemen am breiten Hüftgürtel (*cingulum*) eingeschnallt.

Reiter sind schon in der frühen Kaiserzeit mit einem längeren, spathaartigen Hiebschwert ausgerüstet, das sich an keltischen Vorbildern orientiert hat. Es hängt zuerst an einem Hüftgürtel, später an einem Schultergurt und wird rechts getragen. Im 3.Jh.n.Chr. wandert auch das Reiterschwert an die linke Seite.

Abb. 30: Enns. Spathazier mit Darstellung der
Viktoria

Der Dolch (*pugio*) ist eine reine Infanteriewaffe. Die kurze Waffe mit breiter, spitzer Klinge und oft reich dekorierter Scheide hängt links am Hüftgürtel (*cingulum*) – bei gewechselter Tragweise rechts. Bald nach Einführung der Spatha verschwindet der kurzfristig rechts getragene Dolch noch im frühen 3.Jh.n.Chr. Er hält sich jedoch noch bis ins 4.Jh.n.Chr. als Waffe bestimmter Kaisergarden.

Die gefürchtete und alterprobte Fernwaffe der römischen Infanterie ist das Pilum, eine Stangenwaffe mit lange ausgeschmiedetem Eisenstab, meist pyramidenförmig ausgeschmiedeter Spitze und Zunge oder Tülle zur Verbindung mit dem Holzschaft. Die Auftreffwucht macht das Pilum unbrauchbar. Der Eisenstab verbiegt sich oder löst sich teilweise vom Schaft, sodaß er den Gegner, falls dieser nicht tödlich getroffen oder verwundet ist, nicht in die Lage versetzt, das Pilum aus dem Schild zu ziehen oder es zurückzuschleudern. Nach Notwendigkeit werden schwere und leichte Pilen eingesetzt. Der Soldat trägt oft deren mehrere in den Kampf. Im 3.Jh.n.Chr. wird das Pilum allmählich durch andere Stangenwaffen ersetzt, um schließlich zu verschwinden.

Neben dem Pilum kennt das römische Heer eine Vielzahl verschiedener Stangenwaffen mit geschmiedeten Eisen- und gegossenen Bronzespitzen unterschiedlichster Formgebung. Die meisten von ihnen waren sowohl zum Stoß wie auch zum Wurf geeignet. Nach den Bildquellen trugen Hilfstruppensoldaten die verschiedenartigsten Lanzen (*hastae*) oder Speere (*iacula*), oft zwei Exemplare gleichzeitig. Doch auch der Legionär konnte nicht gänzlich auf solche Stangenwaffen verzichten. Im 3.Jh.n.Chr. lösen sie das Pilum ab. Nach einer leichten Wurfwaffe (*lancea*), von der ein ganzes Bündel mitgeführt wird, nennt man die so ausgerüsteten Soldaten Lancearii (aus Noricum nennt die *Notitia Dignitatum lancearii Lauriacenses* und *lancearii Commaginenses*).

Die Reiterei führte von allem Anfang an die für Stoß und Wurf gleicherweise geeignete Hasta. In einem eigenen Köcher führt der Reiter noch mehrere kurze, mit scharfer Spitze versehene Wurfspeere am Sattel mit. Besondere Reitereinheiten waren mit einer langen Stoßlanze (*contus*) ausgerüstet (z. B. die *ala I Ulpia contariorum*).

Eine wirksame und weit verbreitete Fernwaffe war die Schleuder (*funda*). Mit einer Lederschlinge, die am Handgelenk oder einem Stock befestigt war, wurden aus Ton geformte oder Blei gegossene Geschosse dem Angreifer entgegengeschleudert. Diese Geschosse konnten kugelförmig sein, waren aber oft eiförmig und hießen wegen ihrer Form „Eicheln" (*glandes*), weshalb manche tatsächlich natürlichen Eicheln nachgebildet waren.

Wie die Schleuder konnte der Pfeilbogen von Infanterie und Reiterei geführt werden. Bekannt waren zwei verschiedene Bogenkonstruktionen. Der nur aus Holz gefertigte Langbogen und der aus verschiedenem Material gefügte Kompositbogen. Die antike Bezeichnung war *arcus*; der Bogenmacher hieß *arcuarius*. Als wirksamere und kleinere Waffe hat der Kompositbogen den Langbogen bald gänzlich verdrängt. Die aus Holz, Horn, Sehnen und Knochen verleimte Waffe wurde beim Bespannen mit der Sehne über die Ruhestellung zurückgebogen, in die zurückzugleiten sie die Sehne hindert. Entgegen gelegentlich geäußerten Vermutungen waren Komposit- oder Reflexbogen schon vor der hunnischen Invasion im Mittelmeerraum bekannt und im römischen Heer verbreitet. Verschossen wurden befiederte Pfeile mit verschiedenartigst geformten Spitzen, darunter auf Tülle geschäftete Blatt- und auf Dorn geschäftete dreiflügelige Spitzen aus Eisen. Die Pfeile wurden in Köchern verwahrt, die am Rücken oder am Gürtel hängend getragen werden konnten. Reitertruppen aus östlichen Provinzen bevorzugten den am Gürtel hängenden Köcher. Die Spätantike entwickelte zuletzt noch zwei weitere fernwirkende Handwaffen. Die *manuballista*, ein Einmann-Torsionsgeschütz in Kleinformat und die *arcuballista*, eine antike Armbrust. Beide verschossen kleine Bolzen. Eine weitere Fernwaffe der späteren Antike war die *plumbata*, ein befiederter, bleibeschwerter Wurfpfeil, der von Hand geworfen wurde. Jeder Soldat trug fünf solcher *plumbatae* an der Innenseite seines Schildes in Schlingen oder kleinem Köcher mit sich.

Die Rüstung

Für den Helm kennt die lateinische Sprache zwei Ausdrücke: *galea* und *cassis*. Worin der genaue Unterschied lag, ist nicht recht bekannt. Vermutlich bezeichnete *galea* eine leichte, *cassis* eine schwere Helmform.
Die römischen Helme waren aus Bronze und aus Eisen gefertigt. Grundsätzlich bestanden sie aus der Helmhaube mit zunächst fest verbundenem Hals- und Nackenschutz und zwei beweglich angebrachten Wangenklappen (*buculae*). Auf der Helmhaube war im Scheitel eine Aufsteckvorrichtung (*conus*) für den Helmbusch (*crista*) befestigt. Centurionen trugen zur Kenntlichmachung den Helmbusch quer (*crista transversa*). Außerdem waren auf einigen frühen Helmformen ein Stirnbügel und Ohrenschutzbleche fest angenietet.
Infanterie- und Reiterhelme unterschieden sich vom Aufbau her kaum, doch waren Reiterhelme reicher verziert, und die Helmhauben häufig als Lockenfrisuren gestaltet.
Ab dem frühen 2.Jh.n.Chr. werden Infanteriehelme gegen schwere Hiebwaffen durch aufgenietete Kreuzbänder verstärkt. Im 3.Jh.n.Chr. verlängert sich die Halspartie der Helme bis auf die Schultern, die Wangenklappen umfassen visierartig die Gesichtspartie, so daß nur noch eine dreilappige Öffnung für Augen, Nase und Mund bleibt. Auch jetzt folgt der Reiterhelm der allgemeinen Entwicklung, bleibt aber von leichterer Konstruktion.
Auxiliartruppen tragen leichtere Helmsorten, gelegentlich von spitzkonisch orientalischer Form. Vom persischen Feind lernen römische Waffenschmiede im 3.Jh.n.Chr. zusammengesetzte Helmkonstruktionen kennen. Zusammengesetzt ist die Helmhaube: aus Bändern, Halb- und Viertelschalen und sphärisch geschnittenen Zwickelblechen. Diese Helme eignen sich ausgezeichnet zur Herstellung aus Eisenblech und zur Fertigung in großen Werkstätten durch minder geschulte Arbeiter. Die einzelnen Haubenteile werden vernietet, Nackenschutz und Wangenklappen durch grobe Scharniere mit der Helmhaube verbunden oder nur auf das gemeinsame Helmfutter am Rand genäht. Offiziere und Gardetruppen tragen mit (vergoldetem) Silberblech überzogene und mit Edelsteinimitationen besetzte Exemplare. Bis ins 5.Jh.n.Chr. sind drei verwandte Helmkonstruktionen in Verwendung: Schalen- oder Kammhelme, Strebenhelme und Spangenhelme.

Panzer

Römische Waffenschmiede haben zwei grundsätzlich verschiedene Arten von Körperpanzern (*loricae*) gefertigt: unbewegliche und bewegliche Panzer.

Der unbewegliche Panzer ist ein Schalenpanzer, bestehend aus in sich starren Brust- und Rückenplatten, die bis unter die Bauchlinie oder nur bis zur Taille reichen konnten. Den Verschluß der beiden Platten bilden Scharniere und Vorstecker an den Seiten und Schultern. Beide Platten sind der männlichen Anatomie angepaßt (Muskelpanzer) und oft mit plastisch aufgesetztem Zierrat geschmückt.

An den Armöffnungen und dem unteren Rand werden die „Laschen" des Panzerfutters und der in Streifen geschlitzte Saum des unter dem Panzer getragenen Wamses sichtbar. Während der frühen Kaiserzeit war der Muskelpanzer oder Küraß eine beliebte Offizierswaffe, über die noch die Feldherrenbinde geschlungen wurde. Kaiser trugen besonders reich geschmückte Exemplare (Farbtafel 4). Das Material war zumeist Bronze, doch scheint es auch eine in Leder gepreßte Variante gegeben zu haben, die in der späteren Kaiserzeit größere Verbreitung auch als Mannschaftspanzer gefunden hat.

Der sogenannte bewegliche Panzer wurde in drei unterschiedlichen Konstruktionen gefertigt, die alle in sich mehr oder minder verformbar waren und sich so dem Körper leicht anpaßten.

Der Kettenpanzer (*lorica hamata*), wahrscheinlich eine ursprünglich keltische Erfindung, wurde schon früh vom römischen Heer übernommen. Seine Konstruktion ist einfach, aber aufwendig. Er setzt sich aus geschlossenen und offenen Ringen zusammen. Ein offener Ring faßt vier geschlossene zu einer Gruppe und wird dann vernietet. Eine Vielzahl solcher Ringgruppen baut den Panzer auf. Am Körper gehalten wird er durch zwei vom Rücken her über die Schulter geschlagene und auf der Brust befestigte Klappen, die unterschiedlich breit geformt sein können. Ein beweglicher Hakenverschluß verhindert auf der Brust ihr Auseinandergleiten. Die Länge der Panzer verändert sich im Laufe der Zeit. Ursprünglich bis auf die Oberschenkel reichend, werden sie später immer kürzer. Im 2.Jh.n.Chr. wandelt sich der Kettenpanzer mit Schulterklappen zum Panzerhemd mit Ärmeln, die in der späteren Kaiserzeit bis auf die halben Arme fallen können. Das Material der Kettenpanzer (-hemden) kann Bronze- oder Eisendraht sein. Beliebt waren Panzer aus mehreren Metallen; verschieden metallene Ringe wurden zu Ornamenten gruppiert. Der Kettenpanzer (-hemd) konnte direkt über der Tunika getragen werden, doch wurden ʼhäufig unter ihm lederne Koller angelegt. Kettenpanzer waren sowohl

Infanterie- als auch Reiterrüstung und wurden von der Mannschaft, aber auch von Offizieren getragen.

Der Schuppenpanzer (*lorica squamata*) hat seine Wurzeln im Alten Orient. Er hat eine lange Tradition als italische und römische Rüstung. Sein Grundelement ist die aus Blech (Bronze und Eisen) geschnittene Schuppe. Panzerschuppen können verschiedene Formen haben, auch an ein und derselben Waffe. Die Schuppen von leichten Waffen und Prunkwaffen konnten sehr klein und dünn sein, jene von Kampfwaffen großformatig und aus stärkerem Blech. In die einzelne Schuppe wurden verschiedene Gruppen von Löchern gestanzt, durch die mit Draht Schuppenreihen untereinander und mit einem Panzerfutter verbunden wurden. Wie beim Kettenpanzer wurde auch der Schuppenpanzer zuerst kürzer, erhielt dann Ärmel und wurde zum Panzerhemd, auf der Brust mit Panzerplatten geschlossen. Diese Platten waren nicht selten mit flachen Reliefs in Treibarbeit verziert.

Von der wohl römischsten Panzerkonstruktion, dem Streifenpanzer, ist kein lateinischer Name überliefert. *Lorica segmentata* ist nur eine Wortbildung der Gelehrtensprache. Der eiserne Streifenpanzer wurde reichlich dargestellt auf den beiden großen Säulen in ROM, der Traians- und der Marcussäule. Andere Bilddenkmale zeigen ihn kaum. Durch Originalfunde von Britannien bis CARNUNTUM läßt sich jedoch seine Geschichte und Konstruktion vom 1. bis ins 3.Jh.n.Chr. verfolgen. Seine eisernen Streifen und Platten sind außen mit Scharnieren, innen mit beweglichen Lederstreifen verbunden. Die aufwendige Konstruktion wurde mehrfach abgeändert, im späteren 2.Jh.n.Chr. auch über einem Wams getragen und ist im 3.Jh.n.Chr. verschwunden. In CARNUNTUM wanderten die Streifenpanzer in die Waffenkammern, wo sie bis zur Zerstörung des Legionslagers gehortet wurden.

Dem Körperschutz dienten auch Beinschienen (*ocreae*), die allerdings nicht allgemein getragen worden sind. Einige Legionen dürften zu Beginn der Dakerkriege mit Beinschienen ausgerüstet gewesen sein. Die Metopenreliefs von Adamklissi zeigen sie jedoch nur als Schutz des linken Schienbeines. Allgemein und an beiden Beinen getragen war die Beinschiene Abzeichen des Centurio. Im 2. und 3.Jh.n.Chr. wurden Beinschienen mit beweglich angefügtem Knieschutz von der Reiterei geführt.

Echt römisch und auf Bildwerken häufig dargestellt war der Genitalschutz des römischen Infanteristen. Vom Leibgurt, dem *cingulum militiae*, hing eine in Streifen geschlitzte Schürze vor der Mitte des Körpers bis auf die halben Oberschenkel. Die Streifen waren dicht mit Metallplättchen besetzt und mit kleinen Metallanhängern beschwert. Schon im 2.Jh.n.Chr. wurde dieser Unterleibsschutz nicht mehr allgemein getragen und verschwand im 3.Jh.n.Chr. gänzlich.

Eine der ältesten Schutzwaffen überhaupt, der Schild (*scutum*), war im römischen Heer in den verschiedensten Ausformungen eingeführt. Der Schild war eine leichte Bretterkonstruktion (verleimtes Sperrholz), mit Leinen und (oder) Leder überzogen und mit metallenen Randbeschlägen verstärkt. Über dem einzigen Griff saß der aus Eisen oder Bronze getriebene Schildbuckel (*umbo*) zum Schutze der Griffhand. Auf dem Reisemarsch wurde der Schild in einem Tragsack (*tegimentum*) verwahrt befördert. Zur Erkennung wurden Schilde und Tragsäcke mit applizierten oder aufgemalten Unterscheidungssymbolen und (oder) Aufschriften versehen.

Im 1. und 2.Jh.n.Chr. waren die unterschiedlichsten Schildformen nebeneinander im Einsatz. Der Legionär führte das halbzylindrische Scutum, Garde- und Seesoldaten mittelgroße Ovalschilde; Hilfstruppen waren mit flachrechteckigen, ovalen und stumpfovalen Schilden ausgerüstet. Die Reiterei trug größere ovale oder stumpfovale Schilde. Im 3.Jh.n.Chr. war allgemein ein mittelgroßer, gedrücktovaler Schild eingeführt, der im 4.Jh.n.Chr. allmählich vom (germanischen) Rundschild abgelöst wurde (Farbtafel 8). Offiziere und Feldzeichenträger waren mit deutlich kleineren, runden oder überhaupt andersformatigen Schilden ausgestattet, als sie von der Truppe getragen wurden.

Uniform

Wie auch in modernen Heeren praktiziert, kannte schon das römische für verschiedene Tätigkeiten und Anlässe unterschiedliche Kleidungs- und Waffenkombinationen.

Zur vollständigen Uniform gehörten, abgesehen von der Unterwäsche, einem geschlungenen Lendentuch (*subligar*), Tunika, Militärgürtel (*cingulum militiae*), Mantel (*paenula, sagum*), später Hosen (*femoralia, braccae*) und Schuhe (*caligae, calcei*).

Die Tunika war ursprünglich ein ärmelloser Sack mit Hals- und Armöffnungen. Später wurden kurze Ärmel angeschnitten. Schon im 1.Jh.n.Chr. begann die Truppe – wohl aus klimatischen Notwendigkeiten – langärmelige Tuniken zu tragen, die jedoch erst im 3.Jh.n.Chr. allgemein eingeführt worden sind. Zu allen Zeiten mußte die Tunika gegürtet getragen werden – das Abnehmen des Cingulum galt als Disziplinarstrafe. Um den Druck des schweren Waffengurtes – an ihm hing zumindest der Dolch – zu mindern und dem Cingulum besseren Sitz zu verleihen, wurde ein schalartiges Tuch (*fascia ventralis*) um die Lenden geschlungen und darüber dann der Gürtel geschnallt.

An Mänteln kannte das römische Militär zwei Grundformen: Mäntel, die übergezogen und Mäntel, die umgelegt wurden. Weit verbreitet und jahrhundertelang benützt war ein wetterfleckartiger, im Brustbereich vernähter Überwurfmantel (*paenula*), dessen Zipfel zum freien Gebrauch der Arme über die Schultern geschlagen wurden. Verschiedene Hilfstruppeneinheiten, vor allem Reitertruppen, trugen rechteckig oder halbrund geschnittene Mäntel (*sagum*), die vor der rechten Schulter mit einer Fibel zusammengehalten wurden. Diese Mäntel ließen den rechten Arm immer frei und mußten nur über die linke Schulter zurückgeschlagen werden. Im 3.Jh.n.Chr. wird das Sagum allgemein eingeführt und verdrängt die Pänula. Das Sagum wurde im späteren Verlauf immer länger, bis es im 5.Jh.n.Chr. bis fast auf die Knöchel herabfiel.

Offiziere trugen einen ähnlich rechteckig geschnittenen Mantel (*paludamentum*), der an der rechten Schulter gefibelt oder nur um den Körper geschlungen wurde. Das Paludamentum unterschied sich durch seine rote Farbe von anderen Soldatenmänteln.

Schon im I.Jh.n.Chr. beginnt die römische Hilfstruppenreiterei halbwadenlange Hosen (*femoralia*) zu tragen. Zunächst nach römischer Sitte verpönt, ist diese Hose bereits nach der Wende zum 2.Jh.n.Chr. bei allen Truppen verbreitet. Selbst der Kaiser (Traian) erscheint behost unter seinen Soldaten. Im 3.Jh.n.Chr. kommt es zur allgemeinen Einführung einer langen Hose mit angeschnittenen Füßlingen (*braccae*).

Die Bedeutung des Soldatenschuhes (*caliga*) zeigt sich in der Redewendung „*ex caliga*" dienen oder *caligatus* als Bezeichnung für einen Soldaten schlechthin und dem Spitznamen Caligula für C. Caesar Germanicus (37–41 n.Chr.), den Nachfolger Kaiser Tiberius, übersetzt „das Stiefelchen". Der einfache Soldat bis zum Centurio trug die Caligae, deren Oberleder in Schlaufen geschnitten, geschnürt, deren dreilagige Sohlen mit Nägeln (*clavi*) dicht beschlagen waren (Abb.31). Diese Schuhe waren schwere Stiefel, von Sandalen zu sprechen ist falsch. Zum Schutz der Füße trug man vermutlich Socken oder „Fußfetzen". Als Ersatz für verlorene Schuhnägel, die erneuert werden mußten, erhielt der Soldat ein Nagelgeld (*clavarium*). Erst im 3.Jh.n.Chr. werden die Caligae durch andere Schuhformen (*carbatinae*?) abgelöst.

Offiziere trugen den Calceus, einen geschlossenen Lederschuh, Standesabzeichen für Senatoren und Ritter, der mit Riemen um die Waden gebunden wurde (*calceus senatorius*) oder in den man wie in Stiefel hineinschlüpfte (*calceus equester*).

Um den Hals zu schützen – gegen das Metall der eigenen Rüstung und gegen feindliche Waffen; wohl aber auch gegen das rauhe Klima in den nördlichen Provinzen – wurde ein Halstuch (*focale*) umgeschlungen und vor dem Kehlkopf verknotet. Von militärischen Kopfbedeckungen wird erst

Abb. 31: Carnuntum. Ziegel mit Stempel und Schuhsohlen-
abdrücken

spät berichtet. Im 3.Jh.n.Chr. wird eine runde, niedere Pelzkappe (*pilleus Pannonicus*) eingeführt und zur Dienstuniform getragen. Selbst die Kaiser werden mit diesem Uniformstück dargestellt.

Insgesamt läßt sich beobachten, daß vom 1.Jh.n.Chr. weg Vereinheitli-chungsbestrebungen für die gesamte Bewaffnung und Adjustierung im Laufen waren, die unter Kaiser Caracalla (211–217 n.Chr.) zu einem Abschluß gekommen sind. Das gesamte römische Heer, nun als kaiser-liches Gesamtheer verstanden – kenntlich durch die allgemeine Über-nahme des Truppenbeinamens Antoniniana – bleibt für gut ein Jahrhun-dert einheitlich bewaffnet und uniformiert. Die Uniformität drückt sich nun auch in einheitlicher Tuchfarbe aus: Mantelfarbe für Mannschaften braun, für Offiziere weiß; Tunikafarbe für alle weiß, Rangunterschiede durch Ärmelborten kenntlich gemacht; Hosen dunkelfarben. Selbst die Kaiser – oft aus dem Soldatenstand kommend – tragen dieselben Uniformsorten zum militärischen Ornat, allerdings durch Edelmetallbeschlag und Edel-steinbesatz hervorgehoben. Diesem Prunk folgen die Kaisergarden, de-ren Waffen vergoldet und mit Edelsteinimitationen geschmückt sind.

Die Teilung der römischen Landstreitkräfte durch die Reformen Kaiser Constantinus I. (306–337 n.Chr.) in mobile Kriegsarmeen und stationäre Grenztruppen (*limitanei, riparienses*) führte durch laufende Abkommandierungen von kriegsdiensttauglicher Mannschaft aus den Grenzgebieten zum langsamen Ausbluten der Grenzgarnisonen. Dieses Ausbluten macht sich nicht zuletzt auch in strukturellen Veränderungen der Grenzsiedlungen bemerkbar. Die von der Masse der Truppe verlassenen Grenzkastelle erhalten, meist in die Lagerecken hineingebaut, kleine burgusartige Wehranlagen, in die sich – soweit sie nicht auf noch intakte Grenztürme (*burgi*) verteilt waren – die verbliebenen Mannschaften mit dem kommandierenden Offizier zurückzogen. Die große Fläche der Lager und Kastelle mit allen Bauten und Einrichtungen wird von der aus den ungeschützten Lagerdörfern und aus dem gefährdeten Hinterland hereindrängenden Zivilbevölkerung in Besitz genommen. Dadurch werden die ihrer ursprünglichen Funktion verlustig gegangenen Lagerbauten verändert und sogar Lagerstraßen und andere freie Plätze meist recht primitiv verbaut.

Mit der allgemeinen und rasanten Geldentwertung geht, ausgelöst durch die Reduzierung des Grenzmilitärs, automatisch eine einschneidende Verminderung des Soldzustromes einher, der dann im 5.Jh.n.Chr. gänzlich ausbleiben wird. Zur politischen Unsicherheit gesellt sich die wirtschaftliche Verarmung. Diese drückt sich u.a. auch im Versiegen der noch im 3.Jh.n.Chr. reichlich gepflegten Grabkunst aus. Kaum noch werden Grabsteine aufgestellt, kaum noch Grabinschriften gesetzt, wofür nicht allein das Christentum verantwortlich zu machen ist. Dem Austrocknen dieser Quelle ist nicht unwesentlich heute eine weitgehende Unkenntnis auch der militärischen Zustände an der Donaugrenze zuzuschreiben. Archäologische Funde zeigen weiters eine Verarmung der handwerklichen Fähigkeiten an der Grenze auf. Waffenfunde, fast nur noch Speer- und Lanzeneisen, Messer- und Dolchklingen, sprechen von einer primitiv gewordenen Waffenschmiedekunst. Zufuhr von Waffen und Ausrüstung aus den im ferneren Hinterland noch arbeitenden Waffenfabriken in die Grenzkastelle muß, wenn noch beabsichtigt, nicht mehr funktioniert haben.

Mannschaftsersatz für die Grenzgarnisonen aus der Grenzbevölkerung war trotz der in Aussicht gestellten Steuererleichterungen für Soldaten und deren Angehörige kaum noch zu finden. So wurden die Grenzabschnitte germanischen Neusiedlern überantwortet, die hier als Foederaten gegen Landzuweisung und Tributzahlung in Gold den Grenzschutz übernehmen sollten. Wie dieser schließlich funktionierte, bis er gänzlich zusammenbrach, schildert Eugippius in seiner Lebensbeschreibung des Heiligen Severin.

Hannsjörg Ubl

Literatur
M.C. Bishop – J.C.N. Coulston, Roman Military Equipment. London 1993; J. Garbsch, Römische Paraderüstungen. München 1978; D. Hoffmann, Das spätrömische Bewegungsheer und die Notitia Dignitatum. Düsseldorf 1969; M. Junkelmann, Reiter wie Statuen aus Erz. Mainz 1996; L. Keppie, The Making of the Roman Army. From Republic to Empire. London 1984; H. Klumbach, Spätrömische Gardehelme. München 1973; H. Russel-Robinson, The Armour of Imperial Rome. London 1975; M.P. Speidel, Riding for Caesar. The Roman Emperor's Horseguard. London 1994; H. Ubl, Waffen und Uniform des römischen Heeres der Prinzipatsepoche nach den Grabreliefs Noricums und Pannoniens. Ungedr. Diss. Wien 1969; G. Webster, The Roman Imperial Army. London 1969; G. Winkler, Die Reichsbeamten von Noricum und ihr Personal bis zum Ende der römischen Herrschaft. Wien 1969; G. Waurick, Römische Helme. In: Antike Helme. Sammlung Lipperheide und andere Bestände des Antikenmuseums Berlin. Mainz 1988.

Städte am österreichischen Limes

Mit Stadtrecht ausgestattete Siedlungen, gewöhnlich als *municipium* oder – prestigeträchtiger – als *colonia* bezeichnet, fungierten im ganzen Römischen Kaiserreich als kleinste, in vielfältiger Weise relativ eigenständige Einheiten staatlicher Verwaltung: demzufolge besaßen sie ein zugewiesenes ländliches Territorium, dessen persönlich freie Bewohner ebenso wie die in den Städten selbst Lebenden die jeweilige Bürgerschaft stellten. Durch Grundbesitz in mehreren Stadtbezirken oder ausdrückliche Verleihung des Bürgerrechtes aufgrund von Verdiensten oder von den städtischen Autoritäten für ihr Gemeinwesen von der speziellen Person erhofften Vorteilen konnten Einzelne allerdings auch zugleich Bürger, ja sogar Amtsträger verschiedener Städte sein; einen schönen Beleg dafür bietet eine im Stadtmuseum WELS ausgestellte Grabinschrift aus LAMBACH.

Als Amtsträger der städtischen Selbstverwaltung fungierten ursprünglich nach römischem Vorbild auf ein Jahr gewählte, ehrenamtliche Beamte. Die Spitze bildeten zumeist zwei, seltener vier, einander gleichgestellte *duumviri iure dicundo*, die bürgermeisterliche Funktionen erfüllten, trotz ihres Titels meist jedoch nur über die niedere richterliche Gewalt verfügten, da die Blutgerichtsbarkeit beim Provinzstatthalter als Vertreter der Reichsgewalt lag. Auf zahlreichen Weihinschriften und Grabsteinen ließen diese oft dem römischen Ritterstand angehörenden und nach erfolgreicher städtischer Karriere in den Reichsdienst eingetretenen, lokalen Aristokraten nicht nur ihre Karriere (*cursus honorum*) einschreiben, sondern stellten Reliefs mit Darstellung ihrer Machtinsignien, dem leeren Richterstuhl (*sella curulis*), umgeben von Schreibern (*scribae*) und Gerichtsbütteln (*lictores*) in das Zentrum aufwendiger Grabbauten; ein Teil eines solchen Grabreliefs mit den Amtsdienern, jetzt im Historischen Museum ST. PÖLTEN, wurde in POTTENBRUNN gefunden. Weitere Amtsträger waren *aediles*, die vorrangig Polizeiaufgaben, auch im Sinne der Bau- und Marktbehörde, erfüllten, sowie *quaestores*, die Kasseverwalter und Steuerbeauftragten. Daneben gab es mehrere Priesterämter (*flamen, pontifex, augur, haruspex, vates*) sowohl für den Kult der Götter als auch des Kaiser(hause)s. Jede Stadt besaß einen ihrer Größe angemessenen *ordo decurionum*, den Stadtrat, dessen Mitglieder infolge von Abstammung aus den besten Häusern oder nach Abdienen von einem der genannten städtischen Ämter rekrutiert wurden (Abb.32). Die lokale Führungsschicht bildete sich im Limesgebiet hauptsächlich aus dem eingesessenen, in Noricum zum Teil schon seit Kaiser Claudius mit dem

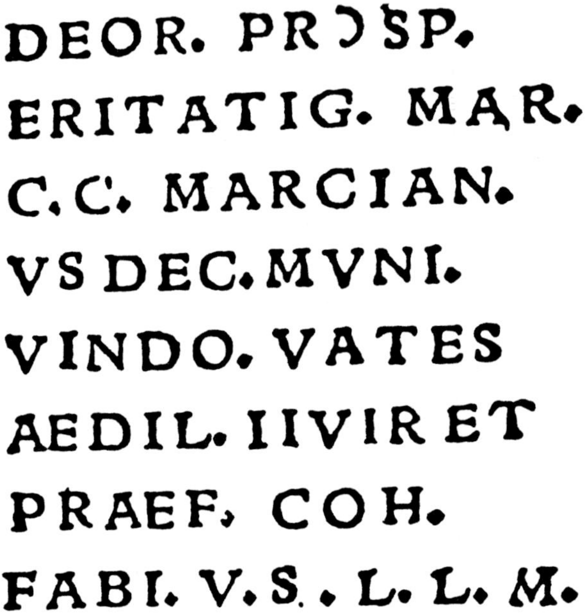

DEOR. PRƆSP.
ERITATIG. MAR.
C.C. MARCIAN.
VS DEC.MVNI.
VINDO. VATES
AEDIL. IIVIR ET
PRAEF. COH.
FABI. V.S. . L. L. M.

Abb. 32: Weihaltar des C. Marius Marcianus, Decurio, Seher (vates), Aedil und Duumvir von Vindobona sowie Präfekt der Handwerkergilde (gefunden 1544 beim Bau der Schottenbastei, jetzt verschollen: fehlerhafte Abschrift des Humanisten Wolfgang Lazius)

römischen Bürgerrecht ausgezeichneten Adel (Iuppiteraltar vom Ziehberg bei ANSFELDEN, Landesmuseum LINZ) und ehemaligen Truppenoffizieren, die anscheinend regelmäßig Töchter der Grundbesitzerfamilien heirateten (Grabinschrift an der Kirche von ST. LEONHARD AM FORST). Grundbesitz bildete in der Antike die Basis von Wohlhabenheit schlechthin; neben diesen trat der Groß- und Fernhandel als zweites Standbein. Die Renditen der landwirtschaftlichen Betriebe wurden jedoch – wie die Handelseinkünfte – in der Stadt genossen, wodurch die kleinen Gewerbetreibenden und Händler, die den städtischen Mittelstand bildeten, und das häufig unproduktive Proletariat, welches neben Gelegenheitsarbeit großteils von Spenden lebte, ihren Lebensunterhalt bestreiten konnten. Neben irgendwelchen Zuzüglern (z.B. Lehrern, Ärzten, Händlern, Gauklern und Dirnen) aus allen Teilen der römischen Welt bildeten Veteranen der Armee, die

94

ihre Abfindung verzehrten oder ihre in technischen Truppenkörpern erworbenen Fähigkeiten nützten, einen wesentlichen Anteil der Stadtbevölkerung in den Grenzregionen.

Mangels ausreichender städtischer Abgaben besaßen die Angehörigen der Elite die anfangs nur moralische, später gesetzliche Verpflichtung der Munifizenz, das heißt, sie organisierten und bezahlten aus eigenen Mitteln Spiele, religiöse Feiern, öffentliche Ausspeisungen und Lebensmittelspenden oder trugen zum Funktionieren des Gemeinwesens und der Verschönerung des Stadtbildes durch Errichtung von Bauten bei. Mit zunehmendem staatlichen Druck, vor allem der aufgezwungenen Haftung für das lokale Steueraufkommen, versuchten die Angehörigen des Dekurionenstandes auf ihre *villae*, schloßartige Gutshöfe am Land, auszuweichen. Aus dieser seit dem 3.Jh.n.Chr. bedeutender werdenden Stadtflucht ergab sich eine noch stärkere Verarmung der Städte, deren Handwerkern und Kleinhändlern zunehmend die Auftraggeber beziehungsweise Großkonsumenten verloren gingen. Es entwickelten sich in der Spätantike anstelle der schrumpfenden oder gar ersterbenden Städte befestigte Herrensitze mit Trabantendörfern, die zunehmend auch den früheren städtischen Mittelstand anzogen (Farbtafel 9.1). In Gallien, im späteren Frankreich, hat dieser Prozeß solchen Umfang angenommen, daß *villa* überhaupt zum Wort für Stadt werden konnte.

Die Gründung von Städten in den unterworfenen Gebieten war nach antiker, personal- und organisationsarmer Verwaltungspraxis wie auch nach dem Selbstverständnis der damaligen Elite ein notwendiger Schritt, sofern aus einer bloßen militärischen Okkupationssituation die Provinzialisierung eingeleitet werden sollte. Im heute österreichischen Raum wurden – entsprechend eben dem Grade der Romanisierung und den aktuellen staatlichen Interessen – unter Kaiser Claudius (41–54 n.Chr.) zugleich mit der Ausarbeitung des Provinzialstatuts für Noricum vor allem im Süden der Provinz Städte durch Neustrukturierung oder – noch häufiger – Verlegung einheimischer Siedlungen an verkehrsgünstigere Plätze geschaffen. Das gesamte Gebiet nördlich der Alpen zwischen Wienerwald und Inn besaß mit IUVAVUM-SALZBURG ein einziges Municipium, für den östlich anschließenden Teil Pannoniens gab es vorerst lediglich die Gründung von SAVARIA-SZOMBATHELY-STEINAMANGER.

Erst als unter den Kaisern der flavischen Dynastie (69–96 n.Chr.) der Donaulimes mit einer Reihe von Standlagern ausgebaut wurde, rückten das nördliche Alpenvorland und der Raum zwischen Leitha und Bakonygebirge stärker in den Blickpunkt der Zentrale. Eine Reihe von Stadtgründungen erfolgte bis zum beginnenden 2.Jh.n.Chr. entlang der Bernsteinstraße, wobei die flavische Gründung von SCARBANTIA-SOPRON-ÖDENBURG wenigstens für das unmittelbare Limeshinterland im nordwestlichsten Pannonien eine günstigere Situation erbrachte. In dem damals offensichtlich nur dünn besiedelten Gebiet des späteren *Noricum ripense* (Ufernoricum) ergab sich aber erst die Chance respektive Notwendigkeit für flächig wirksame, verwaltungstechnische und wirtschaftliche Maßnahmen, als mit den ersten Generationen von Veteranen aus diesen Lagern eine genügende Anzahl römischer (Neu-)Bürger im Limeshinterland zur Verfügung stand. Zur über das Notwendige hinausreichenden Versorgung der weitgehend autarken Truppenkörper hatten sich im unmittelbaren Schutzbereich der meisten Lager zwar rasch – als Canabae bezeichnete – Zivilsiedlungen gebildet, in diesen durfte aber – zumindest bis zum ausgehenden 2.Jh.n.Chr. – kein Grundeigentum erworben werden und konnten schon deshalb, aber auch wegen der von den Kasernenkommandanten wahrgenommenen Hoheitsrechte, keine echten städtischen Strukturen entstehen. Kaiser Hadrian (117–138 n.Chr.), dem nach den großangelegten Eroberungkriegen seines Vorgängers Traian die Stabilisierung der Grenzen und der Ausbau des Verteidigungssystems einerseits, die Pflege einer wesentlichen Wurzel der römischen Überlegenheit über die Barbaren, die von den Griechen übernommene Stadtkultur, andererseits, ein wichtiges Anliegen waren, unternahm in den Grenzregionen mehrere Inspektionsreisen. Der Herbst/Winter 121/122 n.Chr. sah den Kaiser am Donaulimes; wahrscheinlich fiel damals die Entscheidung, im donaunahen Teil der Provinzen Pannonien, Noricum und Raetien neue Städte zu gründen. Diese sind, soweit Inschriften den vollen Namen überliefern, durch den stereotypen, aus dem Gentilnamen des Kaisers gebildeten Beinamen Aelia beziehungsweise Aelium gekennzeichnet.

In den seit Traian geteilten pannonischen Provinzen hatten sich im Umkreis der Legionslager CARNUNTUM und AQUINCUM-BUDAPEST, den Sitzen der Provinzstatthalter, neben den Canabae auch Vici entwickelt. Diese waren, der Rechtsform entsprechend, unmittelbar außerhalb des geschützten Lagerterritoriums von einer gallischen *leuga* (eineinhalb römische Meilen oder ca. 2200 Meter) angelegt und fungierten möglicherweise als *civitas*, als quasistädtischer Mittelpunkt einheimischer Stammesverbände. Unter Hadrian wurden sie in *municipia* umgewandelt, ohne daß deswegen allerdings die Canabae *intra leugam* aufgegeben worden wären. Derselbe Vorgang ist auch für VINDOBONA-WIEN als zutreffend anzuerkennen, allerdings ist hier der Zeitpunkt der Erhebung zum Munizipium nicht wirklich zu bestimmen. Entgegen älterer Annahmen zugunsten eines *municipium Aelium* neigt heute der größte Teil der Forschung zur Ansicht, VINDOBONA sei erst unter Caracalla (211–217 n.Chr.) zur Stadt erhoben worden.

Der norische Raum erhielt mit CETIUM-ST. PÖLTEN und OVILAVA-WELS unter Hadrian zwei neue Städte. Da in dieser Provinz damals noch keine Legion stationiert war und auch sonst auf keine größeren Zivilsiedlungen im Limesbereich Rücksicht genommen werden mußte, konnten planmäßige Neugründungen vorgenommen werden, die starke Parallelen aufweisen: Beide Städte liegen in ausgezeichneter Verkehrslage, einem Straßenknoten in der Nähe eines Flußübergangs, OVILAVA an der Traun, CETIUM an der Traisen. Diese Flüße bildeten im Gefolge der späten Eiszeiten große Schotterterrassen aus. Die breiten Täler an ihrem Unterlauf lassen sich zu den fruchtbarsten Regionen zählen, womit die Ernährungsbasis der Bevölkerung als gesichert erscheinen durfte. Soweit bekannt, liegen – wie auch im Falle von AUGUSTA VINDELICUM-AUGSBURG in Raetien – unter den römischen Siedlungen keine direkten keltisch-einheimischen Vorgänger. AUGUSTA VINDELICUM erhielt anscheinend überhaupt als einzige Siedlung der Provinz Raetia das Stadtrecht, während eine solche Aufwertung für BRIGANTIUM-BREGENZ, welches ebenfalls seit Tiberius (14–37 n.Chr.) als Vicus oder *forum* (Handelsplatz) existierte, trotz oft in der Wissenschaft geäußerter, derartiger Behauptungen, nicht vorgenommen worden sein dürfte. Eine dörfliche Siedlung muß auch auf dem Boden von OVILAVA aufgrund einzelner Funde bald nach der Mitte des 1.Jh.n.Chr. als möglich erachtet werden. CETIUM hingegen könnte frühestens am Ende des 1.Jh.n.Chr. entstanden sein, rechnet man aber einen gewissen natürlichen Vorlauf des Fundstoffes ein, Übersiedlungsgut sozusagen, so erscheint eine Neuanlage in spättrajanischer oder frühhadrianischer Zeit als sehr wahrscheinlich. Hiebei ist allerdings zu berücksichtigen, daß mit ARELAPE (oder ARELATE) in der Gegend von PÖCHLARN ein älterer Zentralort, nach dem Zeugnis des Geographen Ptolemaios sogar mit keltischen Wurzeln, existierte, dessen Ausbau aus verschiedenen Gründen die Anlage einer Neustadt an der Traisen vorgezogen wurde. Die neuen Munizipien in den militärisch schwachen Provinzen Noricum und Raetien lagen, etwa zum Unterschied zu ARELAPE, deutlich – fast einen Tagesmarsch – von der Donaugrenze abgerückt und konnten selbst bei einem feindlichen Durchbruch durch den Limes solchermaßen von Truppen aus verschiedenen Richtungen entsetzt oder über gut ausgebaute Signalsysteme zumindest halbwegs geordnet evakuiert werden. Darüber hinaus bedeutete die Möglichkeit, die Stadt von mehreren Lagern aus in einem Tag erreichen zu können beziehungsweise die Umkehrung dieses Vorgangs, daß der Verkehr ohne zusätzliche Poststationen und Übernachtungsmöglichkeiten geführt werden konnte. Da die Städte nachweislich nicht nur als Nachschubbasen für die Versorgung der Truppen beispielsweise mit Lebensmitteln, Reit- und Lasttieren sowie Konsumgütern, sondern auch als Waffenschmieden dienten, war die Erreichbarkeit ohne das Risiko einer Zwischenübernachtung von großem Vorteil. Im Falle von CETIUM besteht diese günstige Verbindung mit fünf Lagern: ARELAPE-PÖCHLARN, FAVIANIS-MAUTERN, AUGUSTIANA-TRAISMAUER, ASTURIS-ZWENTENDORF und COMAGENA-TULLN, womit infolge des besonderen Donauverlaufs im Wachaubogen eine Grenzstrecke von mindestens 80 km abgedeckt werden konnte.

Von allen Städten des hier interessierenden Gebietes sind heute zumindest die Lage und Ausdehnung mehr oder weniger genau bekannt. Für OVILAVA und CARNUNTUM lassen sich – wohl im späten 2. oder erst 3.Jhs.n.Chr. errichtete – Stadtmauern nachweisen, für VINDOBONA sind zumindest Stadtgräben gesichert, Indizien sprechen auch für eine Befestigung von CETIUM. Die lange Forschungsgeschichte seit der Mitte des 19.Jhs. hat für OVILAVA vor allem Ergebnisse zur Lage der Gräberfelder erbracht, erst in letzter Zeit konnte ein Teil der Siedlung des 2.Jhs.n.Chr. unter einem jüngeren Friedhofsareal erkannt werden. Eine Überschwemmungskatastrophe dürfte diese erste Bauphase überlagert haben, die Neustadt wurde verschoben angelegt, die dichte moderne Verbauung hemmt jedoch die Erforschung des antiken Stadtplanes. Für CETIUM haben neueste intensive Forschungen den Nachweis eines völlig regelmäßigen, wahrscheinlich von Militärgeometern angelegten Straßenrasters in genauer Orientierung nach den Haupthimmelsrichtungen erbracht (Abb.79). Darüber hinaus konnten mehrfach gesicherte Grundrisse von Wohnhäusern in stadtrandnahen Handwerkervierteln und Teile einer Thermenanlage ergraben werden. In der Zivilstadt von VINDOBONA, beidseits des Rennwegs im 3. Bezirk, fanden bisher keine Ausgrabungen statt, lediglich aus Baubeobachtungen und Notbergungen gibt es vereinzelte Funde.

Demgegenüber sind in CARNUNTUM in jahrzehntelangen Plan- und auch Notgrabungen teils großflächig zusammenhängende Stadtteile und mehrfach öffentliche Anlagen und Gebäude ausgegraben worden (Abb.99 und Farbtafel 9.2). Der Stadtplan zeigt beidseits der Limesstraße, an der wohl der Siedlungskern entstand, entsprechend dem Wachstum radial abgehende Straßenzüge und teilweise erhebliche Richtungsänderungen, vielleicht durch den Zusammenschluß mehrerer Siedlungseinheiten bedingt; strenggeplante Regelmäßigkeit ist nicht zu erkennen. Während VINDOBONA mit nicht mehr als 12 ha und das immerhin doppelt so große CETIUM ausgesprochene Kleinstädte mit weit weniger als 10.000 Einwohnern blieben, entwickelte sich CARNUNTUM infolge der Lage an der Bernsteinstraße und seiner militärischen Bedeutung in seiner Blütezeit zur Großstadt mit möglicherweise über 100.000 Einwohnern. Mehrere

Abb. 33: Carnuntum. Die große Therme der Zivilstadt

Baublöcke mit Wohnhäusern sowie eine Thermenanlage (sogenannte „Palastruine", Abb.33) sind seit Jahrzehnten für Besucher zugänglich und bilden heute einen wesentlichen Bestandteil des Archäologischen Parks. Das späte 2.Jh.n.Chr. brachte große Rückschläge für die Entwicklung der Limesstädte: Zumindest CETIUM, vielleicht auch CARNUNTUM fielen einer Brandzerstörung durch die Markomannen im Jahre 170 n.Chr. zum Opfer, OVILAVA etwa zur selben Zeit einer verheerenden Überschwemmung. Die von der römischen Armee eingeschleppte Pest sorgte wohl für eine weitere Dezimierung der Bevölkerung.

Unter den Kaisern der Severischen Dynastie entwickelte sich rasch eine neue Blüte, fast überall wurden die bisher weitgehend mit Holz errichteten Quartiere durch Steinbauten ersetzt. CARNUNTUM – unter Mark Aurel (160–180 n.Chr.) im Zuge der Markomannenkriege immerhin eine Zeitlang kaiserliche Residenzstadt – erhielt im Jahre 193 n.Chr. den Titel einer *colonia* durch den soeben zum Kaiser aufgestiegenen Statthalter von Oberpannonien, L. Septimius Severus. CARNUNTUM war schon im früheren 1.Jh.n.Chr., als es noch längst keine städtische Zivilsiedlung gab, Sitz des Militärkommandanten und Statthalters, des *legatus Augusti*

99

pro praetore provinciae Pannoniae, gewesen, vornehmste Stadt Pannoniens aber blieb SAVARIA, welches den Provinzialtempel der Kapitolinischen Trias beherbergte.

Vor allem durch die Stationierung der *legio II Italica* an der Ennsmündung bald nach 170 n.Chr. gewann der wohl seit dem 1.Jh.n.Chr. bestehende Vicus LAURIACUM an Bedeutung. LAURIACUM-LORCH wäre von seiner Lage her als typische Canabae-Siedlung zu bezeichnen, hat aber anscheinend trotzdem, nach Aufhebung der *leuga*-Regel, unter Caracalla (211–217 n. Chr.) das Stadtrecht erhalten. Hauptindiz dieser vor allem in der österreichischen Forschung vertretenen Meinung sind an verschiedenen Punkten der Siedlung und im Legionslager gefundene, beschriftete Bronzetafel-Fragmente, mit denen Teile einer Stadtrechtsurkunde vorliegen (Abb.34); ein Stadtname hat sich allerdings nicht erhalten. Die sonst gerade für das frühere 3.Jh.n.Chr. so häufigen und unbestechlichen Zeugnisse von Beamteninschriften auf Steindenkmälern fehlen allerdings für LAURIACUM bis heute. Das Territorium von LAURIACUM müßte sekundär aus den OVILAVA und CETIUM attribuierten Landbezirken ausgeschnitten worden sein. Unter Annahme eines Lauriacenser Stadrechtes mag es allerdings verwundern, daß unter oder nach Caracalla ein Mitglied einer mehrfach überlieferten Beamtenfamilie *duumvir* von OVILAVA und CETIUM war, wie die bereits erwähnte Lambacher Grabinschrift beweist, LAURIA-

Abb. 34: Enns, Museum. Fragment einer Bronzetafel eines Stadtrechtes

CUM aber nicht erwähnt wird. Das Problem läßt sich derzeit nicht wirklich entscheiden und auch jüngste Versuche, zwischen den – seit Jahrzehnten ausgiebig und flächig erforschten – Canabae östlich des Lagers und einer weiter westlich an der Limesstraße (Stadlgasse) durch neuere Ausgrabungen immer deutlicher erkennbaren, zweiten Ortsanlage zu scheiden, führen in der Frage der Rechtsstellung, ob Vicus oder Munizipium, nicht weiter.

Seit der mit der Stationierung einer Legion in LAURIACUM verbundenen Verwaltungsreform und dem damit einhergehenden Wechsel des Statthaltersitzes nach LAURIACUM dürften gewisse Büros der Statthalterei von der bisherigen Provinzhauptstadt VIRUNUM (Zollfeld, Kärnten) nach OVILAVA verlegt worden sein; wichtigster Beweis dafür ist ein unter dem ehemaligen Minoritenkloster jüngst ausgegrabener Gebäudekomplex, dessen Ziegel Militärstempel und in einigen Fällen sogar Statthalternamen tragen. Der oberste zivile Beamte der Provinzialverwaltung, der Finanzprokurator, verblieb allerdings in VIRUNUM. Eine gewisse Aufwertung im Range von OVILAVA drückt auch der von Caracalla verliehene Ehrentitel *colonia* aus, wenn er auch weder für eine Hauptstadterhebung noch als Trostpflaster für die territoriale Einbuße infolge der angenommenen Stadtrechtsverleihung an LAURIACUM Beweis sein kann. Eher könnte man annehmen, daß die quasi-Neugründung einer *colonia Antoniniana Ovilavensium* ähnlich wie ungefähr 20 Jahre vorher die Umwandlung des *municipium Aelium CARNUNTUM* in eine *colonia Aurelia Septimia* mit der Deduktion einer größeren Zahl von Legionsveteranen zusammenhängt, denen die Kaiser damit einen billigen Gefallen tun konnten, da dies ihren Status als römische Bürger hervorhob. Eine solche Argumention gewinnt vor allem dann an Wahrscheinlichkeit, wenn die alten Munizipien nicht den vollen römischen, sondern – wie heute allgemein angenommen wird – nur den etwas minderen latinischen Rechtsstatus besaßen. Darüberhinaus bedurften die, wie oben bereits angedeutet, von Naturkatastrophen, Seuchen und Kriegen stark geschwächten Städte wohl dringend neuer Bürger. Ihrer Wirtschaftskraft verdankten sie möglicherweise den archäologisch nachweisbaren Ausbau und Wohlstand, der bis zu einer neuerlichen, zumindest in LAURIACUM und CETIUM gut nachweisbaren Zerstörung in der Soldatenkaiserzeit, im dritten Viertel des 3.Jhs.n.Chr., anhielt. Entgegen älterer Forschungsmeinung gelangten die Städte im 4.Jh.n.Chr., zumindest in der Zeit zwischen Constantin I. und den Kriegswirren unter Valentinian, noch einmal zu einer gewissen Blüte.

In der Zeit des beginnenden Umbruchs zur Völkerwanderung, im frühen 5.Jh.n.Chr., scheinen die alten Limesstädte stark an Bedeutung verloren zu haben, bis zur Jahrhundertmitte verödeten diese Zentralorte vielleicht sogar gänzlich, die Funde versiegen. Die Zivilstadt CARNUNTUM wurde höchstwahrscheinlich nach der Mitte des 4.Jh.n.Chr. von einem schweren, in den Canabae archäologisch eindeutig nachgewiesenen Erdbeben betroffen. Der Zeitzeuge Ammianus Marcellinus beschreibt CARNUNTUM für die Zeit um 375 n.Chr. als ein herabgekommenes, elendes Nest. Barbareninvasionen und Foederatenansiedlungen in Pannonien brachten das städtische Leben in der Provinz bald völlig zum Erliegen. In Ufernoricum war die Situation nur unwesentlich besser, dauerte aber länger an. Die *vita Sancti Severini*, in der die Zustände zwischen etwa 470 und 480 n. Chr. geschildert werden, erwähnt weder OVILAVA noch CETIUM, dafür werden FAVIANIS-MAUTERN und LAURIACUM, zu dieser Zeit beides Garnisonsorte von Legionen, als die beiden Zentralorte in Ufernoricum hervorgehoben. Wahrscheinlich lebte damals die Zivilbevölkerung bereits zur Gänze in den Lagern, welche ohnehin für die in ihrer Sollstärke stark reduzierten Truppen viel zu groß waren. Beide Orte werden *civitas* genannt. Dies ist der in der Spätantike immer gebräuchlicher werdende Begriff für Stadt. LAURIACUM war mit Sicherheit im 5.Jh.n.Chr. Bischofssitz, ein Faktum, welches ebenfalls als wichtiges Argument in der Stadtrechtsdiskussion – zumindest für diese Zeit – zu werten ist, MAUTERN vielleicht ebenfalls in der Übernahme der Verwaltungsfunktionen von CETIUM. Jedenfalls gründete Severin hier sein – möglicherweise sogar archäologisch nachgewiesenes – Kloster und betrieb erfolgreich Lokalpolitik, die den Romanen ein Überleben unter der Schutzherrschaft der jenseits der Donau residierenden Rugierfürsten sicherte, bis mit der Räumung von Ufernoricum unter Odoaker im Jahre 488 n.Chr. auch und vor allem für die städtischen Orte im Limesgebiet ein Siedlungshiatus ausbrach, der bis mindestens in karolingische Zeit andauerte.

Peter Scherrer

Literatur

B. u. H. Galsterer, Zum Stadtrecht von Lauriacum. Bonner Jahrbuch 171, 1971, 334ff.; M. Hainzmann, Ovilava – Lauriacum – Virunum. Zur Problematik der Statthalterresidenzen und Verwaltungszentren Norikums ab ca. 170 n.Chr. Tyche 6, 1991, 61ff.; W. Jobst, Carnuntum. Österreichs größte archäologische Landschaft (Wien 1983); R. Miglbauer, Zur Topographie von Ovilavis in der mittleren und späten Kaiserzeit. Mitteilungen des Museumvereins Lauriacum 32, 1994, 16ff.; I. Piso, Municipium Vindobonense. Tyche 6, 1991, 171ff.; E. Schedivy, Plan der Zivilstadt von Carnuntum. Ein Rekonstruktionsversuch ihrer Ausdehnung und ihres Straßennetzes aufgrund der bisherigen Ausgrabungen und Luftbildaufnahmen (Stand 1982). Carnuntum Jahrbuch 1985, 119ff.; P. Scherrer, Systematische

Stadtarchäologie: Fallbeispiel *Aelium Cetium* – St. Pölten, Niederösterreich. In: Akten des Internat. Symposiums „100 Jahre Museum Aquincum – Die Stadt unter der Stadt", Budapest 1994 (in Druck); H. Stiglitz, Carnuntum – Zivilstadt, Aufstieg und Niedergang der Römischen Welt II 6 (1977) 585ff.; H. Vetters 1977, bes. 367ff.; H. Vetters, Das Stadtrecht von Lauriacum. Jahrbuch des Oberösterreichischen Musealvereins 136, 1991, 53ff. (mit Bibliographie); F. Vittinghoff, Zur römischen Municipalisierung des lateinischen Donau-Balkanraumes. Methodische Bemerkungen. Aufstieg und Niedergang der Römischen Welt II 6 (1977) 3ff.

Die ländliche Besiedlung im Hinterland des Limes

Forschungsgeschichte und Voraussetzungen

Die archäologische Forschung hat den Siedlungen im Hinterland des Limes lange Zeit weniger Aufmerksamkeit als den militärischen Anlagen zugewendet. Zu diesen zählten aber auch das vom römischen Heer gebaute Straßennetz, so daß für dieses Element der Siedlungsstrukturen auch ältere Publikationen vorliegen. In etwas verstärktem Maße beschäftigte man sich nach dem 2. Weltkrieg – als man vom „Militärischen" wirklich genug hatte – auch mit ländlichen „Straßen und Siedlungen", doch wandte man sich auch dann bald den größeren Städten zu, die konzentriertere und reichere Funde erhoffen ließen. Erst in jüngerer Zeit wurde im Rahmen archäologischer Landesaufnahme versucht, für überschaubare Räume auch das Muster und die Dichte der römerzeitlichen Besiedlung zu erfassen.

Die Besiedlung in der vorhergehenden Epoche, der späten LaTène-Zeit, war anscheinend ziemlich dünn und auf einige Siedlungskammern beschränkt. Nur wenige Stämme können wir hier einigermaßen sicher lokalisieren und benennen: *Alouni* und *Saevakes* am Inn, *Kampi* und *Rakates* nördlich der Donau und die *Boii* um Leithagebirge und Neusiedler See. Das Umland von Iuvavum/Salzburg war dicht besiedelt und es ist kein Zufall, daß in der ersten Munizipalisierungsphase unter Claudius (41 bis 54 n.Chr.) gerade hier das einzige Municipium nördlich der Alpen entstand. Andere Fundgruppen konzentrieren sich am unteren Inn, im oberösterreichischen Seengebiet, in der Welser Heide bis Linz, an der Mündung der Enns, im unteren Traisental und im Wiener Raum. Carnuntum kann die Funktion eines *civitas*-Vorortes für die *Boii* gehabt haben.

Verkehrswege und Siedlungsstruktur

Die Donau scheint nach dem Ende der *oppida*, keltischer Höhensiedlungen, die in Gruppen an markanten Stellen des Donaulaufes beiderseits des Stromes lagen, keine sehr große Bedeutung als Handelsweg gehabt zu haben. In den Alpen waren die Verbindungen in den norischen Zentralraum durch die Natur vorgegeben, ihnen folgten auch die vom Militär ausgebauten römischen Straßen. Sie führten von Salzburg über Radstädter Tauern und Katschberg sowie von Wels durch das Kremstal und über den Pyhrnpaß in den Süden. Die wichtige Limesstraße führte von Salzburg nach Osten über Wels, Enns, durch den Raum von Amstetten,

PÖCHLARN, ST. PÖLTEN, durch Perschlingtal und Tullnerfeld in den Wiener Raum und weiter nach CARNUNTUM. Selbstverständlich war ein Netz von mehr oder weniger intensiv begangenen Wegen vorhanden. Die Flüsse hatten als Transportwege große Bedeutung. Das ist für den Inn belegt und gilt sicher auch für Salzach, Traun, Enns, Erlauf und Traisen. Die „Bernsteinstraße" hat das Reichsgebiet bei CARNUNTUM erreicht, ihre Fortsetzung nach Süden hat aber die Alpen im Osten umgangen. So hat nur der Raum von CARNUNTUM und das heutige Burgenland von diesem wichtigen Fernhandelsweg wirtschaftliche Impulse erhalten.

Besiedelt waren in erster Linie die durch fruchtbaren Boden oder Bodenschätze begünstigten Räume, doch sind auch in den inneralpinen Tälern nicht wenige Siedlungsplätze bekannt. Sie zählen allerdings nicht mehr zum unmittelbaren Hinterland des Limes.

Nur wenige Gebiete sind durch eine systematische archäologische Landesaufnahme erschlossen. Zwei Beispiele seien herausgegriffen (Abb.35): Im südlichen Innviertel zeigt der Raum DEGENDORF – MANKHAM – ALTHEIM die Lage von Villen beiderseits der Altach, im Süden jeweils in regelmäßigen Abständen von 3 römischen Meilen. Ein ähnliches Bild zeigt das Gebiet zwischen Leitha und Leithagebirge von AU AM LEITHAGEBIRGE bis SOMMEREIN. An zwei Linien, von denen eine dem Lauf des Flusses und die andere etwa parallel auf dem schwach ansteigenden Gelände verläuft, sind jeweils in Abständen von einer römischen Meile oder einem Vielfachen davon römerzeitliche Siedlungsplätze nachzuweisen. Die am Gebirgshang gelegenen sind meist kleineren Bächen oder Gerinnen benachbart, die hier zum Fluß hin ziehen. Neben solchen Siedlungsstrukturen, die die römische Neuvermessung des Landes ahnen lassen, blieben wohl auch die einheimischen Gehöfte bestehen und wurden allmählich mit den Segnungen der römischen Zivilisation ausgestattet. Auch die genaue Lage war nicht ausschließlich von einer starren Landzuweisung bestimmt. In jüngster Zeit wurde betont, daß landschaftsbezogenes Bauen beobachtet werden kann: sowohl in Hinblick auf einen schön gelegenen Bauplatz mit lieblicher Aussicht, einen *locus amoenus*, als auch in Hinblick auf einen eindrucksvollen Standort des Hauptgebäudes. Besonders bei den größeren Gütern reicher Besitzer war hier Spielraum gegeben.

Das Landschaftsbild außerhalb der Städte und abseits der Kastelle war von zwei Siedlungsformen geprägt: *villae* und *vici*.

Die *villae rusticae*

Die *villae* waren Bauernhöfe von sehr unterschiedlicher Größe, in vielen Fällen sind Umfassungsmauern bekannt. Diese waren nicht Befesti-

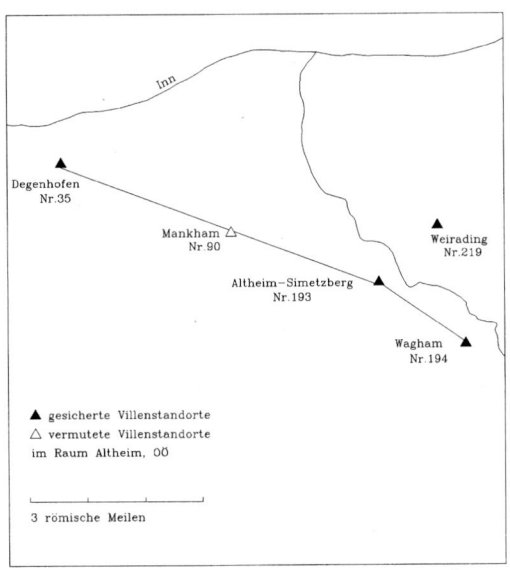

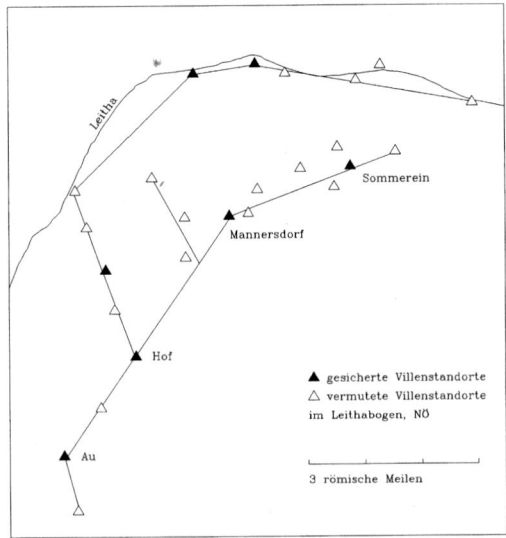

Abb. 35: Siedlungsstrukturen: 1. Villen am unteren Inn/Altachtal 2. Villen im
Leithabogen zwischen Au und Sommerein

gungsmauern, wie bei den Kastellen, da der Personalstand einer solchen *villa* kaum ausreichen konnte, einen Angreifer abzuwehren. Sie sollten vielmehr verhindern, daß Vieh sich verlief oder gestohlen wurde und selbstverständlich den Zugang durch ein oder zwei Tore kontrollierbar machen. Diese ummauerten Areale haben sehr unterschiedlichen Umfang (Abb.36). Einige liegen um 1 ha, einer der größten, bekannten mißt etwa 16 ha, wenn alle Mauern einen Besitz umfassen, der jedoch nicht von Anfang an so groß gewesen sein muß.

Bestimmend und am besten bekannt ist in den meisten Fällen das Hauptgebäude, das Wohnhaus des Besitzers oder Pächters. Aus vielen Provinzen des römischen Reiches sind zwei beliebte Grundrißtypen bekannt, die Porticusvilla, oft mit Eckrisaliten, und die Peristylvilla. Beim ersten Typ verbindet ein halboffener Gang, die Porticus, dahinter liegende Räume und die oft massiven Baukörper an ihren Enden. Ein sehr großer und prachtvoll ausgestatteter Vertreter dieses Typs ist die *villa* in LOIG bei SALZBURG (Abb.37/1). Beim zweiten Typ gliedern sich die Wohn- und Verwaltungsräume rund um einen zentralen Hof oder Garten, der von Säulengängen umgeben ist. Die *villa* von EISENSTADT-GÖLBESÄCKER (37/2) repräsentiert diesen Typ und wohl auch die ältere Anlage von BRUCKNEUDORF (37/3). Die meisten uns bekannten Bauten sind weitaus bescheidener, ahmen aber diese Grundtypen nach. Der Langseite eines Rechteckhauses wird eine einfache Porticus vorgelagert wie etwa in ALTHEIM-SIMETSBERG (37/4) oder einige Räume grenzen an einen Hof, wie in WIMSBACH (37/5) oder in HÖFLEIN (37/6).

Diese Häuser waren im 1. und zu Beginn des 2.Jhs.n.Chr. nicht selten als Fachwerkbauten errichtet, später als Steinbauten mit Mörtelbindung. Mauern wurden in unserem Gebiet kaum je aus Ziegeln gebaut, doch waren Plattenziegel für Böden und die Pfeiler der Hypokaustheizung sowie Dachziegel (*tegulae* und *imbrices*) und Hohlziegel (*tubuli*) für die wärmedämmende Wandverkleidung üblich. Die Wohnräume waren in den frühesten Phasen meist unbeheizt, ab dem späten 2.Jh.n.Chr. werden Neubauten immer mit Hypokaustheizungen errichtet, und in bestehende Bauten werden Heizungen eingebaut. Eine deutliche Verschlechterung des Klimas dürfte die Ursache dafür sein. Die Wohnräume waren auch bei den bescheideneren Hauptgebäuden mit Wandmalerei ausgestattet, bei den großen und repräsentativen sogar mit Mosaikböden. Die größten Mosaikenkomplexe vom österreichischen Boden stammen aus Villen, als Beispiel sei ein spätantiker Boden aus BRUCKNEUDORF, Raum 9 angeführt (Farbtafel 10).

Ein Bad ist immer vorhanden, häufig als eigener Bau, gelegentlich als Teil des Hauptgebäudes. Die Bäder sind von allem Anfang an beheizt.

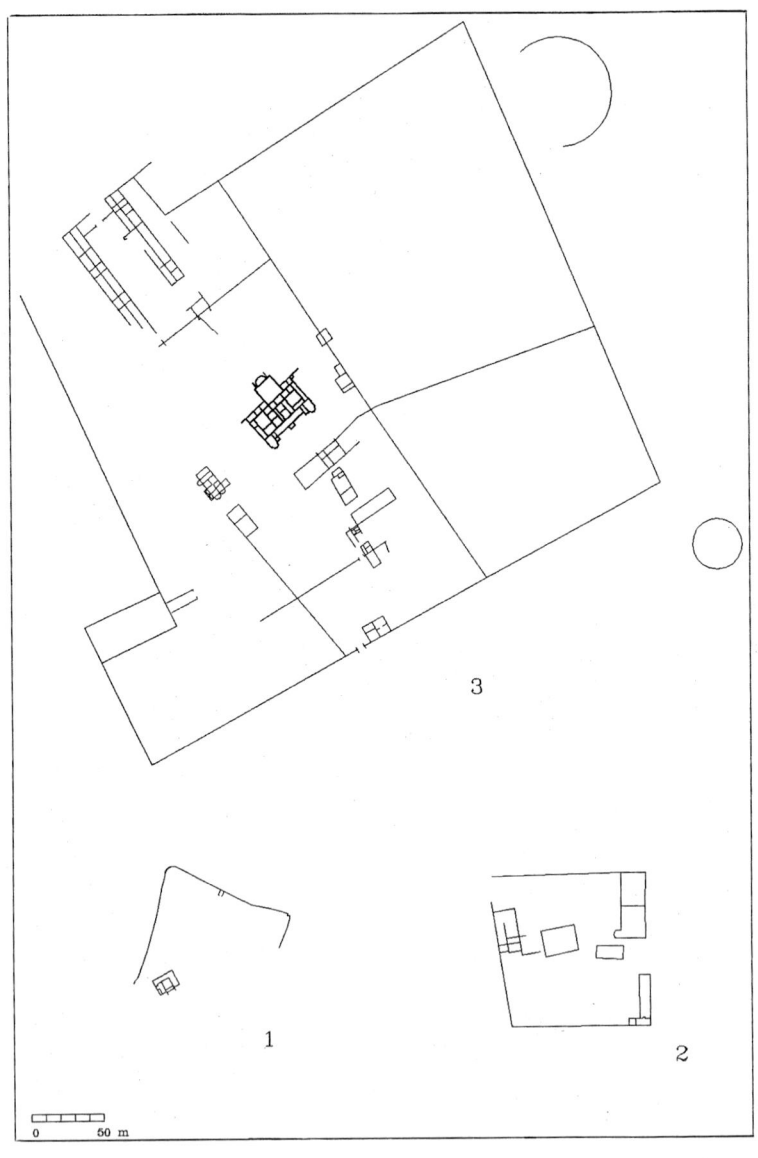

Abb. 36: Ummauerte Villenareale: 1. Bad Wimsbach 2. Donnerskirchen
3. Bruckneudorf

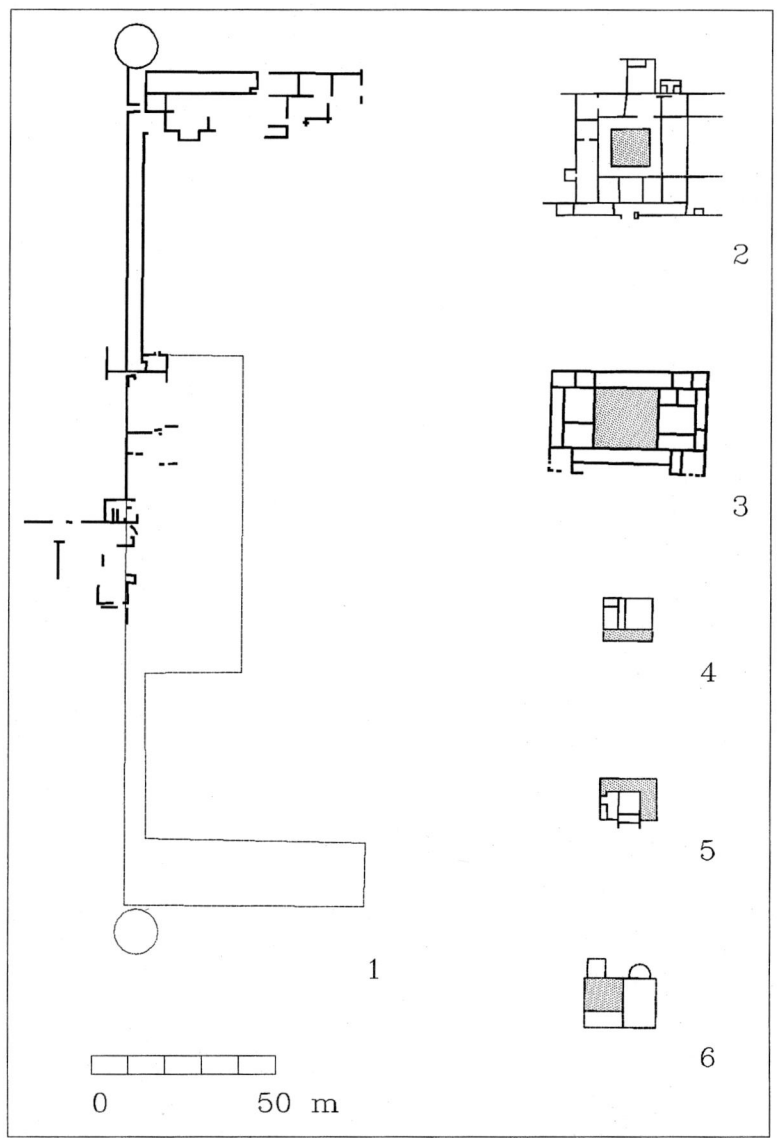

0   50 m

Abb. 37: Villenhauptgebäude: 1. Loig 2. Eisenstadt-Gölbesäcker 3. Bruck-neudorf 4. Altheim-Simetzberg 5. Bad Wimsbach Neydharting 6. Höflein-Aubühlen

Ställe und Speicherbauten wie Getreidespeicher (*horrea*) und Keller waren eigene Gebäude, zwischen denen befestigte Wege und Hofflächen lagen. Weitere Bauten gehörten zum Betrieb der *villa*: Darren zum Trocknen von Flachs, Obst oder feucht geerntetem Getreide, und Backöfen. Bei größeren Anlagen wohnte das Gesinde in eigenen Bauten, beim Haupteingang gab es ein Wächterhaus. In Schmieden und anderen Werkstätten konnten Zaumzeug und Werkzeug repariert oder angefertigt werden.

Die ökonomische Grundlage war die Landwirtschaft: Anbau von Getreide, Gemüse, Obst und Wein als Lebensmittel und Flachs als Textilgrundstoff sowie die Viehzucht, bei der Pferd, Rind, Schaf, Schwein und Geflügel als Nutztiere gehalten wurden. Dabei spielen neben der Fleischversorgung die Verwendung als Zug- und Reittier und die Herstellung von Leder eine große Rolle, auch für das Heer als Abnehmer. Katzen, Hunde und kleine Vögel wurden als Haustiere gehalten. Spinnerei und Weberei wurden als Verwertung der anfallenden Grundstoffe nachweislich im Haus betrieben, teilweise auch ihre weitere Verarbeitung.

Verstorbene Bewohner einer *villa* wurden auch auf deren Grund bestattet. In einigem Abstand vom Hauptgebäude (150 bis 300 m) und meist außerhalb der Umfassungsmauer lag das Gräberfeld (Abb.26).

Wenn auch das Land einer eroberten Provinz als *ager publicus* kaiserlich war, wird man gerade für das Hinterland des norischen und pannonischen Limes nicht mit Enteignungen der früheren Besitzer rechnen müssen. Das *regnum Noricum* wurde friedlich okkupiert und systematische Enteignungen hätten gewiß Revolten provoziert. Dazu kommt, daß nur kleinere Räume einigermaßen dicht besiedelt waren. Für die Ansiedlung von Soldaten, die nach ihrer Dienstzeit entweder Geld oder eben eine solche *villa* zur Gründung einer Existenz erhielten, war genug fruchtbarer Boden vorhanden. Auch die Ansiedlung von Menschen aus Teilen des Reiches mit starker Übervölkerung scheint es gegeben zu haben. Der Grundbesitz durch Einheimische und Soldaten hatte vielerlei Formen von Eigentum und Pacht oder Subpacht, der Anteil des kaiserlichen Großgrundbesitzes scheint im Lauf der Jahrhunderte zugenommen zu haben.

Die *vici*

Vici sind Siedlungen mit der Funktion kleinster Zentralorte in einer Stufe unter den autonomen Städten. Neben den Kastellvici, die in diesem Band gesondert behandelt werden, gab es sie wohl häufig an Straßenkreuzungen. Da bei vielen nur durch Zufalls- oder Oberflächenfunde bekannten Fundstellen die Siedlungsform nicht bestimmbar ist, läßt sich meist nicht zwischen *villa* und *vicus* unterscheiden. Nach Beispielen aus der Steiermark, wo die Erforschung dieser Siedlungsform in den letzten Jahren intensiv betrieben wurde, sind die einfachen Hausformen den Wohnbauten der kleineren *villae* ähnlich. Der Hauptunterschied ist wohl, daß in den *vici* die gewerbliche Tätigkeit im Vordergrund stand. Hier wurden Spezialaufgaben erfüllt, die in der „Hausindustrie" der überwiegend landwirtschaftlich ausgerichteten *villa* nicht geleistet werden konnten, weil dort spezielle Einrichtungen und ausgebildete Handwerker fehlten. Beispiele sind ein wollverarbeitender Betrieb (*fullonica*) in KALSDORF (Stmk.) oder Töpferöfen im Kastellvicus von FAVIANIS (MAUTERN). Daneben haben wohl Gasthäuser zur Verpflegung und Beherbergung von Reisenden sowie kleine militärische Posten („Benefiziarierstationen") mit der Funktion eines Gendarmeriepostens in den *vici* ihren Platz gehabt. Die Lage der Bestattungsplätze folgt dem Bild der autonomen Städte, sie lagen entlang den Straßen außerhalb der Siedlung.

Abschließend soll ein Hinweis auf sichtbare Ruinen gegeben werden. Wie erwähnt wurden nur wenige zivile Siedlungen im ländlichen Raum ausgegraben, noch weniger ist konserviert und sichtbar:

Ein Teil des Wohngebäudes des kleinen Gutshofes im „Totenhölzl" bei BAD WIMSBACH NEYDHARTING (OÖ.) wurde sichtbar erhalten und konserviert. Der größere, freiliegende Raum zeigt das Hypokaustum, die Bodenheizung mit den an der Wand angebrachten *tubuli*, der kleinere, quadratische Raum ist durch einen Herd und den Fund eines Bleirohres als Küche nachgewiesen. Neben der großen Villa von BRUCKNEUDORF wurde derzeit der Rastplatz für einen Radwanderweg eingerichtet. Der Grundriß des Hauptgebäudes der *villa* in HÖFLEIN-AUBÜHLEN wurde im Gelände dargestellt.

Heinrich Zabehlicky

Literatur

Eine zusammenfassende Arbeit über Villen im österreichischen Raum fehlt, für den pannonischen Teil ist nicht mehr völlig aktuell: Edith B. Thomas, Römische Villen in Pannonien. Budapest 1964.

Die auf diesem Gebiet intensivierte Forschung in den letzten Jahren hat bereits einige Sammelbände hervorgebracht: Balácai Közlemények III, 1994. Forschungen und Ergebnisse. Internationale Tagung über römischen Villen. Veszprém, 16. bis 20. Mai 1994, Veszprém 1995 mit zahlreichen Beiträgen zu einzelnen Villen und zu zusammenfassenden Themen, wegen der thematischen oder räumlichen Nähe besonders zu berücksichtigen sind hier die Beiträge von: S. Palágyi, Chr. Ertel, F. Reutti, K. Heinzl, E. Pochmarski, E. Hudeczek – I. Kainz, K. Genser und T. Kolnik; „Villa rustica". Arche. Zeitschrift für Geschichte und Archäologie in

Oberösterreich. Nr. 7, Dezember 1994, mit Beiträgen von: W. Czysz, M. Pollak – A. Stelzl, F. Krinzinger, K. A. Heinzl, S. Jäger, F. Krinzinger – W. Klimesch, U. Thanheiser, Chr. Schwanzar, K. Genser, G. Moosbauer und V. Moritz. I. Benda, Der Gutshof von Bruckneudorf und seine Stellung innerhalb der Villenarchitektur der römischen Kaiserzeit. Ungedr. Dipl. Arbeit Wien 1989; W. Jobst, Die römische Villa Loig und ihre Mosaiken. Jahresschrift des Salzburger Museum C. A. 27/28, 1981/82, 1ff.; R. Kastler, Archäologie in Höflein bei Bruck a.d. Leitha. Tätigkeitsbericht 1993. Carnuntum Jahrbuch 1993/94, 333ff.; W. Kubitschek, Römerfunde von Eisenstadt. Sonderschriften des Österr. Arch. Instituts 11, 1926; G. Melzer, Verzeichnis der archäologischen Fundstellen in Au am Leithaberge, Hof am Leithaberge, Mannersdorf am Leithagebirge und Sommerein. In: Museum Mannersdorf am Leithagebirge, Katalog, Teil 1, Ur- und Frühgeschichte, Mannersdorf o.J. 55ff.; M. Pollak und A. Stelzl, Die archäologische Landesaufnahme im VB Braunau am Inn. Tätigkeitsbericht für die Jahre 1985–1992 in: Fundberichte aus Österreich 31, 1992 (1993), 203ff.; H. Vetters, Die villa rustica von Wimsbach. In: Jahrbuch des Oberösterreischen Musealvereins 97, 1952, 87ff.

Römer und Germanen an der mittleren Donau

Vorgeschichte

Klimatische Veränderungen in Südskandinavien und im nördlichen Mitteleuropa sowie eine Bevölkerungszunahme werden unter anderem als
Gründe für die Südwanderung der Germanen in den Jahrhunderten v.Chr.
betrachtet. Diese Südbewegung führt zunächst einmal zur Konfrontation
mit dem keltisch besiedelten Gebiet und schließlich mit den Römern, deren
Reaktionen durch die antiken Schriftquellen überliefert sind und durch die
archäologischen Quellen auch belegt werden können. Das Zusammen-
treffen mit den Römern führte zur allmählichen Verlagerung von germanischen Stammesteilen in das Gebiet nördlich der mittleren Donau.
Das nördliche Niederösterreich, die Südwestslowakei, Mähren und Böhmen bilden ab dem 1.Jh.n.Chr. das Siedlungsgebiet der Markomannen
und Quaden. Beide Stämme gehören zum Stammesverband der Sueben.
Seit der 2. Hälfte des 19.Jhs. werden sie von der Sprachwissenschaft
zusammen mit anderen nah verwandten germanischen Stämmen unter
dem Begriff „Elbgermanen" zusammengefaßt, da deren ursprüngliches
Siedlungsgebiet zu beiden Seiten der Elbe lag.
Die diplomatischen und militärischen Eingriffe in die germanischen Verhältnisse durch die Römer zur Zeit Caesars und danach waren mit keinem bestimmten Ziel verbunden, sondern Reaktionen auf bestimmte
Veränderungen und Unternehmungen der Germanen am Rhein. Erst die
Niederlage des Legaten M. Lollius im Jahre 17 v.Chr. am Rhein führte
zum Wendepunkt in der Germanienpolitik Roms. *Sugambrer, Usipeter*
und *Tenkterer* hatten den Rhein überschritten, eine römische Legion
besiegt und den Adler, das Feldzeichen der Legion, erbeutet. Die Truppen werden nun aus dem Inneren Galliens in die neuen Legionslager an
den Rhein vorverlegt.
Zur selben Zeit, aber nicht im unmittelbaren Zusammenhang, wurde auch
das Alpen- und Voralpengebiet bis zur Donau unterworfen, wobei es
auch zur friedlichen Einverleibung des *regnum Noricums* kam. Damit
grenzte Rom sowohl im Westen als auch im Norden an die Gebiete der
Germanen.
13 v.Chr. wurde Drusus, einer der Stiefsöhne des Augustus, zum *legatus
Augusti pro praetore* für die drei römischen Provinzen Galliens ernannt
und mit der aktiven Verteidigung der Rheinlinie betraut. Dieser führte eine
Serie von Kriegszügen nach Germanien durch, die die Errichtung der
römischen Herrschaft über die germanischen Gebiete bis zur Elbe ein-

schließlich Böhmens zum Ziel hatten. Bei einem seiner Feldzüge von Mainz aus in das Maingebiet im Jahre 10 oder 9 v.Chr. kam es auch zu einer größeren Auseinandersetzung mit den im Maingebiet sitzenden Markomannen und den bei Caesar erwähnten Mainsueben. Infolge dieses Ereignisses wandern die Markomannen unter ihrem König Marbod nach Böhmen aus, und die Mainsueben unter ihrem König Tudrus östlich der markomannischen Wohnsitze, vermutlich in den Raum Südmähren/nördliches Niederösterreich und Südwestslowakei. Diese werden nun zum ersten Mal von den schriftlichen Quellen als Quaden bezeichnet. Sowohl die Umsiedlung der Markomannen als auch die Einsetzung des Marbod als König erfolgte mit großer Wahrscheinlichkeit nicht ohne Einverständnis Roms.

König Marbod gelang es, in Böhmen ein starkes Staatengebilde zu errichten. Er verfügte über ein starkes, gut ausgebildetes Heer und machte benachbarte germanische Stämme durch erfolgreich geführte Kriege oder durch Verträge von sich abhängig. Dieses Machtgebilde im böhmischen Becken war Rom keinesfalls genehm. 6 n.Chr. sollte durch einen Zangenangriff mit zwölf Legionen von MAINZ und CARNUNTUM aus, das Marbod-Reich vernichtet werden. Das Unternehmen mußte aufgrund eines Aufstandes in Pannonien abgebrochen werden.

Eine folgenschwere Niederlage brach auf Rom 9 n.Chr. mit der Schlacht im Teutoburger Wald und dem Verlust von drei Legionen herein, so daß sich Rom in den folgenden Jahren entschloß, das Ziel der römischen Herrschaft bis zur Elbe aufzugeben und die Reichsgrenze an der Rhein- und Donaulinie einzurichten.

König Marbod wurde 17/18 n.Chr. durch innergermanische Auseinandersetzungen gestürzt. Sein Nachfolger Catualda wurde ein Jahr später abgelöst. Beide Gefolgschaften werden von den Römern zwischen der March und dem Cusus (vermutlich Waag) angesiedelt und der Quade Vannius als König eingesetzt. Auch dieser wurde 50 n.Chr. von einer ostgermanischen und hermundurischen Kriegergruppe, zu der die Söhne seiner Schwester, Wangio und Sido, gehörten, vertrieben, wobei seine Anhänger in Pannonien angesiedelt wurden.

Die Lokalisierung des *regnum Vannianum* konnte lange Zeit nicht eindeutig geklärt werden. Sowohl östlich wie westlich der March wurde seine Lage erörtert. Die neuen Ausgrabungen reich ausgestatteter Brandgräberfelder in der Südwestslowakei zeigten schließlich, daß sich das Zentrum des Königreiches des Vannius östlich der March befunden hat. Auch das Siedlungsgebiet der nach Pannonien umgesiedelten Gefolgsleute des Vannius konnte archäologisch genauer lokalisiert werden. Germanische Funde in Gräbern (Waffengräber) und germanische Namen auf den römischen Grabsteinen wurden westlich des Neusiedlersees bis zur Leitha angetroffen. So überliefert uns ein Grabstein aus KATZELSDORF bei WIENER NEUSTADT eine Germanin namens Strubilo, die die Sklavin des Germanen Scalleo war. Ein weiterer Grabstein aus LICHTENWÖRTH bei WIENER NEUSTADT nennt uns den Germanen Tudrus, der Sklave des Boiers Ariomanus war (Abb.38).

Römer und Germanen an der mittleren Donau (Abb.39)

Mit der Errichtung des *regnum Vannianum* im Vorfeld der römischen Reichsgrenze bediente sich Rom zur Sicherung der Grenze eines Systems, nämlich des der Klientelrandstaaten; das heißt, germanische Stämme, die der römischen Grenze vorgelagert und von Rom abhängig waren, bildeten für Rom einen bewußt errichteten vorgezogenen Grenzschutz. Die Macht über diese Stämme und Gebiete sicherte sich Rom durch die Schaffung von Klientelkönigstümern, durch militärischen und wirtschaftlichen Einfluß.

Tacitus, ein römischer Schriftsteller, schreibt (Germania, 42,2): „Die Markomannen und Quaden haben bis auf unsere Zeit Könige aus dem eigenen Stamm gehabt, jetzt lassen sie sich auch Fremde gefallen. ...Aber ihre tatsächliche Macht verdanken die Könige römischem Einfluß. Sie werden von uns selten militärisch, öfter nur mit Geld unterstützt, aber das erweist sich als nicht weniger wirksam". Das bedeutet, daß die vom Stamm gewählten Könige von Rom bestätigt werden mußten. Rom sicherte sich so den direkten Einfluß. Es zeugt von einer starken Einmischung Roms in die inneren germanischen Angelegenheiten der suebischen Stämme. Eine Münze des Kaisers Antoninus Pius überliefert in eindrucksvoller Weise diesen Akt (Abb.40). Die Vorderseite der Münze zeigt den römischen Kaiser, der dem germanischen König, bekleidet mit Hose und Mantel, die Hand entgegenstreckt. Über den beiden befindet sich die Umschrift – *Rex Quadis datus*: den Quaden wurde ein König gegeben. Die eingesetzten germanischen Könige beteiligten sich auch an den Auseinandersetzungen um den römischen Kaiserthron, indem sie für einen der Kandidaten Partei ergriffen. So ist überliefert, daß die beiden Suebenkönige Italikus und Sido den römischen Kaiser Vespasian beim Kampf um den kaiserlichen Thron unterstützten. Ebenso versuchte Septimius Severus die Markomannen und Quaden bei seiner Bewerbung um den Kaiserthron als Unterstützung zu gewinnen. Die Folge dieser Kontakte war, daß die Könige dadurch zu Reichtum und Macht gelangten. König Vannius z.B. konnte selbst Zölle über Waren einheben, die sein Land passierten und in nördliche Gebiete exportiert wurden. Dies erregte na-

Abb. 38: Wiener Neustadt. Römerischer Grabstein mit der germanischen
Namensnennung „Tudrus"

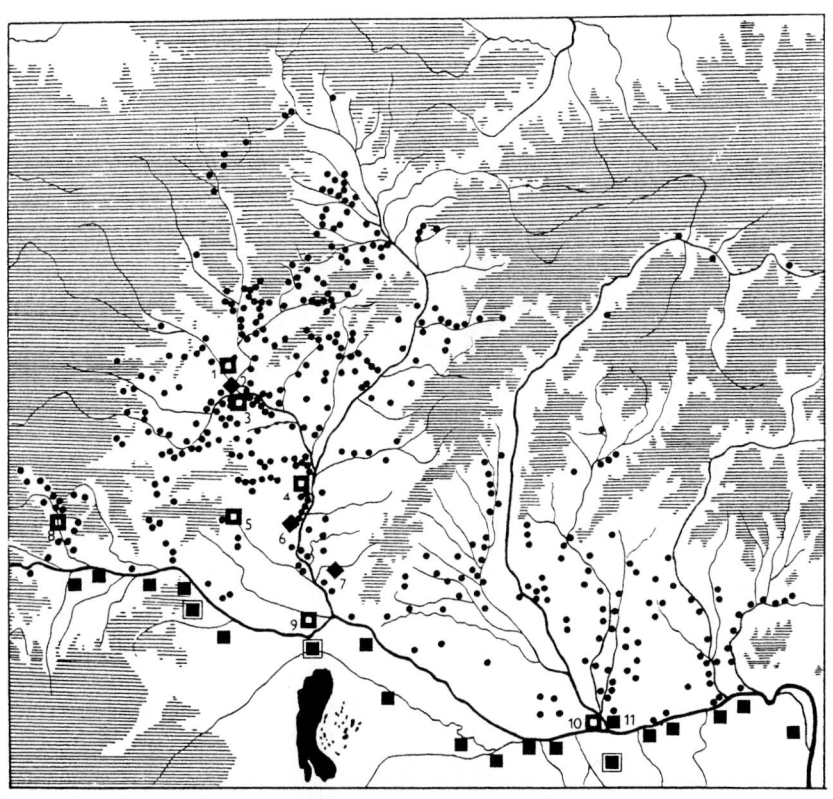

Abb. 39: Germanische Besiedlung und römische Befestigungsbauten aus der 2.
Hälfte des 2. Jahrhunderts nördlich der mittleren Donau
1 Přibice; 2 Mušov; 3 Mušov „Na pískách"; 4 Bernhardsthal; 5 Kollnbrunn;
6 Stillfried; 7 Stupava; 8 Plank am Kamp; 9 Engelhartstetten;
10–11 Iža-Leányvár
■Legionslager; ■ kleinere Kastelle; ◆ Befestigung mit Resten von Ziegel- und
Steinbauten; ☐ Marsch- oder Erdlager

türlich wiederum den Unmut und Neid anderer germanischer Anführer
oder Fürsten. Durch solche Konfliktherde wurden ohne direktes Eingrei-
fen Roms zu mächtig gewordene Könige beseitigt. Die Gefolgschaften
dieser Könige wurden – auch um Unruheherde zu entschärfen – in das
provinzialrömische Gebiet umgesiedelt.

117

Abb. 40: Münze des Kaisers Antoninus Pius

Der stärkste römische Einfluß vollzog sich also in der germanischen Führungsschicht. Die Auswirkungen dieses Einflusses gibt am deutlichsten der Fund eines Körpergrabes wieder, der in der nächsten Umgebung der römischen Befestigung am Burgstall bei Mušov 1988 zum Vorschein kam. In der Grabkammer wurden mindestens acht Bronzegefäße, mehrere Silbergefäße, eine Bronzelampe, zwei Silberlöffel, zahlreiche Glasgefäße, römische Gebrauchskeramik, eine zweischnauzige Bronzelampe, ein Klapptisch, Herdgeräte, Waffen, Prunksporen, verschiedene Gürtelbestandteile und Riemenzungen angetroffen. Die Ausstattung weist einerseits auf einen Germanen hin, der an der Spitze der germanischen Gesellschaftspyramide stand. Andererseits zeugen die vielen Gegenstände römischer Provenienz, daß die hier bestattete Person sehr intensive Beziehungen mit den Römern hatte. Daran erinnert vor allem der auf extra Bestellung gefertigte Kessel mit den Büsten von suebischen Kriegern als Attaschen, die ohne Parallelen sind (Farbtafel 11.1). Aufschlußreich ist in dieser Hinsicht eine Stelle bei Tacitus (Annalen 2, 63, 3), wonach sich z.B. römische Handwerker und Kaufleute am Hofe Marbods aufhielten. Dasselbe wird man vielleicht auch hier für diesen romfreundlichen Fürsten annehmen können.

Zur Sicherung und Expansion der römischen Interessen bediente man sich auch der militärischen Mittel. Darunter fallen nördlich der mittleren Donau der Nachweis von a) Brückenköpfen oder Gegenbefestigungen,

118

b) Marsch- oder Feldlagern und c) „römischen Stationen". Die meisten dieser Anlagen fallen in die Zeit der Markomannenkriege, als der militärische Einfluß am intensivsten war. Veränderungen in der germanischen Gesellschaft und Bevölkerungsbewegungen im nördlichen Germanien führten in der 2. Hälfte des 2.Jhs.n.Chr. zu der schweren Auseinandersetzung zwischen Römer und Germanen, die als „Markomannenkriege" geläufig sind (Abb.41). In den Jahren 166 und 167 n.Chr. erfolgten die ersten Einbrüche durch 6000 Langobarden und Obier ins Reichsgebiet. Eine eingeschleppte Epidemie aus dem Orient verhinderte die römischen Gegenmaßnahmen erheblich. 170 n.Chr. erfolgte der Hauptansturm der Germanen, und es gelang ihnen, bis nach Oberitalien vorzudringen. Unter erheblichen Anstrengungen konnte der Kaiser Mark Aurel das Kriegsgeschehen über die Donau, außerhalb des Reichsgebietes, ver-

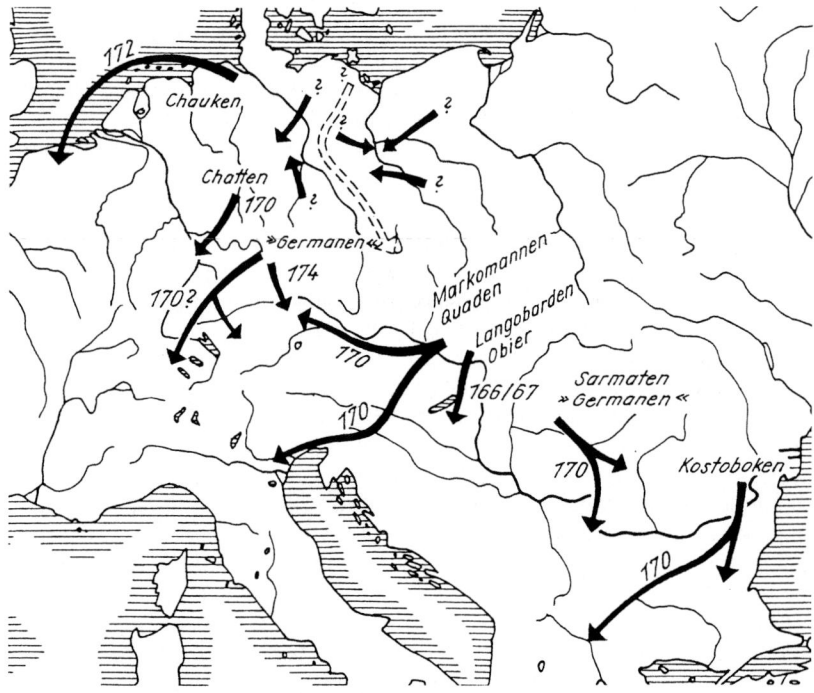

Abb. 41: Bevölkerungsbewegungen in der zweiten Hälfte des 2. Jahrhunderts n.Chr.

legen. In zwei Kriegszügen (die *expeditio Germanica prima* von 172–175 n. Chr. und die *expeditio Germanica secunda* von 177–180 n.Chr.) versuchte Mark Aurel Ruhe und Ordnung zu schaffen. Der Friedensschluß allerdings wurde 180 n.Chr. nach dem Tod Mark Aurels durch seinen Sohn Commodus abgeschlossen, der den Klientelstatus wiederherstellte.

a) Die Brückenköpfe oder Gegenbefestigungen dienten dazu, die Übergänge über die Donau zu sichern. Sie wurden an der Donau gegenüber den römischen Legionslagern (BRIGETIO, CARNUNTUM und VINDOBONA) angelegt. In der Slowakei befand sich ein Brückenkopf gegenüber von BRIGETIO. Seit Jahren legen slowakische Archäologen in IŽA-LEÁNYVÁR bei KOMARNO die Strukturen einer römischen Befestigung frei (Abb.42). Es handelt sich um ein Holz-Erde-Lager aus der Zeit der Markomannenkriege sowie um ein Steinkastell, das unter Commodus errichtet wurde und bis zum Beginn der Völkerwanderungszeit bestanden hat. Das Holz-Erde-Lager wurde nach den Funden um 174 n.Chr. errichtet und 178 n.Chr., während des zweiten Markomannenkrieges, zerstört. Dieses Lager dürfte der Ausgangspunkt für kriegerische Unternehmungen seitens der Römer im Grantal gewesen sein. Ein Brückenkopf für CARNUNTUM wird auf dem gegenüberliegenden Burgfelsen von THEBEN vermutet. Ziegelfunde in WIEN-LEOPOLDAU verleiten zur Annahme, daß dort der Brückenkopf zu VINDOBONA zu suchen ist.

b) Durch die luftbildarchäologischen Forschungen in Niederösterreich, der Slowakei und Mähren gelang der Nachweis von Marsch- oder Feldlagern, die in der näheren Umgebung von römischen Brückenköpfen wie IŽA-LEÁNYVÁR, römischen Stationen wie MUŠOV und an den Hauptverbindungsstraßen lagen. Aus dem nördlichen Niederösterreich wurden Marschlager in PLANK AM KAMP, KOLLNBRUNN, ENGELHARTSSTETTEN und BERNHARDSTHAL entdeckt (Farbtafel 11.2).

Mehrere Anlagen dieser Art wurden mittlerweile auch in Mähren, vor allem in der Umgebung von MUŠOV ausfindig gemacht. Es handelt sich in der Regel um rechteckige bis trapezförmige Spitzgrabenanlagen, die flächenmäßig eine Ausdehnung von einem bis zu 37 ha erreichen. Die Spitzgräben können bis zu 2,20 m tief und bis zu 3,10 m breit sein. Über die Inneneinrichtungen konnten bisher archäologisch keine Angaben gewonnen werden. Nur in Einzelfällen sind wir über die Konstruktion der Toranlagen informiert. Diese Lager sind wahrscheinlich für einen längeren Aufenthalt angelegt worden. Sie werden in Zusammenhang mit den Markomannenkriegen gesehen. Hinweise für die zeitliche Einordnung konnten bei den Ausgrabungen der germanischen Siedlung in BERNHARDSTAL gewonnen werden. Das Marschlager liegt stratigraphisch zwischen der Siedlungschicht des 2. Jhs. und einem Wall, der Ende des 2. und am Anfang des 3. Jhs.n.Chr. errichtet wurde.

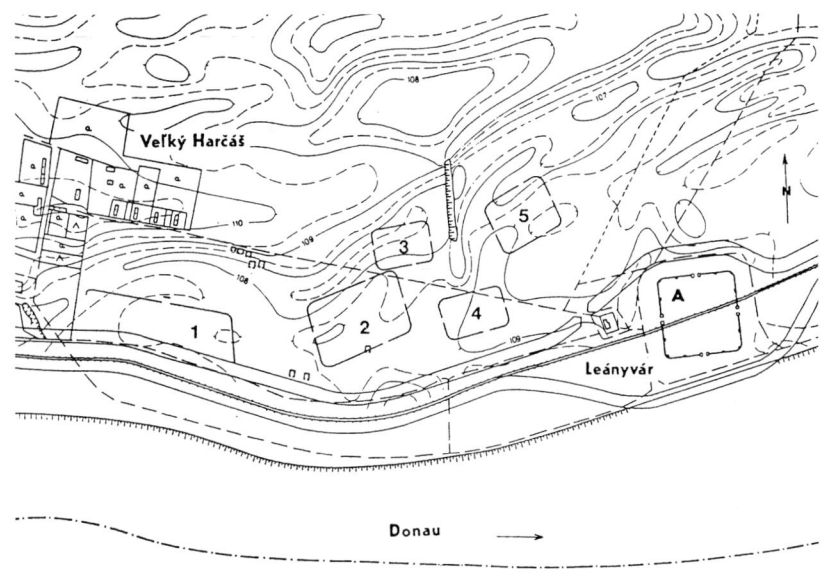

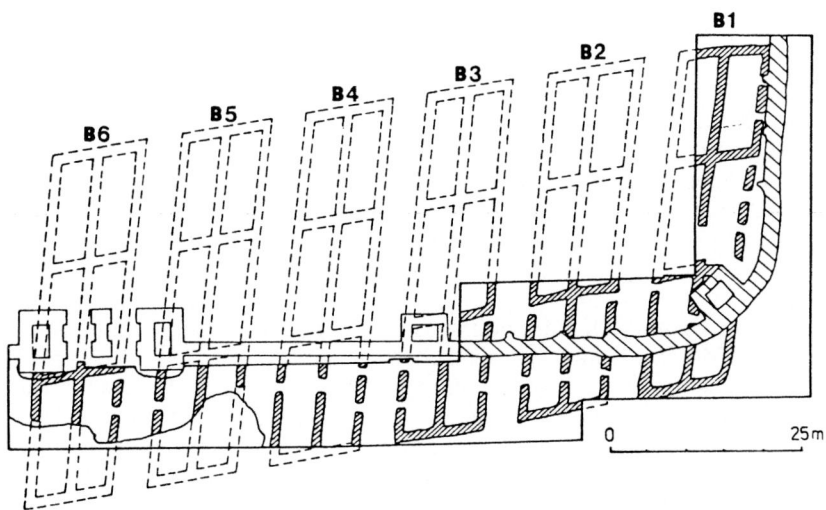

Abb. 42: Iža- Leányvár: 1.: A Lage des Holz-Erde- und Steinlagers;
1–5 Feldlager; 2.: Bauten des Holz-Erde-Lagers unter dem Steinkastell

121

c) Mit dem militärischen Einfluß stehen auch einige „römische Stationen" in Zusammenhang, die als Stützpunkte vor allem zur Zeit der Markomannenkriege errichtet wurden. In den 20er und 30er Jahren dieses Jahrhunderts wurde durch Grabungen auf markanten Höhenkuppen im nördlichen Niederösterreich, Mähren und der Slowakei wie STILLFRIED, OBERLEISERBERG, MUŠOV, STUPAVA usw. römische Steinbauten, gestempelte Ziegel, Reste von Heiz- und Badeanlagen und römische Ausrüstungsgegenstände gefunden. Man betrachtete sie als jene römische Befestigungsbauten, die im Zuge der Markomannenkriege errichtet worden waren. Zweifel an der Interpretation dieser Anlagen führten Mitte der 80er Jahren zur Wiederaufnahme der archäologischen Untersuchungen.

Eine der bedeutendsten und bestuntersuchten römischen Stationen ist die Anlage auf dem Burgstall bei MUŠOV, die zur Zeit der Markomannenkriege errichtet wurde (Abb.107). Sie liegt etwa 80 km von VINDOBONA (WIEN) entfernt. Freigelegt wurden eine umfangreiche Wehranlage, bestehend aus einem V-förmigen Spitzgraben und einer Holz-Erde-Mauer sowie einer Mauer aus luftgetrockneten Lehmziegeln und einer Bohlenwand, die die hintere Linie der Holz-Erde-Mauer sicherte. Im Innern der Anlage, auf der höchsten Stelle der Kuppe, wurden schon bei älteren Grabungen die Überreste zweier Bauten mit Heizanlagen freigelegt, die als Badeanlage und als sogenanntes Kommandantenhaus angesprochen wurden. Unter den Funden römischer Provenienz fanden sich Fibeln, Beschläge der Militärausrüstung, Waffen und Waffenbestandteile, Fragmente von Ring- und Schuppenpanzern, ein Paradepanzerteil, auf dem mit kleinen Punkten eingraviert zu lesen ist: legio X und darunter die Inhaberinschrift *bruti*, Hunderte von Schuhnägeln, Pferdegeschirrteile und Ziegel mit dem Stempel LEG X GPF, der zehnten Legion, die in VINDOBONA ihren Standort hatte. Alle diese Funde zeugen von der Anwesenheit des römischen Heeres. Es handelt sich also um eine römische Befestigung mit militärisch-strategischer Funktion. Münzen und Terra Sigillata sowie andere Kleinfunde weisen darauf hin, daß diese Anlage zur Zeit der Markomannenkriege bestand, im Zuge dieser auch zugrunde ging und nicht wieder aufgebaut wurde.

Bei der Erforschung der germanischen Besiedlung nördlich der mittleren Donau stieß man auch auf Siedlungen, in denen römische Bauten mit villenartigem Grundriß vorkommen. Bei den meisten dieser Anlagen wurde primär ein militärischer Zweck angenommen. Läßt sich auf dem Burgstall bei MUŠOV eine militärisch-strategische Funktion nach den Befunden und Funden sehr wahrscheinlich machen, so kann man dies bei den Fundstellen, wo römische Bauten in unmittelbarer Nachbarschaft mit germanischen Siedlungsanlagen gemeinsam auftreten, wohl nur schwer annehmen. Gegen einen primären militärischen Zweck spricht auch das Fehlen einer echten Befestigung.

Zu den Ältesten zählt die Anlage in STUPAVA nördlich von BRATISLAVA. Ihre Errichtung wird am Beginn des 2. Jhs.n.Chr. angenommen und mit dem Handelsverkehr auf der Bernsteinstraße in Verbindung gebracht. Zur Zeit der Markomannenkriege verlor sie ihre Handelsfunktion und wurde verlassen. Ihre Funktion nahm sie erst wieder am Beginn des 3. Jhs.n.Chr. auf.

In BRATISLAVA-DÚBRAVKA bestand in den ersten beiden Dritteln des 3. Jhs.n.Chr. eine römisch-germanische Niederlassung, zu der unter anderem ein Badegebäude in Bruchsteinmauerwerk mit Kalkmörtelbindung und ein Hallenpfostenbau gehören.

Die Fundamentreste eines villenartigen Baues aus der 2. Hälfte des 4. Jhs.n.Chr. kamen in MILANOVCE zum Vorschein.

In CÍFER-PÁC (Bez. Trnava, Slowakei) umgab eine Holzpalisade ein Hauptgebäude aus Stein, zahlreiche Holz-Erde-Pfostenbauten und kleinere Pfostenkonstruktionen. Weiters befanden sich auf der Fläche ein kleineres Gebäude aus Stein sowie Webereien, Töpferöfen, Brunnen und germanische Grubenhäuser. Die Station wurde im zweiten Viertel des 4. Jhs.n.Chr. errichtet.

Bei all diesen Stationen zeigt sich, daß die angetroffenen Bauten keine Militärbauten, sondern Bauten zivilen Charakters sind. Man geht davon aus, daß es sich hier schon um die Strukturen römischer *villae rusticae* im Barbaricum handelt. Römische Bauformen in germanischen Siedlungen erwähnt auch der römische Schriftsteller Ammianus Marcellinus (17,1,7) „ ... und setzten alle Wohnhäuser in Brand, die sorgfältig nach römischer Weise gebaut waren, ...".

Die unmittelbare Lage vor der römischen Reichsgrenze bot natürlich für römisch-germanische Kontakte, insbesonders für den Handel, gute Bedingungen. Aber nicht nur der Grenzhandel, sondern auch der Fernhandel verlieh dem Gebiet nördlich der mittleren Donau seine zusätzliche Bedeutung. Über die Bernsteinstraße kamen die römischen Handelswaren nach Norden. Andererseits wurde über diese Route der Rohbernstein unter anderem vom Samland nach Süden bis AQUILEIA transportiert. Als Güter gelangten vor allem römisches Bronzegeschirr, Keramik, Schmuck und andere Waren in die germanischen Siedlungen. Die Germanen gerieten dadurch zunehmend in eine wirtschaftliche Abhängigkeit von den Römern. So spielte der wirtschaftliche Faktor eine wesentliche Rolle bei der Kontrolle des Gebietes.

Nach den Markomannenkriegen kamen römische Abteilungen erst wieder unter Valentinian in das Gebiet der Markomannen und Quaden. Dieser ließ umfangreiche Ausbesserungsarbeiten am Limes und in den vorgeschobenen Stützpunkten nördlich der Donau durchführen. Unter den Militärkommandanten der Provinz Pannonia Prima wird uns ein *tribunus gentis Marcomannorum* ohne Ortsangabe vor dem Präfekten Vindobonas genannt. Es wäre denkbar, daß dieser Tribun seinen Sitz nicht in Klosterneuburg hatte, sondern auf dem Oberleiserberg. Vielleicht ist im Briefwechsel des Bischofs Ambrosius von Mailand (gestorben 397 n. Chr.), den er mit der arianischen, markomannischen Fürstin namens Fritigil führte und ihr dabei den Rat gab, ihr Mann möge die römische Oberhoheit anerkennen, jener Tribun gemeint.

Großflächige Ausgrabungen am Oberleiserberg brachten umfangreiche Befestigungsanlagen und zahlreiche Bauten der Spätantike zum Vorschein (Farbtafel 31.1). Es wurde ein mehrräumiger Steinbau freigelegt, der in seinem Grundriß einer Eckrisalitvilla – eine Bauform römischer Landhäuser – gleicht. Das Bruchsteinmauerwerk mit Mörtelbindung, die Fachwerkkonstruktion, die Heizkanäle und die mächtigen Estrichschichten – durch nichts unterscheidet sich dieser Steinbau von denen im provinzialrömischen Gebiet, außer durch seine Lage im germanischen Barbarikum. Dieser Bau war mit einer Einfriedungsmauer umgeben. Ursprünglich betrachtete man dieses Steingebäude als ein römisches Kastell aus der Zeit der Markomannenkriege und sprach es als Kommandantenhaus an. Inner- und außerhalb der Einfriedungsmauer fanden sich quadratische und rechteckige Ständerbauten aus Holz mit Schwellriegeln – offenbar Wirtschaftsbauten – und ein weiterer Steinbau kleineren Ausmaßes. Die Anlage vermittelt keinesfalls den Charakter eines militärischen Bauwerkes, sondern erinnert an für zivile Zwecke errichtete Bauten. Um das Plateau herum wurden umfangreiche Befestigungsanlagen festgestellt. Die Höhensiedlung am Oberleiserberg dürfte von der zweiten Hälfte des 4. Jhs. bis in die zweite Hälfte des 5. Jhs.n.Chr. als Sitz germanischer Fürsten bestanden haben.

An den Stellen, wo sich vorher die Brückenköpfe des römischen Reiches am linken Ufer der Donau befunden haben, entstehen im 4. und 5. Jh.n.Chr. germanische Siedlungszentren, z.B. Wien-Leopoldau und Wien-Aspern, die Zentren des Handels zwischen Römern und Germanen sind. Über diese Marktplätze wandert die Keramikware der romanischen Töpfer in die Siedlungen nördlich der Donau. Im 4. und 5. Jh.n.Chr. lassen sich die glasierte und glättverzierte Ware (Farbtafel 30.3 und 32.3) im reichen Maße in den späten germanischen Siedlungen im nördlichen Niederösterreich, in der Slowakei, in Mähren und sogar Böhmen nachweisen. Möglicherweise wurde aber diese hochqualitative Ware auch schon in diesen germanischen Siedlungszentren produziert und an die Abnehmer in den Siedlungen nördlich als auch südlich der Donau gebracht.

124

So entwickelte sich aus dem Brückenkopf in Wien-Leopoldau in der zweiten Hälfte des 4. und im 5. Jh.n.Chr. ein Siedlungszentrum akkulturierter Germanen. Ähnliches gilt auch für Wien-Aspern. Ab dem 5. Jh. tauchen nördlich und südlich der Donau in den Siedlungen und Gräbern ostgermanische und reiternomadische Komponenten im Fundstoff auf, die von einer Überlagerung der romanischen Bevölkerung durch ostgermanische bzw. reiternomadische Bevölkerungsgruppen zeugen. In den spätantiken Gräberfeldern Ufernorikums wie z.B. Mautern, Traismauer, Tulln weisen charakteristische Funde auf die Anwesenheit germanischer Bevölkerungsgruppen hin.

Am Beginn der Völkerwanderungszeit stießen ostgermanische Krieger aus dem Osten über die funktionierenden römischen Straßensysteme nach Westen vor. Sie plünderten die romanischen Orte an der Donau und im Hinterland, übernahmen aber auch die militärische Sicherung des Landes durch den Eintritt in römische Dienste.

Eine Folge der Schlacht bei Adrianopel (378 n.Chr.) an der heutigen türkisch-bulgarischen Grenze, war die Aufnahme von germanischen Völkern in das römische Reichsgebiet wie die Gruppe des Alatheus und Safrac in die Provinz Pannonien. 382 n.Chr. wurden die Westgoten als Föderaten im römischen Reich, in der Romania, aufgenommen. Germanische Föderaten, die bisher noch außerhalb des Reiches lebten und nur Handelspartner waren, finden sich nun im römischen Heer wieder. Diese Föderaten repräsentieren nun die militärische Macht Roms an der Donau. Ein sehr bedeutender Fundkomplex aus dieser Zeit ist der Grabfund von Untersiebenbrunn. 1910 wurden dort ein Frauen-, ein Männer- und ein Kindergrab beim Schotterabbau entdeckt (Farbtafel 12). Nach den Funden in den Gräbern handelt es sich um die Grabstätte einer adeligen ostgermanischen, vielleicht auch alanischen Familie aus den 20er oder 30er Jahren des 5. Jhs.n.Chr.

Nach dem Sieg über die Hunnen am Fluß Nedao 453 n.Chr. werden im westlichen Weinviertel um die Mitte des 5. Jhs. die ostgermanischen Rugier als Föderaten angesiedelt. Zwischen der romanischen Bevölkerung in Ufernorikum und den Rugiern entwickelte sich ein reger Kontakt und Austausch. Über das Zusammenleben von Romanen und Rugiern sowie die Lebensumstände im 5. Jh.n.Chr. am norischen Limes berichtet eine schriftliche Quelle des frühen 6. Jhs.n.Chr., die *vita sancti Severini*. So holten sich die Romanen die Nahrungsmittel, deren Produktion zu dieser Zeit erheblich zurückgegangen war, von den Marktplätzen am nördlichen Donauufer. Zentren dieses „Rugilandes" dürften die Höhensiedlungen wie der Burgstall bei Schiltern, die Höhen der Holzwiese von Thunau, die Heidenstatt bei Limberg und der Oberleiserberg bei

Ernstbrunn gewesen sein. 487 und 488 werden die Rugier von Odoaker vernichtend geschlagen. Es ist dies auch das letzte Mal, daß römische Truppen bis zur Reichsgrenze und weiter nach Norden vordrangen. Noch im selben Jahr verläßt die romanische Bevölkerung Ufernorikum und schaffte damit eine siedlungsfreie Zone für die neu heranrückenden germanischen *gentes*.

Alois Stuppner

Literatur
U.B. Dittrich, Die Beziehungen Roms zu den Sarmaten und Quaden im vierten Jahrhundert n. Chr. (nach der Darstellung des Ammianus Marcellinus). Bonn 1984; H. Friesinger, Römische Befestigungsbauten nördlich der Donau in Niederösterreich. In: Lebendige Altertumswissenschaft. Festgabe zur Vollendung des 70. Lebensjahres von H. Vetters, Wien 1985, 258ff.; H. Friesinger, Tulln in der Völkerwanderungszeit und frühen Mittelalter. Heimatkundlicher Arbeitskreis für die Stadt und den Bezirk Tulln, Mitteilungen VII, 1992; H. Friesinger, Völkerwanderungszeitliche Grab- und Siedlungsfunde aus dem Kamptale, Niederösterreich. Mitteilungen der anthropologischen Gesellschaft 123/124, 1993/94, 61ff.; H. Friesinger – B. Vacha, Die vielen Väter Österreichs. Römer – Germanen – Slawen. Eine Spurensuche. Wien 1987; H. Friesinger – H. Adler, Die Zeit der Völkerwanderungen in Niederösterreich. Wissenschaftliche Schriftenreihe Niederösterreichs Bd. 41/42, St. Pölten – Wien 1979; T. Kolník, Zu den ersten Römern und Germanen an der mittleren Donau im Zusammenhang mit den geplanten römischen Angriffen gegen Marbod 6 n. Chr. In: Die römische Okkupation nördlich der Alpen zur Zeit des Augustus. Bodenaltertümer Westfalens 26, Münster 1991, 71ff.; M. Lochner, Frühgeschichte. In: Tullner Museen im Minoritenkloster. Katalog der Schausammlungen, Tulln 1996, 133ff.; M. Pollak, Die germanischen Bodenfunde des 1. bis 4. Jahrhunderts n. Chr. im nördlichen Niederösterreich. Studien zur Ur- und Frühgeschichte des Donau- und Ostalpenraumes 1, Wien 1980; H. Windl, Niederösterreich nördlich der Donau in der römischen Periode. Wissenschaftliche Schriftenreihe Niederösterreich Bd. 52, St. Pölten – Wien 1981; J. Tejral, Die Probleme der römisch-germanischen Beziehungen unter Berücksichtigung der neuen Forschungsergebnisse im niederösterreichisch-südmährischen Thayaflußgebiet. Bericht der Römisch-Germanische Kommission 73, 1992, 378ff.; J. Tejral, Die Verbündeten Roms nördlich des pannonischen Limes und ihre Nobilität während der Spätantike. In: La Noblesse Romaine et Chefs Barbares du III\ :sup:`e` au VII\ :sup:`e` siècle, Paris 1995, 139ff.; H. Wolfram, Die Germanen. München 1995; R. Wolters, Römische Eroberung und Herrschaftsorganisation in Gallien und Germanien. Zur Entstehung und Bedeutung der sogenannten Klientelrandstaaten. Bochum 1990; Die Germanen. Geschichte und Kultur der germanischen Stämme in Mitteleuropa. Ein Handbuch in zwei Bänden. Berlin 1976 und 1983; Germanen, Awaren, Slawen in Niederösterreich. Katalog des Niederösterreichischen Landesmuseums N.F. 75. Wien 1977; Berichte und Aufsätze über römische Bauten in Mähren und der

126

Slowakei, herausgegeben anläßlich des 14. Internationalen Limeskongresses 1986. Archeologické rozhledy 38,4, 1986; Germanen, Hunnen und Awaren. Schätze der Völkerwanderungszeit. Ausstellungskatalog des Germanischen National-museum Nürnberg 1988, Nürnberg 1987; Die Königsgruft von Mušov. Germanen und Römer nördlich der mittleren Donau in den ersten zwei nachchristlichen Jahrhunderten. Ausstellungskatalog, Mikulov 1991; Probleme der relativen und absoluten Chronologie ab Latènezeit bis zum Frühmittelalter. Materialien des III. Internationalen Symposiums: Grundprobleme der frühgeschichtlichen Entwick-lung im nördlichen Mitteldonaugebiet, Kraków – Karniowice 3. – 7. Dezember 1990, Kraków 1992; Markomannenkriege – Ursachen und Wirkungen, herausge-geben von H. Friesinger, J. Tejral, A. Stuppner. Spisy archeologického ústavu av R Brno 1, Brno 1994; Kelten, Germanen, Römer im Mitteldonaugebiet vom Aus-klang der Latène-Zivilisation bis zum 2. Jahrhundert, herausgegeben von J. Tejral, K. Pieta, J. Rajtár. Spisy archeologického ústavu av R Brno 2, Brno – Nitra 1995.

Das frühe Christentum im Limesbereich

Das Christentum im Gebiet des heutigen Österreich kam – wie in den meisten anderen Ländern auch – aus dem Osten und zwar mit dem Heer, was eindeutig belegt ist durch das sogenannte Regenwunder im Krieg Mark Aurels gegen die Germanen (ca. 172–174 n.Chr.), da dieses bereits Tertullian (*Apol.* 5, 6 und *Ad Scapulam* 4, 6) auf das Gebet christlicher Soldaten zurückführt. Daher verwundert es nicht, daß die einzigen christlichen Funde des österreichischen Limesabschnittes der Provinz *Pannonia prima* vom Militärstützpunkt CARNUNTUM stammen. Allerdings handelt es sich dabei bloß um Kleinfunde, wie z.B. einen Christogrammring (Abb.43) und einen silbernen Halsreif samt Christogrammanhänger (Abb.44) aus einem Kindersarkophag (heute in der Prähistorischen Staatssammlung von MÜNCHEN). Dazu kommen vier ebenfalls mit Christo-

Abb. 43: Bad Deutsch Altenburg, Museum Carnuntinum.
Ring mit Christogramm

Taf. 9.1: Bruckneudorf. Luftbild des Hauptgebäudes der Villa

Taf. 9.2: Carnuntum. Das Amphitheater der Zivilstadt

Taf. 10: Bruckneudorf. Bellerophon tötet die Chimaera.
Mosaik aus Raum 9 der Villa

Taf. 11.1: Mušov. Kessel mit den als Büsten gestalteten Attaschen

Taf. 11.2: Bernhartsthal. Marschlager

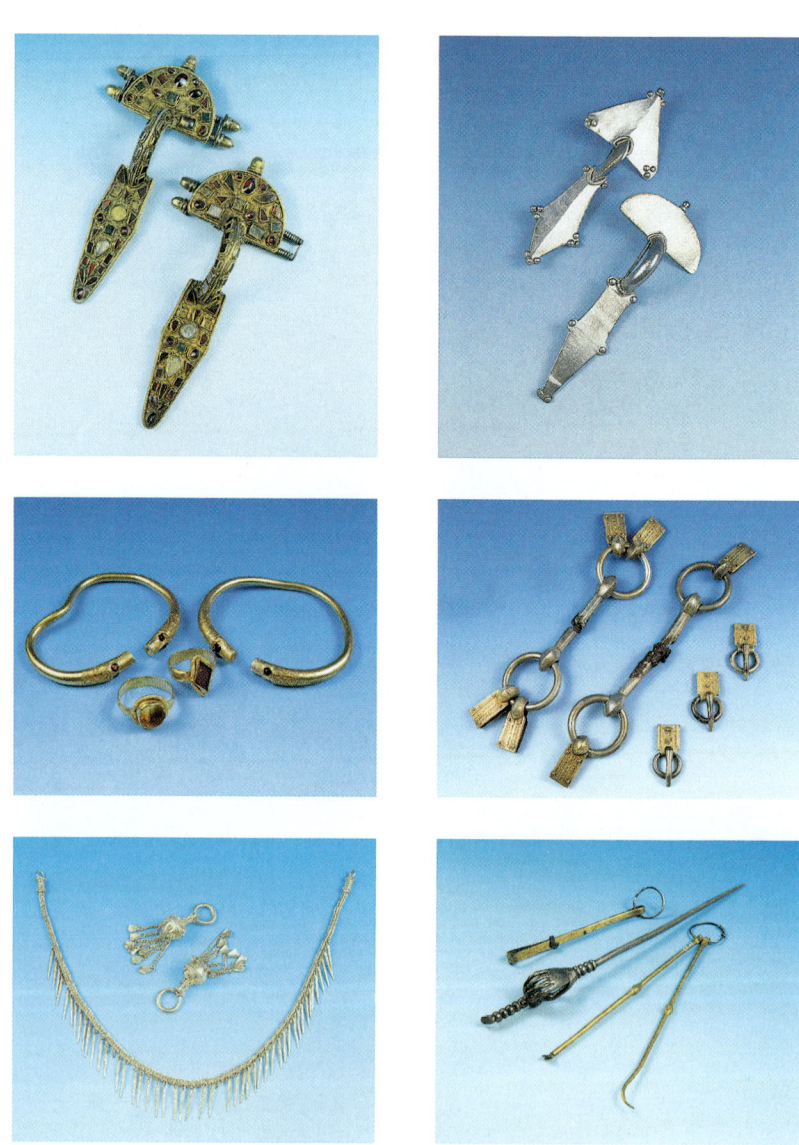

Taf. 12: Untersiebenbrunn. Grabfunde

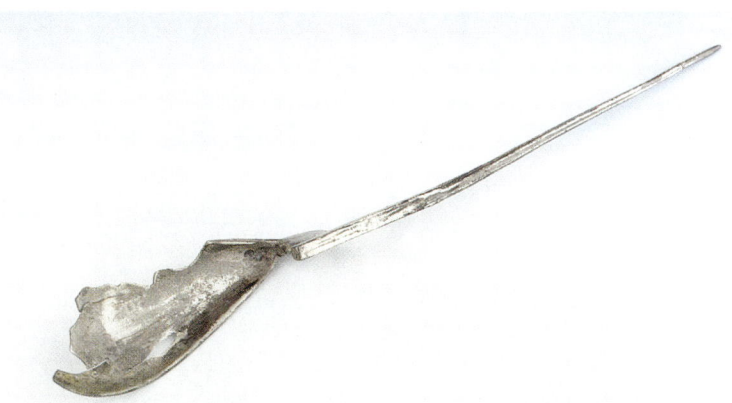

Taf. 13.1: Bad Deutsch Altenburg, Museum Carnuntium. Silberner Löffel

Taf. 13.2: Lauriacum/Lorch/Enns. Laurentiuskirche

Taf. 14.1: Mautern. Hufeisenturm, Westfront

Taf. 14.2: Carnuntum – Zivilstadt. Diana-Tempel mit Straßenhalle und Limesstraße

Taf. 15: Traismauer. Hufeisenturm der Nordfront

Taf. 16: Linz-Freinberg. Ostprofil im Wallschnitt 3 mit verziegelter Schicht

Abb. 44: München, Prähistorische Staatssammlung. Anhänger mit Christogramm
aus Carnuntum

gramm versehene Silberlöffel. Einer davon (Farbtafel 13.1) ist wieder
unpubliziert. Eine Kirche hat man bis heute in CARNUNTUM jedoch noch
nicht gefunden, denn der Einbau mit sechseckigem Becken aus Spolien
in der Südwestecke des Südtores des zweiten Amphitheaters der Zivilstadt kann bestimmt nicht als Kirche mit Baptisterium in Anspruch genommen werden. Ein einziges sicheres Pfeilerfundament ist nämlich zu
wenig für die „Rekonstruktion" einer dreischiffigen Kirche, die überdies
keine Ostung, keinen Narthex oder sonstigen Nebenraum und kein Pres-
byterium mit Standspuren wenigstens eines Altares hätte. Bloß ein Bruchstück einer Marmorplatte wurde entdeckt. Außerdem sind die Pfeilerfun-
damente der sogenannten Basilika verschieden groß und für einen so
schmalen Raum viel zu massiv und unnötig, denn fünf Meter Breite wären
sicher auch ohne sie problemlos zu überdachen gewesen. Festzuhalten
ist ferner, daß der Einbau erst nach der Schließung des Amphitheaters,
das heißt etwa Ende des 4.Jhs.n.Chr. erfolgt sein kann, da dessen Eingang damit unpassierbar wurde. Auch die als Baumaterial verwendeten

Spolien bestätigen diese Annahme. Weiters ist für Carnuntum überhaupt kein Bischof überliefert, weshalb man im Falle eines Baptisteriums einen visitierenden annehmen müßte. Außerdem scheint es zuvor kein gemauertes Baptisterium gegeben zu haben, weshalb ein solches dann ebensowenig wie eine Notkirche der Restbevölkerung nach dem Rückzug der Romanen anzunehmen ist. Also dürfte es sich doch wohl eher um ein anderes Gebäude mit Becken handeln. Ähnlich steht es mit dem Einbau im Lagerspital, und die auf Grund von Luftaufnahmen vermutete Kirche südwestlich des Amphitheaters könnte auch erst eine Ausgrabung als solche erweisen. Damit bleiben als sichere Belege für frühes Christentum in Carnuntum derzeit lediglich die eingangs genannten Kleindenkmäler.

Wenden wir uns nun der Provinz Noricum (genauer gesagt *Noricum ripense*, Ufernorikum) zu, so ist hier zunächst der heilige Florian, ein *ex principes officii praesidis* (ehemaliger Chef des Statthalterbüros) zu nennen. Er ist der einzige namentlich überlieferte Blutzeuge unseres Landes, der dem ältesten westlichen Heiligenkalender, dem *Martyrologium Hieronymianum* zufolge am vierten Mai vermutlich des Jahres 304 n.Chr. in Lauriacum mit einem Stein um den Hals in die Enns gestürzt wurde. Die Reliquien seiner in der vorliegenden Fassung in karolingischer Zeit verfaßten Leidensgeschichte (Passio) erwähnten (40?) Gefährten, deretwegen er von Cetium (St.Pölten) nach Lauriacum (Lorch/Enns) ging, fand man um die Jahrhundertwende in einer Steinkiste im gotischen Hochaltar der Laurentiuskirche ebendort, die – übrigens vor den Mauern des römischen Lagers – über älteren Vorgängern errichtet ist. Dabei handelt es sich wahrscheinlich um einen (repräsentativen?) Profanbau, der dann wohl aus gegebenem Anlaß (vielleicht eines Martyriums) in ein Gotteshaus (Farbtafel 13.2) umgewandelt wurde, das allerdings kaum als Bischofskirche gedient haben wird. Außerdem gab es hier noch eine einschiffige Saalkirche mit eingestellter (Kleriker)Bank als späteren Einbau in das ehemalige Lagerspital, aus der sich dann die Kirche Maria am Anger entwickelte. Ferner bezeugt die im folgenden ausführlicher zu besprechende *Vita Severini* (28, 2), daß Lauriacum mindestens zwei Kirchen hatte, wobei eine *basilica* genannt wurde. Weiters sind hier nach derselben Quelle (30, 2) ein *pontifex* (Bischof ?) Constantius und ein *monachus* Valens belegt. Dazu kommen einige Alltags-, d.h. Gebrauchsgegenstände wie zwei Tonlampen und zwei aus Körpergräbern stammende, bronzene Fingerringe jeweils mit Christogramm.

Einen ebensolchen fand man auch in einem römischen Gräberfeld, d.h. Friedhof von Comagenis (Tulln) (Abb.45), für das die *Vita Severini* (1,4) gleichfalls eine Kirchengemeinde (*ecclesia*) bezeugt.

Abb. 45: Tulln. Stadt- und Bezirksmuseum, Inv. 131e. Ring mit Christogramm

Ein weiterer Ring und eine Gürtelschnalle mit Christogramm aus den spätrömischen Gräbern Nr.22 und 23 von ERNSTHOFEN befinden sich heute als Dauerleihgabe des Museums von STEYR im Geschichtlichen Museum der Stadt ST.VALENTIN/ENNS – Donauwinkel.

Im Gegensatz zu den nicht als christliche Zeugnisse nachweisbarem Ziegel mit eingeritztem Fisch aus ADIUVENSE?/LOCUS FELIX? (WALLSEE) und dem Dachziegel mit der in den ungebrannten Lehm geschriebenen Inschrift VIVA[S] / NOB[IS] (Lebe für uns) aus CETIUM (ST.PÖLTEN), dem Aufenthalt des bereits oben erwähnten Martyrers Florian, höchst aufschlußreich ist die Grabplatte der Ursa in OVILAVA (WELS). Sie trägt eine zwölfzeilige Inschrift, die vom Ehegatten, dem Soldaten(!) Ianuarius wahrscheinlich im ersten Viertel des 5.Jhs.n.Chr. in traditioneller, heidnischer Manier verfaßt wurde. Laut Zeile drei war die Verstorbene *cristiana fidelis*, d.h. nach damaligem Sprachgebrauch „getaufte Christin", die mit einem vielleicht noch „Heiden" glücklich verheiratet war.

Die einzige ausführlichere und unüberschätzbar wichtige literarische Quelle zum Leben der Christen Norikums in der zweiten Hälfte des 5.Jhs.n.Chr. ist die Anfang des 6.Jhs.n.Chr. von Eugippius verfaßte, oben schon einige Male erwähnte Lebensbeschreibung des heiligen Severin. Durch sie erfahren wir (4, 6 f. und 10, 1) z.B. Näheres über das Zentrum seines Wirkens, nämlich FAVIANIS (MAUTERN ?). Demnach gab es dort einen zu einer *cellula* umfunktionierten Wachtturm (4, 6 f.) und ein *monasterium* (6, 1 und 9, 3) samt *basilica* (10, 1), wo u.a. die Reliquien Johannes des

Täufers verwahrt wurden (23, 2). Dennoch ist es beim derzeitigen Wissensstand unmöglich, die in MAUTERN freigelegten Mauerreste eines rechteckigen Saales mit Schlauchheizung, angeblicher Klerikerbank und vermutetem Altarfundament als das eben erwähnte Kloster nahe der Siedlung FAVIANIS zu identifizieren. Außerdem muß man bedenken, daß der Laienmönch Severin (gemäß Vita 1, 1) auch aus dem Osten kam und daher seine Lebensart wohl der orientalischen, nichtkoinobitischen entsprochen haben wird. Danach lebten die Mönche in einzelnen Hütten (vgl. *cellulae* Vita 4, 6) rings um ihr Kloster, arbeiteten und beteten manchmal die ganze Woche lang nach eigenem Ermessen und versammelten sich nur zu bestimmten Zeiten, etwa an Sonn- und Feiertagen. Schon diese kurzen Bemerkungen zeigen, daß die Vita des heiligen Severin relativ gut Einblick in die kirchliche Hierarchie und Liturgie der damaligen Zeit gibt. So verzeichnet sie z.B. für den heute österrreichischen Donaulimes folgende Ämter: den *episcopus* Mamertinus (4, 1) in FAVIANIS und den bereits oben erwähnten *pontifex* (Bischof ?) Constantius in LAURIACUM, der nach Zerfall der staatlichen Organisation auch ihre Aufgaben, konkret etwa die Feindesabwehr, übernimmt. Einen *presbyter* erwähnt die Lebensbeschreibung (24, 3) für IOVIACUM (SCHLÖGEN?, ASCHACH?), mehrere bei ASTURIS (ZEISELMAUER?, ZWENTENDORF?), dessen *ecclesia* (Kirchengemeinde) nur hier (1, 1f.) belegt ist. Die Hauptaufgabe der *presbyteres / sacerdotes* stellte laut Vita 9, 3 der Gottesdienst dar. Aus dem niederen Klerus lernen wir (10, 1) einen *aedituus* (Türhüter) Maurus der Klosterkirche in FAVIANIS kennen. Ferner gab es die Mönche wie Severin, Maurus (10, 1), Valens (20, 2), Bonosus (35, 1), Renatus (37, 1) und Ursus (38, 1). Natürlich wird es jeweils noch einige Amtsträger mehr gegeben haben, nur darf uns die Zusammenschau einzelner, verstreuter Belege nicht zur Überinterpretation verleiten, denn im Grunde war sicher alles Kirchenpersonal viel zu wenig für die vielen anfallenden Aufgaben. Interessant ist dabei die Unterscheidung zwischen *ecclesia* (in ASTURIS und COMAGENIS) und *basilica* (in FAVIANIS und LAURIACUM), womit aber wohl nicht, wie man bisher dachte, Gemeinde- und Klosterkirche, sondern viel eher, wie auch sonst, einerseits das Kirchenvolk und andererseits das Kirchengebäude gemeint sind. In ähnlicher Weise spricht Eugippius vom *monasterium* (großen Kloster) in FAVIANIS und den *cellulae* (Einsiedeleien). Außerdem erfahren wir, daß die Kirchen zur Weihe mit Reliquien ausgestattet werden mußten, weshalb Severin (9, 3) die *sanctuaria* vieler Martyrer, darunter auch die Reliquien von Gervasius und Protasius, erwarb und in der Klosterkirche von FAVIANIS aufbewahrte. 44, 1 ist sogar die Rede von einem silbernen Kelch und anderem Altargerät ebendort und 2, 1 von einem feierlichen Abendopfer (*sacrificium vespertini solemnitas* = „Messe"?).

Zusammenfassend läßt sich festhalten, daß das Christentum am österreichischen Donaulimes offensichtlich früher Fuß gefaßt hat als in Binnennorikum, d.h. etwa im Gebiet des heutigen Kärnten. Außerdem wird es primär durch das Heer aus dem Osten, wohl über die Donau und die Balkanländer gebracht. Interessanterweise widmen sich auch die ältesten schriftlichen Quellen beinahe ausschließlich dem Donauraum. Erst mit dem teilweisen Rückzug der Romanen Ende des 5.Jhs.n.Chr. scheint der Süden, d.h. Binnennorikum und der heute norditalienische Raum, mehr an Bedeutung und Einfluß zu gewinnen. Eben diese historische Entwicklung dürfte auch der Hauptgrund dafür sein, daß wir in den christlichen Orten Ufernorikums keinen derartigen Reichtum an Denkmälern vorfinden wie im Binnenland. Nun sind aber gerade die hier gefundenen vergleichsweise bescheidenen Dokumente nicht zuletzt als Vorgeschichte der prächtigeren Bauten eine unschätzbar wichtige Quelle, die es allerdings auch erst richtig auszuschöpfen gilt.

Renate Pillinger

Literatur
P.F. Barton, Geschichte des Christentums in Österreich und Südmitteleuropa 1ff. Wien 1992 (Studien und Texte zur Kirchengeschichte und Geschichte, 3.Reihe, Bd. 1–2); R. Bratož, Der „heilige Mann" und seine Biographie (unter besonderer Berücksichtigung von: Eugippius, Leben des heiligen Severin). In: A. Scharer – G. Scheibelreiter (Hrsg.), Historiographie im Mittelalter. Wien – München 1994, 222ff.; R. Pillinger, Frühes Christentum in Österreich. Ein Überblick an Hand der Denkmäler. Mitteilungen zur Frühchristlichen Archäologie in Österreich 5 (1993), 4ff. (mit 49 Abb.); H. Ubl, Die Christianisierung von Noricum Ripense bis zum 7. Jahrhundert nach den archäologischen Zeugnissen. In: E. Boshof – H. Wolff (Hrsg.), Das Christentum im bairischen Raum von den Anfängen bis ins 11. Jahrhundert. Köln – Weimar – Wien 1994, 129ff..

Archäologie und Baudenkmalpflege am Donaulimes in Österreich

Der in allen Ländern Europas vorhandene Reichtum an historischen Monumenten basiert auf einer seit Jahrtausenden anhaltenden Entwicklung menschlicher Existenz. Welch eminent wichtige Rolle der Vordere Orient und der Mittelmeerraum in diesem Entwicklungsprozeß spielen, ist jedem von uns bekannt. Wenn wir an die vielen Ausgrabungsstätten und archäologischen Sehenswürdigkeiten an der Wiege Europas denken, wird uns bewußt, daß wir einer europäischen Kulturgemeinschaft angehören, die ihre geistigen Wurzeln in den Kulturen der antiken Welt hat. Diese Kulturen sind ein konstitutives Element der europäischen Zivilisation. Sie stellen das geistige Grundgewebe dar, in dem wir – ob bewußt oder unbewußt – unser tägliches Leben verbringen, sei es in sprachlichen Äußerungen, sei es in politischen, religiösen, kulturellen, wissenschaftlichen, wirtschaftlichen oder sozialen Verhaltensweisen. Die Antike, um die es in diesem Führer geht, hat also das kulturelle Selbstverständnis *aller* Europäer entscheidend mitbestimmt und sehr wesentlich zu dem beigetragen, was wir heute „die europäische Identität" nennen und in einem Entstehungsprozeß der vereinigten Staaten von Europa suchen.

Vieles von dieser europäischen Geschichte muß durch die Archäologie aufgedeckt, erforscht und der Allgemeinheit vermittelt werden. Der seit dem 19. Jahrhundert vollzogene industrielle, wirtschaftliche und geistige Wandel und das damit verbundene atemberaubende Tempo der Belastung und Veränderung von Kulturlandschaften zwingen uns heute dazu, auch die Begriffe des Denkmalschutzes, der Denkmalpflege und der Denkmalpräsentation neu zu definieren und wesentlich zu erweitern. Der Schutz von Ruinenstätten, Ausgrabungen und antiken Einzelmonumenten ist bereits in vielen Ländern zu einer Aufgabe der Umweltpolitik gemacht worden. Auf der Akropolis von ATHEN, an den antiken Bauwerken im Herzen von ROM, an den Ausgrabungsstätten des Mittelmeeres, aber auch an der Peripherie der antiken Welt in West–, Nord- und Mitteleuropa werden mit großem finanziellen Aufwand grundlegende Restaurierungs- und Gestaltungsmaßnahmen durchgeführt. Ganze Ruinenensembles und archäologische Landschaften werden zu „Archäologischen Parks" gestaltet, um sowohl den verbesserten Schutz von archäologischen Zonen zu gewährleisten als auch dem Publikum die Möglichkeit des Geschichtserlebens zu bieten. Auf Grund der von internationalen Organisationen wie UNESCO und Europarat sowie von den staatlichen Kultur-, Denkmalämtern und Museen ausgehenden Initiativen wird in der Öffentlichkeit und bei den Regierungen das Verständnis für die Archäologie unserer Umwelt immer größer. Das „Europäische Übereinkommen zum Schutz des archäologischen Erbes" sagt ausdrücklich, daß die Bevölkerung durch Aufklärungsaktionen über den Wert der Denkmäler zu informieren sei. Historische Monumente und archäologische Landschaften tragen zur Identitätsfindung bei und verdeutlichen geschichtliche Prozesse. Archäologie und Denkmalpflege können daher bei der Gestaltung der Gegenwart und Zukunft über Attraktivitätssteigerungen auch wirtschaftliche Impulse auslösen.

Die 340 Kilometer lange Strecke des römischen Donaulimes zwischen PASSAU und HAINBURG hat nun zu beiden Seiten des Stromes ein reiches archäologisches Erbe aufzuweisen. Über die Jahrhunderte erhalten gebliebene Bauruinen, Ausgrabungsstätten und Einzeldenkmäler der Antike sind die stummen, sichtbaren Zeugen jener Vergangenheit, die unter dem Begriff „Römerzeit" den Westen und Norden des europäischen Kontinents stärker als je zuvor mit den Hochkulturen des Mittelmeerbeckens vereinigt hat. Im Verein mit ihrer urgeschichtlichen Tradition erweist sich damit die Donauregion auch auf diesem Abschnitt als eine Kulturlandschaft ersten Ranges. Die Quellen dieser Geschichte zu ermitteln, aufzudecken, zu dokumentieren und aufzuarbeiten, durch denkmalpflegerische und museologische Maßnahmen zu erhalten und der Gesellschaft zum Zwecke geschichtlicher Erziehung und touristischen Erlebens nach Möglichkeit an originaler Fundstelle zu präsentieren, ist, wie wir eingangs festgestellt haben, die Aufgabe der archäologischen Wissenschaft.

Bei der Begegnung mit der Antike wird in der Vorstellungswelt des Publikums stets die Frage nach den möglichen Ursachen des Unterganges der großen römischen Vergangenheit vorgebracht. Dazu einige Anmerkungen.

Die Bau- und Kunstwerke der Römerzeit entlang der Donaugrenze des Imperiums, aber auch die Siedlungsspuren der Völkerwanderungszeit und des frühen Mittelalters haben, abgesehen von ganz wenigen Ausnahmen wie in TRAISMAUER, TULLN oder ZEISELMAUER, ihre Funktion verloren. Nach Auflösung der Reichsorganisation in der Spätantike (4. – 5. Jh.n.Chr.) sind Limeslager und -kastelle, Wachttürme und Straßenstationen, Zivilstädte und ländliche Gutshöfe zu Ruinen verfallen und im Erdboden verschwunden. Die meisten Bauanlagen, die in Wäldern oder in menschenleeren Gebieten lagen, wurden von Gestrüpp und Bäumen, Feldern und Wiesen überwachsen und gerieten für Jahrhunderte in Vergessenheit. Die Nachfolger ROMS an der Donau haben die Festungsanlagen des Limes bei ihrer Eroberung von Norikum und Pannonien nur in seltenen

Fällen weiterbenutzt, zumeist jedoch gemieden. Die alten Städte und Siedlungen hatten ja aus politischen Gründen ihren Zweck verloren. Die ehemalige Stromgrenze war bedeutungslos geworden. Eine neue Besiedlung entstand erst wieder in größerem zeitlichen Abstand im Mittelalter. An einigen Punkten des Donaulimes wie z.B. in LENTIA (LINZ), LAURIACUM (LORCH/ENNS), AUGUSTIANIS (TRAISMAUER), COMAGENA (TULLN) oder VINDOBONA (WIEN) kann auf Grund der archäologischen Evidenz gezeigt werden, wie auf und in den Ruinen antiker Festungsbauwerke neues Leben entstand. Am eindrucksvollsten erkennen wir diesen Wandlungsprozeß im Bereich der Legionslager von LAURIACUM, VINDOBONA und CARNUNTUM. Vor allem in der Hauptstadt der Reichsprovinz Oberpannonien ist nach der Römerzeit die antike Form der Siedlungskultur völlig zum Erliegen gekommen. Das mittelalterliche HAINBURG wurde zwar mit Baustoffen der alten Römerstadt CARNUNTUM aufgebaut, doch liegt der Ort mehrere Kilometer weit entfernt. Und auch die Beispiele von MAUTERN und KREMS zeigen, daß die frühmittelalterliche Besiedelung der Limeslager und -kastelle im Sinne einer unveränderten Nutzung der unter römischer Herrschaft errichteten Bauwerke eher eine Ausnahme ist. Eine dieser Ausnahmen finden wir wahrscheinlich in TULLN, wo in den Mauern des Reiterkastells COMAGENA eine babenbergische Burg errichtet worden war. In der Regel dienten die Limeslager und -siedlungen als Baustofflager und bequeme Steinbrüche für neue Bauvorhaben, vor allem seit dem hohen Mittelalter und in der Neuzeit. In landwirtschaftlich genutzten Gegenden sind die Bauwerke bis auf geringfügige Reste zumeist völlig verschwunden. In Waldgegenden weisen sie in der Regel einen besseren Erhaltungszustand auf.

Die dennoch reichlich vorhandenen Spuren der römischen Vergangenheit auch am österreichischen Abschnitt des Donaulimes für möglichst alle Kreise der Gesellschaft zu erschließen und zu einem Geschichts- und Bildungserlebnis werden zu lassen, ist eine Aufgabe, welcher die moderne Archäologie im Sinne der Definition des britischen Forschers Sir Mortimer Wheeler gerecht werden sollte. Denkmalpflege im Bereich der Archäologie wirft freilich ganz andere Probleme auf als bei Kirchen, Moscheen oder Klöstern, beim Schutz von Burgen und Schlössern, Palais und Bürgerhäusern, bei Stadtbild- und Ortsbildpflege. In all diesen Bereichen kann jeweils eine Integration der Monumente in die aktuellen Lebensbereiche der Gesellschaft angestrebt werden. All das ist in der archäologischen Baudenkmalpflege nicht möglich, weil hier in der Regel nur Ruinen, zum Teil nur unansehnliche Baureste geschützt werden sollen, denen keine neue Zweckbestimmung gegeben werden kann. Wir haben es in der Regel also mit funktionslos gewordenen, „gebrauchsunfähigen" Monumenten zu tun, deren materieller Wert zu bestehen aufgehört hat und denen eine Zweckbestimmung im ursprünglichen Sinne nicht wiedergegeben werden kann. Die Bauwerke haben aufgehört zu leben. Ausnahmen, wie die antiken Theater und Amphitheater mit ihren auch heute noch bestehenden Aufführungsmöglichkeiten von Schauspiel und Oper, sind selten. Gleichwohl sind Ruinen Überreste von Bauwerken, die nach Alois Riegl „vollständig unbeirrt durch den Gebrauchswert rein vom Standpunkte des Alterswertes zu beurteilen und zu genießen" sind. Archäologische Stätten sind demnach, wenn sie nicht wieder zugeschüttet werden, fast immer museale Stätten, Freilichtmuseen, die ein mehr oder weniger großes Fenster der Geschichte öffnen.

Ruinen und Ausgrabungen zeigen zumeist den Zustand von Zerstörungen und dem Besucher wird nur zu oft zugemutet, sich in einem Trümmerhaufen von Bauelementen zurechtzufinden. Daher ist in der archäologischen Denkmalpflege die Präsentation eines ausgrabungswissenschaftlich ermittelten Befundes ein wesentlicher tragender Faktor des Verständnisses. Es muß eine Aufgabe der archäologischen Wissenschaft sein, nach Beendigung einer Ausgrabung die Wiederherstellung des ursprünglichen Zustandes anzustreben, um dem Publikum das Verständnis von Monumenten und geschichtlichen Abläufen näherzubringen. Von entscheidender Bedeutung ist dabei, daß nicht alles gezeigt werden kann, und notwendigerweise ein Zwang zur Auswahl gegeben ist. Die Aufbereitung des Geländes durch ein Wegenetz, die Errichtung von erklärenden Tafeln mit Text und Zeichnung stellen dabei die Mindesterfordernisse dar. Bei Ausgrabungsprojekten ist heutzutage die denkmalpflegerische und museologische Präsentation somit nicht mehr wegzudenken, weil gerade in diesen Bereichen auch große wissenschaftliche Erkenntnismöglichkeiten enthalten sind.

Wie dieser Führer zeigt, hat die Erforschung des Donaulimes in Österreich besonders in den 50 Jahren der Zweiten Republik sehr große Fortschritte gemacht. Gleichwohl steht die denkmalpflegerische Gestaltung und Präsentation der Ruinen antiker Bauwerke in keinem Verhältnis zur Menge der Ausgrabungen und Funde. Bei einem Besuch des Obergermanisch – Rätischen Limes in Deutschland fällt die Regelmäßigkeit auf, mit der in der gegenwärtigen Landschaft die Merkmale und der Verlauf des römischen Verteidigungswerkes nachgezeichnet und die Ergebnisse kontinuierlicher Forschungen auch für ein Laienpublikum durch geschickte didaktische Aufbereitung erlebbar gemacht wurden. Wie ein roter Faden zeigen Restaurierungen und Rekonstruktionen das imposante Grenzwerk römischer Architekten und Baumeister in Deutschland an. Die ersten Schritte einer ähnlichen denkmalpflegerischen Gestaltungsform wurden im österreichischen Limesgebiet erst in den letzten zehn Jahren mit den Projekten „Kulturpark Kamptal" und „Archäologischer

Park Carnuntum" unternommen. Die didaktische Aufbereitung ausgrabungswissenschaftlicher Forschungsarbeit hat in Deutschland jedoch eine längere Tradition als in Österreich, wo die organisierte Limesforschung mit der Einführung der archäologischen Wissenschaft (1869) und der Römischen Geschichte, Altertumskunde und Epigraphik (1876) an der Universität Wien auf das engste zusammenhängt. Wenn auch ein gewisses westöstliches Gefälle im Standard der archäologischen Baudenkmalpflege konstatiert werden kann, so wurden in den letzten zwei Jahrzehnten auf diesem Gebiet dennoch bemerkenswerte Fortschritte erzielt und erste Ansätze zur Errichtung einer „Limesstraße" getroffen.

Wenn wir im folgenden die Konservierungs- und Restaurierungsmaßnahmen des österreichischen Limesgebietes etwas näher betrachten, wurde inhaltlich stets die „Internationale Charta über die Konservierung und Restaurierung von Denkmälern und Ensembles" (Venedig 1964) als Maßstab herangezogen, welche die Grundsätze denkmalpflegerischer Gestaltungsmaßnahmen definiert. Nach Artikel 3 der Charta wird als Ziel der Restaurierung nicht nur die Bewahrung des Denkmals als Geschichtszeugnis gefordert, sondern auch seine Erhaltung als Kunstwerk. Um diese Forderung zu erreichen, muß jeweils die inhaltliche und die materielle, d.h. baustoffliche Qualität einer Ruine erhalten bleiben oder zumindest sichtbar werden. Das ist am Donaulimes in Österreich nicht immer der Fall, am wenigsten in CARNUNTUM, wo wir den umfangreichsten offengehaltenen Ausgrabungsarealen begegnen. Doch generell setzt sich dieser Aspekt der Baustoffwahl bei Restaurierungsmaßnahmen nur zögernd durch. Die Folge sind Verunklärungen und Bilder von Bauresten, die an der historischen Wirklichkeit vorbeigehen. Am deutlichsten kommt dies bei Restaurierungen von Mauerwerk mit grauem Zementmörtel zum Vorschein.

Ein Überblick zeigt, daß uns die antiken Denkmäler des Limesgebietes in unterschiedlichen Erhaltungsformen entgegentreten und daher auch ganz unterschiedliche Bilder denkmalpflegerischer Gestaltung begegnen:

1. Obertägige antike Baudenkmäler
2. Offengehaltene Ausgrabungen
3. Rekonstruktionen
4. Einzelmonumente und archäologische Geländedenkmäler

1. Obertägige antike Baudenkmäler

Entlang der Limeszone in Österreich finden wir eine unvergleichlich große Anzahl von Bauwerken vor, welche allen Angriffen zum Trotz die Zeiten von der Antike bis auf den heutigen Tag überdauert haben. Es sind dies vor allem Bauwerke fortifikatorischer Funktion wie Kastellmauern, Kastelltore und -türme, Kleinkastelle und Wachttürme, die auf Grund der hohen Qualität römischer Gußmörtel-, Bruchstein- und Quaderbautechnik in Mittelalter und Neuzeit eine neue Zweckbestimmung erhalten konnten. Als bekanntestes Zeugnis römischer Bautechnik am Donaulimes gilt das sogenannte Heidentor von CARNUNTUM (Abb.100). Darüber hinaus kann der Donautourist aber auch in OBERRANNA, BACHARNSDORF (Farbtafel 21), MAUTERN (Farbtafel 14.1), TRAISMAUER (Farbtafel 15 und Farbtafel 27.1), TULLN (Farbtafel 28) und ZEISELMAUER (Abb.46) nicht weniger eindrucksvolle Zeugnisse antiker Architektur studieren.

Wenn allenthalben der Vorwurf geäußert wird, daß den römischen Ruinen des Donaulimes die touristische Attraktivität fehle und diese daher kaum in das Bewußtsein des Publikums eindringen, so kann entgegengehalten werden, daß die Ansätze der denkmalpflegerischen Erhaltung bis in die Mitte des 18. Jhs. zurückreichen. Denn bereits 1755 wurde durch ein kaiserliches Dekret angeordnet, das Carnuntiner Heidentor vor weiterer Zerstörung durch die Bevölkerung zu schützen. Dieser Fall lehrt, daß die meisten Bauwerke des Limesgebietes mehr als Baustofflager denn als

Abb. 46: Zeiselmauer. Fächerturm der Nordostecke

Dokumente einer großen europäischen Geschichtsepoche angesehen wurden. Erst um die Mitte des 19. Jhs. wurden vor allem durch J. C. Arneth die ersten Schritte zum Schutz der archäologischen Stätten und Denkmäler unternommen. Gleichwohl zeigt das Beispiel des großen österreichischen Dichters Adalbert Stifter, der sich als amtlicher Konservator der Denkmalpflege in Oberösterreich zwar für die Durchführung von Ausgrabungen, jedoch nicht für deren Erhaltung einsetzte, daß sich die kulturelle und touristische Wertschätzung der Antike erst langsam durchzusetzen begann. Diese Einstellung gegenüber den materiellen Geschichtsquellen mag das Tempo der Zerstörung im Zeitalter der Industrialisierung und in unserem Jahrhundert erklären.

Wenn auch das Heidentor von CARNUNTUM kein vollendetes Beispiel moderner Konservierung im Sinne der Charta von Venedig ist, so zeigen die in den letzten Jahrzehnten von Bund, Ländern und Gemeinden gesetzten denkmalpflegerischen Maßnahmen doch eine deutliche Verfeinerung und Verbesserung an. Die am Burgus von BACHARNSDORF, an Mauern und Türmen von MAUTERN, TRAISMAUER, TULLN und ZEISELMAUER durchgeführten Restaurierungen vermitteln nicht nur ein originalgetreues Bild antiker Bautechnik, sondern tragen auch wesentlich zur Pflege des jeweiligen Ortsbildes bei.

2. Offengehaltene Ausgrabungen

Nach Einführung der systematischen Limesforschung zählte das Offenhalten und Restaurieren von Ausgrabungsarealen zu den seltenen Ausnahmen. Eine dieser Ausnahmen ist das Gelände des Amphitheaters I in der Lagerstadt von CARNUNTUM, wo nach ihrer Aufdeckung eine Konservierung der freigelegten Ruine durchgeführt wurde. In der Regel begnügte man sich mit der oberflächlichen Freilegung des Mauerwerks, mit der Herstellung von Grundrißplänen und Schnitten und mit der Bergung der Fundstücke, soweit diese bei den frühen Grabungsmethoden überhaupt gesehen wurden. Die Errichtung von archäologischen Schutzzonen, wie sie auf Grund der Forschungsergebnisse z.B. in den großen Limeslagern von LAURIACUM, ALBING und CARNUNTUM zu erwarten gewesen wären, blieb in den Anfängen des Denkmalschutzes noch ausgeklammert. Die zum Teil unter dem Zwang moderner Bautätigkeit immer intensiver gewordenen Ausgrabungsaktivitäten haben jedoch an verschiedenen Punkten des Donaulimes in Österreich auch zu offengehaltenen Ausgrabungsarealen geführt. Besonders in der Zivilstadt von CARNUNTUM versuchten die Ausgräber in Anknüpfung an das Heidentor und an das Amphitheater I durch umfangreiche Restaurierungen des freigelegten Mauerwerks einen einheitlichen Ruinenpark herzustellen. Dieser Trend hat nicht zuletzt auf Grund der angestrebten touristischen Attraktivitätssteigerung bis auf den heutigen Tag angehalten. So finden wir entlang der Donau außer Carnuntum genügend Beispiele von restaurierten Ruinenanlagen. Am norischen Limesabschnitt in IOVIACUM (SCHLÖGEN), LENTIA (LINZ), LAURIACUM (LORCH), ROSSATZ/ WINDSTALLGRABEN, AUGUSTIANIS (TRAISMAUER), COMAGENA (TULLN), am pannonischen Abschnitt in KLOSTERNEUBURG, WIEN/HEILIGENSTADT, WIEN/INNERE STADT und CARNUNTUM. Dazu kommen die im Hinterland des Limes und im transdanubischen Barbaricum ausgeführten Restaurierungen römischer Ruinen in HÖFLEIN bei BRUCK AN DER LEITHA, in BRUCKNEUDORF und am OBERLEISERBERG.

Die zumeist mit modernen Baustoffen, vor allem mit grauem Zementmörtel ausgeführten Erneuerungen ergeben freilich Erscheinungsbilder, die weder der gebauten noch der archäologischen Wirklichkeit entsprechen, d.h. mit den Restaurierungen ist die Gefahr der Fehlinterpretation des ausgegrabenen Befundes verbunden. Dem Publikum wird somit häufig eine mit grauem Zementmörtel ausgeführte Befundsituation vorgeführt, die der antiken Bautechnik völlig fremd war. Die auffallendsten Fehlinterpretationen dieser Art können wieder in CARNUNTUM angetroffen werden, wo erst in den letzten Jahren im Rahmen der Errichtung eines Archäologischen Parks die Fehler vergangener Jahrzehnte schrittweise behoben werden.

Die sicherste und dem Originalbefund zuträglichste Form der Ruinenkonservierung ist die Errichtung von Schutzbauten und dauerhaften Abdeckungen der Grabungsstellen. Die Baubefunde unter der Basilika St.Laurenz in LORCH, in der Pfarrkirche und im Schloßhof von TRAISMAUER, die Lager–, Kastell- und Siedlungsruinen von TULLN, KLOSTERNEUBURG, WIEN/ HEILIGENSTADT und WIEN/INNERE STADT zeigen im Vergleich zu den der Witterung und den freien Kräften der Natur ausgesetzten Grabungsstätten (z.B. in WIEN/MICHAELERPLATZ oder in CARNUNTUM), daß eine dauerhafte Erhaltung von Mauerwerk, Terrazzofußböden, Hypokaustheizungen, Verputzen und ähnlichen Bestandteilen antiker Bausubstanz nur durch ein schützendes Dach oder durch laufende originalgetreue Ausbesserungen mit Baustoffen auf der Basis des Kalkmörtels herbeigeführt werden können. Die abschreckenden alten Restaurierungsbeispiele in der Zivil- und Lagerstadt von CARNUNTUM lehren, daß für die Restaurierung von Ausgrabungsarealen wohlüberlegte, langfristige Planung, großes fachliches Wissen, Managementerfahrung und wirtschaftliches Denken, ferner Problem- und Verantwortungsbewußtsein gegenüber dem historischen Dokument vorauszusetzen sind. Aus finanziellen Gründen wird seit jeher der Weg des Zuschüttens von Grabungsstellen gewählt. Diese Vorgangsweise ist zweifellos eine wirksame Form der Befundsicherung. Sie kann aber vor allem zwei Vorwürfe des Publikums nach sich ziehen, „einmal den, daß sich die Archäologie in einem Elfenbeinturm befindet, zum anderen, daß sie stärker als viele andere Wissenschaften keine genügende Beziehung zu den Erfordernissen der Gesellschaft hat". Es kann also generell nicht das Ziel attraktiver ausgrabungswissenschaftlicher Projekte sein, Baudenkmäler und Funde zu erobern, jedoch einer publikumswirksamen, denkmalpflegerischen und museologischen Präsentation durch Zuschütten auszuweichen. Denn erst die verständliche und anschauliche Aufbereitung eines Grabungsprojektes durch Restaurierung, Wiederaufbau und Überdachung stellt den erforderlichen Zusammenhang zwischen archäologischer Wissenschaft und öffentlichem Interesse dar und macht den zusätzlichen touristischen Anreiz aus.

3. Rekonstruktionen

Ein Weg, der von den genannten Vorwürfen wegführt, kann neben den Restaurierungen durch Rekonstruktionen erreicht werden. Dabei geht es um die Herstellung von Modellen im Maßstab 1:1 am ursprünglichen Standort eines Monumentes. Auf Grund der Entwicklungen auf dem Gebiet der Computertechnologie ist zu beachten, daß gebaute Teil- und Vollrekonstruktionen durch Holographie und/oder *virtual reality* bereits kostengünstiger und effektvoller gezeigt werden können. Der Verzicht auf archäologische Rekonstruktionen ist jedoch abzulehnen, weil sich in diesem Fall die historische Forschung selbst in Frage stellt. Die Rekonstruktion eines antiken Bauwerkes kann freilich immer nur eine Annäherung an den ursprünglichen Zustand und nicht fehlerfrei sein.

Unter diesen Gesichtspunkten wurde im Rahmen der Errichtung des Archäologischen Parks Carnuntum erstmals ein antiker Straßentempel und eine Straßenhalle der Zivilstadt wiedererrichtet. Das Beispiel „Dianatempel und Straßenhalle" (Farbtafel 14.2) im antiken Zivilstadtviertel südlich von Schloß Petronell zeigte, daß viele Fragen, die im Rahmen einer Ausgrabung häufig unbeachtet bleiben, z.B. der Bautechnik, des Bauvorganges, der Bauproportionen, des Baudekors, der stadtbaugeschichtlichen Entwicklung u.ä., erst im Zuge der Realisierung einer Modellrekonstruktion diskutiert und beantwortet werden können. All das ist auf dem Zeichentisch oder mit Elektronik nur beschränkt möglich, weil der Versuch der Wiederherstellung des ehemals gebaut Gewesenen auch den nötigen Bezug zum Baustoff und zum verwendeten Material herstellt.

4. Einzelmonumente und archäologische Geländedenkmäler

Abschließend sei noch jene Gruppe archäologischer Denkmäler des Donaulimes hervorgehoben, die entweder aus ihrem ehemaligen funktionalen Zusammenhang herausgenommen und zweckentfremdet an einer anderen Stelle als Spolie wiederverwendet oder die von der archäologischen Wissenschaft überhaupt noch nicht erforscht wurden, jedoch als Geländedenkmäler ein besonderes Merkmal der historischen Umwelt darstellen. Damit meinen wir zum einen die vielen dekorativen Bauglieder antiker Gebäude – von Toranlagen, Türmen, Stabsgebäuden, Palästen, Villen, Tempeln, Hallen, Thermen, Grabbauten u.v.a.m. –, die als Spolien in einem Bauwerk späterer Zeit Aufnahme gefunden haben. Diese Einzelmonumente finden wir in Kirchen und Klöstern, Burgen und Schlössern entlang der Donau. Obwohl in dieser Denkmälergruppe oft wertvolle Inschriften und Zeugnisse antiker Bildhauertechnik vertreten sind, wie uns die Römersteine des Stiftes MELK oder der Pfarrkirche von PÖCHLARN belegen, wird ihrer Erhaltung, Konservierung und denkmalpflegerischen Präsentation viel zu wenig Beachtung geschenkt.

Ähnlich verhält es sich mit den archäologischen Geländedenkmälern, von denen am Donaulimes die Überreste der Legionslager und Kastelle von LAURIACUM, ALBING, CARNUNTUM, von ZWENTENDORF, TULLN und ZEISELMAUER besonders hervorzuheben wären. All diese Ruinenfelder antiker Festungsbauten verdienen es, auf Grund der wissenschaftlich belegten und behördlich verfügten Schutzwürdigkeit als archäologische Reservate vor weiterer Ausbeutung und Zerstörung geschützt und sowohl für die Forschung als auch für die touristische Nutzung gesichert und in die volkswirtschaftliche Planung miteinbezogen zu werden. Auf diese Weise könnte eines Tages als Gegenstück zu den Sehenswürdigkeiten des Obergermanisch-Rätischen Limes eine österreichische „Limesstraße" entstehen.

Werner Jobst

Literatur
C. Ahrens, Wiederaufgebaute Vorzeit (1990); Archäologie und Denkmalpflege. Bericht über ein Kolloquium veranstaltet vom Architekturreferat des Deutschen Archäologischen Institutes in Berlin 1975. Diskussionen zur Archäologischen Bauforschung Bd. 2 (o.J.); J. Cramer (Hrsg.), Bauforschung und Denkmalpflege. Umgang mit historischer Bausubstanz (1987); G.Dehio – A. Riegl, Konservieren, nicht restaurieren. Streitschriften zur Denkmalpflege um 1900. Mit einem Kommentar von M. Wohlleben und einem Nachwort von G. Mörsch (1988); H. Koschik

(Hrsg.), Aspekte europäischer Bodendenkmalpflege. Materialien zur Bodendenkmalpflege im Rheinland Heft 3 (1994); D. Planck, Archäologische Denkmäler – Erhaltung und museale Präsentation. In: Die Denkmalpflege als Plage und Frage. Festschrift A. Gebeßler (1989) 143ff.; H. Schmidt, Schutzbauten. Denkmalpflege an archäologischen Stätten Band 1 (1988); ders., Wiederaufbau. Denkmalpflege an archäologischen Stätten Band 2 (1993); ders., Konservieren oder Rekonstruieren ? Zur Präsentation archäologischer Grabungsplätze. In: Xantener Berichte. Grabung – Forschung – Präsentation, herausgeg. von G. Precht (1994) 77ff.; Sinn und Unsinn archäologischer Restaurierungen und Rekonstruktionen. Verband der Landesarchäologen in der Bundesrepublik Deutschland. Kolloquium im Rahmen der Jahrestagung 1990 (1991). Symposion „Archäologischer Park Carnuntum. Antike Ruinen nördlich der Alpen und die Möglichkeiten ihrer Präsentation", Carnuntum Jahrbuch 1989.

KATALOG DER SICHTBAREN DENKMÄLER

Bemerkungen zum Katalog

Bei den Fundorten Passau, Wels, Linz, Enns, Mautern, Traismauer, St. Pölten, Tulln und Klosterneuburg wurde dem Beitrag ein Plan vorangestellt, aus dem die Lage der römischen Stätten und der Museen hervorgeht. Sichtbare Denkmäler und Überreste wurden stärker ausgezogen oder gefüllt.
Bei Wels, Enns, Mautern und Carnuntum wurde ein Übersichtsplan beigefügt, auf dem die Gesamtausdehnung der römischen Siedlung eingetragen ist.

PASSAU – BOIOTRO

Kleinkastell

Flußaufwärts auf der rechten Seite des Inns liegt etwa 1 km westlich von dem mittelkaiserzeitlichen Kastell BOIODURUM entfernt, auf dem Gebiet des heutigen Stadtteils Innstadt an der Mündung des Baches Beiderwies in den Inn die spätantike Kleinfestung BOIOTRO. In römischer Zeit befand sich in diesem Gebiet vermutlich ein Innübergang, den das gegen Ende des 3.Jh.n.Chr. errichtete Lager schützen sollte (Abb.47).
Der Name dieses Kastells ist uns lediglich in der Lebensbeschreibung des Mönches Severin aus dem frühen 6.Jh. überliefert. Hierbei dürfte es sich wohl um eine Verballhornung des mittelkaiserzeitlichen Ortsnamens BOIODURUM handeln.
Einem glücklichen Zufall ist es zu verdanken, daß die Archäologen überhaupt Kenntnis vom dem langgesuchten Kastell am Innufer bekamen. Als im Jahre 1974 auf dem Freigelände des heutigen Museums „Kastell Boiotro" ein Kindergarten angelegt werden sollte, stieß ein Baggerführer bei Ausschachtungsarbeiten auf starke Mauerreste. Nur durch die Tatkraft des sofort eingeschalteten Archäologen R. Christlein vom Bayerischen Landesamt für Denkmalpflege konnte eine gewissenhafte Untersuchung des Kastellareals gewährleistet werden. Im Jahre 1982 wurde dann nach erfolgter Konservierung von Teilen des Kastells das Ausgrabungsgelände für die Öffentlichkeit zugänglich gemacht und in dem Haus Lederergasse Nr.43 im Jahre 1986 das Römermuseum Kastell Boiotro, ein Zweigmuseum der Prähistorischen Staatssammlung zu MÜN-

145

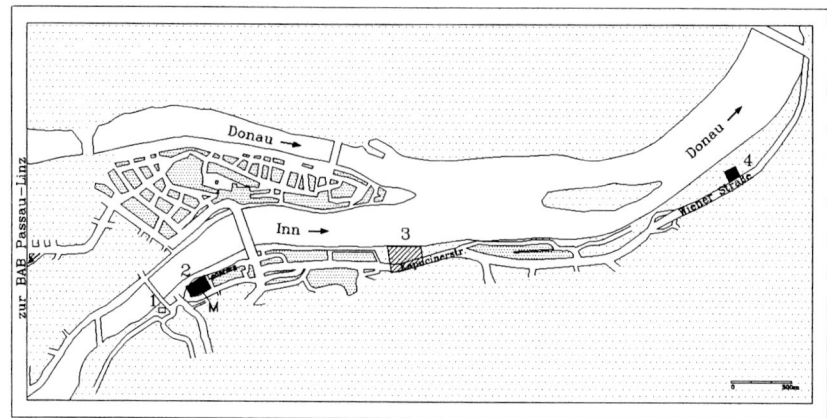

Abb. 47: Passau (D). Die römischen Stätten in der Innenstadt. 1. Kirche St. Severin mit vermutetem spätantikem Gräberfeld 2. Spätantike Festung Boiotro 3. Kastell Boiodurum mit Lagerdorf 4. Spätantiker Wachtturm Passau – Haibach. Norden oben

CHEN, eingerichtet, das auch eine Auswahl an Funden aus dem Kastell BOIOTRO beherbergt.

Das Kastell fällt durch seine Form auf (Abb.48). Es ist bislang der westlichste Vertreter eines sonst vor allem in den östlichen Donauprovinzen vorkommenden Kastelltypus, der durch seinen ungleichmäßigen, trapezoiden Grundriß und durch die sogenannten „Fächertürme" definiert wird. Bemerkenswert ist, daß die Mauern an einigen Stellen bis zu 3,6 m stark sind. An der Südfront des Kastells konnten die Ausgräber zwei dieser Fächertürme nachweisen; während die Turmform an der Nordseite unbekannt ist. Nur die heute zum Teil im Straßenpflaster der Ledergasse nachgezeichnete Nordfront sowie Teile des Nordtores konnten ergraben werden. Um das ganze Kastell herum verlief ein bis zu 8 m breiter Graben. Auffällig ist, daß im Gegensatz zu den Kastellen der mittleren Kaiserzeit die Kasematten an die Außenmauern des Kastells gebaut wurden, sodaß der Innenhof des Kastells unbebaut blieb. Dies konnte durch die sehr tief in den Boden reichenden Pfeiler, die eine mehrgeschossige Arkadenreihe entlang der Mauer bildeten, dokumentiert werden. In diesen Arkaden befanden sich die Unterkünfte der Soldaten sowie die Verwaltungs- beziehungsweise Speicherräume (Abb.49). Die Zugänge zu diesen Räumlichkeiten befanden sich wohl in den vier Türmen. In einem der Pfeiler an der Südwestseite wurde ein Brunnen zur Trinkwasserversorgung angelegt, der noch heute nach fast 1500 Jahren

146

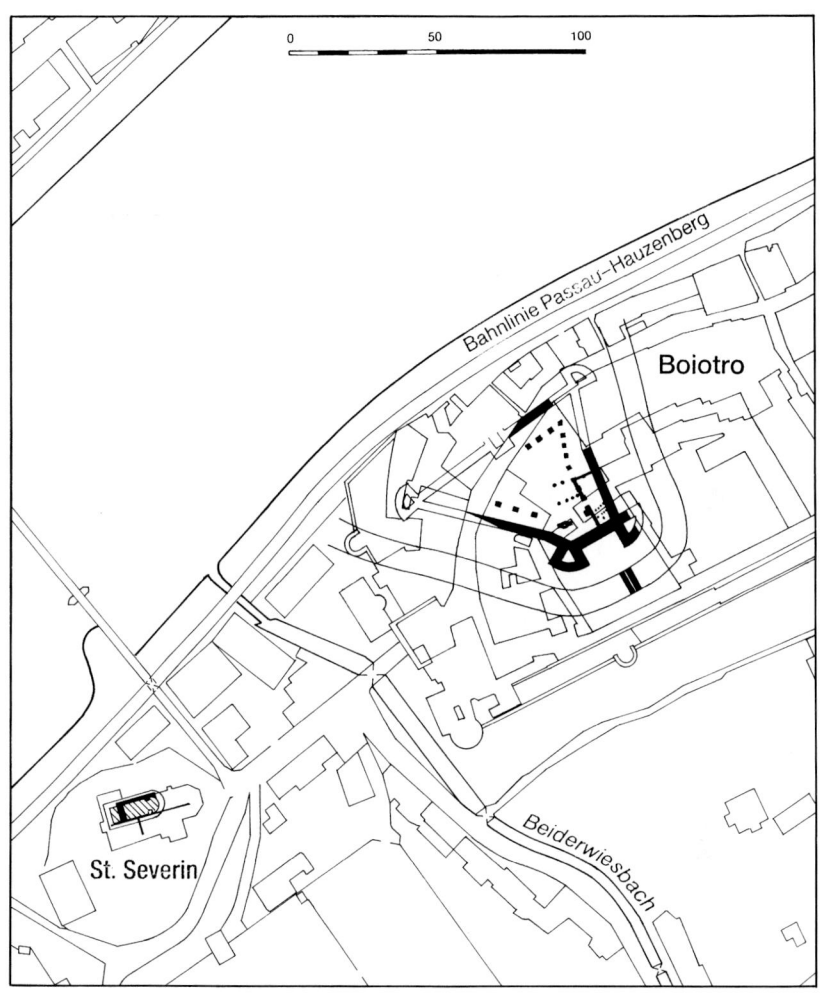

Abb. 48: Passau – Innenstadt/Boiotro (D). Spätantike Festung, frühchristliche
Bauten im Bereich von St. Severin. Norden oben

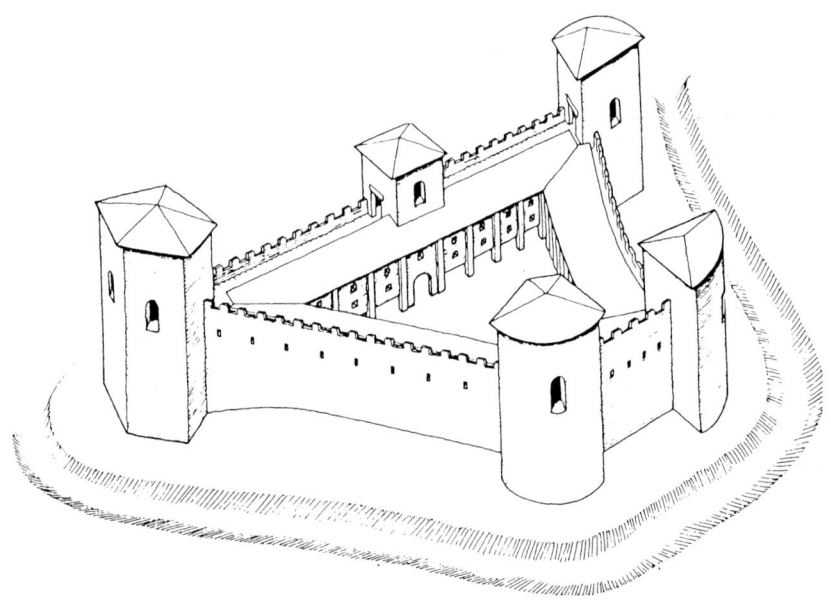

Abb. 49: Passau – Innstadt/Boiotro (D). Spätantike Festung. Rekonstruktionsversuch. Ansicht von Südwesten

Wasser führt. Eine vielleicht überraschende Bestätigung literarischer
Überlieferungen brachte ein weiteres Ausgrabungsergebnis. In der
schon erwähnten Lebensbeschreibung des Hl. Severin wird von einem
kleinen Kloster gesprochen, welches der Mönch *in loco nomine Boiotro*
(an einem Orte namens Boiotro) gegründet hat. Es ist denkbar, daß es
sich bei dem der letzten Bauphase zuzuweisenden Einbau in der Südost-
ecke des Kastells um dieses Kloster handeln könnte. Der Ausgräber R.
Christlein geht aber eher davon aus, daß hier das *horreum*, also der
Getreidespeicher, des Lagers war. Zumindest dieser Einbau ist durch ein
Feuer zerstört worden, wie die mächtige Brandschicht, die aus diesem
Kastellbereich stammt, lehrt. Von hier kommt auch die überwiegende
Zahl der Kleinfunde aus dem Kastell, darunter eine besondere Keramik-
gattung der Spätantike, eine rauhwandige, mit unregelmäßigem Kamm-
strich außen wie innen verzierte und auf der schnellrotierenden Scheibe
gedrehte Ware, die nach ihrem häufigen Auftreten in diesem Bereich den
Namen „Horreumkeramik" erhalten hat.
Die Erbauung des Lagers dürfte wohl gegen Ende des 3.Jh.n.Chr. anzunehmen sein. Die Funde aus dem Lagerinneren können in das 4. und mit

148

einem Unterbruch in das 5. Jh.n.Chr. datiert werden. Die schon frühzeitig erfolgte Auswertung der Münzen aus Bᴏɪᴏᴛʀᴏ zeigte hingegen, daß die Münzreihe schon um 375 n.Chr. abbricht. Vielleicht wurde das Kastell schon um diese Zeit von den Soldaten geräumt. Den Grenzschutz auf der norischen Seite des Inns könnte dann vermutlich der einige Kilometer weiter östlich von Bᴏɪᴏᴛʀᴏ entfernt liegende Wachtturm von Pᴀssᴀᴜ – Hᴀɪʙᴀᴄʜ übernommen haben. Ein zu der Befestigung zugehöriges Lagerdorf konnte nicht lokalisiert werden.

Die Truppe, die in Bᴏɪᴏᴛʀᴏ garnisonierte, ist unbekannt. Aus dem Fundmaterial konnten bislang diesbezüglich keine Erkenntnisse gewonnen werden. Die Größe des Kastells legt aber eine kleine Formation des spätantiken rätischen Grenzheeres, der *limitanei*, nahe.

Ungefähr 60 m westlich von Bᴏɪᴏᴛʀᴏ liegt wahrscheinlich die ebenfalls in der Heiligenvita des Mönches Severin erwähnte Johanniskirche, die ursprünglich die Friedhofskirche der Soldaten gewesen sein könnte (Abb.48). Archäologen konnten nachweisen, daß diese Kirche von der Spätantike bis heute mit Umbauten immer an Ort und Stelle bestanden hat. Dem Hl. Severin wurde diese Kirche im 12.Jh. geweiht.

Ulrich Brandl

Praktische Hinweise

Anreise: Da vor dem Museum in der Jahnstraße in ausreichender Zahl Parkplätze nicht zur Verfügung stehen und eine Zufahrt mit dem Bus nicht möglich ist, empfiehlt sich ein Spaziergang entlang der Innpromenade über die Fußgängerbrücke „Fünferlsteg" (mit schönem Blick auf Passau), vorbei an der Severinskirche durch Teile der Innstadt zum Museum und Freigelände in der Lederergasse 43. Ein Parkhaus befindet sich in der Johnstraße.

Besichtigung: Teile des spätantiken Kastells konnten konserviert werden. Den besten Überblick über das Areal gewinnt man, wenn man die Treppen zum Museumseingang weiter hinaufsteigt. Oben angelangt, befindet sich eine Besucherplattform, von der aus der Interessierte mittels Schautafeln den Kastellgrundriß verfolgen kann. Daneben wurde der Verlauf der Kastellmauer und Teile des Nordtores im Straßenpflaster der Lederergasse mit einer schwarzen Pflasterung nachgezeichnet. Auch im Museumsinneren kann der Besucher original römisches Mauerwerk bewundern.

𝓜useum: Das Römermuseum Kastell Boiotro, Lederergasse 43, informiert über die archäologische Erforschung Passaus und Ostbayerns mit Funden von der Altsteinzeit bis in die jüngere Neuzeit. Daneben finden immer wieder Sonderausstellungen statt.
Öffnungszeiten: 1. März–30. November Di–So 10.00–12.00 Uhr und 14.00–16.00 Uhr, Führungen jeden 1. und 3. Mittwoch im Monat um 17.00 Uhr.
Telefon: (0851) 34769 und 316416 (Stadtarchäologie)

Literatur

Genser 1986, 11ff.
R. Christlein, Das spätrömische Kastell Boiotro zu Passau – Innstadt. In: J. Werner – E. Ewig (Hrsg.), Von der Spätantike zum frühen Mittelalter. Vorträge und Forschungen 25 (Sigmaringen 1979), 98ff.; H. J. Kellner, Die Fundmünzen aus den Grabungen im spätrömischen Kastell Boioduro (Passau – Innstadt). Bayerische Vorgeschichtsblätter 51, 1986, 273ff.; Th. Fischer, Passau in römischer Zeit. In: B. Engelhardt – K. Schmotz (Hrsg.), Vorträge des 5. Niederbayerischen Archäologentages (Deggendorf 1987), 96ff; bes. 115ff.; Passau, Batavis – Boiodurum/ Boiotro. Archäologischer Plan von Passau in römischer Zeit. Hrsg. vom Bayerischen Landesamt für Denkmalpflege (Passau 1991); Th. Fischer, Bemerkungen zur Archäologie der Severinszeit in Künzing und Passau. In: E. Boshof – H. Wolff (Hrsg.), Das Christentum im bairischen Raum (Köln–Weimar–Wien 1994), 93ff. Führer durch das Museum Boiotro stammen aus der Feder von Th. Fischer, Führer durch die Abteilungen Vor- und Frühgeschichte des östlichen Niederbayern und der Archäologie des Mittelalters und der Neuzeit in Passau (1987); ders., Führer durch die Abteilungen Passau zur Römerzeit und Kastell Boiotro (1987); H. Wolff, Führer durch das Lapidarium (1987).

PASSAU – BOIODURUM

Kastell – Vicus

Das Kastell BOIODURUM liegt direkt am Zusammenfluß des Inns und der Donau auf einer hochwassergeschützten Hochterrasse gegenüber der Mündung des Ilzflusses und des Dreiflüsseecks. Der zum Kastell gehörende Vicus wird heute vom Lager durch die sogenannte „Nibelungenstraße" PASSAU – LINZ (B 85) getrennt, wobei sich Teile des Lagerdorfes in etwa 100 m Luftlinie südlich des Militärlagers unter einem neuerrichteten Wohn- und Gewerbegebiet befinden (Abb. 47).

Der Name des Kastells ist mehrfach bezeugt. Mitte des 2.Jh.n.Chr. erwähnt der griechische Geograph Ptolemaios (II 12,5) den Ort „Boioduron". Für die Spätantike erfahren wir dann aus drei zeitgenössischen Quellen von dem Namen. Zum einen aus einer im 4.Jh.n.Chr. beziehungsweise in der Folgezeit durch Nachträge aktualisierten Straßenkarte, der *Tabula Peutingeriana* (seg. II, 4), auf welcher der verschriebene Ort „*Bolodurum*" obendrein noch fälschlicherweise auf der linken Donauseite eingezeichnet ist, zum anderen aus einem spätantiken Straßenverzeichnis, dem *Itinerarium Antonini* (249,5) sowie aus einem vom Beginn des 5.Jh.n.Chr. stammenden Staatshandbuch, der sogenannten *Notitia Dignitatum* (occ. 34,44). In diesen beiden Fällen wird der Ort „Boiodoro" genannt. Der Name BOIODURUM ist sicher nicht römisch, sondern dürfte sprachwissenschaftlichen Untersuchungen zufolge älteren Ursprungs sein und etwa „Feste des Boius" oder auch „Boierstadt" bedeuten. Weiter innaufwärts lag vermutlich die *statio Boiodurensis*", eine norische Zollstation, die derzeit befundmäßig nicht zu lokalisieren ist, obwohl sie durch den Altar des Faustinianus, der heute in der Severinskirche steht, und durch das Fragment einer aus dem Jahr 239/241 n.Chr. stammenden Votivtafel epigraphisch nachgewiesen ist.

Erste umfangreiche Ausgrabungen im Kastell fanden in den Jahren 1906–1911 unter dem Gymnasiallehrer F.J. Engel statt. Seiner Person ist die genaue Kenntnis der Größe des Kastells und die Aufdeckung von Teilen der Kastellmauer und zweier Tore zu verdanken. Im Jahre 1955 erforschte H. Schönberger mit 9 Suchschnitten Teile des Kastellinneren. Ab 1986 wurde unter W. Wandling und im folgenden unter J.P. Niemeier sowohl im Kastell- als auch im Vicusbereich gegraben.

Das unregelmäßige, rechteckige Kastell bedeckte eine Fläche von annähernd 1,3 ha (Abb.50). Im Jahre 1995 gelang der Nachweis von drei das Kastell umgebenden Lagergräben. Außer der aus Stein ausgeführten Lagerumwehrung konnten im Inneren lediglich eine Hypokaustanlage im Westen und Teile eines langen, rechteckigen Gebäudes im Zentrum, vermutlich der Kommandantur (*principia*), nachgewiesen werden. Eindeutige Spuren der Mannschaftsbaracken (*contubernia*) fehlen bis zum

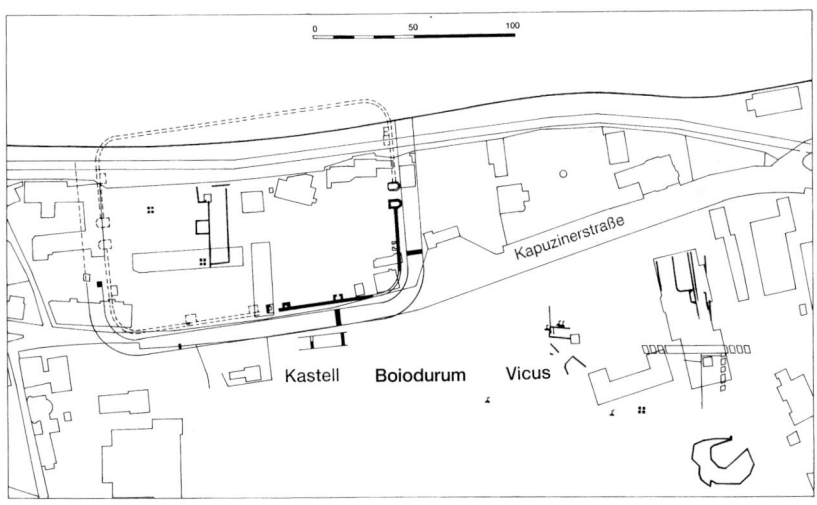

Abb. 50: Passau – Innestadt/Boiodurum (D). Mittelkaiserzeitliches Kastell mit Lagerdorf (vicus). Moderne Bebauung, Stand 1989. Norden oben

151

heutigen Tage. Mit der Erforschung der Umwehrung gelang auch schon frühzeitig die Aufdeckung des Süd- beziehungsweise Osttores und der sie verbindenden Kastellmauer, an der sich noch die Reste von zwei Zwischentürmen befanden. Da die gesamte Westfront bislang noch nicht eingehend erforscht werden konnte, beziehungsweise die Nordfront des Lagers im Laufe der Jahrhunderte sowohl durch den Inn abgeschwemmt als auch die verbliebenen Reste schließlich durch den Anfang dieses Jahrhunderts erfolgten Bau der Bahnstrecke PASSAU – HAUZENBERG zerstört worden sind, können nur noch für die Westfront weitere Zwischentürme sowie das Westtor erwartet werden.

Bei den seit dem Jahre 1986 im Kastellvicus aufgenommenen Grabungen konnten in mehreren Kampagnen die Grundrisse einiger Holzhäuser, der Rest einer gekiesten Straße, die offenbar in Richtung eines der beiden aufgedeckten Tore verlief und Teil der Straße BOIODURUM (PASSAU – INNSTADT) – LENTIA (LINZ) gewesen sein könnte, sowie zwei Brennöfen unbestimmten Typus erforscht werden. An Handwerksbetrieben konnten Glas – und Töpferindustrie sowie Eisenverarbeitung nachgewiesen werden. Etwas westlich der heutigen Innbrücke schloß sich schließlich an den Vicus noch ein Brandgräberfeld an.

Die kurze Sichtung der Funde aus dem Kastell, vor allem der Keramik, legt derzeit eine Gründung nicht vor dem Ende des 1.Jh.n.Chr. nahe. Erst in späterer Zeit scheinen wichtige Kastellinnenbauten und die Lagerumwehrung in Stein ausgeführt worden zu sein, sodaß zumindest für das Kastell von zwei Bauperioden auszugehen ist. Bemerkenswert ist, daß die Funde aus dem östlichen Vicus erst in der zweiten Hälfte des 2.Jh.n.Chr. einsetzen, also wesentlich später als die Funde aus dem Kastell. Ob man bei den Ausgrabungen nun auf einen späteren Teil des Vicus stieß, und der mit der ersten Phase des Lagers zeitgleiche Vicus sich vielleicht weiter im Westen befand, oder ob die Besiedlung des Kastellumfeldes wirklich erst einige Jahrzehnte nach dessen Bau einsetzte, ist weiterhin fraglich. Das Kastell und vermutlich auch sein Vicus wurden offenbar um die Mitte des 3.Jh.n.Chr. aufgrund der stetigen Alemannengefahr aufgelassen und in späterer Zeit nicht mehr benutzt. Seinen Platz im rätisch-norischen Verteidigungssystem nahm nun das ca. 1 km innaufwärts liegende, spätantike Kleinkastell BOIOTRO ein. Ob die Bewohner des Vicus von BOIODURUM sogleich innaufwärts zogen und sich in der Umgebung des neuen Kastells niederließen, ist bislang nicht geklärt. Gewißheit würde nur eine Auswertung des gesamten Fundmaterials von Kastell und Vicus BOIODURUM erbringen, die aber in beiden Fällen noch aussteht.

Auch die Frage nach der Einheit, die in BOIODURUM garnisonierte, ist derzeit offen. Obgleich bei den Grabungen Ziegelstempel mit den Formularen NVMB und ALAE gefunden worden sind, gelang bis heute keine befriedigende Auflösung dieser Ziegelstempel. Außerdem müssen Ziegelstempel mit diesen oder ähnlichen Formularen nicht zwangsweise auch die Anwesenheit der genannten Truppe an diesem Orte beweisen, wie unzählige andere Fälle lehren. Diese Ziegel können vielmehr auch als „Hilfslieferung" von einem benachbarten Lager an die Einheit von BOIODU-RUM zu verstehen sein. Vielleicht kann aber die schon erwähnte Kastellgröße von 1,3 ha auf die Anwesenheit eines kleinen *numerus* (eines Verbandes von Einheimischen unter Befehlsgewalt eines römischen Offiziers) oder einer sogenannten c*ohors quinquenaria e*q*uitata* (einer Kohorte, die zu 1/3 aus Reiter und zu 2/3 aus Fußsoldaten bestand und 500 Mann stark war) hindeuten.

Ulrich Brandl

Praktische Hinweise

Anreise: Das Kastell Boiodurum liegt etwa 2 km vom Zentrum Passaus (Ludwigsplatz) entfernt, auf der rechten Innseite im Stadtteil Rosenau in Fahrtrichtung Linz an der linken Straßenseite gegenüber einer Tankstelle.
Besichtigung: Der Ostteil des Lagers befindet sich auf dem Gebiet der ehemaligen Bauunternehmung Denk, Kapuzinerstraße 55, deren Gelände heute aber zum Teil in eine provisorische Parkplatzfläche umgewandelt worden ist. Die südöstliche Kastellecke liegt etwa unter dem Haus Kapuzinerstraße 67. Nördlich von diesem Haus wäre dann zwischen diesem und der ehemaligen St. Egidi – Kirche (rotes Walmdach) das Osttor, auf Höhe der heutigen Parkplatzeinfahrt das Südtor zu lokalisieren. Reste des Kastells sind aber im Gelände heute nicht mehr zu erkennen. Die Fläche des ehemaligen Vicus (in Fahrtrichtung Linz auf der rechten Seite der B 85) wurde größtenteils durch einen Hotelbau, Kapuzinerstraße 32, durch das Reha – Zentrum Jesuitenschlößl, Kapuzinerstraße 34 – 36 und durch einen Supermarkt, Kapuzinerstraße 36a, überbaut. Auch vom Vicus ist aus diesen Gründen im Gelände nichts mehr zu sehen.

Museum: Eine kleine Auswahl an Funden aus Kastell und Vicus bewahrt heute das Römermuseum Kastell Boiotro, Lederergasse 43, auf. Der Rest befindet sich im Depot der Prähistorischen Staatssammlung in München und bei der Stadtarchäologie.
Öffnungszeiten: 1. März–30. November Di.–So. 10.00–12.00 Uhr und 14.00–16.00 Uhr. Führungen jeden 1. und 3. Mittwoch im Monat um 17.00 Uhr. Telefon: (0851) 34769 und 316416 (Stadtarchäologie).

Literatur
Genser 1986, 11ff.
W. Wandling, Ausgrabungen im mittelkaiserzeitlichen Kastell/Vicus Boiodurum 1987/1988. Ostbairische Grenzmarken 31, 1989, 232ff.; ders., Eine Notgrabung

im mittelkaiserzeitlichen Kastell Boiodurum. In: Ostbairische Grenzmarken 31, 1989, 245ff. – Passau, Batavis – Boiodurum/Boiotro. Archäologischer Plan von Passau in römischer Zeit. Hrsg. vom Bayerischen Landesamt für Denkmalpflege (Passau 1991); J.P. Niemeier, Römischer Vicus – mittelalterliche Schwerindustrie – neuzeitliche Porzellanmanufaktur. Grabungen in Passau – Innstadt. In: K. Schmotz (Hrsg.), Vorträge des 11. Niederbayerischen Archäologentages (Deggendorf 1993) 85ff.; J. P. Niemeyer, Das erste archäologische Reservat in einer bayerischen Stadt: das mittelkaiserzeitliche Kastell Boiodurum zu Passau-Innstadt, Stadt Passau, Niederbayern. Das archäologische Jahr Bayern 1994, 122ff.

PASSAU – HAIBACH

Wachtturm / Burgus

Außerhalb der Stadt Passau donauabwärts in der Kläranlage an der Wiener Straße, die in ihrem Verlauf in etwa der antiken Straßentrasse von BOIODURUM (PASSAU-Innstadt) nach LENTIA (LINZ) entsprochen haben dürfte, befindet sich ein antiker Wachtturm. Er lag in der Antike unmittelbar am Donauhochufer zwischen Haibach- und Kräuterbachmündung (Abb.51). Da im Hochmittelalter in den Wachtturm ein Ziegel- und Kalkofen eingebaut worden war, verliefen erste archäologische Untersuchungen in den Jahren 1906/7 für den damaligen Ausgräber F.J. Engel enttäuschend: Er interpretierte den Befund als Ziegel- oder Kalkbrennerei. Erst in den Jahren 1978/79 konnte H. Bender in zwei Kampagnen die Verhältnisse klären. Er erbrachte den Nachweis für das Vorhandensein eines römischen Wachtturms. Weitere Arbeiten wurden während des Baus der Kläranlage in den Jahren 1983 bis 1984 durchgeführt. Das etwa 12 x 12 m messende Mauerviereck war von einem Graben umgeben, dessen Breite an der Südseite mit etwa 3 m rekonstruiert werden konnte. Die Berme, der Abstand zwischen Mauer und Graben, war etwa 8 m breit. Die Fundamente des Turmes sind auf einen Rost aus Holzpfählen, die der besseren Abstützung dienten, gesetzt. Die durchschnittliche Mauerstärke betrug 1,30 m. Bender rekonstruiert die Höhe bis zum Dachansatz mit 8,40 m, die absolute Höhe mit etwa 12 m. Der Turm dürfte also etwa genau so hoch wie breit gewesen sein (Abb.52). Der heute restaurierte und in Teilen rekonstruierte Turm wurde in der zweiten Hälfte des 4.Jh.n.Chr. errichtet. Neben wenigen früheren Funden bekräftigt der für den Wachtturm vom HIRSCHLEITENGRABEN in Oberösterreich bei WILHERING erbrachte Nachweis einer älteren Bauperiode die Vermutung, daß mit dem Bau eines ersten Turmes bereits an der Wende vom 2. zum 3.Jh.n.Chr. zu rechnen ist. Dieser erste Turm könnte im

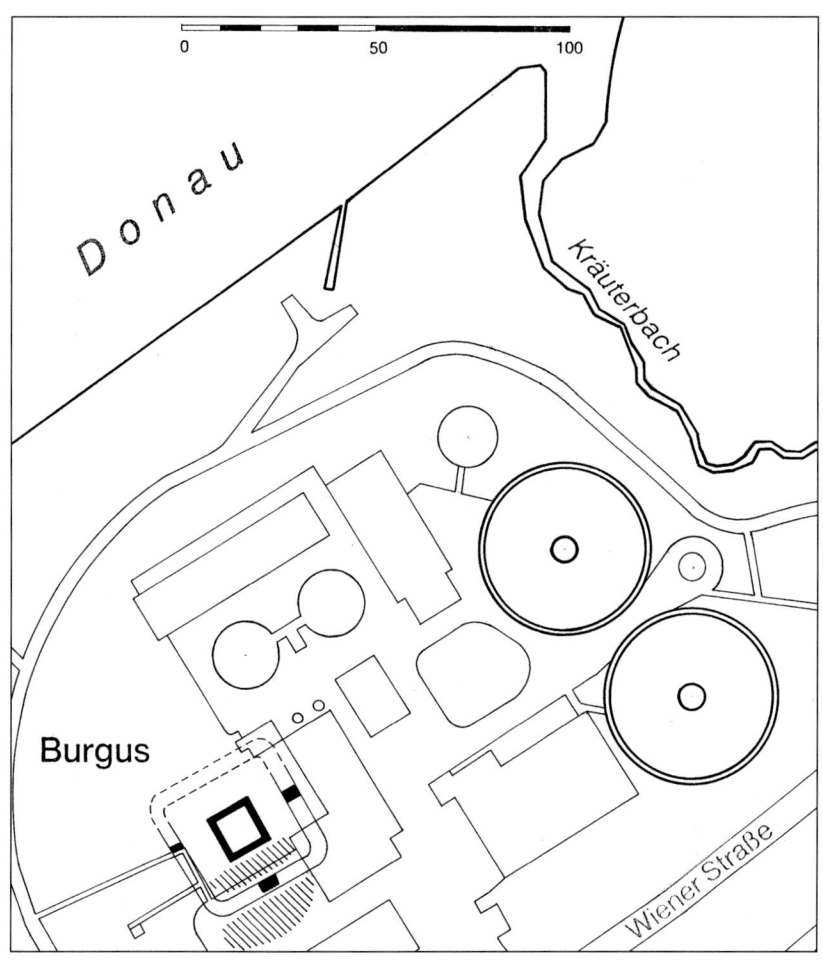

Abb. 51: Passau – Haibach, Stadt Passau (D). Spätantiker Wachtturm *(burgus)* im Bereich der Kläranlage an der Wienerstraße. Norden oben

155

Abb. 52: Passau – Haibach, Stadt Passau (D). Spätantiker Wachtturm *(burgus)*. Rekonstruktionsversuch. Ansichten von Südwesten

Zusammenhang mit der Anlage einer Wachtturmkette am norischen Limes in dieser Periode stehen, deren Existenz aber noch nicht endgültig gesichert ist. Der Haibacher Wachtturm wurde bis in das 5.Jh.n.Chr. benutzt, wie das Vorhandensein von Horreumkeramik belegt. Im Hochmittelalter wurde er erneut verwendet. Die Reste der damals eingebauten Ziegel- und Kalköfen sind im Mauergeviert ebenfalls erhalten.

Günther Moosbauer

Praktische Hinweise
Anreise: Verläßt man die Passauer Innstadt über Kapuziner- und Wienerstraße in Richtung Linz, so liegt etwa 800 m vor dem bayerisch-österreichischen Grenzübergang Achleiten links der Straße die Kläranlage, auf deren Gelände der Burgus konserviert ist.
Besichtigung: Eine Besichtigung des konservierten Befundes ist nach telefonischer Voranmeldung, die aus betriebstechnischen Gründen notwendig ist, unter den Nummern 0 851 / 3 30 10 oder 0 851 / 3 30 19 möglich. Die Funde aus den Grabungen befinden sich im Depot der Prähistorischen Staatssammlung in München.

Literatur
H. Bender, Ein spätrömischer Wachtturm bei Passau-Haibach. Ostbairische Grenzmarken 24, 1982, 55ff.; Th. S. Burns, The Watchtower at Passau-Haibach: A Historical Perspective. Ostbairische Grenzmarken 24, 1982, 78ff; H. Bender, Der spätrömische Wachtturm von Passau-Haibach und seine Rekonstruktion. Germania 61, 1983, 597ff.; Passau. Batavis – Boiodurum / Boiotro. Archäologischer Plan von Passau in römischer Zeit (Passau 1991). Die Ergebnisse der Ausgrabungen 1983 und 1984 sind unpubliziert.

OBERRANNA – STANACUM ?

Kleinkastell

Das Kleinkastell von Oberranna kontrollierte die Einmündung der von Norden in die Donau mündenden Ranna. Es lag direkt an der Limesstraße, die an dieser Stelle mit dem Verlauf der modernen Bundesstraße 130 übereinstimmt.

Wie diese Anlage in der Römerzeit hieß, ist nicht völlig gesichert. Aufgrund der Meilenangaben im *Itinerarium Antonini,* einem Straßenverzeichnis mit Meilenangaben (249,1) neigt man zur Gleichsetzung mit Stanacum.

Bereits 1840 untersuchte der Grabungsverein Schlögen das Kleinkastell, die Arbeiten wurden dann aber vermutlich wegen zu wenig spektakulärer Funde nicht fortgesetzt. Zwei aquarellierte Federzeichnungen im OÖ. Landesmuseum zeigen, daß man bereits damals die südliche Front des Kastells mit den zwei runden Ecktürmen erfaßt hatte. Anläßlich der Erweiterung der etwa 13 m südlich und 1,65 m tiefer vorbeiführenden Bundesstraße im Bereich des Hauses Familie Wagner Nr.5 wurde durch Baggerarbeiten die terrassenförmige Geländestufe abgegraben und dabei die noch aufgehend vorhandenen Mauern abgetragen und stellenweise ausgerissen. L. Eckhart vom OÖ. Landesmuseum sicherte die noch verbliebenen Reste, führte stellenweise Nachuntersuchungen durch und veranlaßte die Konservierung.

Er stellte folgendes fest (Abb.53): Zwischen der Bundesstraße im Süden und der Donau im Norden lag eine etwa rechteckige, mit der Schmalseite Nordost-Südwest orientierte Anlage, deren lichte Maße mit 12,5 x 17 m rekonstruiert werden können, und über deren Nordteil das Haus des heutigen Grundbesitzers steht. Bestimmend für die Deutung des Gebäudes war der Nachweis je eines an den Enden der Südwestmauer über

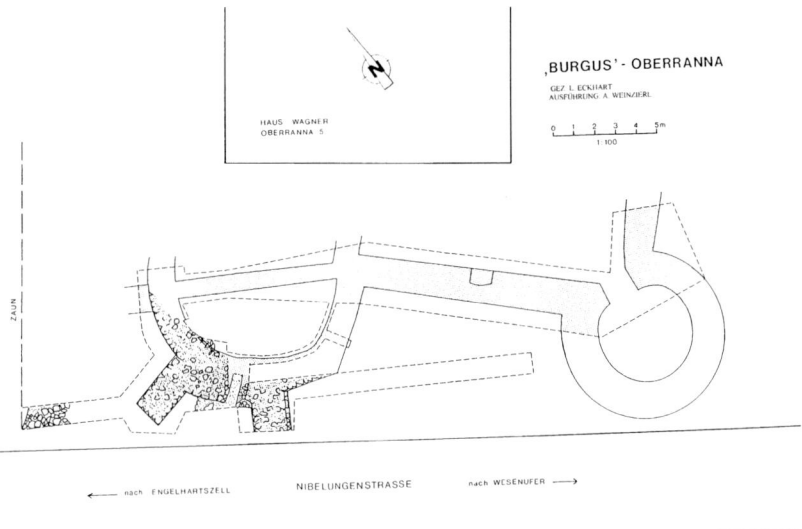

Abb. 53: Oberranna. Plan des Kleinkastells

Eck angesetzten Rundturmes, der dritte (nördliche) Turm liegt unter dem Haus und wird heute noch durch einen kreisrunden Keller reflektiert, der vierte (östliche) müßte noch zu ergraben sein. Durch die Ecktürme ist der Bau als militärisches Objekt gesichert. Es ist ein Kleinkastell oder ein überdimensionierter römischer Wachtturm, der zur Kontrolle des nördlich der Donau gelegenen Rannatals erbaut wurde.

Die Mauern waren, soweit sie der Bagger nicht zerstört hatte, noch 1,60 m hoch erhalten. In der Mitte der 1,50 m starken, an der Außenseite 9,75 m langen Südwestmauer aus heißgemörtelten, großen Bruchsteinen ist innen eine 1,05 m breite Nische ausgespart, die vermutlich zur Aufnahme eines Götter- oder Kaiserstandbildes diente. Ihr Mörtelboden ist zugleich Boden des Innenraumes, unter dem 0,85 m tiefer ein zweiter folgte, was auf eine Bodenheizung schließen läßt. Der lichte Durchmesser des Südturmes beträgt 4,80 m, seine Mauerstärke 1,60 m. Er konnte vom Zentralbau durch einen 1,50 m breiten Eingang betreten werden. Die hier ansetzende Südostmauer ist gleich breit wie die Südwestmauer.

Der Westturm, der von einer 7,80 m langen Mauer mit 0,75 m Breite in zwei gleiche Räume geteilt wurde, war erheblich größer. Der Grund dafür

158

lag darin, daß im südwestlichen Raum ein kleines Heißbad mit Boden-heizung und Hohlziegelwänden eingebaut war. Die Beschickung mit Warmluft erfolgte von einem außenliegenden *praefurnium* (Heizraum) über einen teilweise geziegelten Kanal. Auch hier lagen Ober- und Unter-boden 0,85 m auseinander. Der nicht ergrabene Nordostraum diente vermutlich ebenfalls Badezwecken. Beide Räume waren durch eine 1,05 m breite Türe verbunden, deren Laibung noch 1,55 m hoch erhalten ist. Auch der Schwellstein, eine bearbeitete Steinplatte, war zu sehen. Die Mauerstärke dieses Westturms variert zwischen 2,50 und 1,35 m.

Über die Zeitstellung dieser Anlage läßt sich nicht allzuviel sagen, da datierende Funde fehlen. Wahrscheinlich ist das Bauwerk mit den Ecktür-men in der Spätantike entstanden. Es gab hier zuvor schon ein anderes Gebäude, über dessen Aussehen man nichts weiß, dessen Spuren sich aber in den Grabungsschnitten abzeichneten. Die wenigen Keramikfun-de aus diesem Bereich lassen eine Entstehung des Vorgängerbaues in der zweiten Hälfte des 2.Jhs.n.Chr. vermuten.

Etwas unterhalb von Jochstein auf der rechten Donauuferseite war ur-sprünglich ein römischer Meilenstein aufgestellt: Die Inschrift des heute verschollenen Steins sprach davon, daß die Straße zur Zeit Caracallas (212–217 n.Chr.) angelegt worden war.Die Lesung und die Übersetzung der Inschrift, von der insgesamt 6 Abschriften bekannt sind, lautet nach G. Winkler:

Imp(erator) Caesar
M(arcus) Aurelius
Antoninus Pius Felix Aug(ustus)
Part(hicus) maximus
Britt(anicus) maximus
Tr(ibunicia) p(otestate) XV imp(erator) III
co(n)s(ul) design(atus) IIII
viam iuxta amnem
Danuvium fieri iussit
a Boiidur(o) in (es folgen einige ungedeutete Buchstaben) ?
m(ilia) p(assum) XV

(Imperator Caesar Marcus Aurelius Antoninus, der fromme und glück-liche Augustus, größter Sieger über die Parther, größter Sieger über die Britannier, Inhaber der tribunizischen Gewalt zum 15. Mal, dreimal zum Imperator ausgerufen, zum 4. Mal zum Konsul designiert, ließ eine Straße entlang der Donau anlegen, von Boiodurum nach .... 15 Meilen).

Das besagt, daß Kaiser Caracalla eine Straße entlang der Donau von PASSAU (INNSTADT-BOIODURUM) nach einem nicht klar lesbaren Ort (SALOATO?) errichten ließ. Die Meilenangabe XV bezeichnet den 15. Meilenstein auf dieser Straße von BOIODURUM nach Osten. Man nimmt an, daß dieser Straßenbau vermutlich kein Neubau, sondern der Ausbau einer schon bestehenden Straße war, der anläßlich der Kriegsvorbereitungen Kaiser Caracallas 213 n.Chr. gegen die Alemannen erfolgte.

Auf die frühere Begehung dieser Verbindung an der Donau deuten einzelne Münzfunde in der Umgebung hin. So fanden sich zum Beispiel in ENGELHARTSZELL bei Grabungen in einem Garten außer gestempelten Ziegeln auch zwei Münzen aus der Zeit Vespasians (69–79 n.Chr.) und Domitians (81–96 n.Chr.). Auch in PYRAWANG kamen drei römische Münzen aus dieser Zeit zutage.

Christine Schwanzar

Praktische Hinweise
Anreise: Fährt man auf der Bundesstraße 130 durch den Ort Oberranna liegt das Kleinkastell am östlichen Ortsausgang zwischen der Donau und der Bundesstraße.
Besichtigung: Der Südost-Turm diente dem ehemaligen Gasthaus Wagner als „Römerkeller". Das konservierte Mauerwerk der Südwest-Front ragt noch 1,6m aus der Erde.

Literatur
Genser 1986, 38ff.; Kandler-Vetters 1986, 72ff.
Ch. Schwanzar, Der römische Grenzabschnitt zwischen Passau und Linz. In: Oberösterreich Grenzland des römischen Reiches, Ausstellungskatalog OÖ. Landesmuseum 1986, 56ff.; Ch. Schwanzar, Die Donau, ein Grenzfluß zur Römerzeit. In: Die Donau, Katalog zur oberösterreichischen Landesausstellung 1994, 93ff.; Ch. Schwanzar, Heimatbuch Engelhartszell (in Druck).

SCHLÖGEN – IOVIACUM

Kleinkastell – Vicus

Kastell und Lagerdorf von SCHLÖGEN liegen an der markanten Donauschlinge gleichen Namens (Abb.54). Die heutige sogenannte „Nibelungenstraße" (B 130) von PASSAU nach LINZ verläßt bei SCHLÖGEN das Donautal. Als kürzeste Verbindung zwischen diesen beiden Städten nutzt sie

Abb. 54: Schlögen. Luftbild der Schlögener Schlinge

die günstige Trassenführung entlang von Freyentaler- und Kehrbach
über den Kerschbaumer Höhenrücken in Richtung Eferdinger Becken,
welche schon in römischer Zeit von Bedeutung gewesen sein könnte.
Die Gleichsetzung SCHLÖGENS mit dem antiken *Ioviacum* oder *Ioviaco* ist
nach wie vor strittig. Ein Ort dieses Namens findet sich zum einen in
einem spätantiken Staatshandbuch, der sogenannten *Notitia Dignitatum*
(occ. 34,37), als Stationierungsort einer flußgestützten Abteilung der
2. Italischen Legion, zum anderen in einem etwa aus 3. bis 4.Jh.n.Chr.
stammenden Straßenverzeichnis, dem *Itinerarium Antonini* (249,1). Auch
in der um 510 aufgezeichneten Lebensbeschreibung des Hl. Severin,
der nach der Mitte des 5.Jh.n.Chr. am Donaulimes gewirkt hat, wird ein
Ort *Ioviacum* erwähnt.
Die hier stationierte Truppe ist unbekannt. Lediglich für die Spätantike
läßt sich aufgrund der historischen Quellen eine auf der Donau operierende Liburnariereinheit nachweisen.

Im Jahre 1833 wurde erstmals im Kleinkastell SCHLÖGEN von einem örtlichen Grabungsverein geforscht. Umfangreiche Ausgrabungen in Form von Suchschnitten fanden erst in den Jahren 1957 bis 1959 unter der Ägide von L. Eckhart statt. Letztmalig untersuchte Chr. Schwanzar 1984 Teile des zugehörigen Vicus. Seit 1989 werden von Fachstudenten der Universität Passau die Kleinfunde aus den Grabungen von L. Eckhart und Chr. Schwanzar bearbeitet, deren bislang noch nicht veröffentlichte Auswertungsergebnisse zum Teil schon in diese Darstellung mit einfließen (Abb.55).

Das unregelmäßige, trapezförmige Kleinkastell beanspruchte eine Fläche von 0,65 ha (Abb.56). Der größte Teil des einstigen Kastells liegt unter dem heutigen Hotelbau. Als einziges von ehemals vermutlich vier Lagertoren wurde das Westtor, das eine lichte Toröffnung von 3,30 m besitzt, obertägig erhalten und konserviert. Es befindet sich gut sichtbar vor der Südwestseite des heutigen Hotelkomplexes. Das Tor wurde von

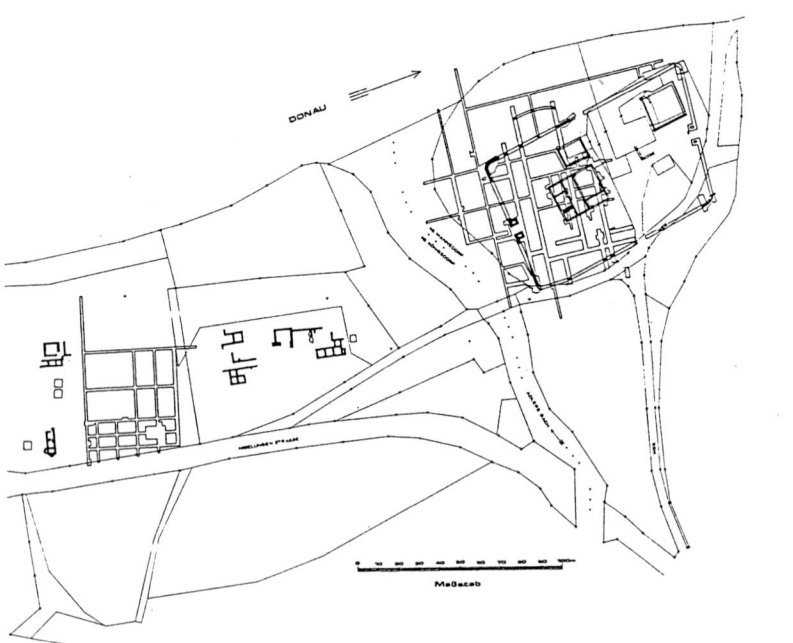

Abb. 55: Schlögen. Kastell und Lagerdorf *(vicus)*. Gesamtsituation mit Eintragung der Grabungsschnitte. Lager im Osten. Norden oben

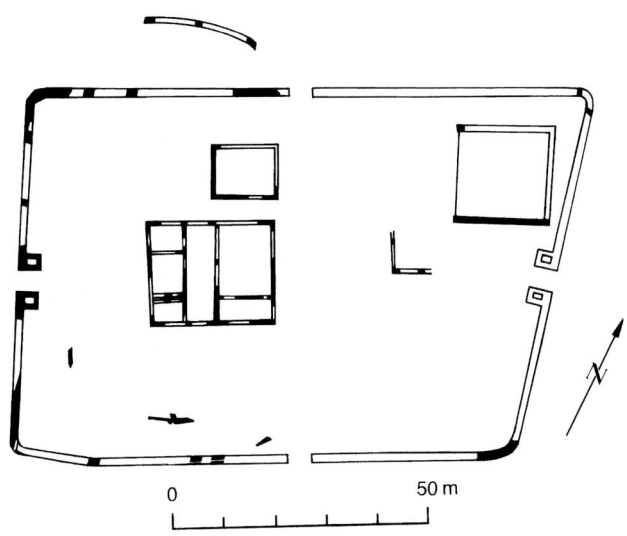

0   50 m
⊢___⊥___⊥___⊥___⊢

Abb. 56: Schlögen. Grundriß der freigelegten und ergänzten Befunde zum
Kastell

zwei nach innen gezogenen, quadratischen Türmen flankiert. Weitere
Türme entlang der Wehrmauer konnten bislang nicht nachgewiesen
werden. Im Inneren des Kastells wurden neben dem zentralen Stabsge-
bäude, den *principia*, noch weitere Reste von verschieden großen Gebäuden aufgedeckt, deren Funktion und Zusammenhang derzeit aber
nicht geklärt sind. Außerhalb des Kastells wurden am Donauufer noch
Teile einer Hafenmole (?) ergraben.
Westlich auf einer Anhöhe über dem Kastell lag im Bereich des heutigen
Campingplatzes der Vicus, in welchem Angehörige der Soldaten lebten
und verschiedene Gewerbe betrieben. An Befunden gibt es lediglich
einige Hausgrundrisse sowie ein zweiapsidales Gebäude, welches
wahrscheinlich als Bad gedeutet werden kann.
Nach der im Jahre 1995 abgeschlossenen Auswertung sämtlicher Funde
aus Kastell und Vicus, die eine einigermaßen sichere statistische Aussage erlauben, kann nun eine Gründung des Kastells im dritten Viertel
des 2.Jh.n.Chr. angenommen werden. Es scheint, daß sowohl Lagerumwehrung als auch wichtige Bauten im Inneren des Kastells sogleich in
Stein ausgeführt worden sind. Spätantike Funde, die vom 3. bis in das
5.Jh.n.Chr. reichen und mehrheitlich im Kastellareal geborgen worden

sind, belegen eine kontinuierliche Besiedlung des Platzes mit zwei Bauperioden bis in die Zeit des Mönches Severin.

Ulrich Brandl – Elisabeth Herzog – Günther Moosbauer

Literatur
Genser 1986, 44ff.; Schwanzar in: Kandler – Vetters 1986, 74ff.
Chr. Schwanzar, Der römische Grenzabschnitt zwischen Passau und Linz. In: Oberösterreich – Grenzland des Römischen Reiches (Linz 1986), 54ff.; Die angesprochene Publikation über die Auswertung der Kleinfunde wird in der Reihe: Studien zur Kulturgeschichte von Oberösterreich, hrsg. vom Oberösterreichischen Landesmuseum Linz erscheinen.

WELS – OVILAVA

Autonome Stadt

OVILAVA entwickelte sich am Schnittpunkt zweier wichtiger Verkehrwege. Hier kreuzten sich die in Ostwest – Richtung verlaufende Fernstraße vom Wiener Becken über SALZBURG und AUGSBURG nach Südfrankreich und die unter Claudius (41–54 n.chr) ausgebaute Nordsüd-Verbindung von AQUILEIA an die Donau.
Der Name OVILAVA oder OVILAVIS wird im *Itinerarium Antonini* mehrmals genannt und scheint auf der *Tabula Peutingeriana* (seg. IV/2) als *Ouilia* an der Straße zwischen TERGOLAPE (SCHWANENSTADT) und BLABORIACO (ENNS) auf. Der römische Name ist von einer illyrisch-keltischen Wurzel abzuleiten, die als „Siedlung an den Traunwindungen" interpretiert wird. Die Lage der vorrömischen, keltischen Siedlung konnte derzeit noch nicht nachgewiesen werden.

164

Bereits vor der Errichtung eines städtischen Museums im Jahre 1904 wurden zahlreiche bedeutende Fundstücke der Römerzeit geborgen. Einen ersten zusammenfassenden Bericht veröffentlichte J. Gaisberger um die Mitte des 19.Jh. Im Zuge verschiedener baulicher Großvorhaben wurden archäologische Untersuchungen durchgeführt. Der Welser Stadtrat F. Wiesinger berichtete in einer Darstellung der Topographie von Ovilava über Grabungen zur Erforschung der Stadtmauer, der Gräberfelder und der Innenbebauung. Nach den Kriegswirren führte der 1954 zum Musealdirektor bestellte G. Trathnigg die archäologischen Forschungen fort. Im Zuge des rasanten Wiederaufbaues und der Modernisierung der Infrastruktur der Stadt führte er zahlreiche Notgrabungen im Bereich der Siedlung und der Gräberfelder durch. Zu Beginn der siebziger Jahre wurde das bis dahin völlig unbekannte Gräberfeld unter dem heutigen Marktgelände angeschnitten und Gräber während der Aushubarbeiten für das Gebäude der Handelskammer und des Verbundamtes freigelegt. Im Jahre 1976 wurde die von W. Rieß betriebene Neuaufstellung der archäologischen Sammlung eröffnet. In den Jahren 1988–1990 wurden anläßlich der Grabungen im ehemaligen Minoritenkloster wichtige neue Erkenntnisse zur Topographie von Ovilava gewonnen (Abb.57 und 58). Funde wie oberitalische Terra Sigillata, Münzen oder das Fragment eines Militärdiploms aus der Zeit Neros (54–68 n.Chr.) wurden im West- und Nordwestteil der späteren Stadt angetroffen. Die Bebauung und Größe der frührömischen Siedlung kann derzeit nur recht vage beschrieben werden. Hadrian (117–118 n.Chr.) verlieh Ovilava das Stadtrecht. Der zugehörige Stadtbezirk wurde im Norden durch die Donau, im Westen durch den Inn aufwärts bis zur Mündung der Mattig, den Kobernaußerwald und Hausruckkamm, im Süden durch die Alpen und im Osten durch das Ennstal begrenzt.

Mit der Erhebung zur Stadt wird die Siedlung als *municipium Aelium Ovilavis,* kurz *Aelia Ovilavis* bezeichnet, wie etwa auf Grabsteinen aus Gunskirchen, aus Trivento in Mittelitalien und aus Rom. In das fortgeschrittene 2.Jh.n.Chr. gehört das Grabmedaillon, das in der Fassade des Hauses Stadtplatz Nr.18 gegenüber der Stadtpfarrkirche eingemauert ist. Dargestellt ist ein Ehepaar, der Mann in der Toga und die Frau in norischer Tracht (Abb.59).

Bestattungen des späten 1. und 2.Jh.n.Chr. wurden unter dem heutigen Marktgelände und nördlich der Linie Dragonerstraße-Kaiser Josef-Platz aufgedeckt. Die Abgrenzung dieser Gräberfelder gelang wegen der dichten, rezenten Verbauung bislang nicht. Sie wurden im späten 2.Jh.n.Chr. im Zuge der Stadterweiterung aufgegeben. Über dem Gräberfeld Marktgelände lag eine bis zu 1,5 m mächtige Schotterschicht, die

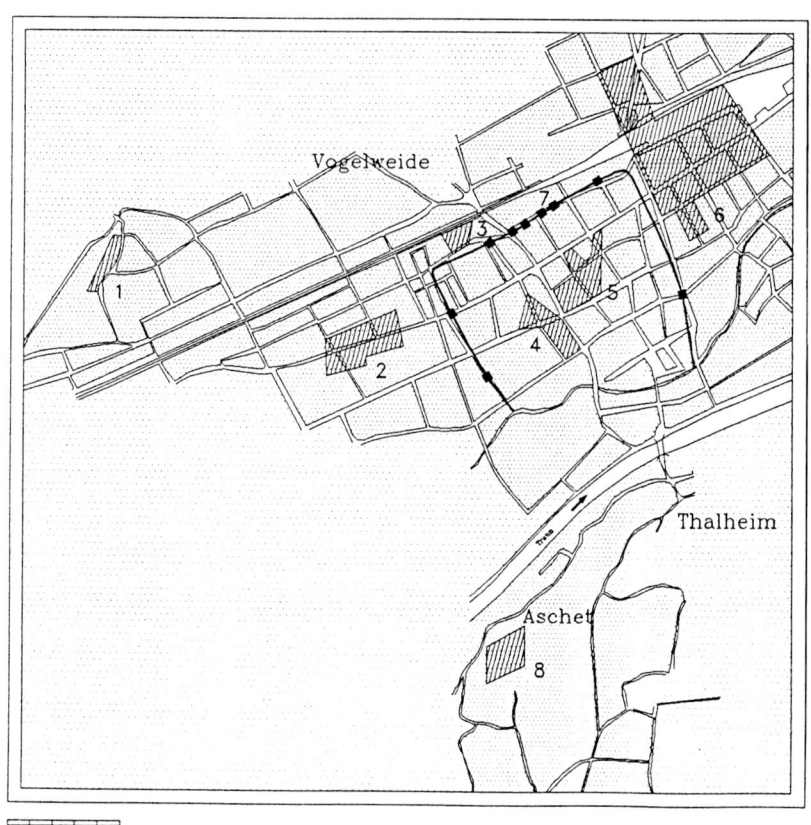

Abb. 57: Wels. Übersichtsplan. 1. Gräbergruppe Nordwest (Albert Schweitzer-Straße) 2. Gräberfeldweg West 3. Gräbergruppe Nord 4. Gräberfeld Marktgelände 5. Gräberfeld Mitte 6. Gräberfeld Ost 7. Stadtmauer 8. Gräbergruppe Aschet

einer gewaltigen Traunüberschwemmung zugeschrieben wird. Die Kulturschicht darüber enthielt Mauerreste, die auf eine Verbauung im 2./3.Jh.n.Chr. hinweisen. Die Gräberfelder Ost und West wurden außerhalb des vergrößerten Stadtgebietes angelegt. Ihre Hauptbelegungsphase setzte in der Zeit nach Commodus (180–192 n.Chr.) ein. Eine weitere Gräbergruppe wurde am rechten Traunufer in Aschet freigelegt. Daraus stammt ein Bleisarg mit der Bestattung eines Mannes.
Von den Einfällen der Markomannen und Quaden in der zweiten Hälfte des

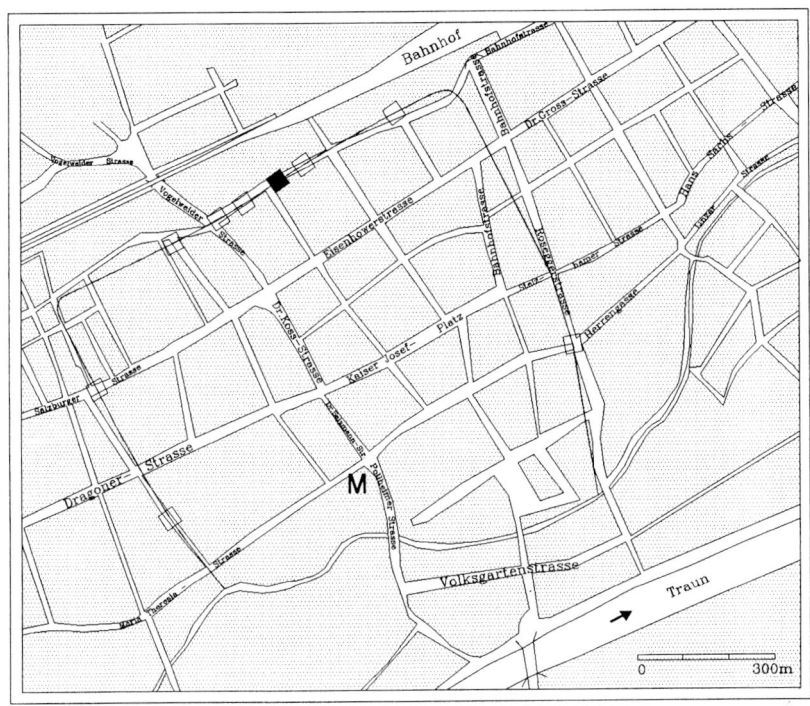

Abb. 58: Wels. Stadtplan

2.Jhs.n.Chr. war OVILAVA nicht unmittelbar betroffen. Zum Schutz der Grenze wurde die zweite italische Legion an den Donaulimes verlegt. Aus der Inschrift des Grabsteines des Florus Praenestinus aus TRIVENTO geht hervor, daß damals eine Abteilung dieser Legion in OVILAVA stationiert war. Möglicherweise wurden in der zweiten Hälfte des 2.Jh.n.Chr. auch Teile der Verwaltung des Statthalters nach OVILAVA verlegt. Einem dieser Statthalter, der zugleich Kommandant der *legio II Italica* war, dürfte das Gebäude unter dem ehemaligen Minoritenkloster gehört haben. Zahlreiche Ziegel trugen Stempel dieser Legion und ein Ziegel den eines Statthalters. Um das erweiterte Stadtgebiet wurde im späteren 2. oder zu Beginn des 3.Jhs.n.Chr. eine Befestigungsanlage errichtet. Sie bestand aus einer ca. 1,4 m breiten Mauer mit vorspringenden Türmen und bis zu vier vorgelegten Gräben. Die Stadtmauer umschloß eine Fläche von ca. 90 ha. Während der Verlauf im Norden, Osten und Westen bereits von F. Wiesinger ermittelt wurde, gibt es für die Lokalisierung der Südseite derzeit

167

Abb. 59: Wels, Museum. Grabmedaillon eines Ehepaares, eingemauert im Haus Stadtplatz 18

nur spärliche Hinweise. Untersuchungen in den Jahren 1992 und 1993 ergaben mächtige, römerzeitliche Mauerfundamente unter der südlichen mittelalterlichen Stadtmauer. Die römische Stadtmauer dürfte nicht gewaltsam zerstört worden sein. G. Trathnigg und H. Vetters nahmen vielmehr an, daß sie vor der Aufschüttung des sogenannten Römerwalles im 7.Jh.n.Chr. abgetragen wurde. Der Rest eines Turmes an der Nordseite der römischen Stadtmauer ist neben dem Gehsteig Schubertstraße Nr.37 konserviert. Innerhalb der Stadt wurden mehrere römerzeitliche Straßenzüge nachgewiesen, wovon sich die nördliche Ostweststraße auch außerhalb der Stadtmauer entlang der Gräberfelder Ost und West fortsetzte. Eine Traunbrücke wird zwischen der Eisenbahnbrücke und der heutigen südlichen Straßenbrücke vermutet. Nahe dem rechten Traunufer in ASCHET wurde eine römerzeitliche Wasserleitung angeschnitten, die zwei Bauphasen

168

aufweist: eine Holzkonstruktion aus der Mitte des 2.Jh. und den Steinbau aus der ersten Hälfte des 3.Jh.n.Chr.

Im Stadtgebiet wurden mehrfach Reste von größeren Bauten beobachtet, etwa während des Baues des Lokalbahnhofes und des sich in unmittelbarer Nähe befindlichen Gebäudes des Kreisgerichtes. Die öffentlichen Anlagen, wie Forum und Kapitol, konnten bislang noch nicht lokalisiert werden. Ziegel mit Stempeln der *legio II Italica* sowie solchen von *numeri* und *alae* wurden mehrfach im Stadtgebiet gefunden. Funde wie Werkzeuge, Model, ein Fehlbrand, Gußtiegel und ähnliches im Nordostteil der Stadt lassen auf rege Handwerkstätigkeit von Töpfern, Metall- und Bauhandwerkern schließen.

Das religiöse Leben belegen Weihesteine für Apollo, Diana, Nemesis, Iupiter, Vulcanus, Iupiter Dolichenus sowie Statuetten von römischen, orientalischen, ägyptischen und einheimischen Gottheiten. Nach wie vor bildet die Bronzestatuette einer Venus das Prunkstück des Museums (Abb.60). An der Nordmauer der Kirche St. Ägyd am rechten Traunufer in THALHEIM ist ein Grabaltar mit der Darstellung des Attis eingemauert.

Abb. 60: Wels, Museum. Bronzestatuette der Venus aus Gunskirchen bei Wels

Graberoten mit gesenkten Fackeln bilden die Seitenreliefs eines weiteren Grabsteines, der im Fundament eines Bauernhofes in SCHAUERSBERG, GMD. THALHEIM gefunden wurde. Ein Abguß davon ist im Arkadenhof des Hauses Stadtplatz Nr.55 aufgestellt. Caracalla (211–217 n.Chr.) erhob die Stadt in den Rang einer *colonia*. Zu den Inschriften, auf denen die Stadt bereits als *colonia Aurelia Antoniniana* bezeichnet wird, gehört der Grabstein des L. Saplius Agrippa aus KÖPPACH bei SCHWANENSTADT, der Grabstein des P. Aelius Flavus aus LAMBACH und ein weiteres Inschriftenfragment aus dem Gräberfeld Ost. An dessen Ostrand wurde ein Meilenstein gefunden. Die in der Inschrift erwähnten Instandsetzungsarbeiten an Brücken, Straßen und Meilensteinen wurden von Maximinus Thrax (235–238 n.Chr.) veranlaßt. Diese Arbeiten dürften in Zusammenhang mit den Einfällen der Alemannen stehen. Gegen Ende des 2.Jh. beziehungsweise am Anfang des 3.Jh. wurden nahe der nördlichen Ostweststraße Bronzegefäße, Terra Sigillatageschirr, Eisengeräte und eine Bronzestatuette eines sitzenden Genius vergraben. Für einen Zusammenhang dieses Verwahrfundes, der 1989 in das Museum gelangte, mit den Alemanneneinfällen gibt es jedoch keinen sicheren Beleg.

Unter Diocletian (284–305 n.Chr.) wurde die Provinz Noricum geteilt und OVILAVA zur Hauptstadt von *Noricum Ripense* (Ufernoricum) erhoben. Die politische Gewalt war wieder von der militärischen getrennt. Der Statthalter, ein *praeses*, hatte seinen Amtssitz in OVILAVA. In spätrömischer Zeit dürfte die Bedeutung der Stadt allmählich gesunken sein. Das Grenzgebiet wurde durch vom Osten und Norden vordringende Völkerscharen immer wieder verwüstet. In der Traun wurden Teile eines großen, bronzenen Reiterstandbildes gefunden, welches ursprünglich wohl auf dem Forum oder am Brückenkopf aufgestellt war. Ob einer der durchziehenden Kriegsherren etwa des 5.Jh.n.Chr. die Statue zerschlagen und in den Fluß gestürzt hat, ist derzeit nicht zu klären. Verschiedene römerzeitliche Fundstücke im Süd- und Südostteil der Stadt gehören dem Ende des 4. beziehungsweise dem Anfang des 5.Jh.n.Chr. an. An einer Terrassenkante nahe der A. Schweitzer-Straße im heutigen Stadtteil Lichtenegg-Gartenstadt wurden spätantike Körpergräber angeschnitten. Eine weitere Gräbergruppe im Norden der nördlichen Stadtmauer dürfte ebenso dieser Periode angehören.

Zu den spärlichen Zeugnissen des frühen Christentums zählt der Grabstein der Ursa aus dem Gräberfeld Ost und ein Pilasterkapitell, für das H. Vetters die Zugehörigkeit zur Ausstattung einer frühchristlichen Kirche vorschlug. Die christliche Deutung einer Ritzinschrift auf einem Plattenziegel ebenfalls aus dem Gräberfeld Ost ist nach wie vor umstritten. In der Lebensbeschreibung des hl. Severin wird OVILAVA nicht erwähnt. Dem Befehl Odoakers 488 n.Chr., das Gebiet nördlich der Alpen zu räumen, wird der Großteil der Einwohner von Ovilava gefolgt sein.

Renate Miglbauer

Praktische Hinweise
Anreise: Wels liegt an der Westbahnstrecke und ist auch Knotenpunkt für den Straßenverkehr dieser Region. Da die gesamte Innenstadt von Wels eine Kurzparkzone darstellt, ist es zu empfehlen, Parkplätze oder Parkhäuser zu nutzen und den Stadtrundgang zu Fuß anzutreten.
Besichtigung: Die römische Stadtmauer verlief entlang der heutigen Straßenzüge Adler- und Roseggerstraße im Osten. Biegt man in die Schubertstraße im Norden ein, sind noch die Reste eines Stadtturmes zu besichtigen. Die westliche Stadtgrenze liegt unter der Bernhardin- und Feldgasse, der Mühlbach, ein alter Arm der Traun stellt vermutlich die südliche Mauerbegrenzung dar. Im Bereich des heutigen Stadtplatzes (Rathaus) werden öffentliche Bauwerke und an der Ecke Vogelweiderstraße/Eisenhowerstraße eine Therme vermutet. Die Römerbrücke überquerte die Traun in der Nähe des Lederertores.
Im Schloß Puchberg ist im Südteil des Arkadenhofes ein Dreifigurentondo eingemauert. Dargestellt sind die Büsten von zwei Männern und in der Mitte die einer Frau. Das Schloß Puchberg liegt nördlich von Wels an der Bundesstraße 13, Richtung Bad Schallerbach beziehungsweise Eferding.
Museum: Das Stadtmuseum, Pollheimerstraße 17, beherbergt Denkmäler und Kleinfunde aus Wels und Umgebung.
Öffnungszeiten: Di–Fr 10.00–17.00, Sa, So, Feiertag 10.00–12.00.

Literatur
Miglbauer in: Kandler – Vetters 1986, 61ff. Neue Forschungsergebnisse werden in den Mitteilungen aus dem Stadtmuseum Wels und im Jahrbuch des Musealvereins Wels publiziert.
K. Holter – W. Trathnigg, Wels von der Urzeit bis zur Gegenwart. Jahrbuch des Musealvereins Wels 1984/85, 17ff; R. Miglbauer, Wels – ein Verwaltungszentrum zur Römerzeit, Oberösterreich – Grenzland des römischen Reiches. Ausstellungskatalog Wien 1986, 93ff.; R. Miglbauer, Zur Topographie von Ovilavis in der mittleren und späteren Kaiserzeit. Mitteilungen des Musealvereins Lauriacum 32, 1994, 16ff.

HIRSCHLEITENGRABEN

Wachtturm / Burgus

Am Nordrand des Kürnbergwaldes liegt in der Ortschaft Wilhering, KG Wilhering Parz. 91/1, auf einem Felsvorsprung hoch über der Einmündung des Hirschleitenbaches in die Donau dieser Wachtturm (Abb.61).

Abb. 61: Hirschleitengraben. Ansicht des Wachtturms

Zum Bach und zur Donau hin fällt das Gelände steil ab. Östlich des
Bachlaufes führt ein gepflasterter Weg nach Süden. Ein stellenweise heute
noch im Gelände sichtbarer Altweg zog, von Linz kommend die Abhänge
des Kürnbergwaldes entlang südlich am Römerturm vorbei, wo er in den
sogenannten Prinzensteig mündete und anschließend in den Dienerweg
überging, einen Altweg zum Stift Wilhering.
Der Turm wurde 1936 zufällig durch den Tierpräparator des OÖ. Landesmuseums, Herrn Stolz, entdeckt. DI Fietz, ein bekannter Erforscher des
Kürnbergwaldes, führte die ersten Grabungen durch, von denen er ausführliche Berichte an das Landesmuseum sandte. In den Jahren 1938
und 1939 setzte Pater Dr.Gebhard Rath seine Arbeiten fort und legte den
Turm außen bis auf die Fundamentunterkanten und innen bis auf das
antike Niveau frei. 1991 konnte das OÖ. Landesmuseum den Turm noch-
mals ausgraben, der anschließend von Schülern der HTL Linz, Goethe-
straße, unter Aufsicht des Bundesdenkmalamtes konserviert wurde.
Der Turm war mit einem Wall und einem vorgelagerten Graben versehen.
Sein Eingang lag an der Südseite. Im Zuge der jüngsten Grabungen
konnten wir am Turm zwei Bauphasen feststellen, die sich unter anderem
in einer markanten Baufuge an der Westmauer sowie im unterschiedli-

chen Mauerwerk und den verschiedenen Estrichhöhen zeigten. Sie spiegeln sich auch im Fundmaterial wider.

Turm 1: Seine Mauern wiesen außen eine Länge von 6 x 6 m auf, die Breite der aufgehenden Mauern lag zwischen 0,80 und 0,90 m, die der Fundamente samt innerem Vorsprung bei durchschnittlich 1,10 m. Der Originalestrich von Turm 1 war in der Nordwestecke noch feststellbar und recht gut ausgeführt. Turm 1 entstand vermutlich am Ende des 2. oder am Anfang des 3.Jhs.n.Chr., also in einer Zeit, in der man nach den Markomanneneinfällen der Grenze mehr Aufmerksamkeit schenkte beziehungsweise in der im Zuge der Kriegsvorbereitungen gegen die Alemannen die Limesstraße an der Donau ausgebaut wurde, wie wir auch aus dem Meilenstein von ENGELHARTSZELL erfahren, den Kaiser Caracalla 212 n.Chr. aufstellen ließ.

Turm 2: Er war größer als Turm 1, die Außenlängen seiner Mauern betragen zwischen 9,55–9,75 m und sein Estrich, ersichtlich am noch erhaltenen, inneren Fundamentvorsprung, lag um 30 cm höher als der des Vorgängerbaues. Er erweiterte den Turm 1 nach Osten und Süden, wobei er an der Westmauer mit einer deutlichen Fuge ansetzt. Seine Fundamente waren durchschnittlich 1,30 m breit und die aufgehenden Mauern 0,80 m stark. Die Erweiterung dieses Turmes, der ein Ziegeldach trug, erfolgte zur Zeit Valentinians, ein Ziegel mit dem Stempel des *dux Ursicinus*, der bei den Konservierungsarbeiten direkt in der Mauer gefunden wurde, zeigt dies anschaulich.

In und um WILHERING wurden eine ganze Reihe römischer Funde gemacht, was auf die Bedeutung des Ortes zur Römerzeit hindeutet. Dabei scheint die Flur „Alte Burg" und ihre Umgebung die meisten Funde geliefert zu haben. Die zwei Ziegelöfen, die Pater Dr. G. Rath freigelegt hatte, und bei denen Ziegel mit AL und Ursicinus-Stempel zutage kamen, waren zur selben Zeit in Betrieb wie der Turm 2 im Kürnbergwald. Aus dieser militärischen Ziegelei bezog man das Material für das Dach. In SCHÖNHERING am Rande des Roßbaches kamen schon mehrmals römische Funde zutage. Zur Zeit untersucht hier das OÖ. Landesmuseum einen Gutshof, der vom 1.Jh. bis ans Ende des 4.Jhs.n.Chr. in Betrieb war.

Christine Schwanzar

Praktische Hinweise
Anreise und *Besichtigung*: Gegenüber von Puchenau am nördlichen Donau-
ufer im Kürnbergerwald an der Einmündung des Hirschleitenbaches in die
Donau, an der rechten Talseite, ca. 40 m über dem Strom.

Literatur
Genser 1986, 94ff.; Schwanzar in: Kandler – Vetters 1986, 84ff.
Ch. Schwanzar, Der römische Wachtturm im Kürnbergwald. Jahrbuch des ober-
österreichischen Musealvereins 138, 1993, 9ff.

LINZ – FREINBERG

Vorrömische Höhensiedlung

Im Westen von Linz erstreckt sich eine Hügelkette, die im Osten mit dem
Schloßberg beginnt und im Westen vom 405 m hohen Freinberg abgeschlossen wird. Der Freinberg gehört zu einem süddanubischen Ausläufer der Böhmischen Masse und liegt in der mit Glimmer angereicher-
ten Perlgneiszone. Das dreieckige Plateau ist im Nordosten durch den
Donauabbruch und im Westen durch das sogenannte Zaubertal natürlich
geschützt (Abb.62). An der Südseite wird eine etwa 2,5 ha große Fläche
durch einen rund 4 m hohen und 230 m langen Abschnittswall geschützt.
Seit 1889 wird der ehemals auch Jägermayerwald beziehungsweise
Galgenberg genannte Freinberg von der Franz-Josephs-Warte gekrönt.
Beim Bau des Aussichtsturmes und des angrenzenden Platzes wurden
„die Grundmauern eines römischen Gebäudes, das im Grundriß ein
unregelmäßiges Viereck von 4, 16, 14 und 19 m Seitenlänge" aufweist,
entdeckt. 1900 wurde dann bei der Anlage eines Parkweges der Abschnittswall auf einer Breite von 20 m durchschnitten. Es wurden dabei
„schon 1 m unter dem Rücken [...], im Mittel des Walles und an seiner
Basis ausgedehnte Brandstätten mit [...] gebrannter Erde, [...] Tierknochen
[und] viele Scherben rohgearbeiteter Thongefäße" sowie Graphittonware
gefunden. Ebenfalls im Jahre 1900, beim Setzen einer sogenannten Jahr-
hundert-Eiche, wurde ein spätbronzezeitliches Depot von 135 Bronzen,
darunter 21 fragmentierte und 11 ganze Sicheln, 13 fragmentierte und vier
ganze Armreife, vier Meißel, zwei Bruchstücke von Schwertklingen und vier
Stück Kupferluppe entdeckt. In den nächsten Jahren wurden am Plateau
noch weitere Bronzen, darunter zwei Meißel und ein Griffangelmesser,
gefunden (alle Zitate aus Straberger 1901, 94 ff.).

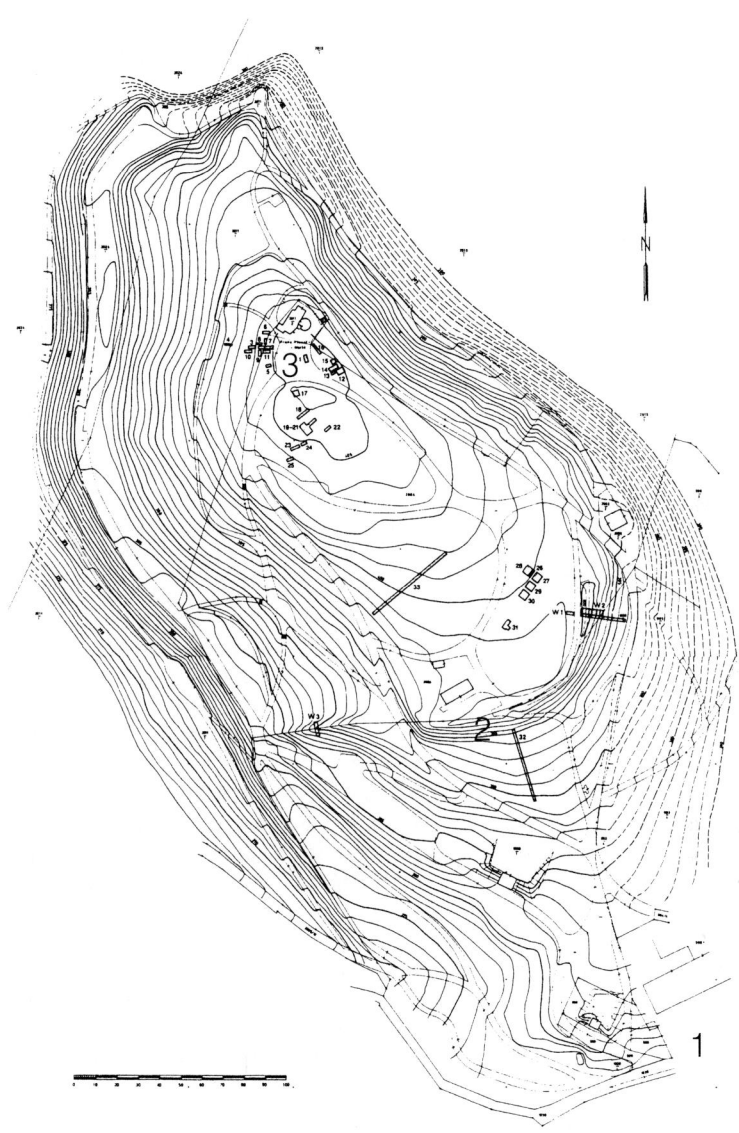

Abb. 62: Linz-Freinberg. Höhenschichtenplan mit Lage der Grabungsschnitte bis 1994. 1 Jägermayerhof 2. Abschnittswall 3. Franz-Josephs-Warte

175

1911 veröffentlicht L. Benesch erstmals die Befestigungsanlage ausführlich und bildet auch einen Plan ab. Er lehnt die zu seiner Zeit vielfach verbreitete Ansicht, daß die Befestigung 1809 von Feldmarschall Hiller gegen die napoleonischen Truppen aufgeworfen worden sein soll, ab und schlägt eine Datierung in das 10.Jh.n.Chr. vor. 1914 veröffentlicht A. Mahr einen Teil des Fundmaterials, insbesondere das Bronzedepot. Er bedauert das Fehlen stratifizierter Funde und vermutet, daß der Wall aus der Bronzezeit stamme.

1932 wurde beim Bau der Barbara-Kapelle der obere Bereich des Walles neuerlich angeschnitten und erstmals durch eine einfache Profilskizze dokumentiert. F. Stroh, der die Bergung durchführte, fand unter anderem latènezeitliche Funde und nahm ein dementsprechendes Alter für die Errichtung des Walles an. In der Folge bürgerte sich bei den Anrainern die Bezeichnung „Keltenwall" ein. In den darauffolgenden Jahrzehnten fanden keine nennenswerten archäologischen Tätigkeiten auf dem FREIN-BERG statt. Die Anlage wurde mehrfach in der Literatur genannt, wobei meistens die Datierung von F. Stroh übernommen worden ist.

1989 setzten durch E. M. Ruprechtsberger (Linzer Stadtmuseum Nordico) erstmals systematische Untersuchungen ein. 1989 und im Frühjahr 1990 wurde der Nahbereich der Aussichtswarte, wo im 19. Jh. der römische Steinbau gefunden worden war, untersucht und neben neolithischen, spätbronzezeitlichen und latènezeitlichen Funden auch römische Terra sigillata und Keramik gefunden. Hervorzuheben ist unter anderem ein Fragment einer frühlatènezeitlichen, stempelverzierten Braubacher Schüssel und ein keltischer Silberquinar vom Büscheltyp (Typ C nach Kellner). Der Bereich des Steinbaues war jedoch bereits im Zuge der Errichtung des Platzes vor der Warte stark einplaniert worden, sodaß keine Reste mehr von ihm vorgefunden werden konnten. J. Straberger interpretierte den Bau als römischen Beobachtungsposten, P. Karnitsch dagegen, der auch „rot-gelb bemalten Wandverputz" erwähnte, als „römische Zivilniederlassung (Landhaus)". Topographisch wären beide Interpretationsvorschläge möglich; eine Entscheidung darüber kann jedoch nicht mehr gefällt werden.

Seit 1990 werden die Ausgrabungen gemeinsam mit dem Institut für Ur- und Frühgeschichte der Universität Wien (O. H. Urban) geführt. Bei den 1990 bis 1994 durchgeführten Walluntersuchungen (Abb.63) konnte eine dreiphasige spätbronzezeitliche Befestigung nachgewiesen werden, die jeweils durch Feuer zerstört worden war. Zwischen der ersten (Hallstatt A2/B1) und zweiten (Hallstatt B2/B3) Wallaufschüttung befand sich ein kleines, aus drei Sichelfragmenten und einem Armreif bestehendes, Bronzedepot. Die zahlreichen übereinanderliegenden Brandschichten sowie der im oberen Bereich stark verziegelte Lehm dürften den „ausge-

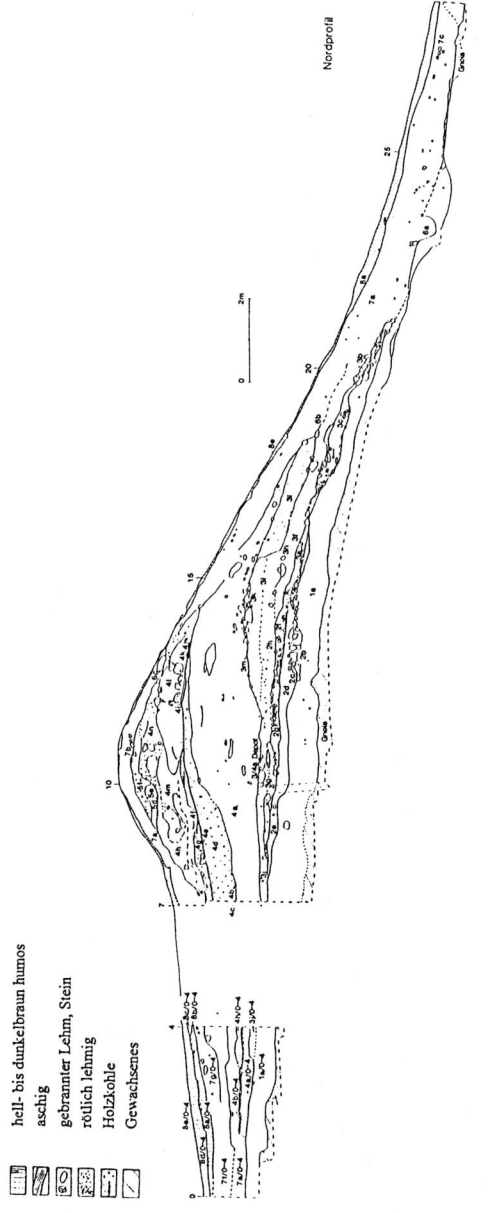

hell- bis dunkelbraun humos
aschig
gebrannter Lehm, Stein
rötlich lehmig
Holzkohle
Gewachsenes

Nordprofil

Abb. 63: Linz-Freinberg. Nordprofil im Wallschnitt 1. Schichtkomplex. 1: Erosionsschicht. Schichtkomplex 2: früh- bzw. älterurnenfelderzeitliche Pfostenreihe (?). Schichtkomplex 3: Hallstatt A2/B1-zeitliche Wallaufschüttung mit darüberliegendem Brandhorizont. Schichtkomplex 4: Hallstatt B2/3-zeitliche Wallaufschüttung mit verstürztem, verziegeltem Lehm eines hölzernen Wehrganges. Schichtkomplex 5: In den Schichtkomplex 4 eingetiefte Stufe und deren Verfüllung. Schichtkomplex 6: am Hang abgerutschte Schichten, deren Zuordnung zum Schichtkomplex 3 oder 4 unklar sind. Schichtkomplex 7: Spätlatènezeitliche Schicht. Schichtkomplex 8: Humus

177

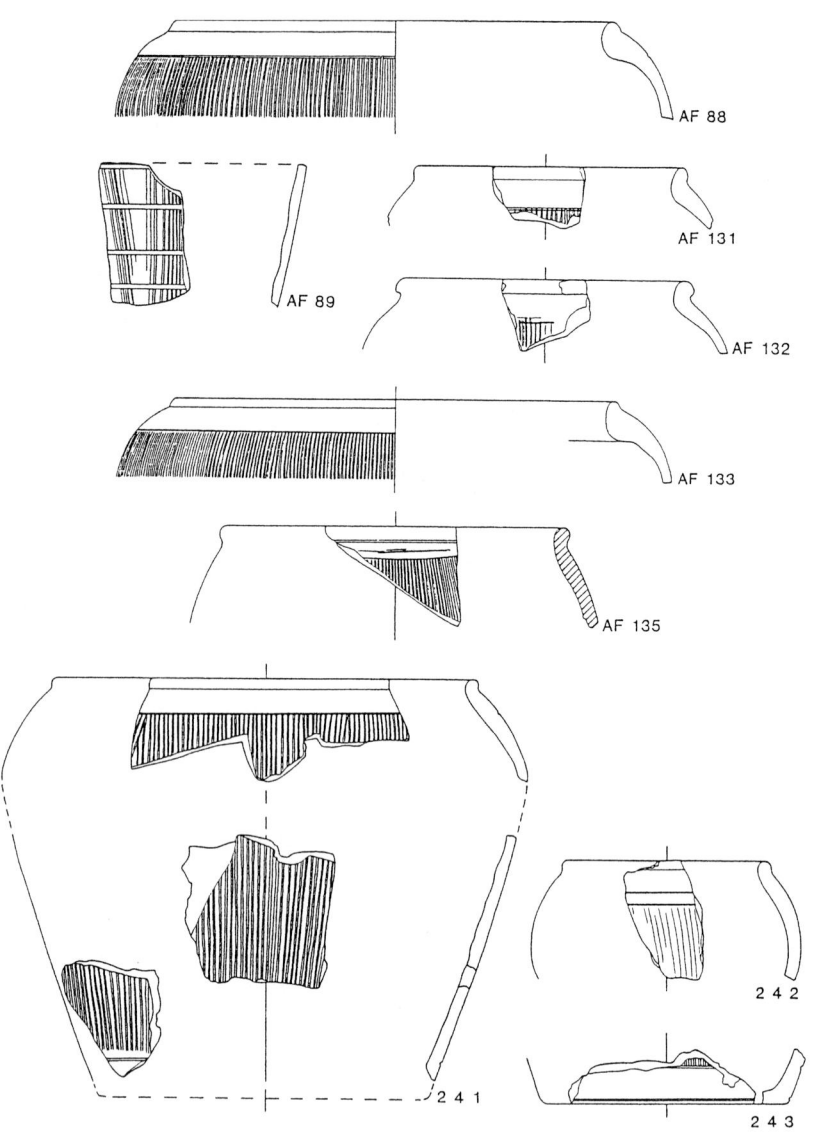

Abb. 64: Linz-Freinberg. Feinkammstrichware

dehnten Brandstätten" der Beobachtungen aus dem Jahre 1900 entsprechen (Farbtafel 16).

Nach einem zeitlichen Hiatus wurde um die Mitte des 1.Jh.v.Chr. (Latène D, Eggers A) der Wall neuerlich durch eine ursprünglich wohl etwa 80 cm hohe Sandaufschüttung befestigt und durch eine Steinsetzung an der Wallkrone verstärkt; das heißt, der Wall ist mehrphasig, im Kern spätbronzezeitlich, die oberste Schicht spätlatènezeitlich (Abb.64). Die verziegelten Schichten gehören wie die dazugehörenden Holzkohleschichten auch nach den vorliegenden Radiokarbondaten in die Spätbronzezeit. Eine Datierung des sogenannten „Schlackenwalles" in das Mittelalter (in die Zeit der Ungarnkriege), wie dies vereinzelt in der älteren Literatur beziehungsweise im Schriftum geäußert worden ist, kann daher ausgeschlossen werden.

1991 und 1992 wurden außerdem Testschnitte im Siedlungsinneren gemacht. Es konnte dabei neben spätbronzezeitlichen, junglatènezeitlichen und römischen Siedlungsfunden auch der Nachweis von spätneolithischen Steingeräten, darunter das Halbfertigprodukt einer Lochaxt, erbracht werden.

Nachdem das umwehrte Siedlungsgebiet für eine spätlatènezeitliche Höhensiedlung relativ klein ist, wurden 1993 Testschnitte außerhalb der Befestigung, im Vorfeld Richtung Jägermayerhof, begonnen. Es konnten dabei zahlreiche junglatènezeitliche Funde sowie 1995 die Reste einer umgestürzten Wand, deren Lehmverputz verziegelt ist, gefunden werden. Die Ausgrabungen in diesem Areal sollen 1996 abgeschlossen werden.

Zusammenfassende Ergebnisse zur Besiedlung

Die ältesten Funde auf dem FREINBERG stammen aus dem Spätneolithikum. Während der Spätbronzezeit wurde eine Abschnittsbefestigung errichtet, die zumindest dreimal abbrannte. Aus der Frühlatènezeit liegt bisher nur ein Einzelfund vor. Die keltische Besiedlung setzte im 2.Jh.v.Chr. (Latène C2) ein; um die Mitte des 1. Jhs.v.Chr. (Latène D, Eggers A) wurde der Abschnittswall neuerlich befestigt. In weiten Bereichen der umwehrten Innenfläche finden sich römische Streufunde besonders des 2. bis 4.Jh.n.Chr. Nach dem derzeitigen Forschungsstand ist daher keine kontinuierliche Besiedlung des FREINBERGES von der Spätlatènezeit zur Römerzeit gegeben. Die Funktion des römischen Steinbaues, Wachtturm oder Villa, kann aufgrund der neuzeitlichen Zerstörungen nicht mehr geklärt werden. Aus dem Mittelalter und der frühen Neuzeit sind keine nennenswerten Funde oder Befunde bekannt.

Otto H. Urban

Praktische Hinweise

Anreise: Von der A1 kommend, in Linz vor dem Römerbergtunnel links den Wegweisern zum Bildungshaus Jägermayerhof (Parkplatz) folgen.

Rundgang: Hinter dem Bildungsheim beginnt eine große Parkanlage, in der Reste der spätbronzezeitlichen und spätkeltischen, bis zu 4 m hoch erhaltenen Wallanlage zu sehen sind. Vom Jägermayerhof zum Wasserwerk, danach geht es rechts zur Barbarakapelle, linker Hand ist die Abschnittsbefestigung deutlich sichtbar. Ein Besuch der Franz-Josephs-Warte bietet einen eindrucksvollen Rundblick.

Literatur

J. Straberger, in: Exkursion nach Linz und Hallstatt vom 25. bis 27. Mai 1901. Mitteilungen Anthropologische Gesellschaft 31, 1901, 94ff.; L. Benesch, Die vorhistorischen Wallburgen auf dem Freinberg und Luftenberg. Jahrbuch des OÖ. Musealvereins 69, 1911, 188ff.; A. Mahr, Die älteste Besiedlung des Linzer Bodens. Wiener Prähist. Zeitschrift 1/4, 1914, 278ff.; P. Karnitsch, Linz zur Römerzeit. Heimatgaue 8, 1927, 1ff.; E. M. Ruprechtsberger, Ausgrabungen auf dem Linzer Freinberg. Linz 1990; O. H. Urban, Keltische Höhensiedlungen an der mittleren Donau, 1. Der Freinberg. Linzer Archäologische Forschungen 22, 1994; E. M. Ruprechtsberger, Frühzeit-Botschaften von den Linzer Hügeln. Linzer Archäologische Forschungen, Sonderheft XII, 1995; ders., Archäologiesommer 1995: Vom Linzer Raum nach Bibracte (Burgund). Linzer Archäologische Forschungen, Sonderheft XV, 1996.

LINZ – LENTIA

Kastell und Vicus

Die bevorzugte naturräumliche Stellung des Linzer Raumes führte zu einer Siedlungstätigkeit, die ab dem Neolithikum einen kontinuierlichen Verlauf nahm und gegen Ende der Eisenzeit an mehreren Stellen konkret faßbar wird. Im engeren Stadtbereich von LINZ konzentrierten sich die archäologisch-topographischen Forschungen einerseits auf die Höhe des FREINBERGS sowie auf dessen östliche Ausläufer, die in das Martinsfeld und den Schloßberg überleiten, andererseits auf den Bereich in der Altstadt zwischen Promenade und Spittelwiese (Abb.65). Die seit dem Mittelalter und der Neuzeit erfolgte Verbauung in der Innenstadt reduzierte archäologische Untersuchungen, von einigen Ausnahmen abgesehen, auf Notgrabungen, während planmäßige Freilegungsarbeiten während der letzten 15 Jahre auf dem Römerberg und dem FREINBERG vorgenommen werden konnten. Der Name LENTIA kann aus dem keltischen Adjektiv *lentos*=biegsam, gekrümmt (lat. *lentus*) abgeleitet werden, das in der Substantivbildung

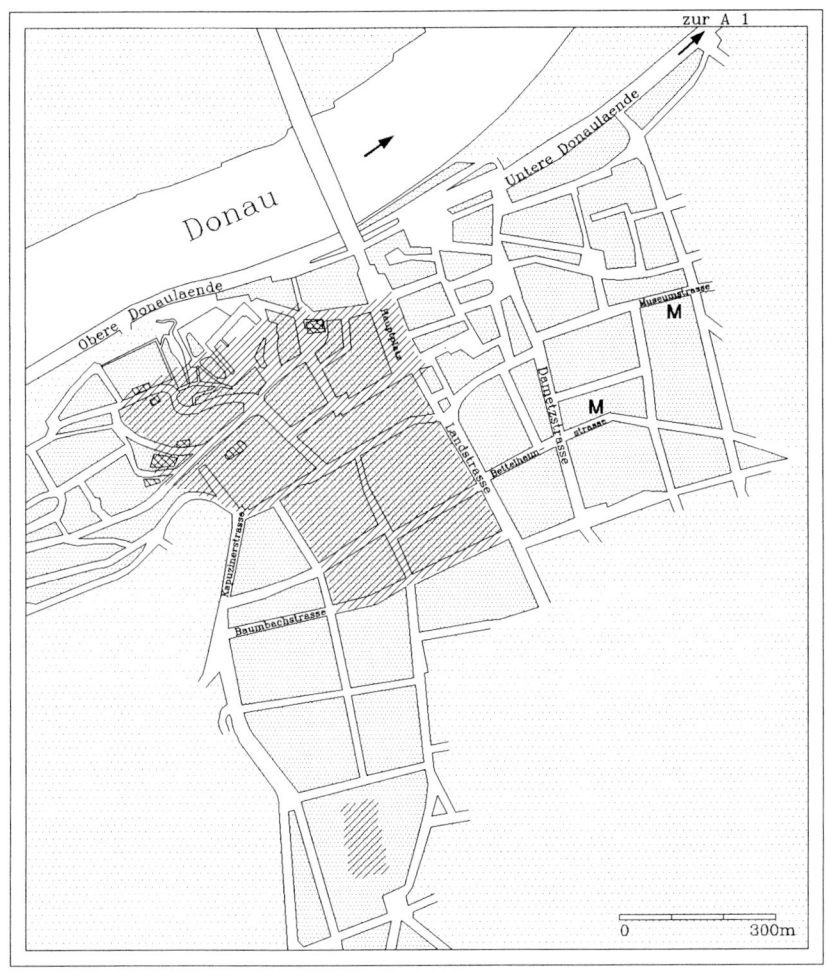

Abb. 65: Linz. Übersichtsplan

als Lentia (aus *Int* und Suffix *-ia*=Biegung, Krümmung) aufscheint. Für die Benennung dürfte der Flußverlauf der Donau von Bedeutung gewesen sein, die in Lɪɴᴢ eine markante Krümmung zeigt. Dieses orographische Merkmal wird als namensgebend zu betrachten sein.

Anhand der bisherigen Ergebnisse läßt sich folgende Siedlungsentwicklung ablesen: Der seit der späten Bronzezeit befestigte Fʀᴇɪɴʙᴇʀɢ war auch in der Spätlatènezeit besiedelt. Anders als vielleicht erwartet liegen derzeit keine Beweise vor, daß das durch die jüngsten Ausgrabungen erschließbar gewordene keltische Oppidum am FREINBERG länger als bis in das spätere 1.Jh.v.Chr. bestanden hätte. Einer im archäologischen Faktenbestand sich spiegelnden Siedlungszäsur folgt frühestens ab dem 2.Jh. n.Chr. eine römerzeitliche Bauphase, die auf dem Plateau des FREIN-BERGS – an der Stelle der heutigen Aussichtswarte – zu lokalisieren ist. Eine ebenfalls latènezeitliche Siedlungsphase wurde auf dem Martins-feld bei der gleichnamigen Kirche durch Flächengrabungen festgestellt. Einige Funde weisen darauf hin, daß sich dort eine kontinuierliche Ent-wicklung von einer spätkeltischen Handwerkersiedlung in die römerzeit-liche Phase vollzogen hat. In das 1.Jh.n.Chr. datiert jener Backofen, der an Ort und Stelle (im Inneren der Martinskirche) konserviert worden ist. Er gehörte zu bescheidenen Holzhäusern beziehungsweise Werkstätten, die auf dem Martinsfeld archäologisch dokumentiert (leider jedoch noch nicht veröffentlicht) worden sind. Diesem römerzeitlichen Wohn- und Handwerkerviertel lassen sich weitere Siedlungsagglomerationen in der näheren Umgebung anschließen, so etwa jene zwischen Tiefem Graben und Flügelhofgasse oder entlang der Lessingstraße. Auch hier zeigte sich ein vergleichbarer Befund, der durch Reste von Holz–, ab dem 2./3.Jh.n.Chr. dann durch Steinbauten, durch Abfallgruben und Back-öfen zum Ausdruck kommt. Die früheste römische Planierschicht im Bereich des Grundstücks Lessingstraße Nr.28 stammt aus dem zweiten bis fünften Jahrzehnt des 1.Jhs.n.Chr. In die gleiche Zeit ist auch ein oberhalb des heutigen Römerbergtunnels 1960 zum Vorschein gekom-mener Brunnenkasten aus Holz einzuordnen. Mit den genannten Stellen in vermutlich loser Verbindung dürfte das Areal unter dem Landestheater gestanden sein, das P. Karnitsch für den Standpunkt eines frühkaiser-zeitlichen Militärlagers beanspruchte, das nach kritischer Überprüfung der dargelegten Befunde aber eher als Fortsetzung des oben beschrie-benen Siedlungsterritoriums zu betrachten ist.

Damit sind wir bereits in der Linzer Altstadt angelangt, die nach den Ergebnissen der Sondierungen unmittelbar nach dem Ende des 2. Welt-kriegs einen Teil der Canabae überlagert. Von den einstigen Holzhäu-sern mit langrechteckigem Grundriß wurden die für diesen Haustyp charakteristischen, gemauerten Keller freigelegt. Einer davon befindet sich am Alten Markt, teils überlagert von einer mittelalterlichen Kapelle, deren Grundriß in der jetzigen Steinpflasterung markiert ist. Zu dieser Siedlung militärischen Gepräges gehörte ein Mithräum, das bis in spät-antike Zeit in Funktion stand. Es befand sich auf dem Tummelplatz und leitet gewissermaßen zur späten Phase des antiken LENTIA über, dessen

Zentrum sich ab dem 4.Jh.n.Chr. auf dem Schloß- und Römerberg befunden hat.
Ehe darauf Bezug genommen wird, sei der militärische Aspekt noch erläutert, zumal gerade diesem schwerpunktmäßige Bedeutung von der Forschung seit dem letzten Jahrhundert zuerkannt worden war. Aufgrund seiner günstigen Lage am Schnittpunkt wichtiger Wegeverbindungen bot sich LENTIA als Militärposten im Konzept der römischen Grenzsicherung im Norden des Imperium Romanum an. Die Analyse des einschlägigen Fundmaterials legt die Errichtung eines Kastells – im Gegensatz zur früher vertretenen Auffassung – gegen Ende des 1.Jhs. n.Chr. nahe. Fundmäßig wurde – etwa von der Promenade bis zur Steingasse/Waltherstraße – jener Bereich umschrieben, der für die Lokalisierung des römerzeitlichen Kastells von LENTIA in Frage kam. Die Fixierung im topographischen Plan, wie sie der Erstausgräber vorgelegt hatte, mußte durch Kontrolluntersuchungen und Sondierungen zwischen Promenade und Spittelwiese korrigiert werden. Nach dem nunmehrigen Forschungsstand dürfte die nördliche Flanke des Militärlagers auf der Höhe der Promenade anzunehmen sein, während sich dessen Zentrum, die sogenannten *principia* des Kastells, in das von Walther- und Herrenstraße begrenzte Terrain einfügen. Nach dieser Vorstellung müßte das vom Erstausgräber rekonstruierte Kastell umorientiert werden, sodaß seine östliche Breitseite etwa parallel zur Landstraße verlaufen wäre, während Baumbach- und Bischofsstraße die äußerste südliche Begrenzung markieren würden.
An die einstige Präsenz römischen Militärs erinnern eine Reihe von Inschriften und ein beachtliches Quantum an einschlägigen Funden. Die Anwesenheit der *ala I Pannoniorum Tampiana victrix* wurde aus einer Weiheinschrift eines ihrer Präfekten an den Genius für die Wende vom 2. zum 3.Jh.n.Chr. erschlossen. Ein in der Martinskirche eingemauertes Inschriftenfragment überliefert den Namen der *cohors II Batavorum*. Ihr gehörte vermutlich jener Veteran (?) an, der einer Gottheit „gerne und nach Verdienst" im 2.Jh.n.Chr. ein Gelübde eingelöst hat. Für die Spätantike nennt die *Notitia dignitatum* einen *praefectus legionis II Italicae* und *equites sagittarii*. Die Präsenz spätantiken Militärs im Linzer Raum konnte durch archäologische Befunde und Fakten vom Burgus vom HIRSCHLEITENGRABEN westlich von LINZ bis LINZ-ZIZLAU mehr oder weniger prägnant nachgewiesen werden.
Ein Gräberfeld lag an der südlichen Ausfallstraße auf dem Areal der Kreuzschwesternschule, wo es 1926/27 entdeckt und anschließend erforscht wurde. Es fanden sich über 140 Brandgräber aus dem 1. – 2.Jh.n.Chr., ergänzt um einige weitere in den letzten Jahren in Notgrabungen geborgene, sowie einige wenige Körpergräber aus dem

3.Jh.n.Chr. Der Reichtum an Beigaben in manchen Gräbern überraschte (Abb.66). Besonders zwei in AQUILEIA erzeugte Glasflaschen sowie eine Reihe anderer Beigaben aus dem Brandgräberfeld von LENTIA zeigten bemerkenswerte handels- und wirtschaftsgeschichtliche Zusammenhänge auf. Die topographische Situation läßt keine Zweifel, daß das Brandgräberfeld mit den Canabae und dem Kastellbereich von LENTIA in Verbindung zu bringen ist.

Für die Zeit um 400 n.Chr. ist LENTIA als Sitz eines Präfekten der 2. Italischen Legion und berittener Bogenschützen erwähnt. Die Stichhaltigkeit der Schriftquelle bestätigen indirekt archäologische Ausgrabungen am Südostabhang des Römerberges und Funde vom Martinsfeld. Sie weisen dem anfangs erwähnten Römer- und Schloßberg eine erneute Bedeutung – diesmal als militärisch dominiertem Siedlungsplatz – in spätantiker Zeit zu, die durch die jüngsten Ausgrabungsergebnisse befundmäßig konkret faßbar geworden ist (Abb.67).

Zum spätantiken LENTIA am Römerberg gehörte ein Kleingräberfeld aus dem späten 4. bis frühen 5.Jh.n.Chr., das durch die darin enthaltenen Beigaben überregionale Beachtung gefunden hat. Die systematische wissenschaftliche Bearbeitung der Anthropologen konfrontierte vor allem mit pathologischen Befunden, die von Knochenkrebs bis Kinderlähmung reichen und eine Palette von Krankheiten umfassen, die das Leben der antiken Bevölkerung in vielen Fällen äußerst beschwerlich machten. Die interdisziplinär durchgeführten Analysen erlaubten soziologisch-historische Rückschlüsse, wie sie in dieser Form in LINZ bisher nicht möglich gewesen waren, und ließen auch die verschiedenen ethnischen Komponenten in der Bevölkerung, demonstriert an einem Fallbeispiel, deutlich hervortreten.

Daß das spätantike Lentia am Römerberg im 5.Jh.n.Chr. aufgelassen worden wäre, ist an sich unwahrscheinlich. Dennoch läßt sich von archäologischer Seite kein Beweismaterial vorbringen, das die „dunklen Jahrhunderte" überbrücken würde. Die frühmittelalterliche Tradition knüpft – faktisch und schriftlich nahegelegt – erst in karolingischer Zeit an einst Vorhandenes.

Erwin M. Ruprechtsberger

Praktische Hinweise

Anreise: Von der Autobahn A1 oder der Bundesstraße B1 den Schildern Richtung Zentrum folgen. Da es im Zentrum nicht genügend Parkplätze gibt, empfiehlt es sich eine Parkgarage zu benützen und die Museen zu Fuß aufzusuchen.

Besichtigung: Römische Inschriftsteine sind in den Mauern der Martinskirche eingemauert.

Abb. 66: Linz. Beigaben aus einem spätantiken Säuglingsgrab, gefunden in der Dimmelstraße 1993

Abb. 67: Linz. Spätantiker Ofen, freigelegt am Römerberg 1994, durch einen Schanzgraben aus napoleonischer Zeit teilweise gestört. Oben rezentes Betonfundament

Museum: Das Oberösterreichische Landesmuseum Francisco Carolinum (Schloßmuseum) mit seiner Zweigstelle am Bäckermühlweg 41, besitzt eine reichhaltige Sammlung römischer Funde aus Linz, aber auch aus Enns (Lauriacum) und Wels (Ovilava) in den Depots (nicht allgemein zugänglich). Öffnungszeiten: Di–So 8.00–12.00, und 14.00–16.00, Mi und Fr 8.00–13.00 gegen Voranmeldung 0732/84585.
Das Stadtmuseum Nordico befindet sich in der Bethlehemstraße 7, Öffnungszeiten: Mo–Fr 9.00–18.00, gegen Voranmeldung 0732/7070 1912 DW.

Literatur
Genser 1986, 99ff.; Ruprechtsberger in: Kandler – Vetters 1986, 86ff. Linzer Archäologische Forschungen 19 (1991), 20 (1992), 24 (1996); Linzer Archäologische Forschungen – Sonderheft 6 (1990), 10 (1993), 12 (1995). In den genannten Schriften weitere Hinweise auf Forschungsliteratur.

ENNS – LAURIACUM

Legionslager – Canabae – Autonome Stadt

Im Ortsnamen der Katastralgemeinde Lorch der Stadt Enns hat sich über die mittelalterliche Namensformen Loriaca, Lorahha und Lorich der antike Name Lauriacum bis heute erhalten. Die Ortsnamenforschung erkennt Lauriacum als keltische Namensform und leitet sie von dem Personennamen Laureos ab, dem das Suffix -acum angefügt wird. Vergleichbar sind – verteilt über den ehemals keltisch besiedelten Raum – beispielsweise Ortsnamen wie Eburacum (York), Mogontiacum (Mainz) oder Ioviacum (Schlögen).
Aus dem heutigen Stadtgebiet von Lorch/Enns konnte bis jetzt, abgesehen von bestimmten Ziegelstempeln spätrömischer Zeit, in deren Formular der Name Lauriacum abgekürzt enthalten sein dürfte, keine (in-)schriftliche Quelle erschlossen werden, die Lauriacum nennt. Ebensowenig gelang es der Spatenforschung, im Umfeld der späteren Großsiedlung Lauriacum eine latènezeitliche Siedlung, oder gar ein *oppidum*, aufzufinden.
Antike Geschichtsquellen und Inschriften jedoch erwähnen Lauriacum mehrfach. Als Straßenstation nennt es das *Itinerarium Antonini:* An der Straße von Pannonien nach Germanien (Itin. 235,1; 249,1 und 256,6 beziehungsweise 258,2) und als Endpunkt eines Straßenzuges von Aquileia über die Tauern an die Donau (Itin. 277,3). In der *Tabula Peutingeriana* findet sich Lauriacum verschrieben zu *Blaboriciaco* =

(B)la(b)ori(ci)aco/Laoriaco (seg. III/3-IV/1) an der Donaustraße. Als Ort des Martyriums des Hl. Florianus am 4. Mai 304 n.Chr. nennen LAURIACUM das *Martyrologium Hieronymianum* und die *Passio Sancti Floriani*. Von zwei Kaiserbesuchen in LAURIACUM zeugen der *Codex Theodosianus* (Constantius II. am 24. Juni 341 n.Chr., Cod. Theod. VIII 2,1) und der Historiker Ammianus Marcellinus (Gratian im Jahre 378 n.Chr.; Amm. Marc. XXXI 10,20). Den Militärstützpunkt LAURIACUM nennt die *Notitia Dignitatum* (Abb.95) als Legionsstandort (occ. 34,39) mit Schildfabrik (occ. 9,21) und Hafen der Donauflotille (occ. 34,43). Die in der *Notitia Dignitatum* nicht genannten *auxiliares Lauriacenses* erscheinen auf der heute verschollenen Burgusbauinschrift des Jahres 370 n.Chr., die vermutlich in YBBS gefunden wurde (CIL III 5670a, Abb.13). Zuletzt ist es die *Vita Sancti Severini* des Eugippius, die LAURIACUM noch für die zweite Hälfte des 5.Jhs.n.Chr. als mauerbewehrte, volkreiche Stadt (wohl das Legionslager, da die Zivilstadt nie einen Mauerring erhalten hat) mit Kirchen, Kloster, Hafen und Bischofssitz beschreibt.

Eine ältere Besatzungstruppe als die *legio II Italica* konnte bisher für LAURIACUM nicht nachgewiesen werden. Ebenso kein dem Legionslager vorausgehendes Kastell. Die Grabsteinnennung eines Soldaten der *legio XV Apollinaris* reicht nicht aus, hier einen, wenn auch vorstellbaren, Militärposten des 1.Jhs.n.Chr. anzunehmen. Die spätere Garnisonstruppe von LAURIACUM, die *legio II Italica*, wurde zusammen mit ihrer Schwesterlegion *III Italica* 165/166 n.Chr. von Kaiser Marcus Aurelius in Italien aufgestellt. Ihr ursprünglicher Gründungsname lautete *legio II pia*, später – nach dem Rekrutierungsbereich – *legio II Italica pia*. Vermutlich von Septimius Severus erhielt sie dann den ehrenden Zunamen *fidelis*.

Im Laufe ihrer Geschichte nahmen Teileinheiten der Legion an verschiedenen, fernen Kriegszügen von Britannien bis in den Orient teil. Durch die Heeresreform Constantins I. wurden im Laufe des 4.Jhs.n.Chr. Truppenteile zur neugeschaffenen, mobilen Armee kommandiert. Die an der Donau verbliebene Truppe wurde geteilt und in andere Limeskastelle Ufernoricums verlegt. Nach der Truppenliste von Ufernoricum in der *Notitia Dignitatum* sind am Ende des 4.Jhs.n.Chr. zu nennen: in IOVIACUM (SCHLÖGEN) der *praefectus legionis II Italicae militum liburnariorum* (occ. 34,37), in LENTIA (LINZ) der *praefectus legionis II Italicae militum liburnariorum partis inferioris* (occ. 34,38) und in LAURIACUM der *praefectus legionis II Italicae* (occ. 34,39). Während der Samtherrschaft der Kaiser Valentinian I, Valens und Gratian sind die *auxiliares Lauriacenses* inschriftlich bezeugt (CIL III 5670a). Die *Vita Severini* nennt für das späte 5.Jh.n.Chr. noch *vigiles* und *exploratores*, die LAURIACUM schützen. Ob es sich bei diesen um Reste der ehemaligen Legion, um barbarische Foederatentruppen oder um Bürgermilizen han-

delt, verschweigt die Quelle. Durch Ziegelstempel ist die Lieferung von Baumaterial von benachbarten Hilfstruppeneinheiten nach LAURIACUM während des 3.Jhs.n.Chr. nachgewiesen.
Erste Nachrichten über römische Funde aus LAURIACUM gibt um 1300 der Kremsmünsterer Mönch Berchthold (CIL III 5671 = 11814). Gelegentliche Erwähnung finden die Ruinen LAURIACUMS bei den Humanisten und Historikern des 15. und 16.Jhs., wie etwa dem bayerischen Johannes Aventinus. Von den frühen Reisenden ist es der Engländer R. Pococke, der im 18.Jh. Ruinen in LAURIACUM beschreibt. Im selben Jahrhundert wurde auch das einzige bisher bekanntgewordene Bodenmosaik von LAURIACUM freigelegt, aber nicht erhalten. Es war das Jahrhundert der Schatzgräber, deren Funde jedoch großteils außer Landes gingen. Mit dem 19.Jh. bricht die Zeit der wissenschaftlichen Erforschung LAURIACUMS an. Die Funde werden in öffentliche und private Sammlungen gebracht, die später in Museumsverwahrung übergingen. Erste Grabungen im Legionslager durch J. Gaisberger (1851/52) erregten den Unmut A. Stifters, der sich um Hilfe nach WIEN wendet. 1892 erfolgt die Gründung des Musealvereins für ENNS und Umgebung, der bis heute als Museumsverein LAURIACUM besteht, das Museum LAURIACUM in ENNS führt und seit seiner Gründung archäologische Grabungen initiiert, die von der Akademie der Wissenschaften, dem Österreichischen Archäologischen Institut sowie heute vom Bundesdenkmalamt durchgeführt werden. 1904 beginnt die mehrjährige Grabung der Limeskommission im Legionslager unter M. v. Groller, die dieser bis knapp vor seinem Tod 1920 leitet. Nach dem 1. Weltkrieg sind es A. Gaheis und J. Schicker, die im Lager, in der Zivilstadt und den Gräberfeldern forschen. 1936 gräbt E. Swoboda im Lagerspital eine frühchristliche Kirche aus. Nach dem 2. Weltkrieg untersuchen das Oberösterreichische Landesmuseum und das Österreichische Archäologische Institut von 1951 bis 1959 gemeinsam unter W. Jenny, H. Vetters und L. Eckhart die Zivilstadt. Ä. Kloiber forscht in den spätantiken Gräberfeldern. Zwischen 1960 und 1966 legt L. Eckhart unter der Lorcher Kirche mehrphasige Vorgängerbauten frei, die im 4.Jh.n.Chr. zur Kirche umgestaltet und im Frühmittelalter adaptiert worden sind. Seit 1971 führt das Bundesdenkmalamt unter dem Verfasser jährliche Not- und Rettungsgrabungen in allen antiken Bereichen LAURIACUMS durch.
Der römische Siedlungskern der späteren „Großstadt" LAURIACUM (Abb.68), der vermutlich von Caracalla munizipales Stadtrecht verliehen worden ist, entwickelte sich unterhalb des nördlichen Sporns des Georgenberges von ENNS, über dem linken Ufer des Ennsflusses (*Anisus*) und südwestlich von dessen Mündung in die Donau (*Danuvius*) auf einer überschwemmungssicheren Terrasse. Für die Wahl des Ortes waren

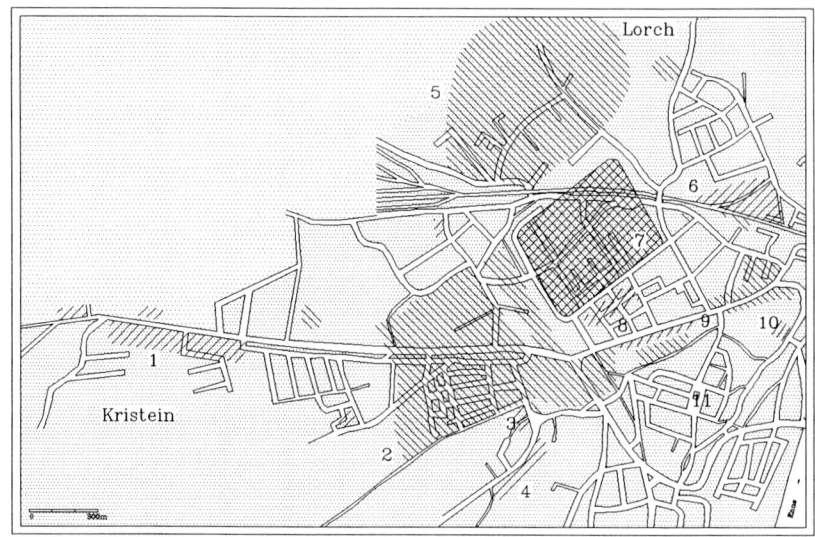

Abb. 68: Enns. Übersichtsplan. 1. Gräberfeld Kristein, 2. Gräberfeld Mitterweg, 3. Gräber Eichberg, 4. Gräber Espelmayrfeld, 5. Lorch, 6. Gräberfeld Steinpass, 7. Legionslager, 8. Gräber Ziegelfeld, 9. frühes Gräberfeld Stadlgasse, 10. Georgenberg, 11. mittelalterliche Stadt

wohl das Zusammenlaufen mehrerer alter Handelswege ausschlagge-bend. Zu den beiden Wasserstraßen Enns und Donau kam in römischer Zeit noch die strategische Verbindungslinie der Limesstraße, die unter-halb des Georgenberges den Ennsfluß querte. In der durch Funde schon für das 1.Jh.n.Chr. faßbaren Siedlung scheint das Aquileienser Handels-haus der Barbier ein Kontor betrieben zu haben (CIL III 5680). Der frühe Vicus entwickelte sich entlang der Limesstraße (Stadlgasse) unterhalb von Georgen- und Ennser Stadtberg nach Westen. Die Spitze des Georgenberges krönte schon im 1.Jh.n.Chr. ein Kultbezirk.
Als nach den Markomannenkriegen die Legion von ALBING nach LAURIACUM verlegt wurde, erbaute sie ihr Lager auf der Schotterterrasse zwischen Ennsfluß, Donau und Bleicherbach unweit des namensgebenden Vicus und nördlich der Limesstraße. Der zum Parallelogramm verzogene Lager-grundriß verdankt seine Form wohl zwei geländebestimmenden Gege-benheiten: dem Verlauf des steil zur Donauterrasse abfallenden Gelände-abbruches im Norden und dem Verlauf des Bleicherbaches im Westen.

190

Die Flucht des Terrassenabbruches bestimmte den *decumanus maximus* des Lagers. Auf der sich westlich des Lagers bis zum Kristeinbach senkenden Ebene, die von der Limesstraße und dem Bleicherbach geschnitten wird und im Süden an die Abhänge von Stadtberg und Eichberg grenzt, entwickelte sich die mit einem gefluchteten Straßennetz angelegte Zivilstadt mit ihrem Kern um die Basilika St.Laurenz und den Lorcher Friedhof. Durch die Senke zwischen Stadtberg und Eichberg verlief ein Straßenzug ins Ennstal. Ein weiterer schneidet in der Flucht des *decumanus maximus*, an der *porta decumana* beginnend, das städtische Areal und die Limesstraße schräg nach Südwesten und ist noch heute im Gelände verfolgbar.

Während das Vorfeld des Lagers im Osten zum Terrassenabbruch gegen den Ennsfluß anscheinend unbesiedelt geblieben ist, entstand auf der tiefer gelegenen Donauterrasse im Norden des Lagers eine noch wenig erforschte, lockere Siedlung, die sich bis an das verzweigte Netz der Donauarme ausdehnte. Vielleicht lassen sich in diesem zum Teil bäuerlich genutzten Siedlungsteil die *canabae legionis* annehmen. Die Lage des Donauhafens der *classis Lauriacensis* (Not.Dign., occ. 34,43) ist bis heute unbekannt.

Die ältesten Gräberbezirke konnten unterhalb des Stadtberges entlang der Limesstraße (Stadlgasse) bestimmt werden. Mit dem Wachsen der frühen Siedlung und dem Werden von Lager und Zivilstadt schoben sich die Gräberbezirke der Limesstraße folgend immer weiter nach Westen, bis sie den Raum des heutigen Ortsteils Kristein erreichten. Ein eigener kleiner Friedhof lag auf dem Rückfallhang des Georgenberges. Einzelne Gräber konnten auch am Rande des mittelalterlichen Stadtkernes von ENNS aufgedeckt werden. Die großen, spätantiken Gräberfelder entstanden am Fuße des Eichberges und entlang des sogenannten Espelmayrfeldes beziehungsweise knapp außerhalb der südlichen Lagergräben auf dem sogenannten Ziegelfeld. Späte Bestattungen fanden sich auch östlich des Georgenberges und verstreut innerhalb der im Verfall begriffenen Zivilstadt.

Der verschobene Rechteckgrundriß des Lagers mißt etwa 539 m in der Länge und 398 m in der Breite, woraus sich eine Lagerfläche von etwa 21,5 ha ergibt (Abb.69). Heute ist der überwiegende Teil des Lagers parzelliert und verbaut. Außerdem ist das Areal durch den Einschnitt der Westbahntrasse in der Diagonale zwischen *porta praetoria* und *porta principalis sinistra* gestört.

Der Mauerring war mit 26 Zwischentürmen und vier Ecktürmen, alle nur nach innen fallend, bestückt (Farbtafel 18). Zu diesen kamen die leicht nach außen vorkragenden Tortürme – je zwei pro Tor. Umschlossen war

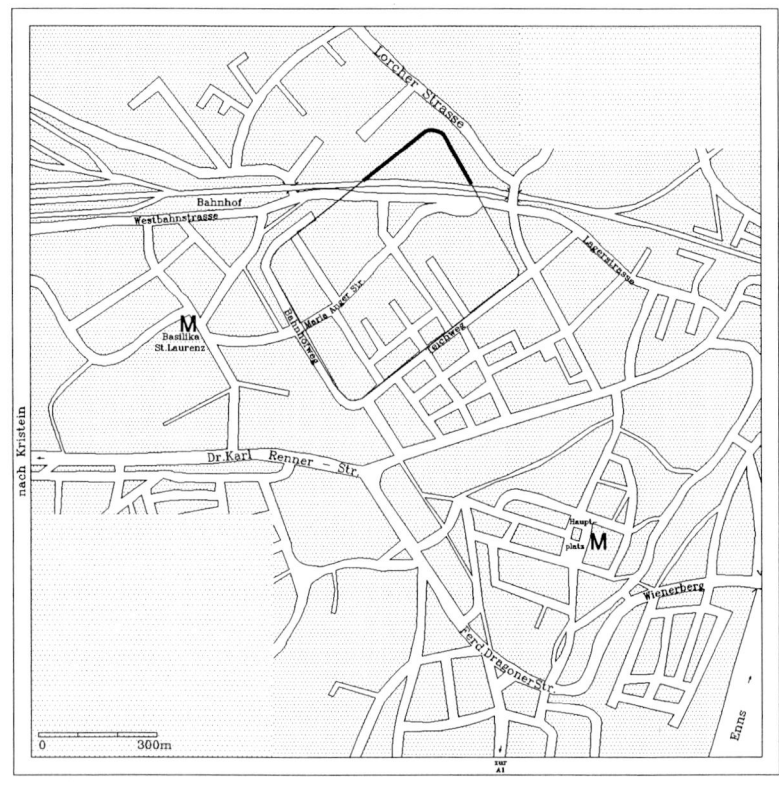

Abb. 69: Enns. Stadtplan

das Lager von einer abschnittsweise noch heute im Gelände gut sichtbaren Grabenanlage, die als doppelter Spitzgraben geführt war. Der innere Graben war schmäler und lag höher als der äußere, welcher möglicherweise vom Bleicherbach durchflossen beziehungsweise als Wassergraben gespeist war. Straßen und Innenbauten sind in der *praetentura* zu gut vier Fünftel, in der *retentura* zu einem Drittel ergraben und gut dokumentiert (Abb.17).

Neben den Mannschaftskasernen, den Unterkunftsbauten für höhere Chargen und den Tribunenhäusern wurden die meisten der in Legionslagern notwendigen Gemeinschaftsbauten ausgegraben: der Lagerzentralbau mit dem Fahnenheiligtum, das Lagerbad, das Lazarett, Werkstät-

192

Sub dispositione viri illustris Magistri officior.

Schola Scutarior. prima   Matisconensis Sagittarii
Schola Scutarior. secunda   Augustodonensis loricaria Balistaria
Schola armaturar. Senior.   & Clibam .
Schola gentiliu Senior.   Augustodonensis Scutaria .
Schola Scutarior. Tertia   Suessionensis Remensis Spatharia
Schola agentum in rebus & deputati eiusde   Triberor. scutaria
schola   Triberor. Balistaria
Scrimiu memoria   Ambianensis Spatharia & scutaria
Scrimiu dispositionu
Scrimiu Epistolar.
Scrimiu Libellor.
Ammissionales Cancellarii   Adiutor
fabricae infrascriptae in Illyrico.   Subadiuua adiutores
Sirmensis scottor. scordiscor. & Armor.   Subadiuua fabricar. diuersar.
Acincensis scutaria .   Curiosus cursus publici in praesenti
Cornutensis scutaria   Curiosi om. prouinciar.
Lauriacensis scutaria   Interpretes om. gentiu
Salonitana Armor.   Italiae.
Concordienses Sagittarii
Beronensis scutar & armor.
Mantuana Loricaria
Cremonensis Scutaria
Ticenensis Arcuaria
Lucensis spataria
In Gallis
Argentomagensis armor. omniu .

Taf. 17: Notitia Dignitatum. Liste der Truppen des *magister officiorum*

Taf. 18: Fundament der Westmauer des Legionslagers mit Kanaldurchlaß.
Gegraben 1995 wenig nördlich der Porta Decumana. Schüttmauerwerk und
Granitquader, spätes 2. Jh.n.Chr.

Taf. 19.1: Au. Burgus

Taf. 19.2: Wallsee. Dolichenusstein

Taf. 20.1: Sommerau. Grabenansicht

Taf. 20.2: St. Lorenz. Burgus

Taf. 21: Bacharnsdorf. Burgus

Taf. 22.1: Windstallgraben/
Rossatzbach. Ziegelstempel

Taf. 22.2: Mautern. Militärdiplom

Taf. 22.3: Mautern. Wandmalerei aus dem Vicus

Taf. 23.1: Windstallgraben/Rossatzbach. Burgusmauern

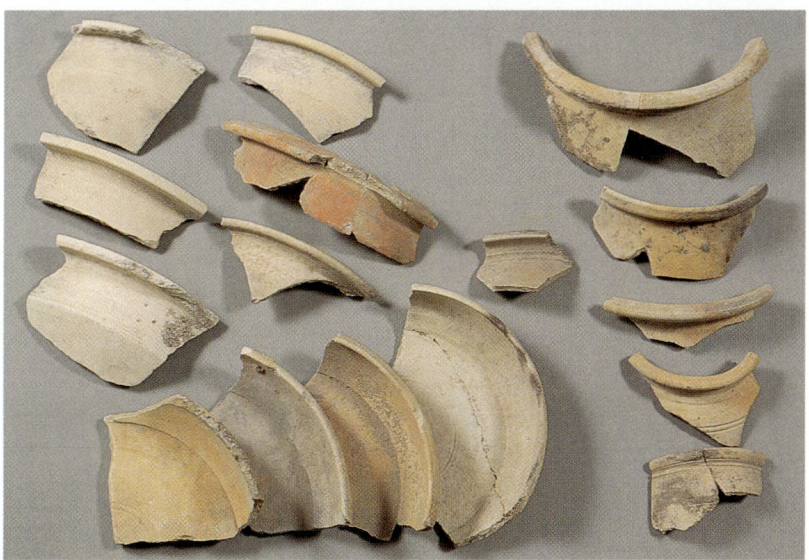

Taf. 23.2: Mautern. Keramik aus dem Töpferofen

Taf. 24: Mautern. Innenansicht des Hufeisenturmes an der Ostfront

ten- und Wirtschaftsgebäude und verschiedene Büro- und Verwaltungs-
räumlichkeiten. Die *via principalis* war von Portiken gesäumt und über
dem Schnittpunkt der Hauptvermessungsachsen durch einen Hallenbau
unterbrochen. Die Kasernen der 1. Kohorte zeichneten sich durch ihre
Lage südöstlich vom Zentralgebäude an der *via principalis* und durch
ihre reiche Grundrißgestaltung aus. Nicht ausreichend untersucht oder
gar nicht erkannt wurden die Centurionenquartiere und das Wohngebäude des Legionskommandanten. Einige ergrabene, aber nicht näher ge-
deutete Bauten könnten als Stallungen und/oder Remisen gedient haben.
Den beobachteten Zerstörungsschichten, die – nicht wirklich überzeu-
gend – kriegerischen Ereignissen (Juthungeneinfall 270/71 n.Chr. und
Hunnenzug 451 n.Chr.) zugeschrieben werden, folgen bis ins Frühmittelalter Umbauten und Adaptierungen, die den ursprünglichen Verbauungs-
plan des Lagers und die innere Gliederung der meisten Gebäude schwer
verändert haben. Beispielhaft ist der Einbau eines frühchristlichen Kir-
chenraumes in das Lazarett, das vermutlich als das *Episcopium* des in
der Severinsvita überlieferten Bischofs von Lauriacum gedeutet werden
kann. Manche Bauten des Lagers scheinen bis in karolingische Zeit
benutzt worden zu sein. Die endgültige Zerstörung des Lagers kam
jedoch nicht durch Kriegsfurie, sondern durch Verfall und Steingewin-
nung für das hochmittelalterliche Enns.
Die Zivilstadt, über einem unregelmäßigen Straßenraster in lockerer Bau-
weise errichtet, läßt das sonst bei römischen Landstädten, wie etwa Flavia
Solva oder Virunum, übliche Insula-System vermissen. Obwohl Lauriacum
munizipales Stadtrecht verliehen worden war, wurde selbst der Siedlungskern nie städtisch-dicht verbaut; die Wohnhäuser blieben Einzelob-
jekte von ländlichem Charakter. Das Zentrum mit den öffentlichen Bauten
wie dem Forum, dem *forum venale*, den Stadtthermen und verschiedenen, kleineren Kultbezirken befand sich am Ostrand der Stadt nahe dem
Legionslager und – mit Vereinslokalen und Bädern – gegen den südlichen Stadtrand zu. Zwischen den zum Teil mit einem Kanalsystem verse-
henen Straßen mit Schotterbelag, welche manchmal von Portiken begleitet wurden, lagen die mit den Wohnhäusern verbundenen Läden und
Werkstätten (Fleischbänke, Geschirrhandlungen, Buntmetallwerkstätten);
die feuergefährlichen Töpfereien waren an die Siedlungsränder im
Süden, Westen und Norden gerückt. Die Wasserversorgung gewähr-
leisteten Wasserleitungen vom Eichberg her sowie Hausbrunnen.
Die meisten Bauten waren in Steinbauweise, viele Wohn- und Wirtschaftsgebäude jedoch auch in Fachwerktechnik über Steinfundamenten, meist
aus Flußschotter, errichtet. Wohngebäude waren mit bodenbeheizten
Räumen ausgestattet und in einigen Fällen auch mit künstlerisch beacht-

lichen Wandmalereien und Stuckdekorationen geschmückt. Sogar bemalte Decken wurden bekannt. Auf den öffentlichen Plätzen standen vergoldete Kaiserbilder, auch in Form von Reiterstandbildern, an den Wänden der öffentlichen Gebäude fanden sich auf Bronzetafeln Rechtsurkunden angeschlagen, darunter wohl auch das munizipale Stadtrecht, dessen Bruchstücke gefunden wurden.

Hannsjörg Ubl

Praktische Hinweise

Anreise: Enns ist Eilzugsstation der Westbahn. Mit dem PKW ist es über die Autobahn A1, Abfahrt Enns oder die Bundesstraße B1 zu erreichen.

Besichtigung: Zwar haben sich vom Legionslager über Tage keine sichtbaren Baureste erhalten – es wurden solche auch nicht nach Grabungen konserviert – und doch läßt es sich selbst im verbauten Gelände noch gut erkennen und begehen. Deutlich ist der Grabenverlauf im Westen markiert durch den Bleicherbach (Bahnhofweg – Walderdorffgasse), im Süden durch die den Teichweg begleitende Senke und um die NO-Ecke jenseits des Bahneinschnittes im Verlauf der Lorcherstraße. Die Hochlage des Kastells über der Niederterrasse läßt sich gut im Verlauf von Bleicherbachgasse und Römergraben beobachten. Von Westen kommend kreuzt die Maria Angerstraße den Bleicherbach an der Stelle der *porta decumana* und folgt ein kurzes Stück der Flucht der *via decumana*, ehe sie leicht nach Norden ausschwenkt. Folgt man ihr bis zur Kreuzung mit der Kathreinstraße, so liegt rechter Hand der Bereich des Lagerzentralbaues und links jenseits der Schule und teils unter dem Hallenbad der große Werkstättenbau der Schildfabrik. Durchschreitet man die Kathreinstraße nach Süden, so folgt man dem Verlauf der *via principalis*, hat rechter Hand die Fläche der Kasernen der 1. Kohorte und erreicht am Schnittpunkt von Kathreinstraße mit Teichweg den Standort der *porta principalis dextra*. Unter den Gärten zur linken Hand lag das ausgedehnte Lagerbad. Im Obstgarten, den Kathreinstraße und Maria Angerstraße umrunden verbirgt sich unter dem Rasen das Lazarett mit der später eingebauten frühchristlichen Kirche, die bis zum Abbruch im späten 18.Jh. in der Maria Anger Kirche bestanden hat.

Von der Zivilstadt sind im Gelände keine Überreste erhalten. Auch die vor Jahren bei Niederwasser von der Eisenbahnbrücke aus beobachteten Pfeiler der Römerbrücke hat in jüngerer Zeit niemand mehr gesehen. Auf dem Georgenberg gelangt man durch den Schloßpark und hat vom Aussichtsrondell einen guten Blick nach Osten zum Strengbergfall, nach Nordosten in Richtung Albing, dem Ort des älteren Legionslagers und auf den Ennsfluß. Hier steht man über einem ummauerten römischen Kultplatz und einer um dessen Ruine gesetzten Siedlung des 7. Jhs. – vermutlich auf dem in karolingischer Quelle genannten Wartberg.

194

Unter der Lorcher Basilika St. Laurenz sind die von L. Eckhart ergrabenen Mauerzüge der frühmittelalterlichen und spätrömischen Vorgängerkirchen zu besichtigen und der profanen älteren Bauten, in denen der Ausgräber einen gallo-römischen Umgangstempel zu sehen vermeinte, die aber heute als großes Wohnhaus mit Peristylhof gedeutet werden – möglicherweise der Legatenpalast des Legionskommandanten und gleichzeitigen Statthalters von Noricum (Anmeldung im Severinshaus neben der Kirche oder im Pfarrhof).

Museum: Das umfangreiche Fundmaterial aus Lager und Zivilstadt und den Gräberbezirken ist im Museum Lauriacum, Enns, Hauptplatz 19 zu besichtigen.
Geöffnet täglich (außer Montag) 10.00–12.00 und 14.00–16.00. In den Wintermonaten nur gegen Voranmeldung.

Literatur
Genser 1986, 126ff.; Ruprechtsberger – Kandler in: Kandler – Vetters 1986, 92ff.
H. Ubl, Der Ennser Georgenberg im Wandel der Zeit. Ein Grabungsbericht. Mitteilungen des Museumsvereins Lauriacum Enns 24, 1986, 45ff.; W. Katzinger, Bemerkungen zur Topographie von Enns im Mittelalter. Mitteilungen des Museumsvereins Lauriacum Enns 25, 1987, 7ff; E.M. Ruprechtsberger, Götter, Kulte und frühes Christentum im antiken Lauriacum. Mitteilungen des Museumsvereins Lauriacum Enns 26, 1988, 13ff.; H. Ubl, Die archäologischen Zeugnisse des religiösen Lebens im Antiken Lauriacum. Mitteilungen des Museumsvereins Lauriacum Enns 26, 1988, 13ff.; G. Wlach, Die Gräberfelder von Lauriacum. Mitteilungen des Museumsvereins Lauriacum Enns 28, 1990, 7ff.; P. Scherrer, Grabbau – Wohnbau – Turmburg – Praetorium. Angeblich römerzeitliche Sakralbauten und behauptete heidnisch-christliche Kultkontinuitäten in Noricum. Wien 1992.

AU – ROTTE HOF

Wachtturm / Burgus

Von keiner antiken Quelle genannt, liegt der dem Steinraub zum Opfer gefallene Wachtturm auf einem zur Donau vorspringenden Ausläufer der Strengberge hoch über dem hochwassergefährdeten Auenland (Farbtafel 19.1). Der nach zwei Seiten durch Geländeabbrüche, auf der anderen Seite durch den Bach gesicherte Turm wurde durch einen Abschnittsgraben gegen Angriffe vom Hinterland geschützt.
Im Laufe des 19. und frühen 20.Jhs. von Heimatforschern, später von Raubgräbern auf der Suche nach gestempelten Ziegeln besucht, wurde die Ruine immer wieder durchwühlt, schließlich der Geländesporn zur

Gewinnung von Erdreich abgebaggert. 1979 unternahm das Bundesdenkmalamt (Verfasser) eine archäologische Notgrabung zur Dokumentation der noch erhaltenen Befunde.
Der Burgus, ein quadratischer Steinbau von etwa 9 x 9 m im Geviert, war
mit Ziegeln eingedeckt. Die Ziegelstempel der *legio II Italica* aus der Zeit
des *dux Ursicinus* datieren den Turm in die zweite Hälfte des 4.Jhs.n.Chr.
Vermutlich ist er nicht nur von Baumannschaften der Legion aus LAURIA-
CUM erbaut, sondern auch von Soldaten dieser Truppe besetzt gehalten
worden. Der Turm gehörte zum spätrömischen Grenzkordon Ufernoricums in valentinianischer Zeit.

Hannsjörg Ubl

Praktische Hinweise
Anreise: Erreichbar über die Bundesstraße B1 auf einer westlich von Streng-
berg nach Norden abzweigenden Stichstraße.
Besichtigung: Erkennbar ist noch seine Lage auf dem Geländesporn über der
Auenniederung und der südliche Abschnittsgraben.

Literatur
Genser 1986, 180ff.; Zabehlicky in: Kandler – Vetters 1986, 112.

WALLSEE – LOCUS FELIX (LOCOFELICIS) ?

Kastell – Vicus

Das Lager wurde auf einer ebenen, nach Norden, Osten und Westen zur
Donau hin ausbuchtenden Terrasse zwischen dem Steilabfall zum Fluß
und den Abhängen der Strengberge erbaut und zum Hinterland durch
Abschnittsgraben und Wall gesichert (Abb.70). Zwischen Lager und
Wallgraben entstand südlich des Kastells der ausgedehnte Lagervicus.
Gräber wurden bisher nordwestlich des Lagers bekannt. Nicht geklärt ist
die Lage jenes Friedhofes, von dem die im Schloß verwahrten Grabbau-
reliefs stammen.
Der antike Name des Kastells wird von keinem Inschriftfund aus dem Ort
überliefert. Der jüngste Versuch, WALLSEE mit dem in der *Notitia Dignitatum* genannten ADIUVENSE (occ. 34,40) zu identifizieren, überzeugt nicht.
WALLSEE liegt für den Standort einer Untereinheit der *legio I Noricorum* zu
unmittelbar östlich des Lagers der *legio II Italica* in LAURIACUM (LORCH/

196

Abb. 70: Wallsee. Stadtansicht

Enns). Mehr Wahrscheinlichkeit hat der Vorschlag, im Lager von Wallsee das in der *Notitia Dignitatum* (occ. 34,33) genannte Lacufelicis, Standort einer Einheit von *equites sagittarii,* zu sehen, das zwischen Lentia (Linz) und Arelape (Pöchlarn) gelegen war.
Schon 1868/69 vermutete der Wiener Archäologe F. v. Kenner in Wallsee ein Limeskastell. Ihm folgten 1875 Abt Dungl und K. Samwer, der bereits vom Namen Locus Felix überzeugt war. Römische Funde wurden seit der Mitte des 19.Jhs. beobachtet: gestempelte Ziegel, Grabreliefs, dann Keramik, Münzen und Kleinfunde. Als erster hat E. Nowotny 1925 den Kastellgrundriß annähernd genau in den Ortskatasterplan eingezeichnet. Archäologischen Beobachtungen durch E. Tscholl folgten 1967 erste Grabungen durch das Österreichische Archäologische Institut (H. Stiglitz) im Schloßpark und 1971/72 an der Ostflanke des Kastells. Seit 1978 veranstaltete das Bundesdenkmalamt Notgrabungen im Kastellinneren (der Verfasser), an den Kastellmauern und im späteren Eckkastell (E. Tscholl, der Verfasser). Seit den siebziger Jahren beobachtet E. Tscholl den Lagervicus.
Aus verschiedenen epigraphischen und archäologischen Quellen können wir die Geschichte des Lagers, des Lagervicus und der Gräberfelder

197

erschließen. Neben einem Weihestein für Iupiter Dolichenus (Farbtafel 19.2) sind es besonders die Ziegelstempel, aus denen sich neben Münz–, Keramik- und Kleinfunden die Geschichte dieses Donaukastells rekonstruieren läßt.

Durch Ziegelstempel sind uns zwei, vielleicht sogar drei Hilfstruppenkohorten faßbar: sicher benennbar ist die *cohors V Breucorum*, nicht sicher eine *cohors I AV.B* und eine *cohors I A B* (Abb.71). Möglicherweise bezeichnen beide Stempel dieselbe Truppe, deren Name zur Zeit nicht mit Sicherheit zu bestimmen ist. Zuletzt wurde der Stempel CIAB mit *cohors I Aelia Brittonum* aufgelöst, was jedoch unsicher bleibt. Die rege Bautätigkeit dieser *cohors I A B* ist durch zahlreiche Ziegelfunde im Lager belegt. Ziegel wurden von ihr sogar nach Lauriacum geliefert. Gestempelte Ziegel der *legio X Gemina pia fidelis* und – nach ihrer Stationierung in Noricum – auch solche der *legio II Italica* kamen als Baumaterial nach Wallsee. Die letzten Ziegel dieser Truppe

Abb. 71: Wallsee. Ziegel mit dem Stempel CIAB

wurden unter dem *dux Ursicinus* im späten 4.Jh.n.Chr. geliefert. Wenn die Gleichung WALLSEE = LOCUS FELIX richtig ist, waren die letzten Soldaten des Lagers *equites sagittarii.*
Das Lager (Abb.72) deckt sich in groben Zügen mit dem hier erst im 15.Jh. über der Lagerruine angelegten Dorf. Der Lagergrundriß zeigt ein leicht verzogenes, dem Quadrat angenähertes Rechteck von etwa 3,2 ha Fläche. Eine der beiden Lagerhauptachsen, vielleicht der *cardo maximus*, bestimmt noch heute die Längserstreckung des Marktplatzes, in dessen Mitte das Rathaus die Lage des Zentralbaues markiert. Die Lagerumfassungsmauer verläuft knapp innerhalb des von Straßen und Wegen umschlossenen Ortskernes. Viele der Häuser überkämmen mit ihren Mauern die im Boden verborgene Lagermauer, wodurch sich in den neuzeitlichen Hausmauern Risse gebildet haben, an denen man den Verlauf des römischen Mauerberinges verfolgen kann. Die NO-Ecke des Lagers wird durch die St. Anna Kapelle markiert. Westlich des Knickes der Schulgasse unter der alten Schule liegt das spätrömische Restkastell, das in die ursprüngliche Südost-Ecke des Lagers hineingesetzt wurde. Die Lagermauern weisen Fundamentstärken von etwa 2 m auf. Ein Turmrest ließ sich bisher nur an der nördlichen Lagermauer feststellen. Welche Bedeutung die in wechselndem Abstand um die Südost-Ecke des Lagers führende, äußere und schwächere Mauer hat, bleibt noch unklar.
Nach Keramik und Münzfunden wurde das Lager von WALLSEE im späten 1.Jh.n.Chr. angelegt. Das ursprüngliche Holz-Erde-Lager erfuhr seine Umgestaltung in Steinbauweise während des 2.Jhs.n.Chr. Verstärkte Bautätigkeit fällt in die Zeit der CIAB-Stempel. Mit großer Wahrscheinlichkeit wurde das Lager nach der Ankunft der *legio II Italica* in LAURIACUM und verstärkt im 4.Jh.n.Chr. umgestaltet. Typische Keramik datiert den Anbau des burgusartigen Kleinkastells (Restkastell) an der SO-Ecke des Lagers in das späte 4. Jh.n.Chr.
Im Vicus wurden teilunterkellerte und hypokaustierte Wohn- und Wirtschaftsbauten festgestellt, die mit verschiedenen Handwerksbetrieben, darunter Töpfereien und Schmieden verbunden waren. Im Westen konnte auch eine Ziegelei mit Trockenboden aufgedeckt werden.

Hannsjörg Ubl

Praktische Hinweise
Anreise: Wallsee liegt zwischen den Orten Oed und Strengberg an der Bundesstraße B1, mit der sie durch eine nach Norden abzweigende Landesstraße verbunden ist. Von der Autobahn A1 erreicht man Wallsee (von Wien oder Salzburg kommend) über die Abfahrt Amstetten-West.

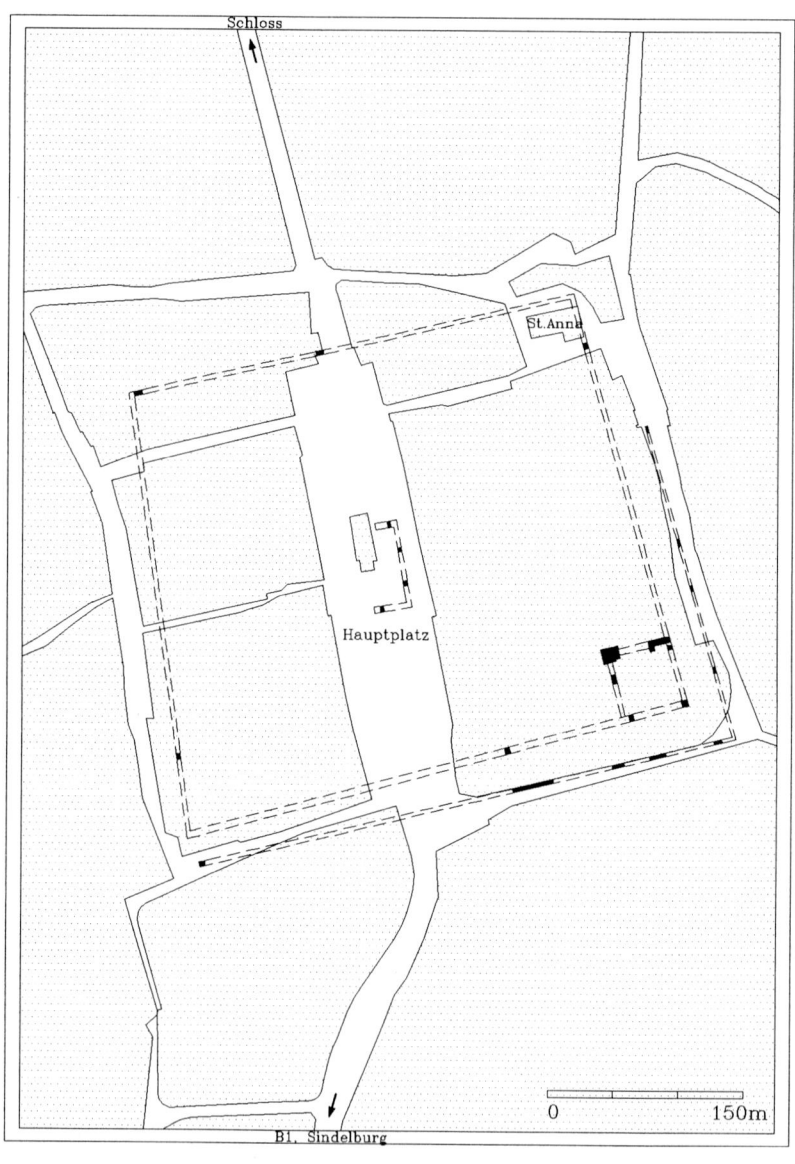

Abb. 72: Wallsee. Übersichtsplan

Besichtigung: Der Lagermauerverlauf läßt sich im Ortsbild gut ablesen. An der SO-Ecke des Lagers konnte auch eine Partie Mauerwerk des spätrömischen Restkastells konserviert werden. Verschiedene Grabreliefs sind im Schloß (gegen Voranmeldung) zu besichtigen. Die Gemeinde und der Museumsverein von Wallsee sind bemüht, ein Museum einzurichten, in dem die bedeutenden Römerfunde des Ortes ausgestellt werden sollen. Die Eröffnung ist für Sommer 1997 geplant.

Literatur
Genser 1986, 184ff.; Tscholl in: Kandler – Vetters 1986, 113ff.
E. Tscholl, Ausgrabungen im römischen Wallsee (Kastell und Vicus). Jahrbuch des OÖ. Musealvereins Gesellschaft für Landeskunde 134, 1989, 63ff.; E. Tscholl, Das spätantike Restkastell von Wallsee. Jahrbuch des OÖ. Musealvereins Gesellschaft für Landeskunde 135, 1990, 35ff.

SCHWEINBERG – SOMMERAU
Wachtturm / Burgus

Der heute gänzlich verschwundene Burgus lag hoch über der Auenniederung der Donau auf einem nach Norden, Westen und Süden steil abfallenden, nach Osten durch Abschnittsgräben vom Hinterland getrennten Geländesporn (Farbtafel 20.1). Während die antiken Quellen den Burgus nicht kennen, wird in mittelalterlichen Quellen die den Burgus später wiederbenützende Summerauer Burg erwähnt
Durch Geländebegehung sind seit der Mitte des 20.Jhs. römische Ziegelfunde bekannt geworden, die auf den Burgus aufmerksam machten. 1992 unternahm das Bundesdenkmalamt (E. Tscholl, Verfasser) nach vorhergehender Vermessung eine Sondierungsgrabung (Abb.73).
Die ursprüngliche Größe des Burgus konnte nicht mehr festgestellt werden, weil das antike Mauerwerk vollständig in der mittelalterlichen Burg, die gebrochen und geschleift wurde, aufgegangen ist. Römische Ziegel- und Kleinfunde sowie Münzen lassen aber keinen Zweifel am Standort des Burgus. Ziegelstempel der *legio II Italica* datieren ihn in valentinianische Zeit. Damit gehörte der Turm, wie auch jener von Au – Rotte Hof, zum spätrömischen Grenzkordon von Ufernoricum.

Hannsjörg Ubl

Praktische Hinweise
Anreise: Der Standort des Burgus kann von der Landstraße Wallsee – Ardagger und der von ihr abzweigenden Stichstraße nach Schweinberg erreicht werden.

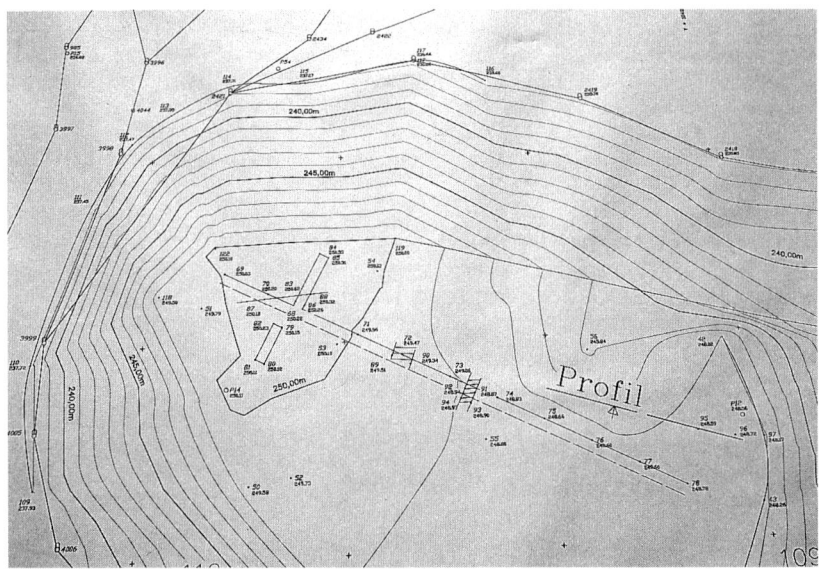

Abb. 73: Sommerau. Topographische Situation

Besichtigung: Gut erkennbar sind seine Lage in ausgezeichnet gewählter Geländesituation über der Donauau mit günstigster Fernsicht (heute durch die Verwaldung der Steilhänge behindert) und die (z.T. mittelalterlichen) Abschnittsgräben und Verwallungen. Der Sommerauer Burgus ist ein Musterbeispiel für die mittelalterliche Wiederbenützung römischer Festungsbauten.

Literatur
Ubl 1995.

202

BACHARNSDORF

Wachtturm / Burgus

Der Burgus liegt heute eingebettet in das gewachsene Ortsbild von BACHARNSDORF, südlich an ein Gebäude, westlich an höher gelegenes Gelände grenzend, im Norden mit seiner großen Abbruchwunde frei zum anschließenden Garten geöffnet (Farbtafel 21). Wegen der jahrhundertelangen, baulichen und erosionsbedingten Veränderungen lassen sich römische Annäherungshindernisse nicht mehr feststellen.

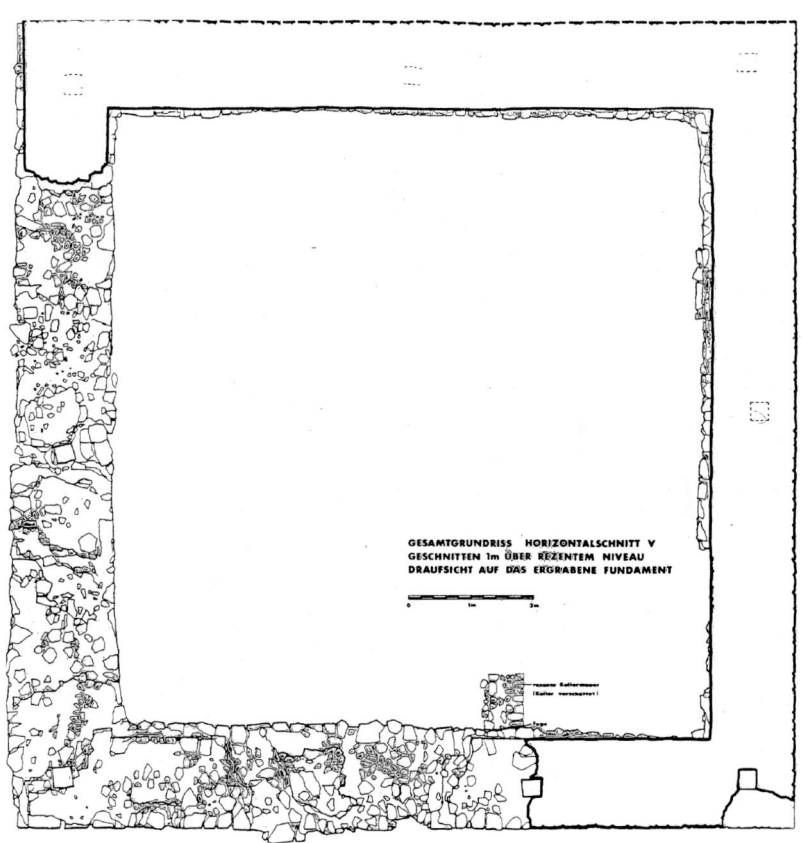

Abb. 74: Bacharnsdorf. Plan des Burgus

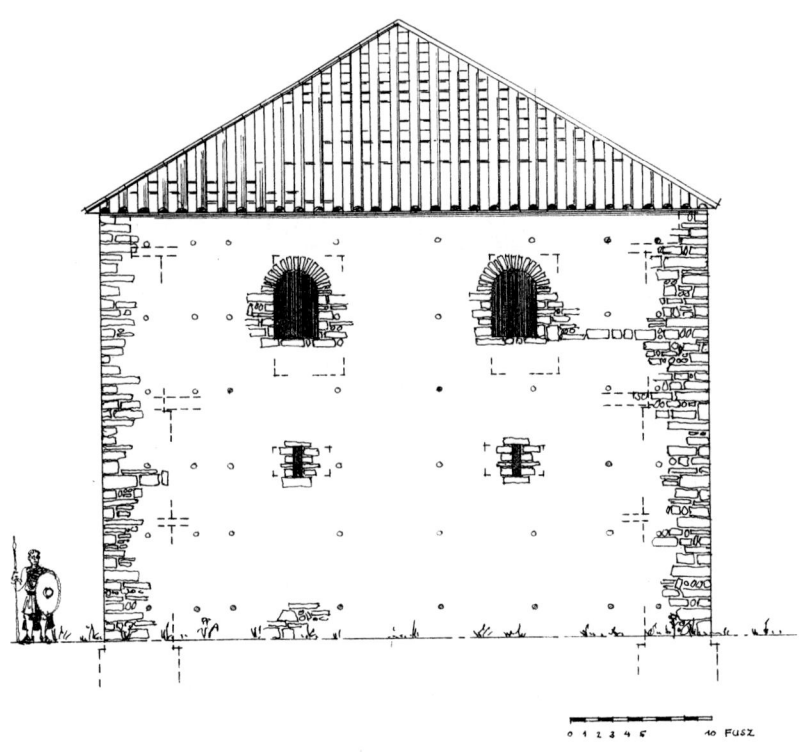

Abb. 75: Bacharnsdorf. Außenrekonstruktion des Burgus

Antike Quellen zu Ort und Turm fehlen. Der Ortsname läßt sich auf den Bischof Arno von Salzburg des 8.Jhs. zurückführen, der von Karl d. Großen hier mit Grundbesitz begabt wurde. Schon die Forschung des 19.Jhs. vermutete in dem Gebäude einen römischen Wachtturm. Nach Begehungen durch Heimatforscher (A. Topitz, F. Kainz) wurde die römische Zeitstellung der Ruine immer wahrscheinlicher. 1970 unternahm das Österreichische Archäologische Institut (H. Stiglitz) eine erste archäologische Untersuchung, der 1985 Bauaufnahme und bauliche Restaurierung durch das Bundesdenkmalamt (M.Moreno-Huerta, G.Wlach, H. Ubl) folgten.

Nach dem zum Teil über 9 m hoch erhaltenen Südmauerwerk und dem durch Grabung festgestellten Grundriß (Abb.74) von etwa 12,2 x 12,2 m im Geviert, läßt sich der Burgus ausgezeichnet rekonstruieren. Der qua-

204

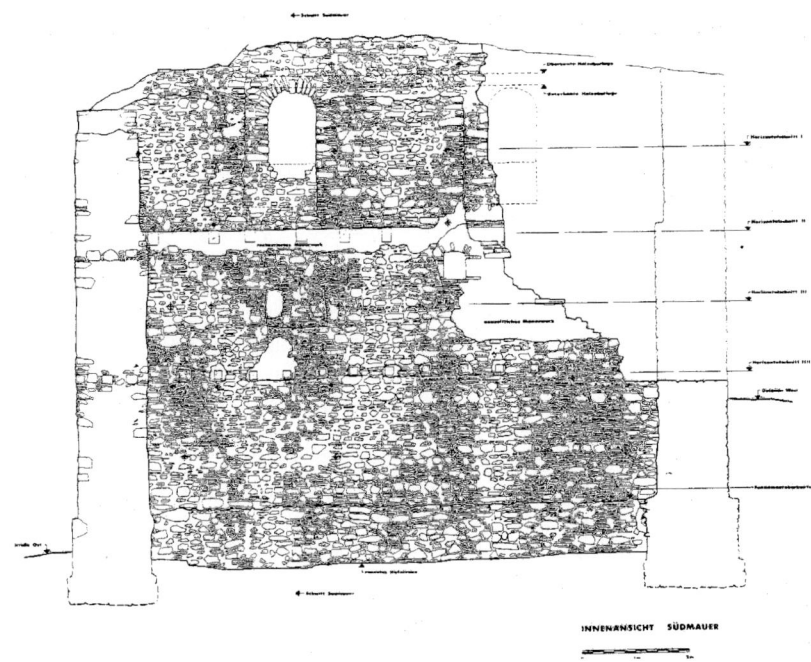

INNENANSICHT SÜDMAUER

Abb. 76: Bacharnsdorf. Mauerinnenansicht des Burgus

dratische Bau steht auf ca. 1,5 m starken Fundamenten. Das Gußmauer-
werk verjüngt sich erst im zweiten Obergeschoß. Der Zugang erfolgte von
Norden her, vermutlich im Untergeschoß. Das erste Obergeschoß war
durch schmale Schartenschlitzfenster – zwei auf jeder Seite – belichtet
und belüftet. Zwei große, in Nischen einseitig gesetzte Bogenfenster
durchbrachen jede Außenmauer des 2. Obergeschoßes (Abb.75 und 76).
Der obere Turmabschluß kann in Form eines Zeltdaches vermutet werden. Das Untergeschoß diente wahrscheinlich als Vorratsraum, das erste
Obergeschoß als Wohnquartier der Besatzung und das zweite Obergeschoß als Wachraum. Römerzeitliches Fundmaterial wurde keines veröffentlicht.
Turmgröße, architektonischer Befund und Lage des Bauwerkes an der
Donau und neben einem heute kaum mehr erkennbaren, westlich vorbei-

205

fließenden Bach lassen den Turm jedoch unschwer als römisch und Teil der valentinianischen Grenzbefestigung des späten 4.Jhs.n.Chr. ansprechen. Das Turminnere wurde nach Einsturz oder Abbruch seiner Nord- und großer Teile seiner Ost- und Westmauern bis weit unter antikes Niveau abgesenkt. Neuzeitlich wurde innerhalb des Turmgeviertes ein kleiner Keller eingetieft. Einige mittelalterliche Fundstücke, die während der Bauaufnahmen in Fensteröffnungen und Mauerritzen geborgen werden konnten, sprechen für die Wiederbenützung der Turmruine im frühen Hochmittelalter. Der Bacharnsdorfer Burgus ist das besterhaltene römische Bauwerk der Wachau und der besterhaltene spätrömische Wachtturm der Donaugrenze in Österreich. Er blockierte den Zugang in das sich vom Dunkelsteinerwald nach Südosten zur Donau hin öffnende Kupfertal. Durch dieses verlief über die Höhe des Dunkelsteiner Waldes, die Donau mit der römischen Reichsstraße zwischen CETIUM (ST. PÖLTEN) und NAMARE (MELK) verbindend, eine Geleisestraße, welche noch heute streckenweise begehbar erhalten geblieben ist. Man erreicht sie über die von MITTERARNSDORF auf die Höhe des Dunkelsteiner Waldes führende Forststraße.

Hannsjörg Ubl

Praktische Hinweise
Anreise: Bacharnsdorf liegt an der südlichen Wachauer Bundesstraße B 33, zwischen Mautern und Melk, wenig westlich von Rossatz. Im kleinen Ort führt eine schmale Gasse nach Norden zum Donauufer hinunter; linker Hand befindet sich, angelehnt an ein bäuerliches Gehöft, die Turmruine.

Literatur
Genser 1986, 264ff.; Zabehlicky in: Kandler – Vetters 1986, 130ff.; Ubl 1995.

ST. LORENZ

Wachtturm / Burgus

Das Kirchlein ST.LORENZ gehört zu den kleinen Gotteshäusern am Donauufer, die im Mittelalter von und für die Donauschiffer erbaut wurden. In dem donauseitig an das Kirchenschiff angelehnten, turmartigen Gebäude verbirgt sich ein römischer Wachtturm (Farbtafel 20.2). Die Nordmauer des Kirchenschiffes entspricht der älteren Südmauer des Hauses und damit auch jener des römischen Burgus. Ein Zwickel von ihr ist an der Westseite zwischen dem Hausdach und der Kirche noch zu erkennen.

Der schon im Mittelalter umfunktionierte und mit der Kirche verbundene Turm war Teil des spätrömischen Grenzkordons am Donauufer.

Hannsjörg Ubl

Praktische Hinweise
Anreise: Das kleine Kirchlein St. Lorenz steht wenig westlich von Rossatz, an der südlichen Wachauer Bundesstraße B 3 und an der Anlagestelle der Donauüberfuhr nach Weißenkirchen.

Literatur
unpubliziert

ROSSATZBACH – WINDSTALLGRABEN

Wachtturm / Burgus

Der von keiner antiken Quelle genannte Burgus liegt am Ausgang des WINDSTALLGRABENS. Nach älteren Kartenwerken lautete dessen richtige Benennung „Windstal", wohl wegen der Winde, die von der Höhe des Dunkelsteiner Waldes in das Donautal herunterfallen.

Die schon im 19.Jh. von A. Dungl beobachtete Ruine wurde in den fünfziger Jahren bei Straßenbauarbeiten wiederentdeckt und von F. Kainz beschrieben. In den sechziger Jahren veranstaltete das Österreichische Archäologische Institut (H. Stiglitz) eine Grabung, die jedoch nicht veröffentlich worden ist. 1992 begann das Bundesdenkmalamt (M.Moreno-Huerta, Verfasser) nach dem Neubau der Straßenbrücke und einer archäologischen Bestandsaufnahme die Restaurierung des erhaltenen Mauerwerkes, die 1994 abgeschlossen wurde (Farbtafel 23.1).

Von dem im Norden durch den modernen Straßenkörper gestörten Turm haben sich das Fundament und einige Schichten des in Gußmauertechnik ausgeführten, aufgehenden Mauerwerkes des Untergeschosses erhalten. Der Turm hatte quadratischen Grundriß von etwa 9 x 9 m Abmessung. Die Nachgrabung des Bundesdenkmalamts konnte zwar keine Spur eines Annäherungshindernisses feststellen, jedoch den Nachweis erbringen, daß der Turm mit seiner Südost-Ecke einen älteren und kleineren Turm überlagert.

Durch Hitzeeinwirkung zersprungene Ziegel mit Stempeln aus der Zeit des späten 4.Jhs.n.Chr. (Abb.22.1) geben nicht nur einen ausgezeichneten Datierungsanhalt, sie bezeugen auch die Bedachung des Bauwerkes (vermutlich mit einem Zeltdach) und seine Brandzerstörung. Nach verschiedenen Kleinfunden (Fibel, Armreif) war der Turm im 5.Jh.n.Chr.noch besetzt. Er und sein dem 2./3.Jh.n.Chr. zuzuweisender Vorgänger bewachten nicht nur die Donaugrenze, sie blockierten auch die nach Süden zu offene Talverbindung über den Dunkelsteiner Wald ins Hinterland. Jüngere Anbauten an die Ostmauer des Turmes und die dort geborgenen Funde bezeugen auch für den Burgus vom Windstallgraben eine Wiederbenützung während des Mittelalters und bis in die frühe Neuzeit.

Hannsjörg Ubl

Praktische Hinweise
Anreise: Die Turmruine liegt wenige Kilometer westlich von Mautern an der rechtsufrigen Wachauer Bundesstraße B 3, knapp vor dem östlichen Widerlager der Straßenbrücke über den Windstalbach. Gegenüber sieht man die Burgruine von Dürnstein.

Literatur
Genser 1986, 267ff.; Zabehlicky in: Kandler – Vetters 1986, 133ff.; Ubl 1990; Ubl 1995.

MAUTERN – FAVIANIS

Kastell – Vicus

Mautern, das antike Favianis, liegt am östlichen Ausgang der Wachau auf einer niedrigen Geländestufe knapp über der Donau, welche sich hier nach dem Austritt aus dem engen Tal der Wachau verzweigt und somit schon seit vorrömischer Zeit eine günstige Gelegenheit für den Übergang der aus dem steirischen Salz- und Eisengebieten kommenden Fernstraße über die Donau bot. Das Kastell entstand auf einer auf älteren Ansichten noch erkennbaren, leicht vorgeschobenen Halbinsel; der zugehörige Vicus entwickelte sich im Westen, Süden und Osten (Abb.77).

Die Identifizierung des sowohl in der *Notitia Dignitatum* (occ.34,41) als Stützpunkt einer Flotteneinheit erwähnten als auch in der *Vita Sancti Severini* mehrfach bezeugten Favianis mit Mautern ist trotz heftiger Kontroversen in den siebziger Jahren heute unbestritten. Die Bedeutung des Namens kann nicht mit Sicherheit geklärt werden. Möglicherweise geht er auf den Namen einer hier stationierten Truppe zurück, die – etwa nach einem besonders bedeutenden Kommandanten benannt – *cohors Faviana* oder *Fabiana* geheißen haben könnte.

Die ersten Funde aus Mautern stammen bereits vom Anfang des vorigen Jahrhunderts (1825, Gräber). Umfangreichere Forschungen, durch wel-

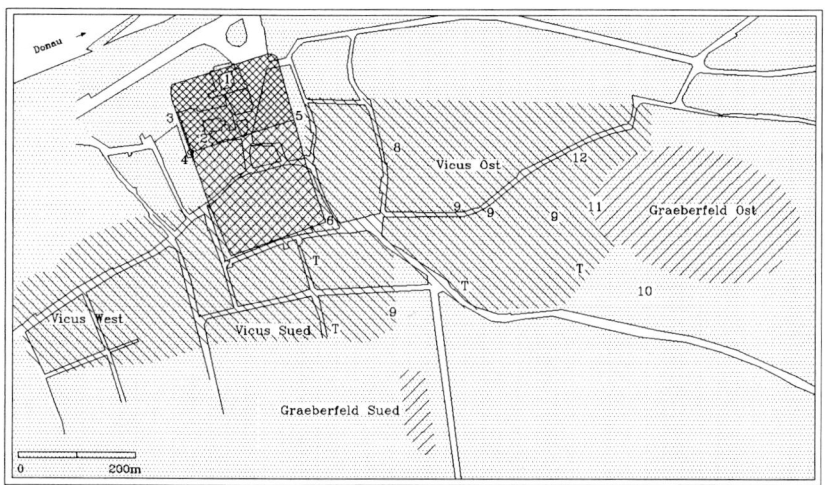

Abb. 77: Mautern. Übersichtsplan. 1. Schloß, 2. Pfarrkirche, 3. westlicher Hufeisenturm, 4. westlicher Fächerturm, 5. östlicher Fächer- und Hufeisenturm (Nikolaihof),
6. Margarethenkapelle (Museum), 7. mittelalterlicher, fünfeckiger Turm, 8. Therme,
9. Keller mit Nischen, 10. Darre?, 11. Grabbau, 12. frühchristliche Kirche?,
T = Töpferofen

che die Lage des Kastells im Stadtgebiet von MAUTERN eruiert werden
konnte, setzten jedoch erst in der zweiten Hälfte des 19.Jhs. ein, wobei
hier das Stift GÖTTWEIG eine wichtige Rolle spielte (Abt A.Dungl, L.Karner).
In der ersten Hälfte des 20.Jhs. wurden die Arbeiten durch eine Reihe
von ambitionierten Heimatforschern fortgesetzt. Der Kremser Gymnasial-
professor H. Riedel trug ebenso wie der Sparkassendirektor F. Kainz
wesentlich zur Erforschung des Vicus bei, der Architekt E. Ladewig führte
in der Mitte der vierziger Jahre bei Bauarbeiten für die Kaserne im Osten
von MAUTERN Rettungsgrabungen und Fundbergungen im spätantiken
Gräberfeld von MAUTERN durch. Nach dem 2.Weltkrieg wurden die Forschungen durch das Österreichische Archäologische Institut unter H.
Stiglitz und später unter H. Zabehlicky fortgesetzt, wobei wesentliche
Erkenntnisse zur Lage und Entwicklung des Kastells gewonnen werden
konnten. Seit 1992 besteht ein Projekt zur wissenschaftlichen Bearbei-
tung und musealen Präsentation der archäologischen Forschungen in
MAUTERN, das von der Österreichischen Akademie der Wissenschaften in
Zusammenarbeit mit der Stadtgemeinde MAUTERN durchgeführt wird.
Mit der ersten römischen Präsenz ist nach Aussage der Funde in flavi-

scher Zeit zu rechnen, allerdings konnten bisher weder der Wall noch Spuren der Innenbebauung des zu erwartenden Holz-Erde-Lagers gefunden werden. Massive Zerstörungsschichten mit Resten von Rutenputzwänden lassen aber eine Lokalisierung im Nordwest-Teil des späteren Lagers (Bereich Pfarrgarten – Platz südlich des Schlosses) als möglich erscheinen. Der zugehörige Vicus könnte sich im Westen und Süden entwickelt haben, wo es ebenfalls Hinweise auf Holzbauten in Form von Estrichresten, Rutenputzwänden sowie Kellern und Gruben gibt.

Für die Truppe, die dieses Lager errichtet hat, fehlen uns bis jetzt Hinweise. Nach einem im südlichen Vicus gefundenen Militärdiplom können wir aber vermuten, daß ab 110 n.Chr. die *cohors II Batavorum* hier stationiert war (Farbtafel 22.2). Diese Einheit wurde nach 140 n.Chr. durch die *cohors I Aelia Brittonum Milliaria*, also eine 1000 Mann umfassende Truppe, ersetzt, die uns durch zahlreiche Ziegelstempel gut belegt ist und zuvor in WALLSEE garnisonierte.

Ob mit diesem Wechsel der Besatzung auch der Umbau des Lagers in Stein verbunden ist, läßt sich nicht mit Sicherheit sagen, da eindeutig dem Kastell des 2.Jh.n.Chr. zuweisbare Baureste bis jetzt ebenfalls fehlen. Von H. Stiglitz wurde vermutet, daß sich die Praetorialfront des ersten Steinkastells in den Kellermauern des Schlosses erhalten hat; die Ostfront wurde im Bereich des Nikolaihofes, die Westfront unter der mittelalterlichen Stadtmauer ergraben. Die südliche Begrenzung wurde nach der Beobachtung eines Spitzgrabens sowie nach dem Fund eines der *porta decumana* zugewiesenen Bauquaders unter den Häusern nördlich der Frauenhofgasse angenommen. Da dieses Kastell durch die donaunahe Lage hochwassergefährdet gewesen wäre, sei es in der Spätantike zurückverlegt worden, sodaß die jüngere Nordfront durch die Linie westlicher Fächerturm – Nikolaihof bestimmt wurde (Abb.78).

Jüngste Grabungen im Bereich des Nikolaihofs und vor der Nordfront des Schlosses sowie die Auswertung des Keramikbestandes lassen nun Zweifel an dieser Bauabfolge aufkommen. Unter der Annahme, daß in der Spätantike – wie etwa auch in TRAISMAUER oder TULLN – an das mittelkaiserzeitliche Steinkastell zur Verstärkung der Ecken Fächertürme angebaut wurden, wird für die Lage dieses Kastells folgende Rekonstruktion vorgeschlagen: Die Nordwestecke wird durch den von H. Stiglitz identifizierten Fächerturm im Bereich des Pfarrhofes gebildet. Von ihm aus kann die Nordfront nach Osten zum Nikolaihof rekonstruiert werden, wo H. Zabehlicky unter dem später errichteten Hufeisenturm die Reste eines weiteren Fächerturms angetroffen hat. Die Westfront folgt offensichtlich der mittelalterlichen Stadtmauer bis zur Ecke Missongasse – Alte Friedhofstraße, wo ein mittelalterlicher, fünfeckiger Turm einen weiteren römi-

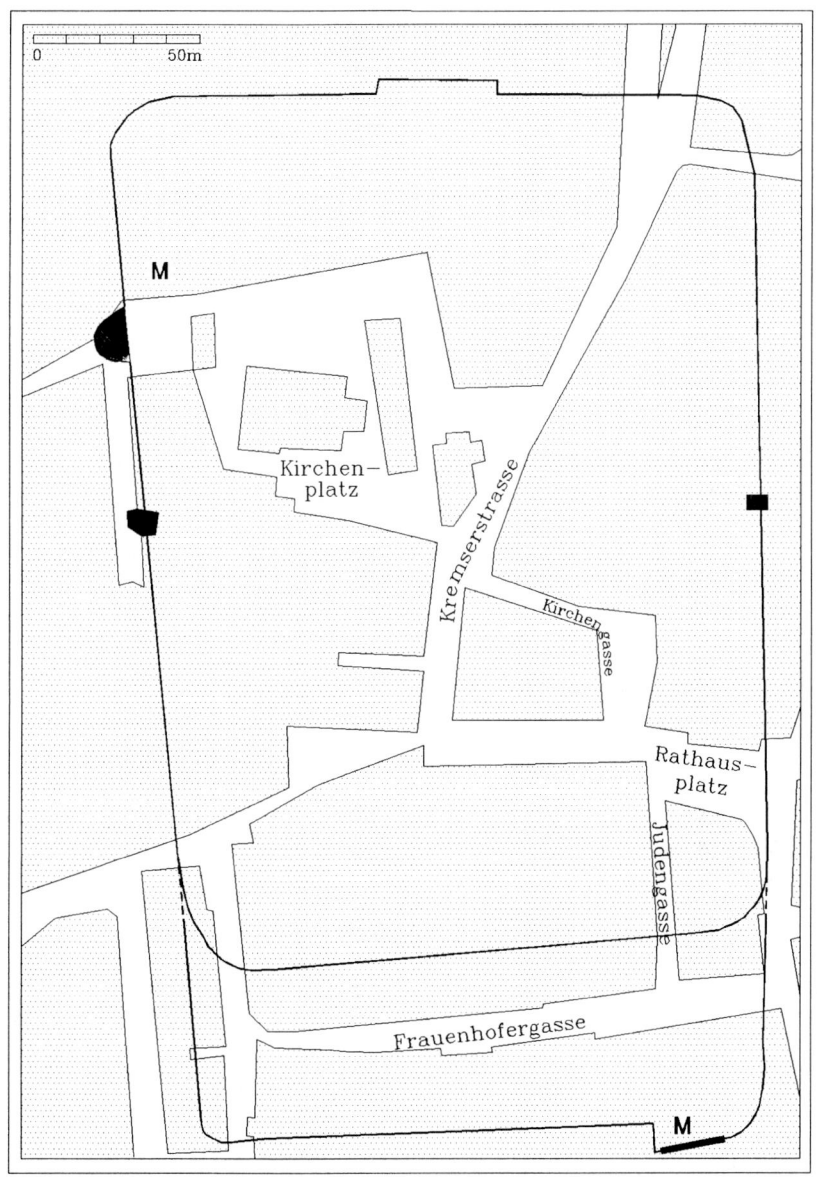

Abb. 78: Mautern. Stadtplan

schen Fächerturm vermuten läßt. Reste der westlichen Kastellmauer wurden im Keller eines Hauses in der Missongasse beobachtet. Ebenso wurde durch Grabungen vor der Westfront der Kastellgraben nachgewiesen. An der Südseite wurde bei Bauarbeiten in der Alten Friedhofstraße ein Ost-West verlaufender Spitzgraben angeschnitten, sodaß wir hier die Südfront des Kastells vermuten können. Es würde sich somit für das Kastell des 2.Jh.n.Chr. eine Fläche von etwa 3 ha ergeben, wobei wegen der flächigen Verbauung bis jetzt keine Reste der Innenbebauung ergraben werden konnten. An dieses hypothetische Kastell, für das wir analog zu anderen Kastellen Innentürme annehmen müssen, könnten in der Spätantike (in konstantinischer Zeit ?) an den Ecken Fächertürme zur Verstärkung angebaut worden sein, die – wie sich im Bereich des Nikolaihofs durch die Grabungen H.Zabehlickys nachweisen ließ – den alten Kastellgraben überbauten.

Parallel zum Kastell entwickelte sich auch der Vicus weiter. Nach dem weitgehenden Fehlen von Steinmauern im Westen kann vermutet werden, daß der Vicus des 2. und 3.Jh.n.Chr. vor allem im Südosten und Osten gelegen ist, wo eine Reihe der für Vici typischen Streifenhäuser angetroffen wurden. Es handelt sich bei ihnen teilweise um Fachwerkbauten, bei denen nur die Keller gemauert waren, zu einem Großteil aber um Steinbauten, die meist über einige beheizte Räume verfügten. Das schönste Beispiel für diese Streifenhäuser ist ein Wohnhaus auf Parz. 808 (im Bereich der heutigen Kaserne, Abb.22), dessen Keller eine architektonische Gestaltung mit Wandnischen und Wandmalerei aufwies und daher wohl nicht nur zu Lagerzwecken, sondern auch als Wohnraum verwendet wurde. Bedeutende Reste von Wandmalerei, wie sie etwa im südlichen Vicusbereich gefunden wurden (Farbtafel 22.3), geben uns einen Eindruck vom hohen Niveau der Wohnkultur in dieser Periode. Öffentliche Gebäude oder Heiligtümer konnten hingegen bis jetzt in MAUTERN nicht nachgewiesen werden. Aus alten Grabungen wissen wir nur, daß im Osten in der Burggartengasse vielleicht der Rest einer Therme angeschnitten wurde. An den Rändern des Siedlungsbereichs konnten zahlreiche Gewerbebetriebe festgestellt werden, so im Süden im Bereich der Schubertstraße und im Osten im Bereich der heutigen Kasernen mehrere Töpferöfen, in denen Gefäße aus dem charakteristischen weißen Mautener Ton hergestellt wurden (Farbtafel 23.2). Reiche Eisenschlackenfunde bezeugen die Metallverarbeitung, Webgewichte die textile Produktion. Außerhalb dieses Siedlungsbereichs müssen wir die Gräberfelder des 2. und 3.Jh.n.Chr. vermuten, doch werden die für die frühe und mittlere Kaiserzeit anzunehmenden Brandbestattungen bei Bauarbeiten leicht übersehen, sodaß unser Wissen hier noch sehr gering ist. Einige Brandgräber sollen beim Bau von Einfamilienhäusern in der Weinbergstraße im Südwesten von Mautern zerstört worden sein.

Die Spätantike hat für Mautern wie für alle Orte am Donaulimes tiefgreifende Änderungen gebracht, doch ist Mautern in dieser Periode besonders wichtig, weil es nun zu einem Zentrum römischer Präsenz wurde. Dies zeigt sich bereits im 4.Jh.n.Chr. durch die Stationierung von Teilen der *legio I Noricorum*, die durch Ziegelstempel belegt ist. Von hervorragender Bedeutung wird Mautern aber im 5.Jh.n.Chr., als gegenüber am anderen Donauufer der Hauptsitz der Rugier entstand, denen die alten römischen Städte nun tributpflichtig wurden, die aber anderseits eine gewisse Schutzfunktion für die Romanen ausübten. So ist verständlich, daß der heilige Severin bei seinem Eintreffen in Noricum gegen 460 n.Chr. gerade Mautern als Wohnsitz aussuchte und von hier aus das Leben der Romanen, bald auch die Evakuierung des westlichen Abschnitts des norischen Limes organisierte. Dank der Lebensbeschreibung, die sein Schüler Eugippius nach seinem Tod abfaßte, ist uns ein einzigartiges Dokument über die Verhältnisse in Ufernorikum in diesen schwierigen Zeiten erhalten geblieben. Die Identifizierung eines Gebäudes mit einer apsidalen Innenmauer im Osten des Kastells mit dem in der Vita erwähnten Kloster des Heiligen ist heute umstritten.

Archäologisch lassen sich diese Änderungen in einem tiefgreifenden Umbau des Kastells erkennen, der besonders gut an der Ostfront im Bereich des Nikolaihofes nachzuvollziehen ist, wo über dem abgetragenen Fächerturm eine neue Befestigungsmauer mit einem Hufeisenturm (Farbtafel 24) errichtet wird. Das reiche Vorkommen von eingeglätteter Keramik im Zerstörungsschutt des Fächerturm datiert dieses Ereignis frühestens ins letzte Drittel des 4. oder ins 5.Jh.n.Chr., wobei möglicherweise eine Verbindung mit der Bautätigkeit Valentinians I (364–375 n. Chr.) herzustellen ist. Auch an der Westfront wurde die Mauer vom Fächerturm nach Norden vorgezogen und ein mächtiger Hufeisenturm errichtet, der im Mittelalter in die Stadtmauer einbezogen wurde und so heute noch als Wahrzeichen der römischen Epoche Mauterns sichtbar ist (Farbtafel 14.1). Da diese Hufeisentürme keine Ecktürme, sondern Mauertürme sind und nördlich der anhand der Fächertürme rekonstruierten Linie liegen, kann angenommen werden, daß in der Spätantike die Front des Kastells nach Norden vorgezogen wurde, wohl um den direkten Zugang zur Donau zu sichern. Wie weit sich dieses spätantike Kastell nach Süden erstreckte, läßt sich noch nicht feststellen.

In die zweite Hälfte des 4.Jhs.n.Chr. ist auch der Beginn der ausgedehnten Gräberfelder im Osten und Süden der Stadt zu setzen, die große Teile des früheren Vicus überlagern. Das bedeutet, daß diese Siedlungsbereiche spätestens zu diesem Zeitpunkt aufgegeben wurden, und die Bevölkerung in den unruhigen Zeiten Schutz hinter den Mauern des Kastells suchte. Aus der *Vita Sancti Severini* wissen wir aber, daß im fortgeschrittenen 5.Jh.n.Chr. noch eine militärische Besatzung in MAUTERN vorhanden war (Nennung eines Tribunen Mamertinus), die sich möglicherweise – wie an anderen Limesorten auch – in ein sogenanntes Restkastell, eine kleine militärische Befestigung innerhalb der ummauerten Stadt, zurückgezogen hat. Dieses Restkastell können wir nach dem derzeitigen Forschungsstand im Bereich des Nikolaihofs vermuten.

Verena Gassner

Praktische Hinweise
Anreise: Über die Autobahn A1 (von Wien oder Salzburg) Abfahrt St. Pölten und weiter auf die Landesstraße 333 Richtung Krems fahren. Vor der Donaubrücke links in Richtung Mautern abbiegen. Ein großer Bus- und Autoparkplatz befindet sich am Donauufer vor dem Schloß.
Besichtigung: Hufeisenturm an der Westseite des Kastells: Erreichbar vom Parkplatz vor dem Schloß, indem man dem Weg westlich des Schlosses entlang dem Kinderspielplatz folgt. Etwas südlich des Hufeisenturmes ist im Mauerverlauf ein kleiner Turm zu erkennen, dessen Fundamente von den Resten des nordwestlichen Fächerturmes gebildet werden. Durch den Hufeisenturm Durchgang durch die Stadtmauer. Unmittelbar neben dem Turm befindet sich der alte Schüttkasten, in dem die Errichtung eines neuen archäologischen Museums geplant ist.
Fortsetzung des Rundgangs über die Kremser Straße, Melkerstraße, Missongasse. An der Ecke Missongasse – Alte Friedhofstraße liegt ein stark verbauter, fünfeckiger, mittelalterlicher Turm, unter dem der südwestliche Fächerturm des Kastells vermutet wird. Von der Alten Friedhofstraße Eingang zur Margaretenkapelle, in der derzeit das Römermuseum untergebracht ist.
Zurück durch die St.Pöltnerstraße und Nikolaigasse zum Nikolaihof, von dessen Gaststube man durch ein Fenster in den östlichen Hufeisenturm blicken kann.
Von Mautern nach Westen ist nach dem kleinen Ort Mauternbach in der Kurve hinter einem Bildstock (Hinweistafel) ein Stück der römischen Straße mit Geleisrillen sichtbar.
Museum: Im Schüttkasten sind urgeschichtliche, römische und mittelalterliche Funde aus Mautern und Umgebung ausgestellt. Öffnungszeiten: Mi–So 9.00–12.00 (Wintersperre).

Literatur

Genser 1986, 271ff.; Stiglitz in: Kandler – Vetters 1986, 134ff.
H. Zabehlicky, Untersuchungen im Nikolaihof (Parz.55/2) in Mautern 1988 und
1989. Pro Austria Romana 40, 1990, Heft 1–3, 1ff.; H. Stiglitz – E. Schneider,
Führer durch das römische Mautern an der Donau, Mautern 1991; M. Pollak,
Spätantike Grabfunde aus Favianis/Mautern. Mitteilungen der prähistorischen
Kommission 28, Wien 1993; Ch. Ertel – V. Gassner – B. Cech – B.I.M. Schweder
– E.M. Winkler, Archäologie und Denkmalpflege in Mautern. Grabung im Nikolai-
hof 1992. Carnuntum Jahrbuch 1992, 93ff.; Chr. Ertel – S. Verginis – F. Schmidt-
Dick, Projekt Mautern. Carnuntum Jahrbuch 1995, 181ff.

ST. PÖLTEN – CETIUM
Autonome Stadt

Unter Kaiser Hadrian, am ehesten infolge seiner Inspektionsreise durch
die oberen Donauprovinzen im Jahre 122 n.chr., wurde im Nordost-Be-
reich der Provinz Noricum das *municipium Aelium Cetium* als städtischer
Verwaltungsmittelpunkt gegründet. Seine Lage am Kreuzungspunkt der
von WELS (OVILAVA) über MELK kommenden Fernstraße mit der Traisen, antik
Tragisamus genannt, war optimal gewählt. Wenige Kilometer nördlich im
Raum RADLBERG – POTTENBRUNN überschritt die Reichsstraße die Traisen mit
einer nach dem Fluß benannten Furtsiedlung (umfangreiche römische
Oberflächenfunde, dabei zwei in Privatbesitz befindliche Münzhorte), um
über das Perschlingtal nach TULLN (COMAGENA) beziehungsweise VINDOBONA
zu verlaufen. Entlang der Traisen verlief eine Vicinalstraße, die von den
Alpenpässen über MARIAZELL nach MAUTERN (FAVIANIS) führte und als Fern-
handelsweg im Barbaricum das Kamptal erreichte.
Der Name der Stadt AELIUM CETIUM setzt sich nach römischer Gewohnheit
aus dem Gentilnamen des Gründers, Titus Aelius Hadrianus, und einem
aus der örtlichen Topographie entnommenen Bestandteil zusammen.
CETIUM bezieht sich auf eine aus dem Keltischen stammende Bezeichnung des großen Waldmassives, dessen Reste noch heute als Wiener
Wald und Dunkelsteiner Wald den Großraum ST. PÖLTEN flankieren.
CETIUM wurde – anscheinend ohne nennenswerte Vorgängersiedlung – in
einem strengen Rastersystem unter genauer Beachtung der Haupthimmelsrichtungen angelegt. Die römische Straßenführung läßt sich noch
heute in der St. Pöltner Innenstadt, besonders deutlich in deren nördlicher Hälfte, erkennen (Abb.79).

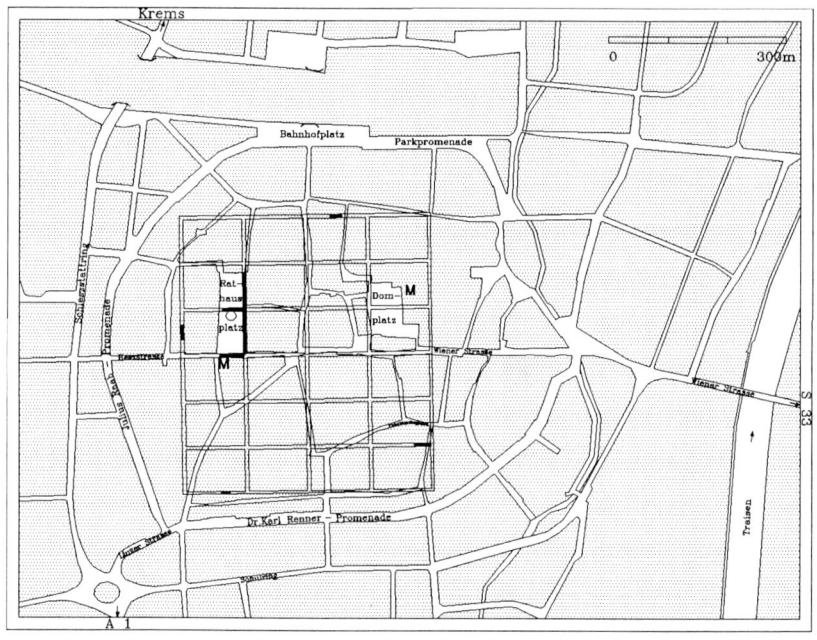

Abb. 79: St. Pölten. Stadtplan mit antikem Straßennetz

Der Riemerplatz zeigt noch das alte Hauptachsenkreuz der Stadt an. Die Achse Heßstraße – Rathausgasse – Wiener Straße kennzeichnet den Verlauf des römischen *decumanus maximus* in Ost-West-Richtung. Beiderseits dieses Hauptstraßenzuges verliefen je drei parallele Straßen, die sich im Norden in Resten in der Marktgasse, der Heitzlergasse und der jetzt abgekommenen Stiftgasse erhalten haben. Die Schneckgasse dürfte ein Derivat des südlichsten *decumanus* der Stadt bilden. Von den fünf *cardines* prägen die drei mittleren weitgehend das Stadtbild: zuerst die Ostflucht des Rathausplatzes, in der Stadtmitte die Kremser Gasse mit der etwas verzogen geführten Schreinergasse als südlicher Fortsetzung, im Osten die Westflucht des Baukomplexes des barocken Stiftes St. Hippolytus beziehungsweise des Domplatzes. Die Straßen umspannten ein System von sechs mal vier rechteckigen Baublöcken, sogenannten *insulae*, deren Seiten umgekehrt zur Zahl der Straßen ein Verhältnis von 5:7 aufwiesen, sodaß die besiedelte Fläche ungefähr ein Quadrat von 20 ha Fläche bildete.

Entgegen früherer Meinung ist CETIUM bis zu seinem um 400 n.Chr. einsetzenden Niedergang immer nur zivile Siedlung ohne zahlenmäßig

216

nennenswerte Garnison gewesen. Wenn auch das im äußersten Nordosten des Siedlungsareals ohne rechte Begründung behauptete Kastell
niemals existiert hat, so darf doch eine Umwehrung der Stadt zumindest
mit Wall und Graben als wahrscheinlich angenommen werden. Ausgrabungen nördlich der Westhälfte der Brunngasse haben ein Stück
eines großen, sicher römischen Grabens erbracht, in dem vielleicht ein
Rest dieses angenommenen Stadtgrabens vorliegt.

Das Forum der Stadt, in dessen Bereich der Großteil der öffentlichen
Gebäude als Sitz politisch und religiös wichtiger Einrichtungen zu vermuten ist, lag mit einiger Sicherheit im Gebiet zwischen Kremser Gasse und
Herrenplatz. Als Zufallsfunde bei Bauvorhaben wurden in der Herrengasse beziehungsweise auf dem Herrenplatz zwei wichtige Inschriften entdeckt, die beide im Historischen Museum der Stadt aufbewahrt werden:
Es handelt sich dabei zum einen um die rechte Hälfte der Bauinschrift
des Vereinshauses der städtischen Handwerkergilde (*collegium fabrum*),
zum anderen um einen großen Weihaltar, der in der zweiten Hälfte des
3.Jh.n.Chr. als Votiv des Provinzstatthalters Aurelius Julius an Neptun,
den Herrn der Gewässer, nach Regulierungsarbeiten an einem offensichtlich versumpften Bach und dessen Einleitung in die Traisen aufgestellt worden war. Die dichte Verbauung entlang der Kremser Gasse läßt
allerdings kaum Hoffnungen zu, daß archäologische Ausgrabungen noch
wesentliche Gebäudereste am Forum aufdecken könnten.

Wissenschaftlich orientierte Ausgrabungen wurden erstmals im Zuge der
Wiederaufbauarbeiten nach dem 2. Weltkrieg zwischen 1949 und 1953
punktuell im Dombereich durchgeführt; erst eine Untersuchung im Rathaus 1985 ließ aber annähernd die wahre Größe des verbauten Stadtgebietes erahnen. Seit 1988 werden Bauvorhaben im Stadtkern systematisch von archäologischer Kontrolle begleitet und die historische Sub-
stanz nötigenfalls durch vorangehende Ausgrabungen dokumentiert. Die
bisher bedeutendste archäologische Untersuchung, die am besten die
Bau- und Wirtschaftsgeschichte der Stadt verfolgen läßt, erfolgte wegen
des Tiefgaragenbaues auf dem Rathausplatz 1988/89 und 1994/95
(Farbtafel 25): Dabei wurden acht frei entlang der Straßen stehende
römische Hausbauten mit durchschnittlich mehr als 300 m² Grundfläche
ganz oder zumindest großteils freigelegt. Fünf Siedlungs- beziehungsweise Bauphasen reichen vom mittleren 2.Jh.n.Chr. bis mindestens um
400 n.Chr. Der früheste Baubestand – meist Fachwerkbauten – dürfte auf
die Ansiedlung von Veteranen der Donauarmee zurückgehen. Eine flä-
chige Brandzerstörung, die mit einiger Sicherheit auf den großen Mar-
kommanneneinfall des Jahres 170 n.Chr. zurückgeführt werden kann,
führte zu Neubauten mit Steinmauern. Nun lebten hier Handwerker und
Händler. Ein Haus an der Straßenkreuzung im Südosten des Rathausplatzes gehörte einem Keramikhändler, der neben gröberer Ware auch fei-

nes Tafelgeschirr, Terra sigillata aus Rheinzabern, vertrieb, daneben aber auch Eigenproduktion anzubieten versuchte (Farbtafel 26.2). Mehrere seiner Nachbarn führten Buntmetallwerkstätten, die neben Haushaltsartikeln vor allem Schmuck und Trachtbestandteile erzeugten. Daneben liegen für dieses Areal Hinweise auf Textil- und Lebensmittelhandel vor. Eine neuerliche Brandkatastrophe – am ehesten um 270 n.Chr. – muß die in der zweiten Hälfte des 3.Jh.n.Chr. in weiten Teilen des Römischen Reiches vorherrschende, nachhaltige Depression für CETIUM noch verstärkt und die teilweise Aufgabe des Siedlungsareals nach sich gezogen haben.

Wohl auf einem Landgut bei CETIUM und nicht in der halbverlassenen und verfallenden Stadt selbst lebte zu Beginn des 4.Jh.n. Chr. nach seiner – auf antiken Quellen beruhenden – Passionsgeschichte auch der pensionierte Kanzleivorstand der norischen Statthalterei, Florianus. Von hier brach er nach LAURIACUM auf, um seinen infolge der gegen die Christen gerichteten Edikte Kaiser Diokletians verfolgten Glaubensgenossen beizustehen, worauf er auf Befehl des Gouverneurs Aquilinus verhaftet, gefoltert und am 4. Mai 304 n.Chr. von der Ennsbrücke gestürzt wurde. Erst in der Regierungszeit Kaiser Constantins des Großen (309–337 n. Chr.) erlebt die Stadt einen neuerlichen Aufschwung, der sich in einer an fast allen Grabungsplätzen nachweisbaren Neubauphase deutlich niederschlägt. Umbauten und Verbesserungen sind auch unter der Herrschaft der Constantinssöhne (337–361 n.Chr.) regelmäßig anzutreffen. Ebenso verraten die Kleinfunde – insbesondere zahlreiche, teilweise silberne Fibeln – wiedergewonnenen Wohlstand. Mit einer vielleicht wiederum kriegerisch bedingten Zerstörung unter Kaiser Valentinian beginnt im letzten Viertel des Jahrhunderts ein rascher Abstieg. Die Bautätigkeit versiegt, in den verlassenen Wohngebieten am Stadtrand werden bereits vereinzelt Tote bestattet.

Am Ostrand der Stadt, im heutigen Dombereich, konnten kleinräumige Untersuchungen ebenfalls einen Terra sigillata-Importeur, dessen aus Mittelgallien (südliches Zentralfrankreich) stammendes Warendepot dem Markomannensturm zum Opfer fiel, und Buntmetallwerkstätten der Zeit um 200 n.Chr. nachweisen; diese führten nach dem Ausweis von Gußformfragmenten auch Auftragsarbeiten für das Militär durch.

Im äußersten Süden der Stadt, an der Steinergasse, konnten Reste von einfachen Langrechteckbauten mit wahrscheinlich drei hintereinandergestaffelten Räumen freigelegt werden zu deren Inventar seltene Gefäße in Kopfform gehörten (Farbtafel 26.1).

Seit 1993 wird durch Grabungen vor Neubauvorhaben im Bereich der nördlichsten *insula* östlich des *cardo* (Kremser Gasse) die Existenz eines Großbaues mit mehreren, durch hypokaustierte Fußbodenheizungen flächig erwärmten Sälen immer besser greifbar. Möglicherweise lag hier

218

eine – zumindest zweimal zerstörte und wiederaufgebaute – öffentliche Thermenanlage. Im Jahre 1994 begonnene Probegrabungen auf dem Domplatz haben für lokale Verhältnisse ausgezeichnet erhaltene Bausubstanz eines weiteren großflächigen Bauwerks erbracht, welches im 4.Jh.n.Chr. über älteren Anlagen errichtet wurde. Bisher sind zwar erst – zum Schutz der Mauern vorläufig wieder zugeschüttete – Teile eines flächig beheizten Saales mit mächtiger Südapsis ausgegraben worden, das Projekt sieht jedoch weitere Freilegungen und schlußendlich eine museale Präsentation unter Einschluß der darüberliegenden Ruine der ehemaligen Stadtpfarrkirche vor.

An der die Stadt im Westen und Norden umgehenden Fernstraße liegen die Hauptgräberfelder. 1991 konnte ein kleiner Bereich der um und bald nach 200 n.Chr. belegten Gräberstraße an der Nordseite des Europaplatzes untersucht werden. Dabei wurden die Fundamentspuren von zwei kreisförmigen Grabbauten mit etwa 3 m Durchmesser und neben diesen liegende Brandbestattungen mit Aschenurnen aufgedeckt. Westlich der Julius-Raab-Promenade, beidseits der Radetzkystraße und im Bereich der berufsbildenden höheren Schulen am Schießstattring wurden im Zuge des Stadtausbaues seit der Mitte des 19.Jhs. mehrfach Körpergräber der Spätantike angefahren, deren jüngste jedenfalls bereits in das 5.Jh.n.Chr. gehören. Die Toten wurden zumeist in durch zusammengestellte Dachziegel gebildete Kisten gelegt, wobei in einem Fall eine vor dem Brand mit dem Finger in den Ziegel eingetiefte Inschrift *Vivas nobis* als christlich gedeutet wird. Ebenfalls bei Bauarbeiten wurden in der Kerensstraße ein Mädchengrab des 4./5.Jhs.n.Chr. und in der Daniel-Gran-Straße eine Sandsteinsphinx mit einem Männerkopf zwischen den Vorderbeinen von einem Grabbau des 2./3.Jhs.n.Chr. geborgen. Unter anderem deshalb ist die Fortsetzung der Fern- und Gräberstraße nach Norden im Bereich östlich der Kerensstraße entlang des alten Traisenüberschwemmungsgebietes als wahrscheinlich anzunehmen.

Ein weiterer Gräberbereich ist aufgrund von Funden ohne gesicherten Zusammenhang am Südrand der Stadt zu vermuten. Am Schillerplatz wurden bei Bauvorhaben zwei Gürtelgarnituren mit Kerbschnittverzierungen aus dem späten 4.Jh.n.Chr. gefunden. Das Fragment einer zweizeiligen Grabinschrift aus dem 2./3.Jh.n.Chr. wurde 1953 beim Wiederaufbau des Hauses Fuhrmanngasse Nr.20 gefunden und auf dem Kopf stehend über dem Portal eingemauert. Eine weitere Grabinschrift aus der Fuhrmanngasse ging in der Besatzungszeit verloren.

Peter Scherrer

Praktische Hinweise

Anreise: St. Pölten erreicht man mit dem PKW über die Autobahn A1, Abfahrt St. Pölten oder die Bundesstraße B1. Die meisten Züge der Westbahnstrecke halten ebenfalls in St. Pölten. Die Innenstadt ist teilweise Fußgängerzone und zur Gänze Kurzparkzone, Parkplätze und Parkhäuser befinden sich am Rathausplatz und am Ring.

Museen: Das Historische Museum der Landeshauptstadt St. Pölten (Prandtauerstraße 2, Karmeliterhof; Öffnungszeiten: ganzjährig, täglich außer Montag Di–Sa 9.00–12.00, 14.00–17.00, So 9.00–12.00) besitzt eine römische Abteilung. Neben den beiden erwähnten offiziellen Inschriften, der Grabsphinx und einigen weiteren Grabsteinen ist eine relativ bescheidene Sammlung von meist bei Bauvorhaben in St. Pölten aufgesammelten Zufallsfunden, vorwiegend aus dem Bereich der spätantiken Gräberfelder, ausgestellt. Dazu kommen – wiederum hauptsächlich – Grabfunde aus kleineren Orten des Bezirkes, z.B. Haselbach. Die umfangreichen Funde der jüngsten Grabungen werden nach Abschluß der wissenschaftlichen Bearbeitung in ein derzeit in Ausarbeitung befindliches Ausstellungskonzept integriert werden.

Das im Bistumsgebäude (im ersten Stock über dem Kreuzgang des ehem. Stiftes St. Hippolytus; Öffnungszeiten: April bis Oktober, Di–Fr 10.00–12.00, 14.00–17.00, Sa 10.00–16.00) untergebrachte Diözesanmusem verwahrt eine interessante kleine Sammlung von Antiken, die durch Pilger und Sammeltätigkeit der Chorherren zusammengetragen wurden (Jerusalem, Rom). Ein aus dem aufgelassenen Kloster Jedlersdorf stammendes Marmorporträt von Kaiser Nero ist jedoch fast sicher eine barocke Replik. Daneben werden römische Funde aus St. Pölten, insbesondere den Grabungen im ehem. Stiftsareal, gezeigt.

Beide Museen besitzen – nur mit Spezialerlaubnis zugängliche – umfangreiche Sammlungen antiker Münzen, die aber, entsprechend den früher vorherrschenden antiquarischer Interessen, nicht nach Herkunft geordnet sind, weswegen nur für einen sehr geringen Teil die Herkunft aus St. Pölten nachgewiesen werden kann.

Literatur

H. Ubl, Die Skulpturen des Stadtgebietes von Aelium Cetium. Corpus Signorum Imperii Romani. Österreich I 6, ÖAW (Wien 1976); P. Scherrer (Hrsg.), Landeshauptstadt St. Pölten – Archäologische Bausteine I. Sonderschriften des Österreichischen Archäologischen Institutes 22 (Wien 1991) ; F. Schmidt-Dick -W. Szaivert, Die antiken Münzen aus St. Pöltner Museen. Die Sammlungen des Diözesanmuseums und des Stadtmuseums. Thesaurus Nummorum Romanorum et Byzantinorum, Bd. 8 (Wien 1992); P. Scherrer (Hrsg.), Archäologische Bausteine II, Sonderschriften des Österreichischen Archäologischen Institutes 23 (Wien 1994); P. Scherrer, Der große Markomanneneinfall des Jahres 170 und seine Folgen im Lichte der neuen Ausgrabungen in Aelium Cetium/St. Pölten (unter Mitarbeit von Chr. Riegler und W. Szaivert). In: H. Friesinger – J. Tejral – A. Stuppner (Hrsg.), Markomannenkriege – Ursachen und Wirkungen. Brno 1994, 447ff.

TRAISMAUER – AUGUSTIANA

Kastell – Vicus

Das Kastell ist am rechten Donauufer südöstlich der Traisenmündung auf einer niedrigen Geländestufe unterhalb des steil abfallenden Venusberges – eines von der Perschling abgeschnittenen Ausläufers des Wienerwaldes – erbaut worden. Seine linke Flanke wurde und wird durch den Traisenfluß *(Tragisamus)* geschützt und bedrängt (Abb. 80 und 81).

Der römische Name TRAISMAUERS, AUGUSTIANA (AUGUSTIANIS), leitet sich von einer *ala I Augusta (Thracum)* her, die lange Zeit das Lager in TRAISMAUER besetzt gehalten hat. Die in der älteren Literatur vertretene Gleichsetzung TRAISMAUERS mit dem in der *Tabula Peutingeriana* vorkommenden TRAGISA-MUM ist heute überholt. Dieses TRAGISAMUM war Straßenstation an der südlich von TRAISMAUER die Traisen übersetzenden Reichsstraße von VINDOBONA nach CETIUM und ist im Raume HERZOGENBURG zu suchen.

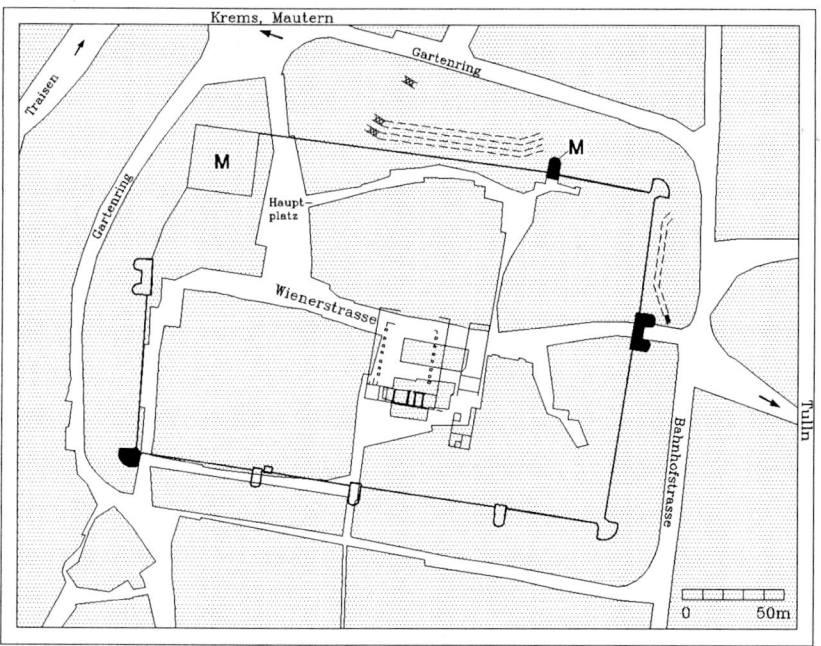

Abb. 80: Traismauer. Übersichtsplan

221

Abb. 81: Traismauer. Luftbild des Stadtzentrums

AUGUSTIANIS erscheint als militärischer Kommandostandort des spätrömischen Grenzheeres von Ufernoricum in der *Notitia Dignitatum* (occ. 34,35). Zahlreiche Steininschriften und Ziegelstempel aus TRAISMAUER und seiner Umgebung haben die historischen Quellenbestände vor allem zur Truppen- und Bevölkerungsgeschichte Noricums bereichert.

Trotzdem läßt sich die Garnisonsgeschichte des TRAISMAURER Lagers bei kritischer Auswertung des Quellenmaterials nicht eindeutig darstellen. Möglicherweise haben sich zwei Truppen – beides Alen – im Lager abgelöst. Auf eine *ala I Thracum (victrix?)* folgt möglicherweise die für das Lager namensgebende *ala I Augusta (Thracum)*. Der Garnisonswechsel könnte nach 122 n.Chr. vollzogen worden sein. Es bleibt die Frage offen, wie denn der Name von TRAISMAUER vor der Ankunft der *ala I Augusta (Thracum)* gelautet haben mag. Nach dem Zeugnis der *Notitia Dignitatum* blieb TRAISMAUER auch nach der Heeresreform des 4.Jhs.n.Chr. Reiterlager mit einem Verband von *equites Dalmatae*. Zuletzt mögen (germanische) Foederaten die Schicksale des Ortes bestimmt haben.

222

Ein heute am Schloß eingemauerter Weihestein hat Traismauer schon im 16.Jh. als Römerort interessant gemacht. Im 18. und 19.Jh. beschäftigt die Wissenschaft vor allem die Namensfrage. Obwohl sich bereits Th. Mommsen im CIL (*Corpus Inscriptionum Latinarum* = Sammelwerk der lateinischen Inschriften) eindeutig für Augustianis ausgesprochen hatte, hält sich die Fehlbenennung Tragisamum hartnäckig bis 1949 (G. Pascher) und darüber hinaus. Seit dem Eisenbahnbau der Jahre 1884/85 wird den römischen Funden aus Kastell und Vicus vermehrt Beachtung geschenkt. 1931 kommt es zur Gründung des Heimatmuseums von Traismauer. Im Vicus und den Gräberfeldern setzt planmäßige Grabungstätigkeit (Fundbergungen und Notgrabungen) ab den sechziger Jahren ein und wird unter Einbeziehung des Kastellbereiches unter dem mittelalterlichen Siedlungskern bis heute fortgesetzt. Dabei können wichtige Erkenntnisse über Ausdehnung und Zeitstellung von Lager (A. Gattringer, J. Offenberger, H. Ubl), Vicus (A. Gattringer, H. Stiglitz, J. Offenberger) und Gräberfeldern (Chr. Farka, A. Gattringer, F. Sauer) gewonnen werden.

Das Lager, eine querrechteckige Anlage von etwa 3,75 ha Flächeninhalt, ist mit seiner Breitseite zur Donau hin orientiert, mit seiner westlichen Schmalseite zum Traisenfluß. Vom ursprünglichen Holz-Erde-Lager wurden verschiedene Kasernenbauten beobachtet, so auch unter dem jüngeren, in Steinbauweise errichteten Lagerzentralbau. Daraus läßt sich eine tiefgreifende Neuplanung des Steinkastells erschließen, jedoch unter Beibehaltung der Achsenausrichtung. Anzunehmen wäre eine ursprünglich geringere Flächenausdehnung des Lagers. Im Osten konnten das holzarmierte *vallum* des Holz-Erde-Lagers (2. Bauphase ?) mit der dieses begleitenden *via vallaris* sowie ein sich zu dieser mit einer Portikus öffnender Kasernenbau ergraben werden.

Vom späteren Steinkastell wurden kurze Partien der nördlichen und südlichen Umfassungsmauern beobachtet sowie ein nach innen fallender Zwischenturm von querrechteckigem Grundriß an der südlichen Lagerflanke. Gut untersucht ist der Lagerzentralbau (*principia*) mit dem Fahnenheiligtum, den dieses seitlich begleitenden Büros und dem von einem an drei Seiten von einer Pfeilerhalle umgebenen Lagerforum. Östlich des Zentralbaues und nordwestlich jenseits der *via principalis* wurden Teile von Kasernenbauten ergraben.

Gut und zum Teil ober Tage erhalten haben sich Teile von Wehrtürmen der jüngeren Steinbauphase des Lagers: die beiden Tortürme der *porta principalis dextra* (Farbtafel 27.1), ein nördlicher und ein südlicher Hufeisenturm sowie die Fächertürme der südwestlichen und südöstlichen Lagerecken. Die zum Steinkastell gehörenden Lagergräben, – Doppelspitzgräben, die vor den Türmen ausbuchten, – wurden im Norden und

Osten des Lagers geschnitten. In der Spätantike wurde ein burgusartiges Kleinkastell in die Nordwest-Ecke des Lagers hineingesetzt. Den jüngsten Bauhorizont markieren einfache Rutenputzgeflechtbauten auf der freien Fläche des Lagerforums.

Vom Lagerdorf, das sich beiderseits der von der *porta principalis dextra* nach Osten laufenden Straße ausdehnte, konnten verschiedene, zum Teil in Holzbauweise, zum Teil als massive Steinbauten errichtete Gebäude festgestellt werden. Zu diesen zählt eine knapp außerhalb des östlichen Lagertores erbaute Therme, vermutlich das Lagerbad. Von den meisten Vicusbauten ließen sich jedoch keine zusammenhängende Grundrisse beobachten.

Bestattungen und Gräberfelder lagen an den nach Osten und Süden aus dem Lager führenden Straßen außerhalb des Lagerdorfes. Ein ausgedehntes, spätrömisches Gräberfeld befindet sich im Ortsgebiet von Stollhofen. Lager und Lagerdorf haben sich parallel entwickelt. Das Holz-Erde-Lager (vermutlich zweiphasig) wurde im späteren 1.Jh.n.Chr. erbaut. Der Steinumbau erfolgte unter Grundrißänderungen im 2.Jh.n.Chr. und ist nach der Lagerbauinschrift der *ala I Augusta (Thracum)* zuzuschreiben. Die Lagerinnenbauten wurden mehrfach verändert. Bemerkenswert ist der Einbau eines Kassenkellers in das Fahnenheiligtum. Um die Wende vom 3. zum 4.Jh.n.Chr. werden die ursprünglich nicht vor die Lagermauer vorspringenden Türme durch Hufeisen- und Fächertürme ersetzt. Im späteren 4.Jh.n.Chr. entsteht – wie auch in WALLSEE und ZEISELMAUER – das Kleinkastell in der NW-Ecke des Lagers. Diese Veränderung erklärt sich aus der Reformierung des Grenzheeres seit Constantinus I. (306–337 n. Chr.) und den letzten Festungsbauarbeiten am Limes unter Constantius II. (337–361 n.Chr.) beziehungsweise Valentinian I. (364–375 n.Chr.). Anlaß ist vermutlich die Verringerung der Mannschaftsstärke und damit verbunden die Wandlung des Kastells zur zivilen Kleinstadt. Im 5.Jh.n.Chr. läßt sich eine schwere Brandzerstörung am Lagerzentralbau feststellen. Im Brandschutt liegen die Trümmer einer zerschlagenen Reiterstatue aus Bronze. Darüber werden kleine, primitive Hütten gesetzt. Diese sprechen für den Zuzug von Neusiedlern aus dem (germanischen) Barbaricum, wahrscheinlich umgesiedelten Foederaten. Im späten 5.Jh.n.Chr. scheint der Ort verlassen; die romanische Grenzbevölkerung wurde nach Italien umgesiedelt (488 n.Chr.) und die rugischen Germanen durch Odoaker vertrieben. Erste Anzeichen einer Wiederbesiedelung der Lagerruine sind nicht vor dem Awarenfeldzug Karls d. Großen (791 n.Chr.) erkennbar.

Hannsjörg Ubl

Praktische Hinweise

Anreise: Traismauer ist Bahnstation an der Franz-Josefs-Bahn zwischen Wien-Tulln und St. Pölten. Es ist zu erreichen über die Autobahn A 1, Abfahrt Knoten St. Pölten und die Schnellstraße S 33 oder entlang des südlichen Donauufers über die Bundesstraßen B 14 und B 19 (von Wien über Tulln) oder über die Bundesstraße B 33 und Schnellstraße S 33 (von Melk über Mautern).

Besichtigung: Das römische Kastell bestimmt bis heute das Ortsbild, vor allem den Ortskern von Traismauer, aber auch die Zubringerstraßen von Osten und Süden folgen noch immer in großen Zügen dem antiken Straßenverlauf. Große Teile des Wienertores, besonders die Tortürme, sind bis in das 2. Obergeschoß von römischer Bausubstanz. Ebenso ist der das Heimatmuseum bergende Hufeisenturm im Norden des Ortes bis unter die Dachtraufe römisch. Die Ruine des südwestlichen Fächerturmes bestimmt noch immer die Konfiguration der bestehenden Häusergruppe. Sie ist (gegen Anmeldung) unter dem Haus Venusbergstraße 10 zu besichtigen. Folgt man der Kirchengasse, so hält man sich etwas außerhalb der südlichen Lagermauer, die knapp innerhalb der Häuserzeile entlangstreicht. Die neuzeitliche Ziegelmauer des Ortes ist von der Lagermauer etwa 5 m nach Süden versetzt. Die kleine Fußgängerbrücke quert an der Stelle eines römischen Turmes, vermutlich eines Torturmes, den heutigen Graben und folgt so ungefähr dem Verlauf der römischen *via decumana.* Von hier gelangt man zur Pfarrkirche, unter der (Schlüssel im Pfarrhof) verschiedene Mauerzüge des Lagerzentralbaues mit dem Fahnenheiligtum und die Estrichböden von Kasernen des Holz-Erde-Lagers konserviert und sichtbar belassen sind. Große Teile des Schlosses werden noch immer durch römische Mauern bestimmt – einige römische Mauern sind im Schloßhof konserviert und sichtbar belassen.

Museen: Das Schloß beherbergt das Museum für Frühgeschichte des Landes Niederösterreich. Öffnungszeiten: April bis 15. November, Di–So, Feiertag 9.00–17.00. Im sogenannten Reckturm ist das Traismaurer Heimatmuseum mit einer beachtenswerten Sammlung von römischen Fundstücken aus Traimauer untergebracht (Öffnungszeiten: April bis Oktober, So, Feiertag 10.00–11.30 oder nach Vereinbarung). Römische Inschriftsteine sind am und im Schloß, in der Pfarrkirche und am und im Heimatmuseum zu besichtigen.

Literatur

Genser 1986, 304ff.; Ubl in: Kandler – Vetters 1986, 142ff.
J. Offenberger, Traismauer – Augustianis. Fundberichte aus Österreich 32, 1993, 535ff.; Fundberichte aus Österreich 32, 1993, 622 (F. Sauer).

TULLN – COMAGENA

Kastell – Vicus

Das TULLNER Lager wurde auf dem frisch gerodeten Gelände einer flachen Niederterrasse des Tullnerfeldes am rechten Donauufer zwischen den Einmündungen der Großen und der Kleinen Tulln erbaut. Dem Anprall der Donau fiel bis heute gut die Hälfte der Prätentur des Lagers zum Opfer. Die Lagerruine wurde im frühen Mittelalter überbaut; im Zentrum entstand zunächst eine Burg, die im 13.Jh. in ein Kloster umgewandelt wurde (1290 Weihe der Dominikanerinnenkirche). Die Innenbauten des Lagers waren – soweit nicht in mittelalterliche Gebäude einbezogen – bereits im 10 Jh. zum Großteil abgetragen. Dem Steinraub fielen in der Folge auch die Lagerbefestigungen – bis auf den „Salzturm" – zum Opfer. Die mittelalterliche Stadt TULLN entwickelte sich westlich außerhalb des Kastells. Das römische Lagerdorf, der Vicus, dehnte sich vor allem in der Verlängerung der *via decumana* nach Süden zu aus. Gräberfelder entstanden zuerst westlich des Lagers, in der Spätzeit konzentrierten sie sich südlich und südwestlich von Kastell und Vicus (Abb.82). Nach heute allgemein anerkannter Meinung war der römische Name TULLNS COMAGENA (COMAGENIS). COMAGENA findet sich als Straßenstation verzeichnet auf der *Tabula Peutingeriana* (seg. IV,1). Als Straßenstation erscheint COMAGENA auch zweimal zwischen VINDOBONA und CETIUM im *Itinerarium Antonini* (234,1 und 248,3). COMAGENA führte seinen Namen

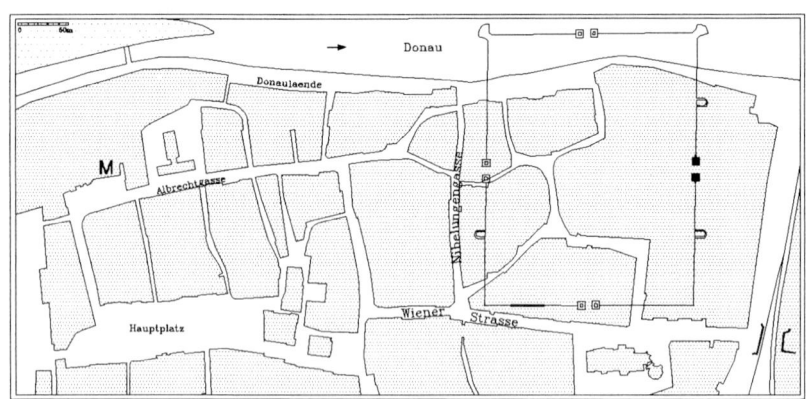

Abb. 82: Tulln. Übersichtsplan

226

nach der hier stationierten *ala I Commagenorum*. Sie erscheint auf Militär-
diplomen, Steininschriften und einem Ziegelstempelabdruck. Die *Notitia
Dignitatum* nennt Comagena als Standlager von *equites promoti* (occ.
34,36) und der *classis (Co)maginensis* (occ. 34,42). Zuletzt wird Comagenis als Aufenthaltsort des Heiligen Severin in der *Vita Sancti Severini* des
Eugippius (1,3 und 33) angeführt.
Die einzige bisher für das Tullner Lager faßbare mittelkaiserzeitliche
Besatzungstruppe, die *ala I Commagenorum*, ist nach ihrem Herkunfts-
raum, dem kleinen Königreich Kommagene in Kleinasien, benannt. Ursprünglich vielleicht eine königlich kommaginensische Reitereinheit, war
sie 72 n.Chr. dem römischen Heer einverleibt und nach Ägypten verlegt
worden, wo sie vermutlich in Kalabscha, dem antiken Talamis, südlich des
ersten Nilkataraktes stationiert war. 83 n.Chr. wird sie noch in Ägypten
bezeugt, 106 n.Chr. gehört sie schon zum Heer der Provinz Noricum.
Nach dem Zeugnis der Steininschriften befindet sie sich noch im
3.Jh.n.Chr. in dieser Provinz. Die norische Truppenliste der *Notitia Dignitatum* nennt am Ende des 4.Jhs.n.Chr. in Comagenis eine Einheit von
equites promoti – eine ursprünglich aus Legionsreitern formierte Truppe
– und einen Verband der Donauflotille. Um die Mitte des 5.Jhs.n.Chr. war
Tulln nach Aussage der Severinsvita von barbarischen (germanischen)
Foederatentruppen besetzt. Nachdem das Tullner Lager nach dem Befund
der archäologischen Grabungen bereits in den späten Jahrzehnten des
1.Jhs.n.Chr., also in spätflavischer Zeit, erbaut wurde, klafft in der Garnisonsgeschichte zwischen dem Datum der Lagergründung und der Ankunft
der *ala I Commagenorum* eine Lücke, es sei denn, die Ala ist noch in den
80er Jahren von Ägypten an die norische Donau verlegt worden.
Funde römischer Herkunft sind im Tullner Raum schon seit dem 16.Jh.
bekannt. Im 19.Jh. verdichtet sich das Interesse an Tullns römischer
Vergangenheit durch Inschriften–, Skulptur–, Münz- und Grabfunde und
nicht zuletzt durch die Forschungstätigkeit von A. Dungl, der in Tulln als
Aushilfspriester wirkte. Um 1928 forscht im Tullnerfeld der Wiener Archäologe J. Nowalski de Lilia. Es kommt zur Gründung des Heimatmuseums als Sammelhort aller archäologischen Funde. Noch 1949 jedoch
bestehen über Lage und Ausdehnung des Kastells nicht viel mehr als
Vermutungen. Erste konkrete Fundbeobachtungen werden nach 1950
dem Tullner Heimatmuseum (O. Biack und J. Köstlbauer) und dem Österreichischen Archäologischen Institut (H. Thaller-Stiglitz) verdankt. Bis
1970 folgen Fundbergungen westlich und südlich des Lagers im Vicus
und in den Gräberfeldern. Seit 1971 veranstaltet das Bundesdenkmalamt
(H. Ubl) Notgrabungen im Vicus, vor allem südlich des Lagers. 1978
beobachtet J. Köstlbauer die westlichen Lagergräben und 1979 gräbt

das Bundesdenkmalamt (H. Ubl) in der Pfarrkirche. Ausgelöst durch Spitalsumbauten kommt es 1980/81 zur Freilegung der *porta principalis dextra* des Lagers und 1984 zur Untersuchung und Restaurierung des sogenannten Salzturmes, eines Hufeisenturmes der westlichen Lagerfront (Bundesdenkmalamt, H. Ubl). 1989 wird der südöstliche Lagereckturm durch das Institut für Ur- und Frühgeschichte der Universität Wien ausgegraben. Seit 1991 laufen Notgrabungen des Vereins Asinoe im Auftrage des Bundesdenkmalamts im Lagerbereich, im Vicus und vor allem im südlichen, spätantiken Gräberfeld.

Das Lager war mit der Schmalseite seines rechteckigen Grundrisses zur Donau hin orientiert. Wegen des starken Geländeverlustes kann die Lagerfläche nur geschätzt werden; sie dürfte zwischen 4,2 und 4,5 ha betragen haben.

Vom Holz-Erde-Lager des 1.Jhs.n.Chr. haben sich Teile des östlichen *vallum* mit feindseitig vorgelegter Lehmziegelverblendung und Pfostenlöcher der Palisadenbekrönung, Pfostengruben des Holztores und ein Stück der vorgelagerten Grabenanlage mit Stolperhindernissen (*liliae*) untersuchen lassen. Vom ältesten Steinlager wurde die *porta principalis dextra* mit den beiden Tortürmen (Abb.83) und der die doppelte Einfahrt trennen-

Abb. 83: Tulln. Rekonstruktion der Toranlage

228

den Spinamauer sowie Reste der nach Norden und Süden streichenden Lagermauer – bis auf das Steinfundament ausgerissen – freigelegt. Von den Festungsbauten des jüngeren Steinlagers hat sich ein Hufeisenturm der Westflanke („Salzturm", Farbtafel 28) bis heute über Tage erhalten, Reste des südwestlichen Fächerturmes und der südlichen Lagermauer sind schon seit den sechziger Jahren bekannt, der südöstliche Fächerturm wurde 1989 ergraben und konserviert. Von den Innenbauten des Lagers sind erst Spuren bekannt.

Vom Vicus sind einige Mauerzüge zwischen Pfarrkirche und Karner und ein größerer Gebäudekomplex mit Hypokaustheizung unter der Pfarrkirche untersucht worden. Römische Baureste unter dem Minoritenkloster lassen vermuten, daß der Vicus auch vor der westlichen Lagerfront bestanden hat.

Durch die Grabungen der neunziger Jahre wurde die Kenntnis der Gräberfelder um das ausgedehnte Gräberareal der späten Römerzeit in der Bahnhofstraße vermehrt. Dieses dürfte weit über 300 Bestattungen, teils in Erd–, Steinplatten–, Ziegelplatten- oder gemauerten Schachtgräbern, gezählt haben.

Das Tullner Lager wurde vermutlich unter Kaiser Domitian (81–96 n.Chr.) angelegt. Bereits unter Traian (98–117 n.Chr.) begann der Umbau des Holz-Erde-Lagers zum Steinkastell. Im 3.Jh.n.Chr. wurde das Lager zumindest von zwei Zerstörungen (Brandkatastrophen) betroffen, die – durch Münzschatzfunde belegt – in die Jahre 258 und 283 n.Chr. zu datieren sind. Eine dritte schwere Zerstörung erlitt das Lager in der zweiten Hälfte des 4.Jhs.n.Chr., als das mit Ursicinus-Ziegeln eingedeckte, östliche Doppeltor abbrannte. Während der rasch durchgeführten Restaurierung wurde die südliche Durchfahrt vermauert. Menge und Vielfalt der Fundkeramik machen zusammen mit dem Befund der jüngsten Gräberfeldgrabungen deutlich, daß das Lager auch in der ausgehenden Römerzeit gut besiedelt war. Es wird, wie auch sonst am norischen Donaulimes bemerkbar, im späteren 4.Jh.n.Chr. immer mehr von der Zivilbevölkerung in Besitz genommen und nur noch von schwachen Grenztruppen verteidigt worden sein, die sich nach dem Zeugnis der Severinsvita zuletzt aus germanischen Foederaten rekrutiert hat. Wahrscheinlich wurde das alte Lager nach den Rugierfeldzügen und dem Rückwanderungsbefehl Odoakers verlassen. Eine Wiederbesiedlung der Ruine ist während des Awarenkrieges Karls d. Großen (791 n.Chr.) anzunehmen, bis jetzt aber archäologisch nicht nachweisbar. Sie ist durch die Gräberfunde von der Sporthauptschule jedoch für das 10.Jh. gesichert.

Hannsjörg Ubl

Praktische Hinweise

Anreise: Tulln ist Bahnknotenpunkt der Franz-Josefs-Bahn zwischen Wien, Gmünd und St. Pölten (Kopfstation Wien). Es ist über die Schnellstraße B 33 Wien – Krems oder über die Bundesstraße B 14 /B 19 zu erreichen. Außerdem ist Tulln Schiffsanlegestelle für den Donau-Passagier-Verkehr.

Besichtigung: Baureste des Alenlagers haben sich deutlich sichtbar im sogenannten Salzturm an der Ecke Nibelungengasse – sie folgt der westlichen Lagerflucht außerhalb der Lagergräben – und Wassergasse erhalten. In den Kellern einiger Häuser der Wienerstraße, die der südlichen Lagerfront folgt, sind Teile der südlichen Lagermauer und des südwestlichen Lagereckturmes erhalten. Der südöstliche Lagereckturm ist in einem eigenen Schutzbau im Hof der Sporthauptschule, zugänglich von der Bonvicinistraße, zu besichtigen. Im ehemaligen Garten des Krankenhauses, zugänglich von der Zant-Allee, liegt die restaurierte, nun aber vom Grundeigentümer vernachlässigte Ruine der *porta principalis dextra.*

Museum: Die Ausgrabungen unter dem ehemaligen Minoritenkloster sind im Tullner Stadtmuseum in der konservierten Grabung „Tulln unter der Erde – Stadtarchäologie in Tulln" zu besichtigen. Öffnungszeiten: Mi-Fr 15.00–18.00, Sa 14.00–18.00, So 10.00–18.00. Vereinbarungen zu Führungen unter 02272/ 61915. Die Geschichte des Lagers Comagena mit dem Tullner Fundmaterial ist im „Limesmuseum" neben der Minoritenkirche präsentiert.

Literatur

Genser 1986, 356ff.; Ubl in: Kandler – Vetters 1986, 153ff. H. Ubl 1985/86; B. Cech, Vom Kastell zur Stadt. 2000 Jahre Leben in Tulln. Ausstellungskatalog. Tulln 1989; H. Friesinger, Tulln in der Völkerwanderungszeit und im frühen Mittelalter. Mitteilungen des heimatkundlichen Arbeitskreises für die Stadt und den Bezirk Tulln 7, 1992, 23ff.; H. Ubl, Tulln – das römische Grenzkastell in Noricum. Mitteilungen des heimatkundlichen Arbeitskreises für die Stadt und den Bezirk Tulln 7, 1991, 15ff.; E. Weber, Antike Nachrichten über Comagenis. Mitteilungen des heimatkundlichen Arbeitskreises für die Stadt und den Bezirk Tulln 7, 1992, 3ff.; M. Bachner, Das spätantike Gräberfeld Tulln-Bahnhofstraße, Grabung 1993. Fundberichte aus Österreich 32, 1993, 346ff.; M. Bachner – M. Lantschner, Ausgrabungen in Tulln, Kerschbaumergasse. Fundberichte aus Österreich 32, 1993, 340ff.; Tullner Museen im Minoritenkloster, Katalog der Schausammlungen, Tulln 1996, 9ff.: „Tulln unter der Erde" – Stadtarchäologie in Tulln, 59ff.: „Land am Strome": Abt. für Urgeschichte, 87ff.: Das Limesmuseum.

ZEISELMAUER – CANNABIACA ?

Kastell – Vicus

ZEISELMAUER liegt auf einer leicht nach Norden ausbuchtenden Terrasse des östlichen Tullnerfeldes, nur wenige Meter über dem Wasserspiegel der Donau. Der heute stark verschliffene Terrassenabbruch zum tiefer-liegenden Auengebiet, das durch einen neuzeitlichen Hochwasserdamm vom Ackerland getrennt ist, läßt sich nur noch an der Nordflanke der Siedlung erkennen. Der Vicus erstreckte sich westlich und südlich des Lagers, die Gräberfelder – soweit erforscht – südwestlich von diesen. Die Lagerruine mit ihren zum Teil noch hochaufragenden Mauern bestimmt noch immer Form und Ausdehnung des alten Ortskernes (Abb.84).

Der antike Name ist nicht mit Sicherheit zu benennen. Nach der Lage des Ortes als östlichstes Limeslager am norischen Donauabschnitt kann es mit dem einzig in der *Notitia Dignitatum* erwähnten *Cannabiaca* (occ.

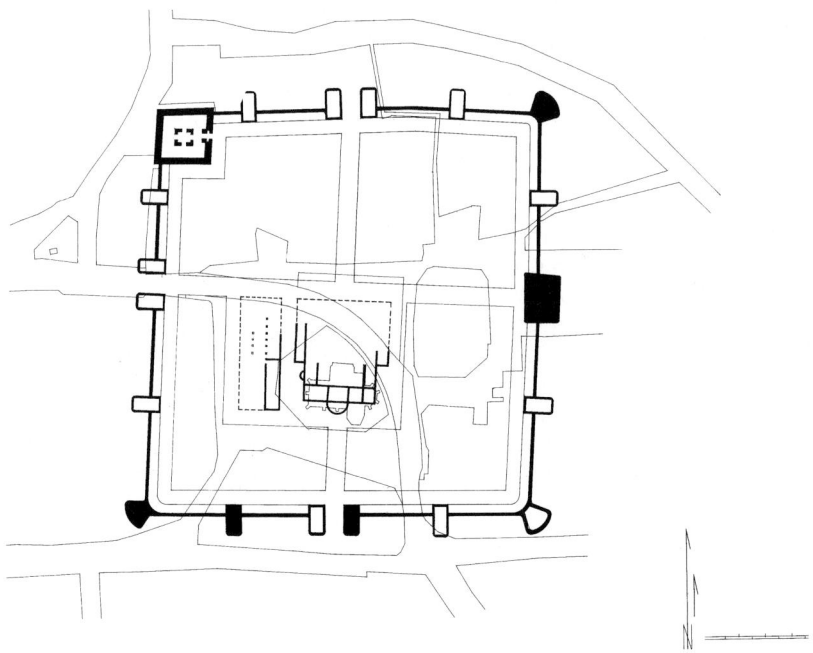

Abb. 84: Zeiselmauer. Übersichtsplan

34,46) gleichgesetzt werden. Ältere Versuche, in ZEISELMAUER das auf der *Tabula Peutingeriana* verzeichnete *Citium* erkennen zu wollen, sind heute überholt. Aus dem Ort selbst sind vor allem durch Grabungen der jüngsten Zeit Steininschriften, Ziegelstempel, Münz–, Klein- und Keramikfunde bekannt geworden, die es möglich machen, die Geschichte von Lager, Vicus und Gräberfeldern zu schreiben.

Die erste Besatzungstruppe des Lagers könnte die *cohors V Breucorum* gewesen sein, von der Ziegelstempel gefunden wurden. Vielleicht war sie aber auch nur mit einer Bauvexillation kurzfristig im Lager vertreten. Durch eine Weihinschrift ist die *cohors II Thracum equitata pia fidelis* bezeugt. Aus Britannien kommend, erschien sie um 122 n.Chr. in ZEISELMAUER, wo sie bis ins 3.Jh.n.Chr. verblieben ist, um dann wieder in ihre alte Standortprovinz zurückzukehren. Andere Truppen, wohl immer Kohorten, sind namentlich nicht bekannt. Wenn ZEISELMAUER tatsächlich der in der *Notitia Dignitatum* genannte Truppenstandort war, so lag hier noch um die Wende vom 4. zum 5.Jh.n.Chr. eine Kohorte der Grenztruppen.

Erste Funde aus der Römerzeit wurden bereits im 18.Jh. verzeichnet. Die archäologische Erforschung des Ortes beginnt im frühen 20.Jh. (G. Kaschnitz v. Weinberg, W. Kubitschek). Nach anfänglicher Fehlbeurteilung der aufragenden Ruinenmauern folgt ihr Erkennen als Reste eines römischen Lagers in den sechziger Jahren und daran anschließend die Vermessung des Ruinenbestandes. Seit 1969 beobachtet das Bundesdenkmalamt (H. Ubl) bauliche Veränderungen im Ortskern und führt Notgrabungen durch (1980 unter der Pfarrkirche, in den folgenden Jahren auf dem Kirchplatz). 1925 und 1927 werden Beobachtungen im Gräberfeld und im Vicus (zuletzt NÖ. Landesmuseum) durchgeführt.

Das im Ortskern gut verfolgbare Mauergeviert des Lagers schließt eine Fläche von etwa 150 x 135 m und damit 2,025 ha ein. Dem heute noch erkennbaren Steinlager geht ein Holz-Erde-Kastell voraus, dessen Innenbauten in Fachwerktechnik errichtet waren und nach einem Brand etappenweise in Stein erneuert wurden. Um die Mitte des 2.Jhs.n.Chr. scheint dieser Umbau abgeschlossen gewesen zu sein. Die noch heute erhaltenen Teile der römischen Befestigungsanlagen gehören jedoch späteren Adaptierungsarbeiten an, die vom späten 3. bis ins 4.Jh.n.Chr. zu setzen sind.

Durch Grabungen konnten der Lagerzentralbau (Abb.85), Teile von Kasernenbauten, ein Wirtschaftsgebäude mit Speicher, einige Teilstücke der Lagermauer und ein Hufeisenturm freigelegt und untersucht werden. Grabungsbefunde und Fundauswertung setzen das frühe Holz-Erde-Lager in spätflavische Zeit (letzte Jahrzehnte des 1.Jhs.n.Chr.). Zum etappenweisen Umbau des Lagers lieferten im 2.Jh.n.Chr. zuerst die *legio X*

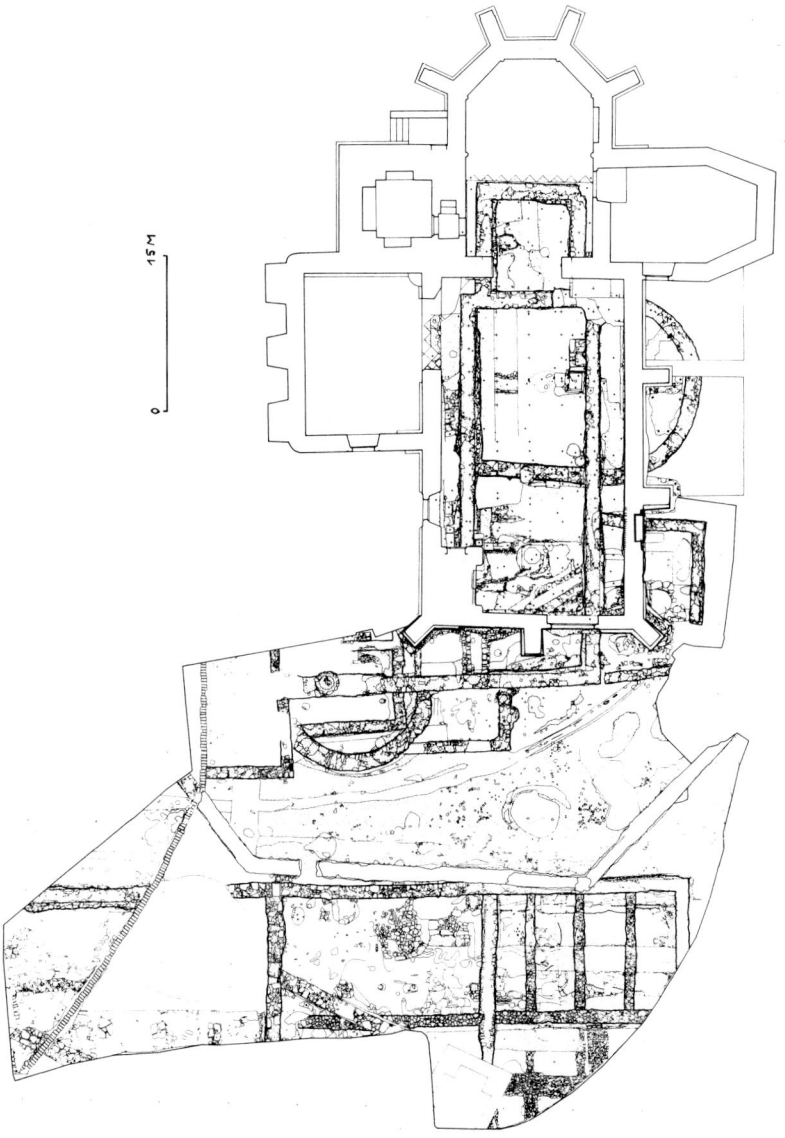

Abb. 85: Zeiselmauer. Grundrißplan der Principia

15 M

0

Gemina aus Vindobona, später die *legio II Italica* aus Lauriacum Ziegel. Mit dem Ausbau der Zwischen- und Ecktürme zu Hufeisen- und Fächertürmen kann schon gegen Ende des 3.Jhs.n.Chr. begonnen worden sein. Nach der Mitte des 4.Jhs.n.Chr. kommt es zum Anbau eines turmartigen Kleinkastells mit Innenhof an der Nordwest-Ecke des Lagers, der noch im 5.Jh.n.Chr. bauliche Veränderungen erlebt (Abb.86). Dem ausgehenden 4.Jh.n.Chr. sind wohl auch deutliche Eingriffe in die Innenraumgestaltung des Lagerzentralbaues zuzuweisen, zu denen auch die Umgestaltung des Fahnenheiligtums zählt. Aus dem 5.Jh.n.Chr. stammen die verschiedenen Heizungseinbauten (Schlauchhypokausten) in ältere, nicht für Wohnzwecke gedachte Gemeinschaftsbauten des Lagers. Diese sind mit dem Rückzug der Truppe auf das Eckkastell und der Umgestaltung des Lagers in eine zivile Kleinstadt im letzten Limesjahrhundert zu sehen. Nach Aufgabe des Ortes am Ende des 5.Jhs. n.Chr. verfällt dieser. Die durch mächtige Bauschutt- und Humusschichten bedeckten Ruinen werden nach dem keramischen Befund erst wieder im ausgehenden 8. und 9. Jh.n.Chr. besiedelt. Diese Wiederbesiedelung ist mit dem Awarenfeldzug Karls d. Großen (791 n.Chr.) in Zusammenhang zu bringen. Seither läßt sich eine kontinuierliche Siedlungsgeschichte unter weitestgehender Nutzung der römischen Ruinen bis in die Gegenwart verfolgen.

Hannsjörg Ubl

Praktische Hinweise

Anreise: Zeiselmauer ist Bahnstation an der Franz-Josefs-Bahn (Kopfstation Wien) und liegt an der Bundesstraße B 14 zwischen Klosterneuburg (über St. Andrä Wördern) und Tulln.

Besichtigung: Von den römischen Bauten haben sich die Fächertürme an den Nordost- und Südwest-Ecken des Lagers gut sichtbar erhalten. Über dem antik abgetragenen nordwestlichen Fächerturm erhebt sich die Ruine des spätrömischen burgusartigen Kleinkastells, dessen nach Osten gerichtetes Tor auf die nördliche Lagerwallstraße geführt hat. Von den Fundamenten der Innenhofmauern haben sich noch vier hakenförmige Mauern erhalten. Unter der Volksschule können Mauerzüge eines Hufeisenturmes der südlichen Lagermauer besichtigt werden. Das römische Osttor des Lagers, die *porta principalis dextra*, ist als spätrömisches Kastentor im sogenannten „Körnerkasten" dem Passauer Schüttkasten, hochaufragend erhalten. An seinen Nord- und Südmauern lassen sich die Abbruchwunden der östlichen Lagermauer ablesen und an seiner West-Mauer hat sich noch der Torbogen erhalten. Von hier verlief die *via principalis* nach Westen durch das Lager; ihr folgt noch heute der westliche Ast der den Ort querenden Bundesstraße. Das westliche Lagertor ist zwar verschwunden, sein Standort jedoch an der Baulücke, durch die die moderne Straße den Ortskern verläßt, deutlich zu erkennen. An der Baulücke,

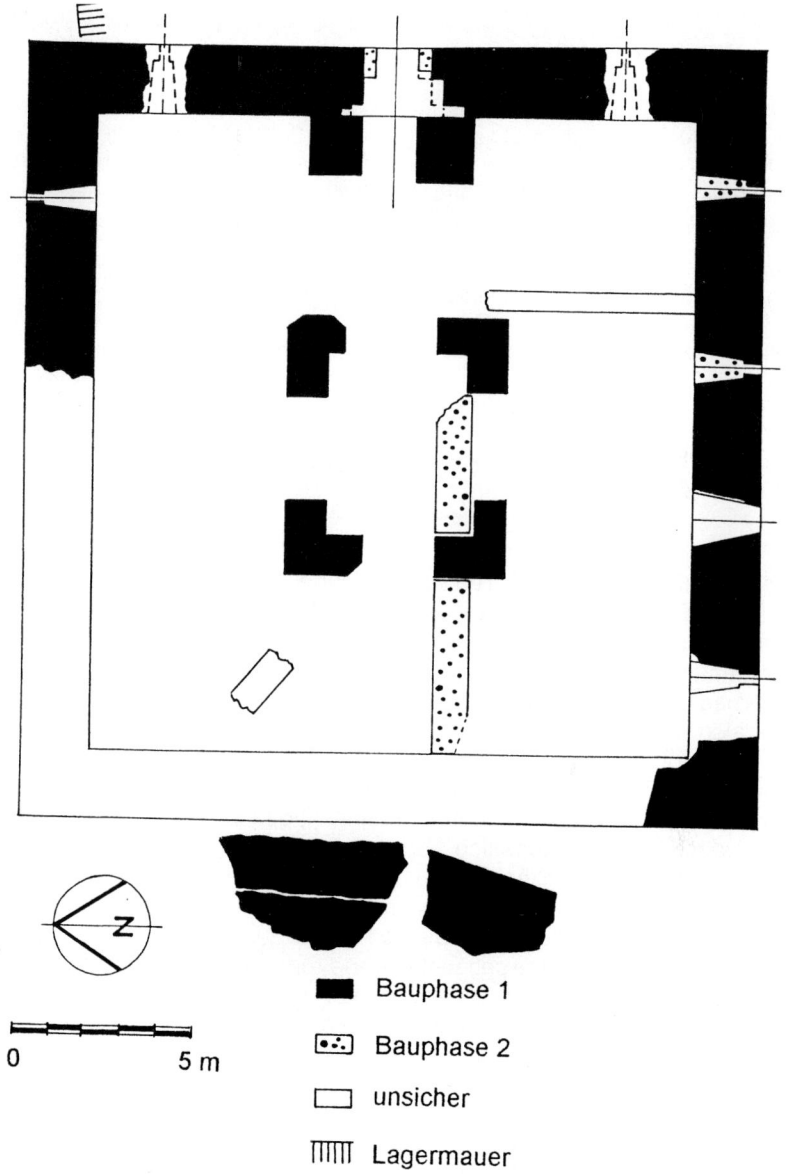

Bauphase 1

Bauphase 2

unsicher

Lagermauer

0   5 m

Abb. 86: Zeiselmauer. Turmartiges Kleinkastell

durch die die moderne Straße von Süden kommend in den Ort eintritt, haben sich Reste der südlichen Lagermauer erhalten. Unter der Pfarrkirche (noch nicht zugänglich) sind Teile des Lagerzentralbaues mit dem Fahnenheiligtum erhalten. Im Gemeindeamt können einige Vitrinen mit Fundstücken aus dem Lager und ein Inschriftstein besichtigt werden. Ein zweiter Inschriftstein ist in der „Römerhalle" zugänglich aufgestellt. Im Kellergeschoß der Volksschule kann die konservierte Ruine eines Hufeisenturmes der südlichen Lagerflanke besichtigt werden.

Literatur

Genser 1986, 376ff.; Ubl in: Kandler – Vetters 1986, 160ff.; Ubl 1985/86. H. Ubl, Cannabiaca. Die römische Geschichte unseres Heimatortes. Gemeide Aktuell-Informationen für Muckendorf, Wipfing, Wolfpassing, Zeiselmauer.

KLOSTERNEUBURG

Kastell – Vicus

Das Lager wurde auf der Terrasse zwischen dem Donauufer und dem Fuß des Buchberges, im Norden begrenzt durch den Kierlingbach, im Süden durch den Weidlingbach, angelegt. Seine Ruinen liegen heute vollständig unter dem Areal des Augustiner Chorherrenstiftes, zum Teil überbaut von der mittelalterlichen und barocken Klosteranlage, deren sakralen und profanen Nebengebäuden und den verschiedenen zugehörigen Höfen und Plätzen (Abb.87). Der Vicus umschloß das Lager im Süden und Südwesten und wird heute von der oberen Stadt überbaut. Die Gräberfelder – soweit heute bekannt – lagen am Fuße des Buchberges, südlich und südwestlich von Lager und Vicus, wohl an der hier entlangziehenden antiken Straße. In der Spätzeit wurde im Lagerareal selbst bestattet. Zwischen Vicus und Gräberfeldern, das Lager selbst nicht durchschneidend, verlief die von Süden aus Vindobona kommende und entlang des Buchberges verlaufende römische Straße, die hier nach Westen umbiegend durch das Kierlingtal gegen Noricum zog. Im Kierlingtal muß sie die Provinzgrenze zwischen Pannonien und Noricum geschnitten haben, vielleicht etwas westlich des Ortes Maria Gugging, wo sich zwei Silvanusweihungen, eine von einem Soldaten der *legio X Gemina*, gefunden haben.

Der antike Name des Ortes ist unbekannt. Nach seiner Lage am pannonischen Abschnitt des Donaulimes kann Klosterneuburg als dessen westlichstes Lager weder – wie früher angenommen – Astura noch Cannabiaca

236

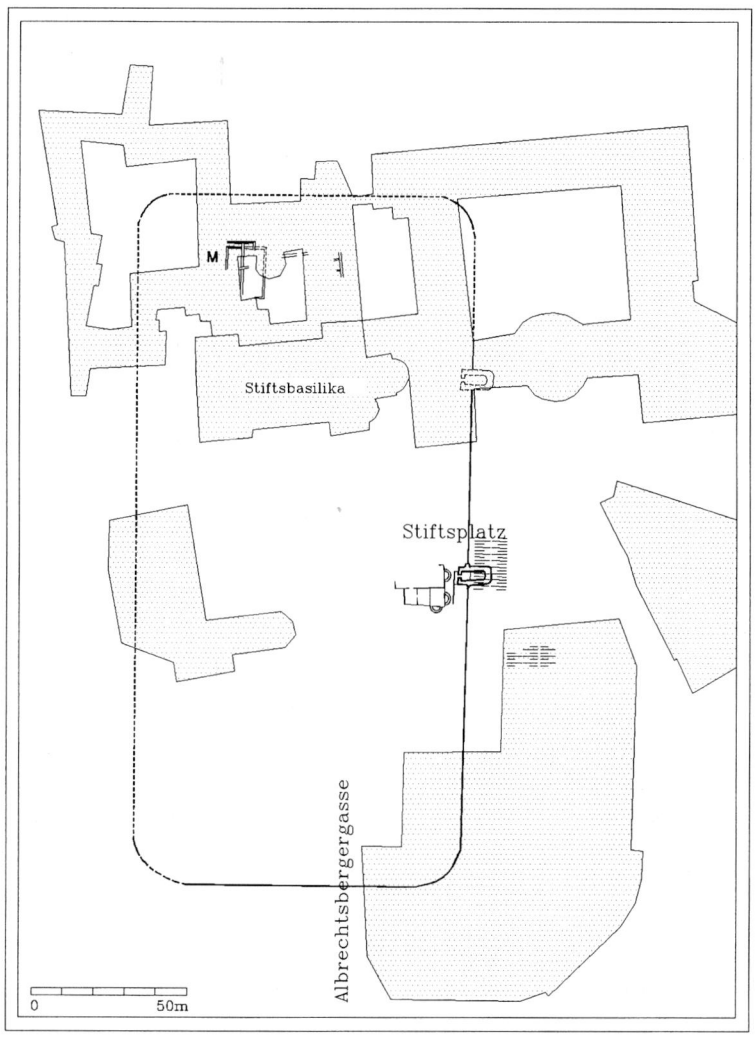

Abb. 87: Klosterneuburg. Übersichtsplan

gewesen sein. Vielleicht war es das in der *Notitia Dignitatum* aufgelistete *Arrianis* (occ. 34,29). Möglicherweise ist auch der antike Name von KLOSTERNEUBURG durch Doppelschreibung von ARRABONA in der *Notitia*

Dignitatum (occ. 34,15/16) verloren gegangen. In der antiken Literatur findet sich kein Hinweis auf das römische KLOSTERNEUBURG. Durch Zufallsfunde und archäologische Grabungen konnten epigraphische und archäologische Quellen erschlossen werden, darunter ein Militärdiplom, Grab-, Weihe-, Bau- und Meilensteininschriften, gestempelte Ziegel, Münzen und verschiedene Kleinfunde.

Insgesamt sind derzeit drei einander ablösende Hilfstruppenkohorten für das Lager von KLOSTERNEUBURG zu bestimmen: die *cohors Montanorum prima* (CIL XVI 26), die *cohors II Batavorum* (Grabinschrift und Ziegelstempel) und die *cohors I Aelia sagittariorum* (Grab- und Weiheinschriften, Ziegelstempel). Durch Ziegelstempel lassen sich die Vindobonenser Legionen *XIIII Gemina Martia Victrix* und *X Gemina* als Bauvexillationen und (oder nur) als Ziegellieferanten nachweisen. Die Garnisonstruppen des spätrömischen Grenzheeres bleiben für KLOSTERNEUBURG wegen der unsicheren Überlieferung in der *Notitia Dignitatum* unbekannt. In Frage kämen eine Kohorte (occ. 34, 29), eine Einheit von *equites promoti* (occ. 34,16) oder germanische Foederaten der g*ens Marcomannorum* (occ. 34,24).

Während der Barockisierungsarbeiten am mittelalterlichen Kloster wurden erste Münz- und Kleinfunde beobachtet. Vermehrten Fundanfall brachten die Renovierungen des 19.Jhs. an der Stiftskirche und den Klosterbauten: Steininschriften, das Militärdiplom, Ziegelstempel, Münzen und Kleinfunde. Diese Funde gaben vor allem der Wiener Altertumsforschung neue Impulse, sich mit der römischen Vergangenheit von KLOSTERNEUBURG auseinanderzusetzen; an erster Stelle ist hier F. v. Kenner zu nennen, gefolgt von W. Kubitschek und E. Polaschek. 1925 versucht E. Nowotny den Kastellplan aus dem Klosterneuburger Katasterplan zu erschließen. Erste planmäßige Grabungen im Lager werden durch das Bundesdenkmalamt (A. Schmeller) und das Österreichische Archäologische Institut (R. Egger) 1953/54 südwestlich der Stiftskirche durchgeführt. Darauf folgen Fundbergungen im Vicus und in den Gräberfeldern (J.-W. Neugebauer). Seit 1976 gräbt das Bundesdenkmalamt im Lager (H. Ubl) und im Vicus sowie den Gräberfeldern (J.-W. Neugebauer und Chr. Neugebauer-Maresch).

Das Lager zeigt einen mit seinem *decumanus* Nordost-Südwest orientierten, langrechteckigen Grundriß von etwa 2,2 ha Fläche und war zur Donau hin leicht abfallend terrassiert. Vermutlich wurde das ursprünglich eher gedrückt rechteckige Lager in seiner zweiten Bauphase nach der Retentur hin verlängert. Das mehrphasige Holz-Erde-Lager erhielt um 100 n.Chr. erste Steinbauten und ziegelgedeckte Kasernen. Auch am späteren Steinlager lassen sich mehrere Umbauten feststellen. Das in der Retentur nahe der Südflanke des Lagers gelegene Bad mit ursprünglich

238

zwei Wannenapsiden wurde bis in die Spätantike mehrfach umgestaltet, ebenso die Kasernenbauten nahe der nordöstlichen Lagerfront. Umbauten zeigt auch der untersuchte Zwischenturm am Lagerbad; er wurde als Hufeisenturm über einen älteren Innenturm von annähernd quadratischem Grundriß gesetzt. Das hier vorgelegte Grabenhindernis – ein Doppelspitzgraben – mußte für den weit ausgreifenden Hufeisenturm ebenfalls verändert werden.

Nach Ziegelstempelfunden lassen sich die Adaptierungsarbeiten an den Lagerinnenbauten an das Ende des 2. und in die frühen Jahrzehnte des 3.Jhs.n.Chr. datieren. Ausgedehnte Umbautätigkeit ist wegen der Verwendung von Ziegeln der OFARN-Gruppe für das letzte Drittel des 4.Jhs.n.Chr. nachzuweisen. Nach Zerstörung oder (und) Verfall kam es noch im 5.Jh.n.Chr. zu letzten Flickarbeiten am Mauerwerk in Trockenmauertechnik und zur Neuanlage von Hütten in primitiver Holzbauweise mit lehmverputzten Flechtwerkwänden. Nach Aufgabe des Lagers im ausgehenden 5.Jh.n.Chr. wurden die Ruinen – soweit jetzt erkennbar – erst wieder im Hochmittelalter besiedelt.

Vom Vicus konnten bisher weder das Verbauungsschema noch komplette Hausgrundrisse erkannt werden. Die hier verbreitet auftretenden militärischen Ziegelstempel spiegeln eine ähnliche Bauentwicklung wie im Lager selbst wider.

In dem süd- und südwestlich des Lagers am Fuße des Buchberges gelegenen Gräberfeld konnten, sich zum Teil überlagernd, Bestattungen des 1. bis 5.Jhs.n.Chr. (Brand- und Körpergräber) festgestellt werden. Eine Schotterstraße mit Straßengraben und noch erkennbaren Wagengeleisen begleitete das Gräberfeld, von dem auch die in einer spätantiken Zisterne innerhalb des Lagers gefundenen Grabstelen stammen. Im Bereich des Gräberfeldes konnte auch eine ältere Spitzgrabenanlage aufgedeckt werden, die zu einem Marsch- oder Übungslager gehört haben wird.

Nach dem Zeugnis der Funde ist das Lager von KLOSTERNEUBURG und mit ihm der Vicus und die Gräberfelder in spätflavischer Zeit entstanden. Es wurde von der *cohors Montanorum prima* um das Jahr 80 n.Chr. erbaut und nach 102 n.Chr. wieder verlassen. In die Zeit ihrer Anwesenheit fällt auch die Lieferung von Ziegeln durch die in VINDOBONA stationierte *legio XIII Gemina*. Der erste Ausbau des Lagers mit Steinkasernen erfolgt durch die nachfolgende *cohors II Batavorum,* die selbst Ziegel produziert und Ziegel von der nun in VINDOBONA stationierten *legio XIIII Gemina Martia Victrix* geliefert erhält. Knapp vor 128 n.Chr. wurde die Bataverkohorte in die Nachbarprovinz Noricum verlegt. Ihr folgt die vermutlich im Osten des Reiches aufgestellte *cohors I Aelia sagittariorum* nach, welche sich in KLOSTERNEUBURG zur Zeit durch Inschriften bis ins 3.Jh.n.Chr. nachweisen läßt. Sie hat jedoch das Lager sicher zumindest bis zur Heeresreform des 4.Jhs.n.Chr. besetzt gehalten. Zu den Bauarbeiten am Lager hat der aelischen Bogenschützenkohorte die Wiener *legio X Gemina* reichlich Ziegel geliefert. Auf Grund der schlechten Quellenlage ist die spätantike Garnisonstruppe des Limitanheeres unbekannt. Keramikfunde bezeugen als letzte Siedlungsschicht im Lager – und im Gräberfeld – germanische Elemente, die vermutlich als Föderaten die letzte Wacht an der Donau halten sollten. Im ausgehenden 5.Jh.n.Chr. liegt das Lager öde und verlassen. Seine Ruine wird erst im Hohen Mittelalter wieder besiedelt.

Hannsjörg Ubl

Praktische Hinweise
Anreise: Mit der Franz Josephs Bahn von Wien oder dem Autobus von Wien-Heiligenstadt (Endstation der U4) bis Haltestelle Klosterneuburg-Kierling. Mit dem PKW von Wien auf der B 14 über Heiligenstadt und Nußdorf.
Besichtigung: Im Gelände konnten keine Lagerbauten erhalten werden. Die nach 1954 konservierte Ruine des Lagerbades – damals noch als frühchristlicher Kultbau gedeutet – wurde nach wenigen Jahren wieder zugeschüttet. Ein kleiner Grabungsausschnitt unter dem Nordflügel des Klosterkreuzganges befindet sich in Konservierung. Er wird römische und mittelalterliche Mauerzüge und Schichten vom 1. bis ins 14.Jh. zeigen. Im Kuchlhof des Stiftes wurde der spätrömische Zisternenschacht nicht wieder zugeschüttet, aber abgedeckt. Ein römischer Inschriftstein im Haus Agnesstraße, ein römischer Grabstein im evangelischen Pfarramt.

Museum: Römische Inschriften und Funde aus dem Lager sind im Römischen Lapidarium des Stiftes ausgestellt (zu besichtigen gegen Voranmeldung). Anderes Fundmaterial, vor allem aus dem Vicus, kann (gegen Voranmeldung) im Stadtmuseum besichtigt werden.

Literatur
Genser 1986, 402ff.; Ubl in: Kandler – Vetters 1986, 167ff.; Ubl 1985/86. Chr. Neugebauer-Maresch u. J.-W. Neugebauer, Ein Friedhof der römischen Kaiserzeit in Klosterneuburg. Die Rettungsgrabungen des Bundesdenkmalamtes in den Jahren 1983–84 im Bereich des Evangelischen Pfarramtes. Archaeologia Austriaca 70, 1986, 317ff.; H. Ubl, Das römische Lapidarium, Stiftsmuseum Klosterneuburg. Katalog I. Klosterneuburg 1991; H. Ubl, Das römische Klosterneuburg. Klosterneuburg, Geschichte und Kultur, 1. Die Stadt, Wien 1992, 39ff.; Chr. u. J.-W. Neugebauer, Das Gräberfeld der römischen Kaiserzeit und beginnenden Völkerwanderungszeit in Klosterneuburg-Buchberggasse. Klosterneuburg, Geschichte und Kultur, 1. Die Stadt, Wien 1992, 97ff.; Chr. u. J.-W. Neugebauer; Die Pfarrkirche St. Martin. ebenda, 121ff.

Taf. 25: St. Pölten. Übersicht der Grabung am Rathausplatz 1988/1989

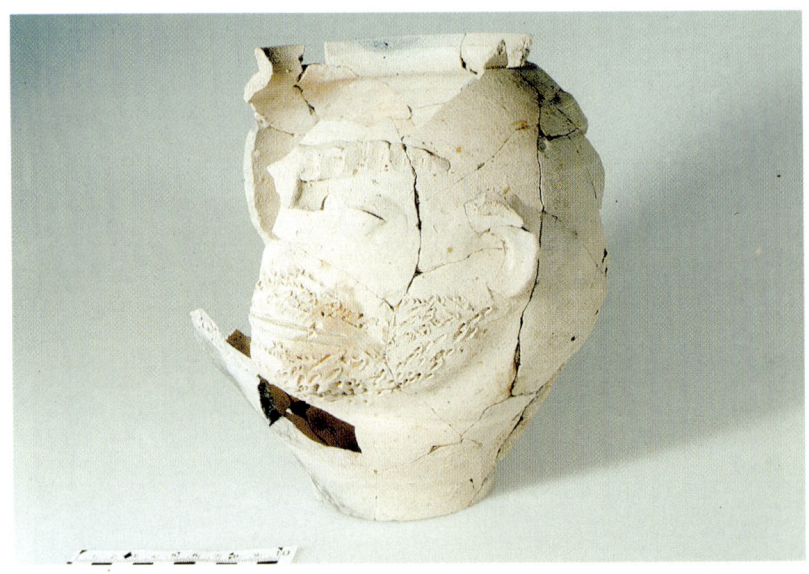

Taf. 26.1: St. Pölten. Gesichtsgefäß

Taf. 26.2: St. Pölten. Einheimische Terra Sigillata-Produktion

Taf. 27.1: Traismauer. „Wiener Tor"

Taf. 27.2: Carnuntum. Pfaffenberg

Taf. 28: Tulln. Salzturm

Taf. 29: Höflein. Kirche und Friedhofsmauer

Taf. 30.1: Carnuntum. Terra Sigillata von der Grabung Mühläcker

Taf. 30.2: Hainburg-Braunsberg. Altfund eines spätlatènezeitlichen zoomorphen Gürtelhakens mit roten Emaileinlagen in den Augen; Original in der Prähistorischen Abteilung des Naturhistorischen Museums Wien

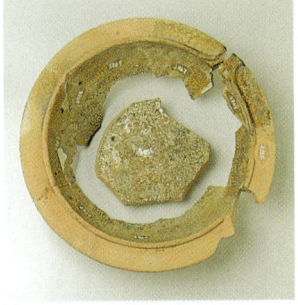

Taf. 30.3: Oberleis. Glasierte Keramik

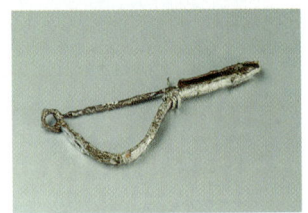

Taf. 30.4: Oberleis.
Fibel aus Eisen mit umgeschlagenem Fuß ▷

Taf. 31.1: Oberleis. Luftaufnahme aus Südwesten

Taf. 31.2: Oberleis. Steingebäude beim Aussichtsturm, Aufnahme aus dem Süden

Taf. 32.1: Stillfried.
Terra Sigillata-Schüssel des Paternus

Abb. 32.2: Stillfried.
Beinerner Dreilagenkamm

Abb. 32.3: Stillfried. Spätantike, glättverzierte Ware

WIEN – VINDOBONA

Legionslager – Canabae – Autonome Stadt

Die Donaustrecke zwischen KLOSTERNEUBURG und HAINBURG gehörte zu den gefährdetsten Grenzen des römischen Imperiums. Aus diesem Grund entstand in einem relativ geringen Abstand vom Legionslager CARNUNTUM ein weiteres, nämlich VINDOBONA.
Auf einer Terrasse über dem heutigen Donaukanal gelegen (damals Hauptarm der Donau), war das Legionslager an drei Seiten natürlich geschützt, die Nordseite von der Donau, die Westseite durch den Ottakringerbach, der durch den heutigen Tiefen Graben floß, und die Ostseite durch das Gerinne des Möringbaches, welcher am heutigen Graben, ungefähr bei der Pestsäule entsprang und dann durch den Bereich der heutigen Rotenturmstraße floß. Allein die Südseite entbehrte eines natürlichen Schutzes. Diesem Umstand wurde durch eine starke Befestigung – besonders in der Spätantike – Rechnung getragen (Abb.88).
Die Etymologie des Ortsnamen VINDOBONA ist nach wie vor umstritten. Nach einem älteren Handbuch sollte *bona* aus dem keltischen kommen und „Bau, Haus oder Wohnort" bedeuten, ein langes O haben und nach der lateinischen Betonungsregel auf dieser Silbe betont werden. Eine neuere Etymologie leitet das Wort dagegen vom Indogermanischen *bʰona* „(Kahl?) Schlag" ab, mit kurzem O. Die Bedeutung des Ortsnamens wäre demnach „Lichtung, Rodung des Vindo"(?).
Der moderne Name WIEN geht jedoch mit Sicherheit nicht auf VINDOBONA zurück, sondern ist von der (slawischen?) Bezeichnung für den Wienfluß abgeleitet.
Außer in der *Tabula Peutingeriana* ist VINDOBONA noch im *Itinerarium Antoninii* (ed. Cuntz p. 35), in der *Notitia dignitatum* (occ. 34,25), sowie durch Claudius Ptolemaios in seiner *Geographia Hyphegesis* (II 14,3) erwähnt.
Die ersten Sammler, die uns bekannt sind, nämlich Wolfgang Lazius, Hermes Schallauczer und Hieronymus Beck von Leopoldsdorf begannen im Humanismus (16. Jh.) mit der Sammlung von epigraphischen Steindenkmälern. Erst in der zweiten Hälfte des 19. Jhs. kam es durch den Fall der Stadtbefestigung zum Aufblühen der Archäologie. Die Beschäftigung mit den Funden führte zu topographischen Fragen. Abgesehen vom Plateau um den Hohen Markt wurde das Lager auf den südlichen Anhöhen bei St. Marx und sogar jenseits der Donau vermutet. W. Kubitschek gelang es schließlich, im Anschluß an Friedrich von Kenner, die Lage des Lagers auf dem Plateau um den Hohen Markt und das Zentrum der Zivilstadt beim Aspangbahnhof im 3. Wiener Gemeindebezirk zu lokalisieren. Von beson-

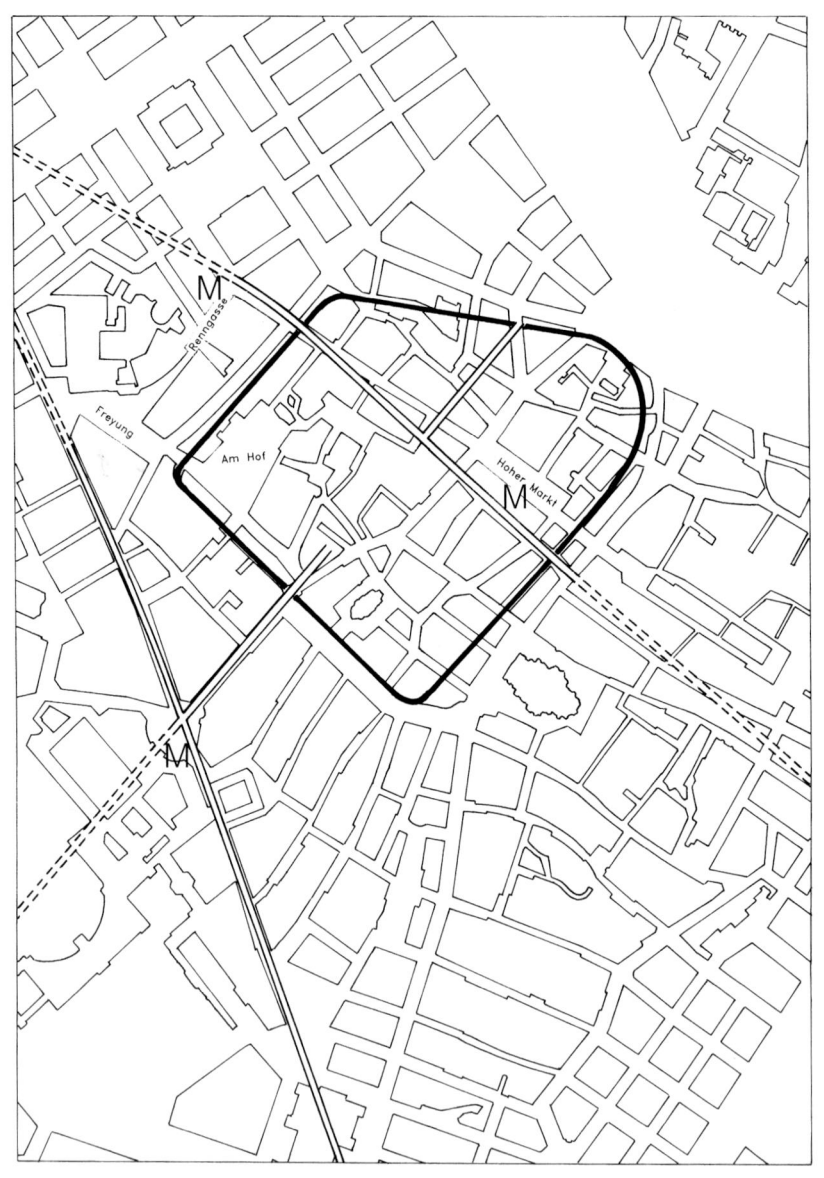

Abb. 88: Wien. Übersichtsplan

derer Bedeutung für die archäologische Bodenforschung war die Tätigkeit des aus Litauen stammenden Josef Hilarius Nowalski de Lilia (1857–1928). Nowalski rief als erster einen archäologischen Fundnachrichtendienst ins Leben.

Erich Polaschek, Nowalskis Nachfolger, beschäftigte sich besonders mit dem Lagergrundriß. Nach dem Zweiten Weltkrieg boten notwendige Um- bzw. Neubauten den Archäologen vielfach Gelegenheit zu neuen Bodenaufschlüssen. Alfred Neumann, der seit 1946 die Grabungstätigkeit im Stadtgebiet beaufsichtigte, sind wichtige neue Detailkenntnisse über das Römerlager zu verdanken.

Die Arbeiten Neumanns werden nun von Ortolf Harl weitergeführt. Neue Einsichten in die Geschichte der Römerzeit ließen sich durch den U-Bahnbau, aber auch durch die Grabungen am Wildpretmarkt, dem Michaelerplatz und der Freyung, aber auch durch die Grabungen im 10. Bezirk bei der Johanneskirche in Unterlaa, gewinnen.

Um die Mitte des 1.Jhs.n.Chr. hatte die 15. Legion, deren Hauptquartier sich in CARNUNTUM befand, eine Abordnung in VINDOBONA stationiert. In der Regierungszeit Kaiser Domitians (81–96 n.Chr.) kam die *ala I Flavia Augusta Britannica milliaria civium Romanorum bis torquatum ob virututum* sowie die 13. Legion, welche mit dem Bau des Legionslagers begann – wie aus der Inschrift des Annius Rufus (CIL III 15196) auf einem Mauerquader ersichtlich ist – nach Wien. Wo die *Ala Britannica* ihr Quartier hatte, ist bis heute nicht sicher geklärt. Nahm man früher an, daß die im 3. Bezirk gefundenen parallel verlaufenden Spitzgräben in der Hohlweg- und der Klimschgasse zu einem Hilfstruppenlager gehörten, wird heute die Zugehörigkeit dieser Gräben zur Zivilsiedlung nicht mehr ausgeschlossen. Neue Grabungen im 1. Bezirk auf der Freyung, speziell im Palais Harrach, wo der Rest eines frühen römischen Holzbaues gefunden wurde, lassen zusammen mit den drei Grabsteinen der *ala*, die bei der Stallburg gefunden wurden, an ein Auxiliarlager in diesem Bereich denken. Die Bauarbeiten der 13. Legion wurden nach deren Abmarsch zusammen mit der *ala Britannica* von der 14. Legion fortgeführt und von der 10. Legion, welche zum Stammregiment der „Wiener" bis zum Ende der Römerzeit wurde, beendet.

A. Das Legionslager (Abb. 89)

Das Legionslager, das eine unregelmäßig rechteckige Form von etwa 18,5 ha Flächeninhalt hatte, war mit seiner Schmalseite zur Donau hin orientiert. Dem Umstand, daß das Lager so dicht am Steilabfall stand, ist es wohl zuzuschreiben, daß der Verlauf der nördlichen Lagermauer so gut wie unbekannt ist.

243

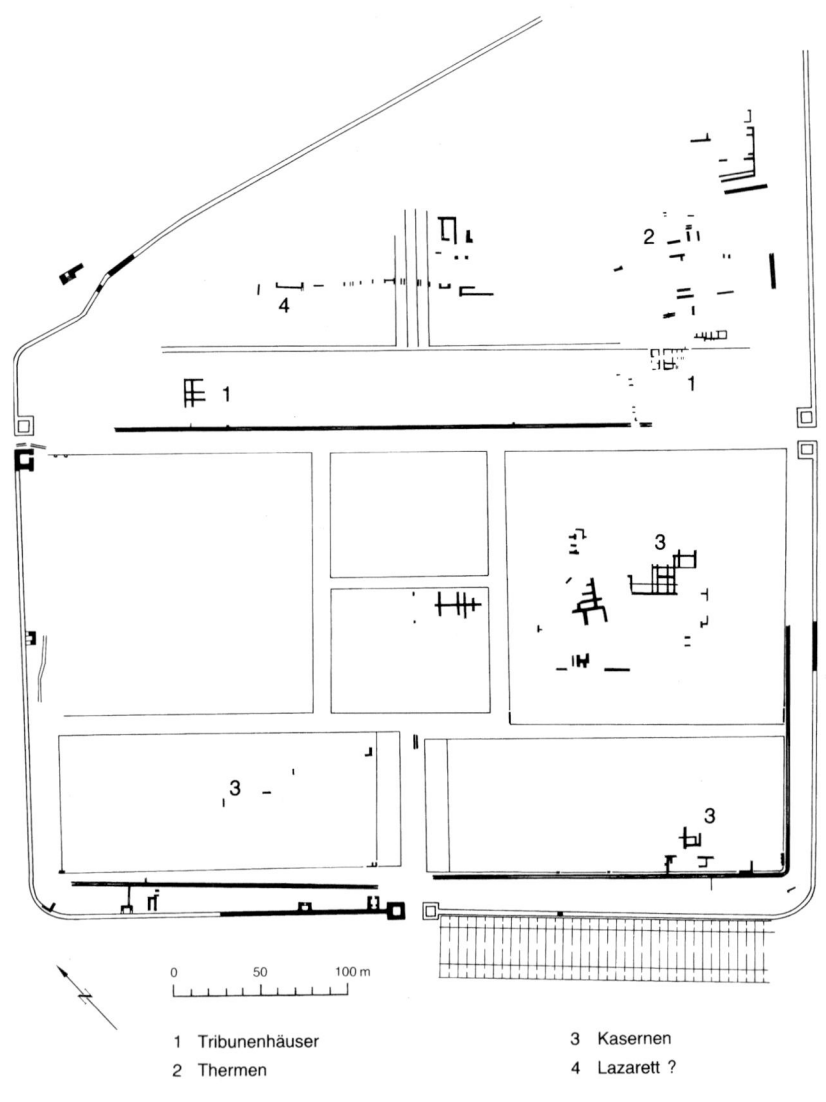

1 Tribunenhäuser   3 Kasernen
2 Thermen   4 Lazarett ?

Abb. 89: Wien. Legionslager

Die Position der Tore an der westlichen (Hohe Brücke–Wipplingerstraße – *porta principalis sinistra)* und an der südlichen Lagerseite (Naglergasse–Tuchlauben – *porta decumana)* ist durch jeweils einen ergrabenen Torturm gesichert. Die Lage des östlichen Tores *(porta principalis dextra)* wurde durch eine Kanalgrabung im Bereich Kramergasse–Ertlgasse festgestellt. Nur die Lage des Nordtores *(Porta praetoria)* bleibt unbekannt. Im Zuge der Grundaushebung für die neue Feuerwehrzentrale Am Hof 9 kamen in rund 3 m Tiefe die Lagerböschung und die Reste eines innen an die westliche Lagermauer angebauten Zwischenturmes (2,90 x 1,90 m) zum Vorschein. Etwa 4 m südöstlich des aufgedeckten Turmes wurde ein Teil des Hauptkanales, der unter der *via sagularis* verlief, entdeckt und auf 8 m Länge freigelegt. Dieser Kanal, dessen Sohle mit Dachziegeln ausgelegt ist, hat eine Höhe von rund 1,80 m und war mit flachen Platten abgedeckt. Die Ziegel tragen durchwegs Stempel der 13. Legion. Etwas weiter südöstlich kam ein Teil des Straßenmakadams der *via sagularis* zum Vorschein. In der Naglergasse wurden ebenfalls Zwischentürme der Südmauer aufgedeckt.

Von den Innenbauten ist gerade genug bekannt, um den Grundriß des Lagers in groben Zügen rekonstruieren zu können. Am wichtigsten war wohl die Freilegung eines Seitenkanales der *via principalis* durch Erich Polaschek in der Wipplingerstraße im Jahre 1937, wodurch bewiesen werde konnte, daß das Lager nach einem rechtwinkeligen Raster errichtet worden war.

Von der Kommandantur (*Principia)*, welche sich südlich der *via principalis* befunden hat, sowie von dem als dahinterliegend angenommenen Legatenpalast *(Praetorium)* konnten bislang nur unbedeutende Reste ergraben werden.

Gut untersucht sind die Tribunenhäuser unter dem Hohen Markt (Abb.90). Die Wohnhäuser der hohen Offiziere (*tribuni militum)* lagen in einer Reihe nördlich der *via principalis.* Diese Häuserzeile *(scamnum tribunorum)* bestand aus 6 Gebäuden. Reste zweier Offiziershäuser sind beim Neubau der Häuser Hoher Markt 3 und 4 freigelegt worden. Nach diesen Bauresten kann man die Tiefe des *scamnum tribunorum* mit rund 40 m festlegen. Die heute sichtbaren Reste bildeten die Hinterfront der römischen Quartiere; die Vorderfront wurde im Bereich der Landskrongasse teilweise angeschnitten. Bei den Mauern handelt es sich um Teile von zwei in griechisch-römischem Typus angelegten Gebäuden, bei denen sich die Wohn- und Wirtschaftsräume um einen Mittelhof mit umlaufender Säulenhalle anordnen. Sie sind durch eine 2 m breite Gasse voneinander getrennt.

Man kann grob vier Bauperioden unterschieden, wobei die erste und älteste in die Zeit der Entstehung des Legionslagers fällt. Diese frühesten

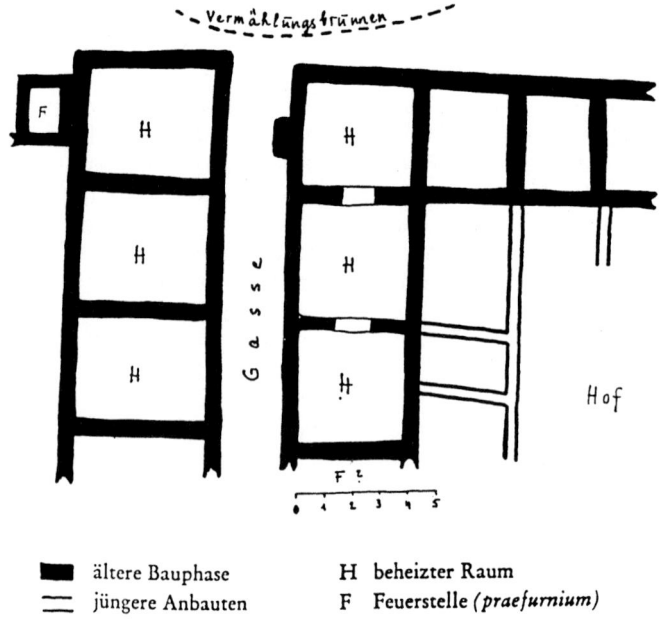

■ ältere Bauphase   H   beheizter Raum
═ jüngere Anbauten   F   Feuerstelle *(praefurnium)*

Abb. 90: Hausgrundrisse von Offiziershäusern unter dem Hohen Markt

Gebäude wurden laut Ausgräber durch Feuereinwirkung zerstört; im Anschluß daran entstand der sich heute dem Besucher des Museums darbietende Bauzustand. Ob diese ersten Gebäude schon als Offiziersunterkünfte gedient haben, konnte durch die Ausgrabung nicht geklärt werden. Die 2. Bauperiode wird in die Zeit nach den Markomannenkriegen datiert. Die Reste der Häuser haben zum Teil beheizbare Räume (Boden- und Wandheizungen) mit Terrazzoböden.

In der 3. Bauperiode verbaute man den Hof im Bereich der vermuteten Säulenhalle. Diese Periode wird in die erste Hälfte des 3.Jhs.n.Chr. gesetzt. Die 4. und letzte Bauperiode schließlich, erhalten in einem von einer Trockenmauer umschlossenen Raum über dem westlichen Tribunenhaus, wird in das beginnende 5.Jh.n.Chr. datiert. Da sich die Trockenmauern nicht am alten Schema der Tribunenhäuser orientieren, kann geschlossen werden, daß diese Bauten damals nicht mehr existierten. Sie folgen zwar noch dem Raster des Lagers, aber die Gasse zwischen den ehemaligen Tribunenhäusern wurde mit einer Mauer überbaut.

Im Bereich zwischen Ruprechtsplatz und Hohem Markt erstreckte sich das Legionsbad. Im Bereich des Hohen Marktes wurde eine Apsis, wohl die des Caldariums aufgedeckt. Ein Kanal unter dem heutigen Fleischmarkt dürfte das Schmutzwasser abtransportiert haben. Auch im Zuge der heutigen Marc-Aurel-Straße wurde ein Kanalstrang mit mehreren Klärbecken, der in Richtung Donau führte, schon im vorigen Jahrhundert aufgedeckt, aber nur unzureichend dokumentiert.

Das von A. Neumann im Bereich der Salvatorgasse angenommene Lagerspital *(valetudinarium)* kann nicht als gesichert gelten, da der von ihm als Beweis angeführte Weihaltar für Jupiter, Apollo, Sirona und Aesculap (HMW Inv. Nr. 8732) in sekundärer Verwendung vorgefunden wurde.

Zum Teil informiert sind wir über die Kasernenbauten, die Am Hof und am Ruprechtsplatz sowie im Bereich Wildpretmarkt angeschnitten wurden. Hier am Wildpretmarkt war es erstmals möglich, die Dimensionen einer Kaserne (1. Kohorte) für WIEN festzustellen. Es handelt sich um Doppelkasernen mit einer Längenausdehnung von rund 60 Metern; die Breite des Korridors betrug ca. 7,5 m. Damit ergibt sich eine Gesamtbreite der Manipelkaserne von 35 m.

B. Die Canabae

Rund um das Legionslager haben sich im Laufe der Zeit die Canabae entwickelt.

Gerade in den letzten Jahren haben mehrere Grabungen genauere Kenntnisse über die Canabae von VINDOBONA ermöglicht.

Von besonderer Bedeutung für die Frühzeit VINDOBONAS waren die Grabungen, die im Bereich der Freyung stattfanden. Beim Bau einer Tiefgarage wurden neben Gebäuderesten und einem Brunnen aus dem 2./3.Jh.n.Chr. zahlreiche Gruben aufgedeckt, deren Stratigraphie vermuten läßt, daß ihrer späteren Bedeutung als Abfallgrube eine andere Verwendung vorangegangen sein dürfte. Es konnte eine deutliche Konzentration der Funde aus dem 1.Jh.n.Chr., sowohl durch Reliefsigillaten als auch durch Münzen (40% aus der flavischen Periode (69–96 n.Chr.) festgestellt werden. Die Massierung der Funde aus dieser Periode deutet darauf hin, daß eine gewerbliche Nutzung (wie etwa Lederbe- und -verarbeitung) schon vor der Errichtung des Steinlagers stattfand. Im Palais Harrach konnte neben zahlreichen Funden aus der Mitte des 1.Jhs.n.Chr. ein Holzbau, möglicherweise ein Kasernenblock, der in diese Periode zu stellen ist, freigelegt werden. Dieses Gebäude wurde in späterer Zeit von einer Straße überlagert, die vom römischen Straßenverlauf in der heutigen Herrengasse abzweigt und in Richtung Renngasse verläuft.

Ein Teil des Handwerkerviertels, das sich im Bereich der Freyung befand, wurde im Keller der Hypo Bank Tirol in der Renngasse 9 angeschnitten. Neben einer großen Lehmentnahmegrube, die mit zahlreichen Keramikfragmenten gefüllt war, konnte ein Teil eines runden Ofens aufgedeckt werden. Vor der gewerblichen Nutzung dieses Gebietes standen im Bereich des Ofens Mauerzüge, bei denen es sich um ein Gebäude oder um einen umfriedeten Grabbezirkes gehandelt haben könnte, da hier die Limesstraße, aus dem westlichen Lagertor kommend, vorbeiführte. Eine genauere Deutung konnte nicht vorgenommen werden, da aus statischen Gründen nur in einem kleinen Bereich gegraben werden konnte. In der Spätantike wurden hier einfache Körpergräber angelegt.

Einen guten Einblick in die Wohnverhältnisse und die Straßenführung der Canabae geben die Ausgrabungen auf dem Michaelerplatz (Abb.91 und 92). Es wurden die Überreste von drei Steinbauten angeschnitten, die sich südlich der 7 m breiten geschotterten Straße, die durch die heutige Augustinerstraße–Herrengasse läuft, befunden haben.

Die Häuserzeile konnte 25 m in Richtung Hofburg verfolgt werden. Die Breite der Häuser B und C (Bezeichnung der Häuser von Ost nach West)

Abb. 91: Wien. Konservierte Ruinen auf dem Michaelerplatz

Abb. 92: Wien. Renngasse 9, Ziegelmodel mit Stier

betrug ungefähr 5 m. Eine Ausnahme bildet Haus A, das ca. 8–9 m breit war (heute nicht sichtbar). Alle Häuser öffneten sich mit einer Loggia zur Straße hin. Am besten erhalten präsentiert sich Haus C, an dem zwei Hauptumbauperioden festgestellt werden konnten. In der 1. Phase war der Eingangsraum mit vegetabiler Wandbemalung ausgestattet, die in der darauffolgenden Phase durch den Einbau einer Fußboden- und Wandheizung zum Teil zerstört wurde. Auch die Loggia wurde in dieser 2. Bauperiode durch den Einbau einer Zwischenwand verkleinert. Im hinteren Bereich dieses Hauses wurde ein gepflasterter Hof aufgedeckt. Westlich des heute noch sichtbaren Gebäudeteiles befinden sich noch einige parallele Mauerzüge in Lehmbettung. Eine genaue Datierung dieser Reste ist nicht möglich, da sie durch die neuzeitlichen Keller größtenteils zerstört wurden. In den zweigeschoßigen neuzeitlichen Kellern, die sich in Richtung Schauflergasse erstrecken, konnten römische Gruben, die mit Keramik und Ziegeln verfüllt waren, angeschnitten werden.

C. Die Gräber

Außerhalb der Verteidigungsanlagen des Legionslagers erstreckten sich an dessen Ost-, Süd- und Westseite die Friedhöfe. Größere Gräberfelder sind im Bereich Fleischmarkt–Dominkanerbastei, auf dem Stock im Eisen–Platz, auf dem Neuen Markt, im Bereich der Freyung und schließlich außerhalb der heutigen Ringstraße im Votivpark und an der Währinger Straße aufgedeckt worden.
Ein Hügelgräberfeld der einheimischen Bevölkerung wurde im 14. Bezirk, im Schuhbrecherinnenwald, ergraben.

D. Das Territorium

Die Westgrenze des Territoriums von VINDOBONA fiel mit der Provinzgrenze zwischen Pannonien und Noricum zusammen, die vermutlich über den Wienerwald Richtung Donauknie nördlich von KLOSTERNEUBURG verlief. Die Ostgrenze, zum Territorium von CARNUNTUM hin, verlief am östlichen Schwechatufer. Es wurden hier nämlich sechs Meilensteine gefunden, die die Entfernung von CARNUNTUM angeben. Ob die Schwechat auch die südliche Begrenzung war, muß offen bleiben.
Neben militärischen Einrichtungen, wie Steinbrüchen (19., Sievering) oder Ziegeleien (17., Steinergasse) gab es auch kleinere Ansiedlungen der einheimischen Bevölkerung und der Veteranen (z. B. 23., Inzersdorf), aber auch Gutshöfe, sogenannte *villae rusticae.*
Die Sanierung der Kirche St. Johann, im 10. Wiener Gemeindebezirk an der Kleederingerstraße gelegen, ermöglichte eine Grabung unter einer der ältesten Kirchen WIENS. Außer den Stiftergräbern der Kirche wurde ein quadratisches römisches Gebäude angeschnitten und in den heutigen Schauraum unter der Kirche integriert. In den nächsten Jahren wurde rund um die Kirche eine *Villa rustica* mit mehreren Nebengebäuden, die im 2. Jh.n.Chr. errichtet wurde und bis in das 4. Jh.n.Chr. hinein bestand, ergraben. Das Hauptgebäude, südlich der heutigen Kleederingerstraße gelegen, war teilweise mit einer Fußbodenheizung ausgestattet. Den ganzen Komplex umgab eine Umfassungsmauer. Die Reste dieser Mauer und einiger Nebengebäude, die zum Teil an diese Umfassungsmauer angebaut waren, wurden in den letzten Jahren zu einem kleinen Freilichtmuseum ausgestaltet. Die Ausgrabungen haben bisher drei Bauperioden ergeben. In der ältesten, wohl noch aus dem 1. Jh.n.Chr. stammenden Periode standen an der Stelle des Hauptgebäudes und westlich davon mehrere Holzhäuser. In der 2. Periode erhob sich an dieser Stelle ein Speicherbau, der zum Teil aus Stein, zum Teil aus Holz errichtet worden war. Aufgrund einiger dem Militär zuzurechnende Funde

(Gürtelschnallen, sehr frühe Sigillaten usw.) ist für diese frühen Bauten ein militärischer Zweck in Erwägung zu ziehen. Ebenfalls mit dem Militär in Zusammenhang bringen lassen sich Gebäudereste, die unter der Kirche St. Jakob im 19. Wiener Gemeindebezirk gefunden wurden (Abb.93). Im Ostteil des Kirchenschiffes und außerhalb der Nordseite der Kirche wurde ein römisches Gebäude freigelegt, das ungefähr 10,5 x 5,5 m maß und im Gegensatz zur Kirche Nord-Süd orientiert war. Trotz des schlechten Erhaltungszustandes des Mauerwerkes konnten noch 15 von außen an die Wände angesetzte Stützpfeiler festgestellt werden, weshalb der Ausgräber einen Speicherbau vermutete. Der Zugang zu diesem Gebäude befand sich an der westlichen Langseite.

Nach der Zerstörung dieses einräumigen Speicherbaues wurde auf den Mauerresten ein gleichgroßes Gebäude errichtet, das aber keine Stützmauern aufwies. Zum Unterschied vom Mörtelmauerwerk des älteren Baues, bestanden bei dessen Folgebau die Mauern aus Steinen in Lehmbettung. Innen war der jüngere Bau in zwei fast gleich große Räume unterteilt, die durch eine Tür verbunden waren. Der Eingang befand sich an der Ostseite des nördlichen Raumes.

Die Datierung des älteren Baues in die Zeit vor den Markomannenkriegen ist nicht gesichert; der jüngere Bau wird auf Grund von Ziegelstempel in valentinianische Zeit (4. Jh.n. Chr.) datiert.

Im Schutt des südlichen Raumes (Bauperiode 2) wurden zwei rechteckige Einfassungen aus Steinen und Ziegel aufgedeckt. Die größere mißt ca. 80 x 180 cm, die kleinere ca. 60 x 90 cm. Wegen ihrer Form und Größe und wegen des Umstandes, daß sie in Zusammenhang mit älteren römischen Mauern gefunden wurden, deutete A. Neumann sie als spätantike

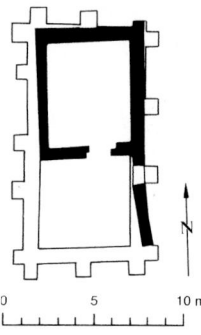

Abb. 93: Wien, Heiligenstadt. Militärbau

251

Gräber. Zu diesen zwei Gräbern ist durch die – noch unveröffentlichten – Grabungen von 1985 im Pfarrgarten noch ein weiteres leeres Grab hinzugekommen. Vermutlich wurden die Gebeine der römischen Gräber beim Bau der hochmittelalterlichen Kirche exhumiert.

E. Die Zivilstadt

Im 3. Wiener Gemeindebezirk, Landstraße, sind zwischen Rennweg, Landstraßer Hauptstraße und Schlachthausgasse schon seit einigen Jahrhunderten bei verschiedenen Aufgrabungen viele antike Überreste zum Vorschein gekommen.

Die Zivilstadt ist wohl mit Sicherheit nicht nach einem Rasterprinzip angelegt worden, sondern dürfte ein *vicus* gewesen sein, der sich im Zwickel zweier großer Straßen entwickelt hat.

Am Rennweg 14 (Botanischer Garten) sind vier eng aneinanderliegende Gebäudekomplexe Anfang unseres Jahrhunderts ausgegraben worden. Nördlich davor lag eine römische Straße, die auch noch an anderen Stellen angeschnitten wurde. An der westlichen Seite der Oberzellergasse wurde ein großes römisches Gebäude, das mit einer Badeanlage ausgestattet war, freigelegt. Gräber befanden sich beiderseits des Rennwegs.

1989/90 wurde auf dem Gelände Rennweg 44 eine 1870 m² große Flächengrabung durchgeführt. Schon in der ersten Grabungsphase wurde ein Münzschatz von 1202 Silbermünzen und 7 Goldmünzen geborgen. Freigelegt wurden die Reste zweier Gebäudekomplexe und deren Anbauten. Von den Mauern waren leider ausschließlich die Fundamente aus Schotter oder Bruchsteinen ohne Mörtel erhalten. Eine Ausnahme bildete ein kleiner gemauerter Keller.

Das Forum und das Kapitol der Siedlung konnten bisher nicht gefunden werden. Falls sie existiert haben, sind sie im Bereich des Aspanger Bahnhofes zu suchen.

Für das römische Stadtrecht von VINDOBONA gibt es nur ein einziges inschriftliches Zeugnis (CIL III 4557 mit der Ämterlaufbahn eines Gemeindefunktionärs), doch ist diese um 1544 gefundene Inschrift verschollen. Das Vorhandensein einer weiteren Siedlung (neben den *canabae*) im Raum WIEN und die allgemeine Politk der Severer im Donauraum sprechen jedoch für ein Stadtrecht von Vindobona spätestens seit dem frühen 3.Jh.n.Chr.

Wolfgang Börner

Praktische Hinweise

Besichtigung: Noch heute zeichnet sich das Legionslager gut im Stadtplan des 1. Bezirkes ab. Von den wenigen, aber bedeutenden Überresten, die bisher im Lager und den *canabae* ergraben wurden, können einige besichtigt werden: im Keller der Feuerwehr Zentrale–Am Hof 9 (Öffnungszeit: Sonntag) der Kanal unter der Via sagularis und unter dem Hohen Markt die Tribunenhäuser (Öffnungszeiten: Dienstag bis Sonntag 9.00–16.00 Uhr). Vom Lagerbad künden heute nur mehr die Reste von Quadersteinen, die beim Stufenabgang von der Sterngasse zur Mark–Aurel–Straße in Monumentform aufgestellt sind.

Von den *canabae* können die römischen Häuser auf dem Michaelerplatz und einige Ausstellungsvitrinen auf der Freyung, sowie im Palais Harrach besichtigt werden.

Die *Villa rustica* im 10. Bezirk in Unterlaa bei der Kirche St. Johann wird zur Zeit als Freilichtmuseum gestaltet, das Gebäude unter der Kirche kann jeweils am zweiten Sonntag des Monats, von Mai bis Oktober, besucht werden. Ebenfalls Sonntag sind auch die Ausgrabungen im 19. Bezirk unter der Kirche St. Jakob geöffnet.

Museen: In der Antikenabteilung des Kunsthistorischen Museums sind Inschriften und Funde aus dem österreichischen Limesgebiet ausgestellt. Öffnungszeiten: Di–Fr 10.00–18.00, Sa, So und Feiertag 9.00–18.00. In der Hypo Bank Tirol in der Renngasse 9 ist im Keller ein kleines Grabungsmuseum (Geöffnet zu den Bankzeiten) eingerichtet worden.

Literatur

Genser 1986, 435ff.; Harl in: Kandler – Vetters 1986, 173ff., 175ff., 177ff., 184ff.; Zabehlicky in: Kandler – Vetters 1986, 176f. O. Harl, Römische Ruinen unter dem Hohen Markt, ein Wegweiser. 1974; Ausgrabung in Wien 10., Unterlaa, 1974–1978. Wiener Geschichtsblätter 2, 1979, Beiheft; O. Harl (Hrsg.), Vindobona – Die Römer im Wiener Raum, 52. Sonderausstellung des Historischen Museums der Stadt Wien. Ausstellungskatalog 1978; O. Harl, Vindobona, das römische Wien. Wiener Geschichtsbücher 21/22, 1979; I. Weber-Hiden, Die reliefverzierte Terrasigillata aus Vindobona. Bd. I. Wiener archäologische Studien 1996.

HÖFLEIN (GEM. HÖFLEIN) BH BRUCK A. D. LEITHA

Kleinkastell – Vicus – Villa

HÖFLEIN, dessen antiker Name noch unbekannt ist, liegt ca. 5 km südlich der Donau und 5 km nördlich von BRUCK AN DER LEITHA am Fuße der Hügelgruppe des Maria Ellender Waldes. Die römischen Anlagen von HÖFLEIN bildeten somit einen Bestandteil des Hinterlandes der römischen Provinzhauptstadt CARNUNTUM.

Die Erforschung der römischen Denkmäler Höfleins begann erst spät, obwohl der Ort und seine Umgebung bereits seit der Mitte des 19. Jhs. als Fundstelle bekannt waren. Nach Versuchsgrabungen am Kirchenberg in Höflein im Jahr 1896 durch W. Kubitschek erfolgten 1900 – 1902 großflächige Untersuchungen durch M. v. Groller – Mildensee. Dabei wurden Teile des Kastells am Kirchenberg, Reste einer römischen Villa im Kirchenthal und Straßentürme in der Umgebung von Höflein entdeckt. Seit 1990 wird im Rahmen des „Archäologieprojekts Höflein" die Erforschung der römischen Denkmäler auf Gemeindegebiet wieder fortgesetzt.

Das römische Kastell (Abb.94, Nr.3) lag auf der höchsten Erhebung des Ortes, dem sogenannten Kirchenberg. Sein Areal ist fast zur Gänze durch die mittelalterliche Wehrkirche St.Ulrich und den zugehörigen Friedhof bedeckt. Aus diesem Grund konnten bislang nur Teile der Umfassungsmauer aufgedeckt werden. Die 1,15 m dicke Mauer umschloß ein leicht verschobenes Viereck von rund 38,60 x 59 m. Die Ecken dieser Befestigungsanlage waren abgerundet. Reste von Türmen an der Innenseite der Mauer konnten ebenso wenig festgestellt werden wie Tordurchgänge. Ein stark zerstörter, rechteckiger Turm konnte an der Nordseite des Kastells unmittelbar außerhalb der Mauern festgestellt werden. Das Eingangstor zu dieser Befestigung befand sich möglicherweise an der bisher noch nicht ergrabenen Südfront. Für diese Annahme spricht der Umstand, daß die Limesstraße in rund 300 m Entfernung an der Südfront des Kastells vorbeiführte. Ein rund 5 m breiter und 1,50 m tiefer Spitzgraben konnte an der Ostseite nachgewiesen werden.

Die wenigen Funde erlaubten keine Datierung des Kastells. Ebenfalls unbekannt ist bislang der Name der im Kastell stationierten römischen Truppeneinheit. Zwei Grabsteinfragmente, verbaut in der Süd- beziehungsweise Westmauer des Friedhofes, nennen zwar eine Legion und eine Straßenwacht *(beneficiarii)*, jedoch ist der Zusammenhang dieser Grabsteine mit dem Kastell nicht gesichert (Farbtafel 29).

Im Gemeindegebiet von Höflein konnten weiters Teile der römischen Fernstraße von Carnuntum nach Scarabantia (Sopron) näher untersucht werden. In der Flur „Geißbergen" (Abb.94, Nr.1) wurde 1902 das Fundament eines quadratischen, zumindest einstöckigen Turmes mit 6 m Seitenlänge aufgedeckt. Unmittelbar nördlich dieses Turmes fand sich ein Abschnitt der 6 m breiten, römischen Straße, die noch teilweise die originale Pflasterung aufwies.

Rund 2 km außerhalb von Höflein in der Flur „In der Sulz" (Abb.94, Nr.2) konnte 1991 bei der erneuten Untersuchung der Anlage der Verlauf der gepflasterten Römerstraße aufgefunden werden. Am Straßenrand befand

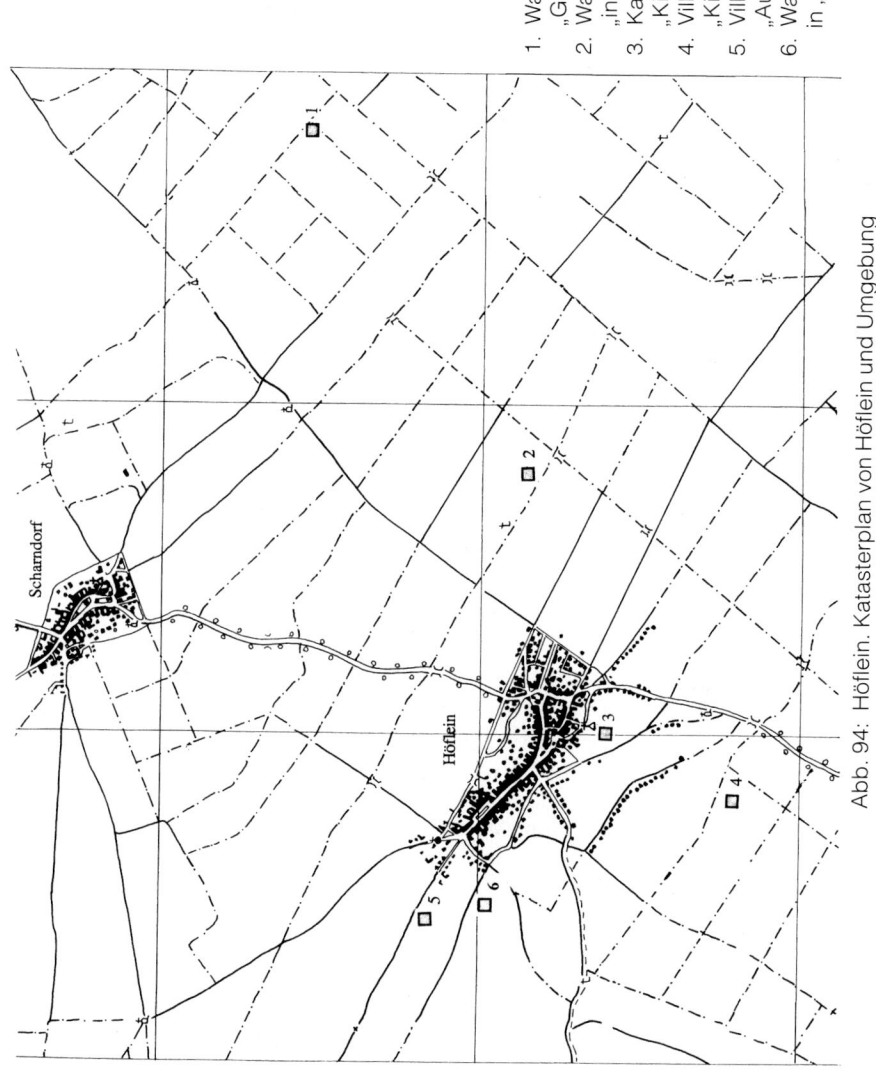

1. Wachturm in „Geißbergen"
2. Wachturm „in der Sulz"
3. Kastell am „Kirchberg"
4. Villa im „Kirchberg"
5. Villa in „Kirchental"
6. Wachturm in „Aubüheln"

Abb. 94: Höflein. Katasterplan von Höflein und Umgebung

sich ein rechteckiger, 9,35 x 11,35 m großer Turm mit Innenmauern und einer Feuerstelle. Das Dach des Turms war mit Dachziegeln gedeckt. Mangels eindeutig datierbarer Funde lassen sich die beiden römischen Wachttürme nicht genauer zeitlich einordnen. Diese Feststellung gilt auch für einen weiteren römischen Turm 2 km nordwestlich des Ortes (Abb.94, Nr.6). Die allgemein als Signalturm bezeichnete Anlage gehörte wahrscheinlich zu einer anderen römischen Straße. Die Wachttürme und der Straßenkörper wurden nach Abschluß der Untersuchungen wieder zugeschüttet.

Im „Kirchental" (Abb.94, Nr.4) südlich von HÖFLEIN wurde die Römerstraße CARNUNTUM – SCARABANTIA ein weiteres Mal angetroffen. Westlich der Straße wurden dabei Teile eines römischen Gutshofs freigelegt. Einer der drei ausgegrabenen Räume war mit einer Fußbodenheizung ausgestattet. Zwei spätantike Münzen, die während der Ausgrabungen gefunden wurden, erlaubten keine sichere Datierung des Gebäudes. Bei einer Nachuntersuchung im Jahr 1990 konnten die Reste dieses Gutshofes nicht mehr lokalisiert werden.

Ein zweiter römischer Gutshof wurde 1 km nordwestlich des Ortes in der Flur „Aubüheln" (Abb.94, Nr.5) entdeckt und von 1991–1994 archäologisch untersucht. Im Verlauf der Grabungsmaßnahmen gelang es ein römischen Gebäude aus der zweiten Hälfte des 4.Jhs.n.Chr. vollständig freizulegen. Es handelt sich dabei um das Wohngebäude einer *villa rustica* mit den Maßen von 13 x 20 m (Abb.95). Das Gebäude war an einem flachen Hang angelegt. Die mit zwei Vorbauten versehene Südseite der Villa war auf eine wahrscheinlich bereits in der Antike bestehende Wasserstelle ausgerichtet, die man heute zu einem Feuchtbiotop ausgestaltet hat. Das in rechteckiger Form angelegte Gebäude besaß acht Räume. An der Westseite des Bauwerks lag ein großer, quadratischer Raum mit vorgelegter Apsis. Dieser Raum ist mit einer Fußbodenheizung ausgestattet. Die zugehörige Heizstelle dieser Fußbodenheizung, das Präfurnium, befand sich im östlich anschließenden offenem Hof. Neben der Feuerungsstelle für die Heizung befand sich auch die Küche des Hauses. Nördlich an den Hauptraum schließt ein kleineres, ebenfalls beheiztes Zimmer mit Vorraum an. Die Westseite des Gebäudes war demnach in einen beheizten Wohnraum, einen ebenfalls beheizten Schlafraum und in die Küche gegliedert. Die drei Räume der östlichen Gebäudehälfte und der kleine rechteckige Vorbau sind am ehesten als Wirtschaftsräume beziehungsweise kleinere Lagerräume für die häuslichen Vorräte anzusprechen.

Raimund Kastler

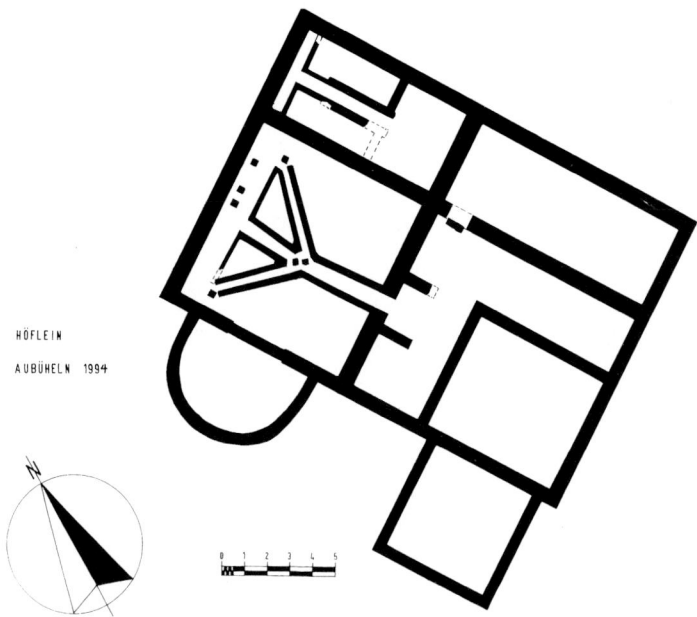

HÖFLEIN

AUBÜHELN 1994

Abb. 95: Höflein. Plan der Villa

Praktische Hinweise

Anreise und Besichtigung: Derzeit sind in Höflein nur die Wehrkirche mit römischen Spolien und der Gutshof von Aubüheln zu besichtigen. Die Zufahrt zur Kirche ist beschildert. Der Gutshof in Aubüheln ist über die Hauptsraße des Orte zu erreichen. Sowohl aus Richtung Bruck a.d. Leitha, als auch von Scharndorf kommend, im Ort Richtung Gemeindeamt abzweigen. Dieser Straße bis zum nordwestlichen Dorfende folgen. Am Ende der Straße beginnt ein Feldweg mit Windschutzgürtel. Bei der ersten Öffnung des Windschutzgürtels nach links abzweigen.

Eine Beschilderung der einzelnen Fundplätze wird im Rahmen des Archäologieprojektes Höflein durchgeführt.

Zahlreiche große Steinblöcke und die römischen Inschriftenbruchstücke in der Befestigungsmauer der mittelalterlichen Wehrkirche sowie die Rekonstruktion einer römischen Grabplatte mit Weinrankendekor bilden derzeit die einzigen sichtbaren Spuren des römischen Kastells auf dem Kirchenberg (Abb.2).

Seit 1995 wird der römische Gutshof restauriert und ist im Rahmen des ‚Archäologieprojekts Höflein‘ als Freilichtmuseum öffentlich zugänglich. Die Funde aus der Villa sind in einem kleinen Lokalmuseum in der Limeshalle des Ortes ausgestellt.

257

Literatur
Genser 1986, 564; Kandler in: Vetters – Kandler 1986, 199.
P. Turnovsky, Carnuntum Jahrbuch 1992, 149ff.; R. Kastler, Carnuntum Jahrbuch 1993
(1994), 333ff., im Druck; ders., Carnuntum Jahrbuch 1994 (1995), 215ff., im Druck.

CARNUNTUM

Legionslager – Kastell – Canabae – Autonome Stadt

Der Name der im Laufe der Zeit zu so großer Bedeutung gekommenen Siedlung ist vorrömischen Ursprunges und deutet mit der Silbe „Car" auf steiniges beziehungsweise felsiges Gelände hin. Ein Hinweis, der sich auch heute für den Besucher noch gut in der Landschaft nachvollziehen läßt, liegt CARNUNTUM doch in unmittelbarer Nähe des Durchbruches der Donau durch die Karpaten, die sich nördlich des Flusses und östlich der March erheben, sich aber auch mit den Hainburger und Hundsheimer Bergen sowie dem direkt an der Donau liegenden BRAUNSBERG südlich davon fortsetzen und mit dem Spitzerberg ausklingen. Zum flachen bis leicht hügeligen Umland bilden sie einen reizvollen optischen Kontrast. Wo das vorrömische CARNUNTUM, das noch zum keltischen Königreich Noricum gehörte, genau lag, ist ungeklärt. Traditionellerweise wurde immer die mit dem Beginn der Römerherrschaft aufgegebene befestigte Höhensiedlung auf dem BRAUNSBERG damit identifiziert, neuerdings wird auch die Siedlung auf dem Burgberg von THEBEN (DEVÍN), der sich unmittelbar östlich der Mündung der March in die Donau erhebt, damit in Zusammenhang gebracht.

In den römischen Quellen wird CARNUNTUM zum ersten Mal im Jahre 6 n. Chr. genannt. An diesem strategisch wichtigen Punkt, wo die die Ostsee mit der Adria verbindende „Bernsteinstraße" die Donau kreuzte, ließ der römische Oberkommandierende (und spätere Kaiser) Tiberius während des Feldzuges gegen die Markomannen ein Militärlager errichten. Dieses Lager konnte bis heute noch nicht archäologisch gefunden werden.

Die ständige Anwesenheit der Römer wird für uns erst gegen die Mitte des 1.Jhs.n.Chr. faßbar, als unter der Regierung des Kaisers Claudius (41–54 n.Chr.) die 15. apollinarische Legion zwischen BAD DEUTSCH-ALTEN-BURG und PETRONELL ihr Standlager errichtete, das zu Beginn des 2.Jhs.n.Chr. von der 14. Legion übernommen wurde. Dieses Lager bilde-te die Keimzelle der römischen Stadt, die sich in ihrer Blütezeit im 3.Jh.n.Chr. von BAD DEUTSCH-ALTENBURG bis westlich von PETRONELL aus-

258

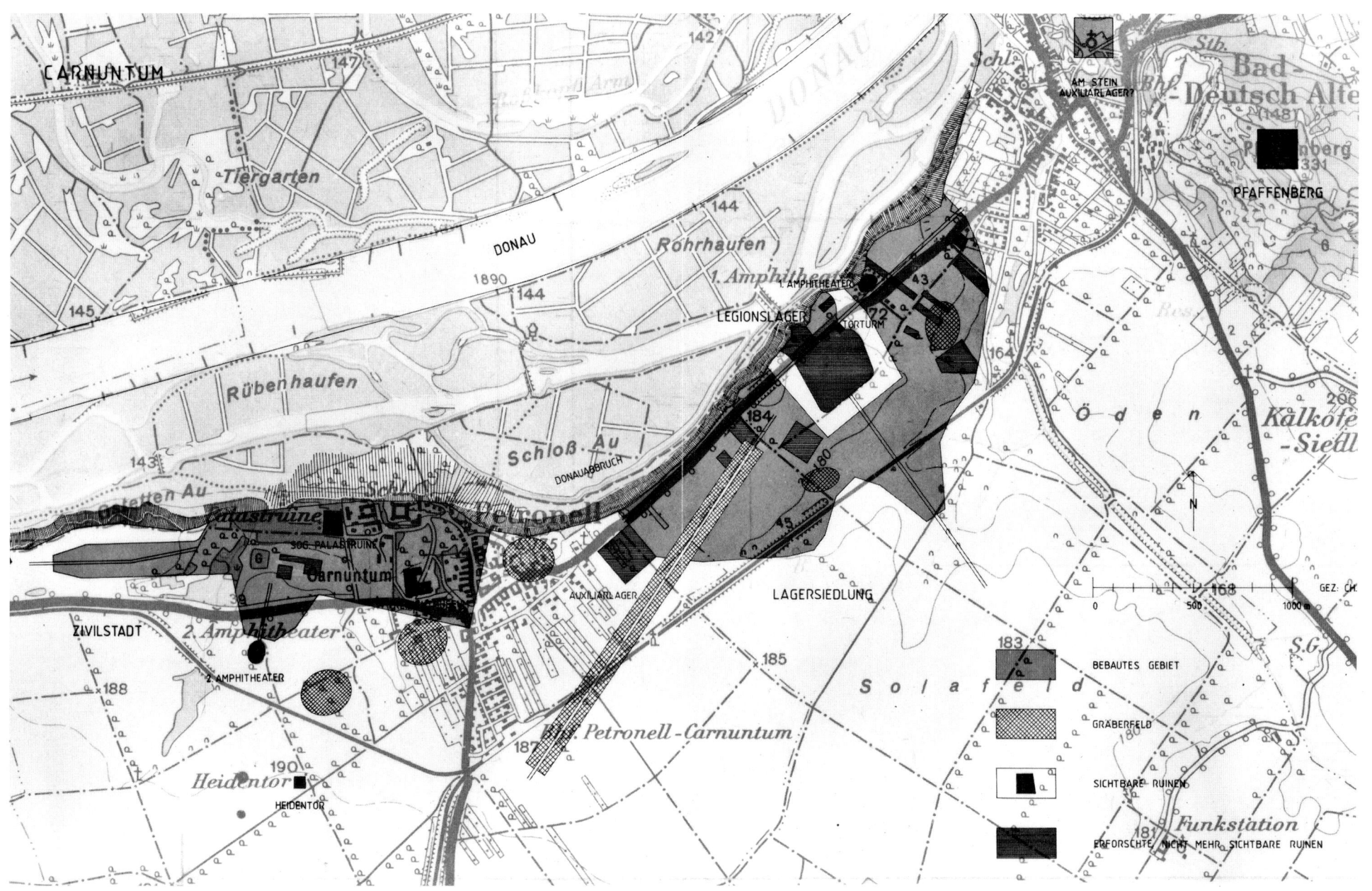

Abb. 96: Carnuntum. Übersichtsplan

dehnte und sich in zwei große Siedlungsbereiche gliedern läßt (Abb.96). Im östlichen Teil bildete das Legionslager den Mittelpunkt des militärischen Bereiches. Es wurde umschlossen von der sogenannten Lagerstadt, den *canabae legionis*, die im Osten bis an den Fuß des Pfaffenberges, dessen dem carnuntinischen Jupiter und dem Kaiserkult geweihtes Gipfelheiligtum bereits außerhalb lag, reichte (Farbtafel 27.2). Im Westen lag die Grenze der Canabae im Ortsbereich von PETRONELL. Daran schloß sich dann die zivile Siedlung, die von Kaiser Hadrian (117–138 n.Chr.) zur autonomen Stadt im Range eines Municipiums erhoben wurde. Das Siedlungsgebiet des Municipiums ist ungefähr mit dem von einer Mauer eingefaßten Park des Schloßes Abensperg-Traun gleichzusetzen.

Mit dem Bau des Standlagers beginnt der systematische militärische Ausbau des Grenzabschnittes an der mittleren Donau, der bis in die erste Hälfte des 2.Jhs.n.Chr. andauerte und dessen wichtigste Anlage das Carnuntiner Legionslager (Abb.97) darstellte. Dieses Lager mit seinen Innenbauten ist heute allerdings nur als Geländemerkmal auszunehmen. Der unregelmäßige Grundriß des Lagers mit den umlaufenden Vertiefungen der Befestigungsgräben hebt sich als Plateau deutlich von seiner Umgebung ab. Er wird von der Landesstraße 2026 quer geschnitten, deren Verlauf sich genau mit einer der beiden Lagerhauptstraßen, der *via principalis*, deckt. Nördlich der Straße erhoben sich die Wohnhäuser der Stabsoffiziere, dahinter standen Kasernen. Die Nordfront des Lagers ist der Erosion der Donau zum Opfer gefallen und abgebrochen. Südlich der Straße lag in der Mitte des Lagers das Kommandogebäude mit dem Lagerheiligtum, dahinter schloß sich das palastartige Wohngebäude des Kommandanten an. Flankiert wurden die Bauten von Unterkünften der 1.Kohorte, der Elitetruppe der Legion, beziehungsweise von Werkstätten, Magazinen und dem Lazarett. An der Südfront bildeten wieder Mannschaftskasernen die äußere Begrenzung der Innenbebauung des Lagers, das durch eine umlaufende Mauer mit Zwischen- und Ecktürmen sowie vier von Doppeltürmen flankierten Toranlagen und Gräben geschützt wurde.

In diesem Lager wurde am 9. April 193 n.Chr. der damalige Statthalter der Provinz Oberpannonien, der aus Afrika stammende Septimius Severus, zum Kaiser ausgerufen. Nach den unruhigen Jahren der Markomannenkriege, die wohl auch an CARNUNTUM nicht spurlos vorüber gegangen sein werden, verdankt ihm CARNUNTUM einen großen wirtschaftlichen wie auch städtebaulichen Aufschwung, u.a. wurde die Stadt in den Rang einer Kolonie erhoben und trug nun den Namen *Colonia Septimia Aurelia Antoniniana Karnuntum*.

Zwischen 1877–1914 und 1968 –1977 fanden im Lager Ausgrabungen statt, bei denen drei Viertel der etwa 17 ha großen Anlage freigelegt

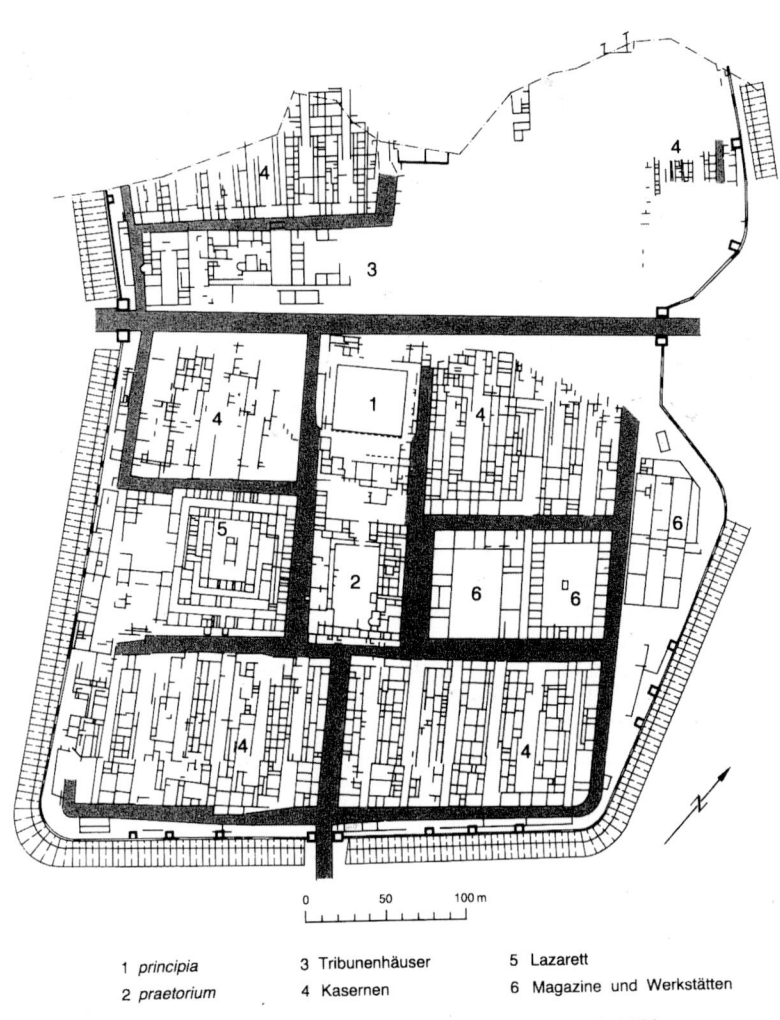

1 *principia*	3 Tribunenhäuser	5 Lazarett
2 *praetorium*	4 Kasernen	6 Magazine und Werkstätten

Bad Deutsch-Altenburg – Carnuntum. Legionslager. 1:4000

Abb. 97: Carnuntum. Plan des Legionslagers

wurden. Die jüngeren Grabungen zeigten, daß das Legionslager bis in die Völkerwanderungszeit hinein bestanden hat und keineswegs, wie früher angenommen, gegen Ende des 4.Jhs.n.Chr. zerstört worden ist. Noch im frühen Mittelalter diente es einer vermutlich slawischen Bevölkerung als Siedlungsplatz. Hingegen konnte für die Mitte des 4.Jhs.n.Chr. eine mächtige Zerstörungsschichte festgestellt werden, die durch umgestürzte Mauerblöcke charakterisiert war. Ähnliche Zerstörungsbilder boten sich auch bei anderen Grabungen der jüngeren Vergangenheit und lassen den Schluß zu, daß Carnuntum in dieser Zeit durch ein Erdbeben schwer in Mitleidenschaft gezogen worden war. Die Wiederaufbautätigkeit unter dem Kaiser Valentinian I. (364–375 n.Chr.) konzentrierte sich hauptsächlich auf die militärischen Anlagen. Zahlreiche Funde dokumentieren die Besiedlung des Lagerareals aus der Zeit danach. Große Teile der Canabae hingegen wurden als Siedlungsgebiet aufgegeben.

Die aufgedeckten Ruinen des Legionslagers mußten nach Abschluß der Untersuchungen wieder zugeschüttet werden. Sichtbar erhalten geblieben ist lediglich das Fundament des südlichen Torturmes des rechten Lagertores und ein kurzes Stück der Lagermauer.

In eine Mulde nordöstlich des Legionslagers eingebettet liegt der elliptische Bau des Amphitheaters I (Abb.98), das ungefähr 8000 Besuchern Platz bot. An seiner Südseite führte die vom rechten Lagertor kommende Straße vorbei. Von ihr gelangte man direkt in die Loge des Statthalters

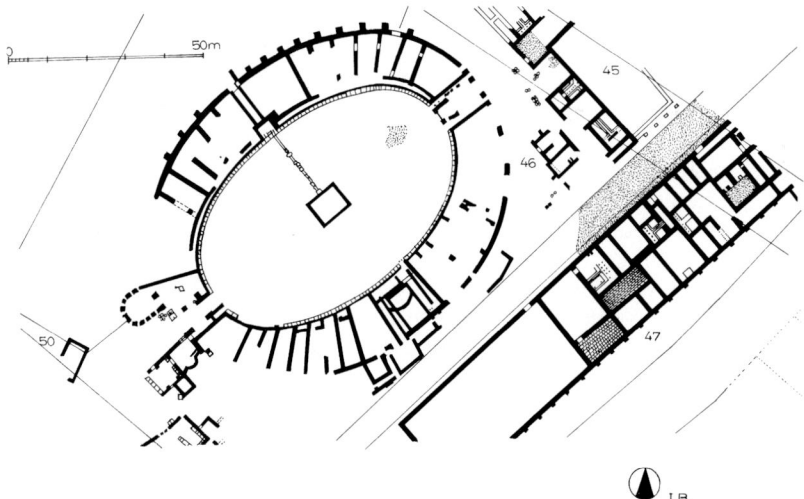

Abb. 98: Carnuntum. Plan des Amphitheaters I

und Legionskommandanten, auf der gegenüber liegenden Nordseite waren wahrscheinlich die Sitze für die Gemeindespitzen der Zivilstadt angeordnet. Große, vermutlich tonnengewölbte Durchfahrten bilden die Enden der Längsachse. Das Westtor wird im Norden von einem Tierzwinger flankiert. Diesem gegenüber erhob sich im Süden ein aus zwei Räumen bestehendes Heiligtum der Schicksalsgöttin Diana Nemesis. Ihre Statue stand in der kleinen Apsis, entlang der Wände waren zahlreiche Altäre aufgestellt, die von Angehörigen der 14.Legion gestiftet worden waren. Dies zeigt, daß das Amphitheater wohl eher vom Militär als Exerzier- und Paradeplatz als für Gladiatorenspiele und Tierhatzen genutzt worden ist. Nach der Bauinschrift wurde das Amphitheater in der Zeit nach den Markomannenkriegen unter dem Kaiser Commodus (180–192 n.Chr.) von einem aus Antiochia am Orontes (heute Antakija im Südosten der Türkei) gebürtigen Carnuntiner Gemeinderat namens C. Domitius Zmaragdus errichtet. Das in den achtziger Jahren des vorigen Jahrhunderts ausgegrabene Bauwerk ist der einzige sichtbare Bau der ausgedehnten Lagerstadt, aus der neben zahlreichen privaten Gebäuden noch eine ausgedehnte Badeanlage mit großer Palästra südöstlich des Lagers und ein großes Händlerforum (182 x 225 m) nahe der Südecke des Lagers bekannt sind.

Am Ostrand der *canabae legionis* wurden in den vergangenen Jahren bei Rettungsgrabungen zwei heilige Bezirke entdeckt. Der größere, ausgestattet mit mehreren Kultgebäuden, Pfeilerhallen, Wohnräumen und einem Badegebäude, war dem Kult der in der syrischen Stadt Heliopolis (Baalbek) beheimateten Trias Jupiter Heliopolitanus, Venus Victrix und Mercurius (Bacchus) geweiht und scheint eine Art Pilgerheiligtum dieses Kultes für die Provinz Pannonien dargestellt zu haben, da dem Kultbezirk auch ein von Mauern eingefaßtes, ausgedehntes Wirtschaftsareal zur Versorgung der anwesenden Gläubigen angeschlossen war. Die kleinere Anlage bestand aus einem Tempel für das Götterpaar Liber und Libera und einer ihn auf zwei Seiten umgebenden Säulenhalle. Die Kultanlagen sind im 2.Jh.n.Chr. entstanden und waren bis in die erste Hälfte des 4.Jhs. in Verwendung. Darunter liegen private Gebäude, die aus Holz errichtet waren und in der zweiten Hälfte des 1.Jhs.n.Chr. entstanden sind (Farbtafel 30.1). Die archäologischen Untersuchungen sind hier noch nicht abgeschlossen. Die ergrabenen Bereiche der beiden unter Denkmalschutz stehenden Kultbezirke sind heute zum Schutz der Ruinen wieder mit Erde abgedeckt, da die notwendigen Geldmittel für eine Konservierung und Restaurierung derzeit nicht aufzubringen sind.

Im westlichen Teil des militärischen Areals, bereits im Ortsgebiet von PETRONELL, wurde ebenfalls bei Rettungsgrabungen ein Kastell ergraben, in dem eine 500 Mann starke Reitertruppe stationiert war. In der zweiten Hälfte des 1.Jhs.n.Chr. errichtet, läßt sich eine Benützung des Kastells nur bis in das 3.Jh.n.Chr. nachweisen. Als das Badegebäude des Kastells um die Mitte des 4.Jhs.n.Chr. bei dem schon erwähnten Erdbeben zusammenstürzte, war es schon außer Gebrauch und zumindest teilweise Ruine, da es nachweislich seines Ziegeldaches beraubt war. Der Großteil des Kastells ist bedauerlicherweise durch die nachfolgende moderne Überbauung zerstört worden, erhalten bleiben wird unter einem Kinderspielplatz ein Teil des Badegebäudes, dessen dauernde Konservierung allerdings der Zukunft überlassen werden muß. Auch die archäologisch noch nicht untersuchte Ostfront des Kastells konnte durch Ankauf des Grundstückes vor der Zerstörung gerettet werden. Zu hoffen ist, daß es gelingen wird, das Gebiet um das Südtor des Kastells, die *porta decumana*, ebenfalls durch Kauf der entsprechenden Grundstücke für die Zukunft zu erhalten. Ein interessantes Detail kann in einem museal gestalteten Keller eines Neubaues nordöstlich des Kastells besichtigt werden: Ein aus dem Kastell kommender Abwasserkanal kreuzt hier eine Wasserleitung. Durch spezielle Baumaßnahmen wurde ein Eindringen der Abwässer aus dem höher liegenden Kanal in die Wasserleitung verhindert.

Das Auxiliarkastell und ein nordwestlich davon liegender, heute ebenfalls nicht mehr sichtbarer, da überbauter Kultbezirk für den Jupiter Dolichenus sind die westlichsten Anlagen, die wir dem Militärbereich von CARNUNTUM zuweisen können. Ein wenn auch erst der Spätantike zugehöriges Gräberfeld im Bereich des heutigen Friedhofes und der Schule von PETRONELL markiert den Übergang zur Zivilstadt, deren östliche Begrenzung in der Gegend der Lange Gasse zu suchen ist. Auf einem westlich der Gasse liegenden Grundstück wurde in den neunziger Jahren des vorigen Jahrhunderts das dritte Mithräum freigelegt. Von hier dehnt sich die Stadt nach Westen bis etwa ans Ende des zum Schloß gehörigen „Tiergartens" aus. Der Kern der Zivilstadt war ab dem 3.Jh.n.Chr. von einer bis zu 2 m starken Mauer umgeben, deren Verlauf im Süden und Westen, wo auch eine Toranlage festgestellt werden konnte, gesichert ist. Im Norden verlief die Mauer wohl entlang des Donauabbruches. Innerhalb dieses Areales wurden wiederholt Grabungen an verschiedenen Stellen durchgeführt, konserviert wurden allerdings nur zwei Grabungsplätze: ein im südöstlichen Teil der Zivilstadt gelegenes Wohnviertel (hier ist das Informationszentrum des Archäologischen Parkes Carnuntum eingerichtet) und eine große Badeanlage, die auch unter dem Namen „Palastruine" bekannt ist.

Das Stadtviertel (Abb.99) liegt im ehemaligen Spaziergarten des Schlosses Traun. Im Süden führt die moderne Straße vorbei, hier ist in etwa der

Verlauf der römischen Stadtmauer zu denken. Sie ist in diesem Bereich zwar nicht archäologisch nachgewiesen, aber auf dem südlich davon liegenden Gelände, u.a. auch auf der sanften Anhöhe, wo sich die romanische Rundkapelle erhebt, wurden im vergangenen Jahrhundert Teile eines außerhalb der Stadt liegenden römischen Gräberfeldes festgestellt. In dem an der Peripherie liegenden Teil des Stadtviertels lassen sich mehrere langrechteckige Parzellen rekonstruieren, die im Norden an eine Pflasterstraße grenzen. Ihre Verbauung folgt vor allem im Westteil einem einheitlichen Schema. Straßenseitig sind den Häusern Laubengänge vorgelegt, an die Kaufläden oder Werkstätten anschließen. Dahinter liegen kleine Wirtschaftshöfe, auf welche die eigentlichen Wohnhäuser folgen. Diese weisen oft einen in der Mitte des Hauses liegenden Korridor auf, der den Durchgang zu dem das Grundstück auf der Südseite abschließenden Garten vermittelt. Den Übergang zum Garten bildet häufig eine dem Wohnhaus quer vorgelegte Laube. Zu beiden Seiten des Korridors sind die Wohn- und Wirtschaftsräume angeordnet. Die Wohnräume sind an den Bodenheizungen kenntlich. Sie liegen deshalb höher als die übrigen Räume. Den übrigen Teil des Grabungsgeländes nimmt eine *insula* ein, die auf allen Seiten von Pflasterstraßen umrahmt ist. Sie ist in drei verschiedene Baukörper gegliedert, deren Fronten ebenfalls nach Norden orientiert sind, diesmal auf die 7,5 m breite Limesstraße. Auch hier spendeten den Gebäuden vorgelegte Portiken den Fußgängern Schatten. Unter den Straßen laufen mächtige Abwasserkanäle, die das Brauchwasser aus den angrenzenden Gebäuden aufnehmen und in Richtung Donau ableiten.

An der Westseite liegt eine Badeanlage, die man von der Limesstraße aus durch einen Korridor betreten konnte. Der Badetrakt selbst besteht aus 10 Räumen. Die Kaltwasserräume sind im nördlichen Teil angeordnet, während die Warmwasser- und Heißluftbäder im Süden liegen, wo in einem Wirtschaftshof die Öfen für die Beheizung der Hypokaustanlagen stehen. In der Nordwest-Ecke des Badetraktes liegt eine Latrine, deren Abwasser in den Straßenkanal abgeleitet wurde. Nach Osten zu schließt ein nur 13 m breiter Bau an, der ebenfalls von Norden her zugänglich war, und zwar durch eine 2,90 m breite Einfahrt, die in einen ungefähr quadratischen, mit Steinplatten belegten Hof führt. Der dahinter liegende Teil des Gebäudes ist durch einen Mittelkorridor geteilt. Auf jeder Seite liegt eine Reihe ungefähr gleich großer Zimmer. Die Fußböden sind aus Ziegelparkett gelegt, die Wände in Fachwerktechnik errichtet. Dieser Bau hat verschiedene Deutungen erfahren. Der Ausgräber sah darin einen kleinen Markt, in dem die Besucher der Badeanlage sich mit allerlei Notwendigem versorgen konnten, W.Jobst deutete die Anlage einmal als

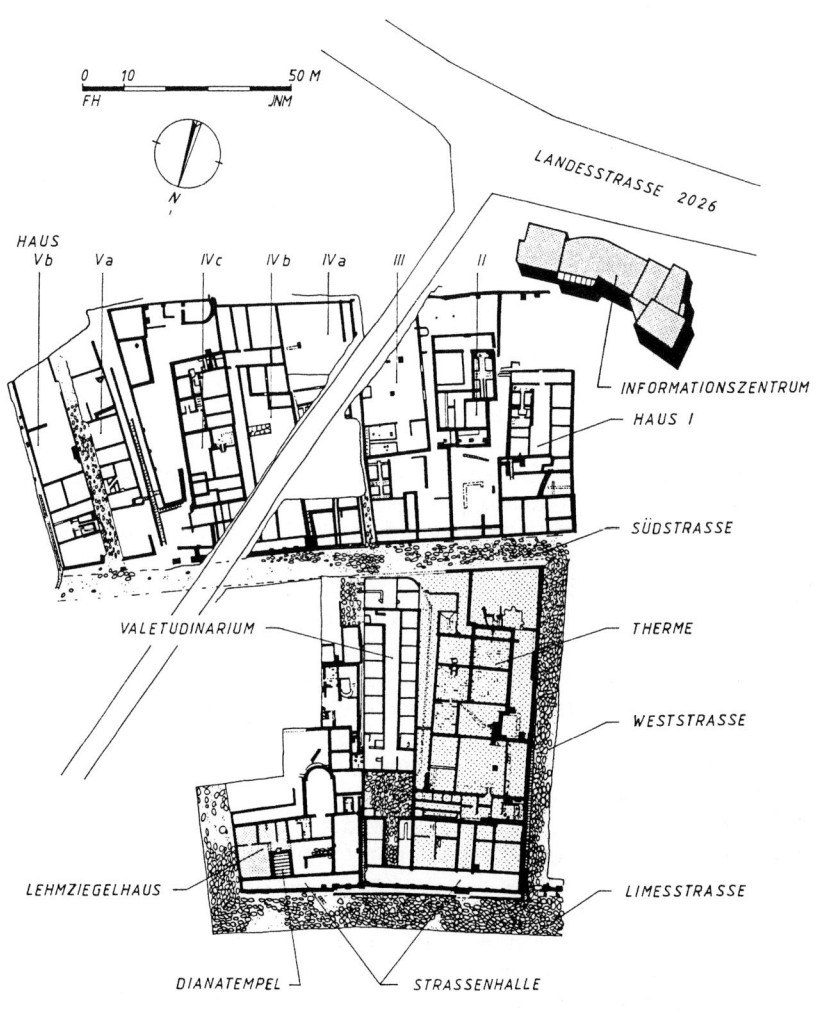

Abb. 99: Carnuntum. Stadtviertel beim Schloß Traun

265

Magazin, zuletzt interpretierte er sie als *valetudinarium* (Spital). Der dritte Bereich der *insula* ist nur an der Limesstraße vollständig erforscht. Untersuchungen der letzten Jahre haben hier vor allem wichtige Aufschlüsse über die ältere Bebauung ergeben, die in die Zeit von der zweiten Hälfte des 1.Jhs.n.Chr. bis zu den Markomannenkriegen zu datieren ist. Alle Baureste, die heute in diesem Stadtviertel zu sehen sind, stammen nämlich aus der Zeit danach. Eines der spätesten Gebäude wäre der an der Limesstraße rekonstruierte Dianatempel, den die Ausgräber aus den spärlichen Befunden herauszulesen glauben, und der am Beginn des 4.Jhs.n.Chr. entstanden sein soll. In ihm ist ein kleines Grabungsmuseum untergebracht.

Westlich des zum Schloß gehörigen Meierhofes liegt unmittelbar am Donauabbruch die ausgedehnte Ruine der Großen Therme (auf den Wegweisern heute wieder mit der älteren, aber falschen Bezeichnung Palastruine angeführt). Dieser 143 x 104 m große Komplex (Abb.34) ist in der Zeit der severischen Kaiser (um 200 n.Chr.) entstanden, wobei gegen Norden zu Aufschüttungen vorgenommen werden mußten, um das nötige Bauland zu gewinnen. Sichtbar sind die südliche und westliche Begrenzung, die nördliche ist wegen des Donauabbruches etwas unklar. Die östliche ist bekannt, aber nicht sichtbar; sie liegt unter der Zufahrtstraße zum Meierhof und unter diesem selbst. Unschwer ist zu erkennen, daß der große Komplex aus zwei Teilen besteht, die durch einen Hof voneinander geschieden sind. Der unregelmäßig gegliederte, nördliche Teil ist nach den letzten Untersuchungen von H.Stiglitz eindeutig als Badeanlage zu deuten. Der Eingang befand sich an der Ostseite, von wo aus man das Bad über einen Korridor, neben dem Umkleideräume angeordnet sind, betreten konnte. Hier lag auch das 20 x 9 m große und 1,60 m tiefe Kaltwasserbecken. Die beheizten Baderäume sind, wie an den mächtigen, außen angebauten Präfurnien leicht erkennbar, im westlichen Teil des Komplexes angeordnet. Für die Zeit um 300 n.Chr. werden Umbauten angenommen. Ob man darin tatsächlich eine Umwandlung des Bauwerkes in eine palastähnliche Anlage anläßlich der Kaiserkonferenz (307 oder 308 n.Chr.) sehen muß, sei dahingestellt.

Der von Wandelgängen auf drei Seiten eingefaßte Hof bot den Badenden Platz zu sportlicher Ertüchtigung. Aus der südlichen Portikus ist über zwei Korridore, in denen wohl Stiegen eingebaut waren, der zweite Trakt erreichbar, dessen Gehniveau auf einer höheren Terrasse lag. Dieser südliche Teil nimmt die ganze Breite des Baukomplexes ein und grenzt im Süden wieder mit einer Portikus an eine hier vorbei führende, unter dem modernen Feldweg liegende antike Straße. Auf der gegenüberliegenden Seite vermutet H.Stiglitz auf Grund verschiedener Indizien das bis heute nicht bekannte Forum der Zivilstadt. In einem Innenhof des Südtraktes erhoben sich zwei Oktogone und ein Rundbau, die seit ihrer Freilegung Anlaß für Diskussionen hinsichtlich der Interpretation der Anlage geben (Kult- oder Repräsentationsbauten, Speicher- und Verteilertürme für die Wasserversorgung etc.), da sich auch der Ausgräber für keine Deutung entscheiden konnte. Der Hof wird auf drei Seiten von in etwa gleich großen Kellerräumen umgeben, die wohl als Magazine darüber liegender Tabernen zu verstehen sind. Insgesamt wird man in der Anlage, wie schon Stiglitz betont hat, eine kleine Marktanlage sehen können, die der Versorgung der Badegäste diente. Der Ausgräber E.Swoboda, der im nördlichen Bauteil eine Palastanlage sehen wollte, konnte verständlicherweise einer so prosaischen Interpretation nicht viel abgewinnen. Interessant ist der große Saal im Westen: Hier wurde bei der Ausgrabung die Weihung eines gewissen Faustinianus an den Genius des *collegium fabrum* (Feuerwehr) zum Heil des Kaisers Elagabal gefunden. Daraus kann geschlossen werden, daß es sich bei diesem großen Raum um das Vereinslokal der örtlichen Feuerwehr handelt.

Im Süden der Zivilstadt liegt das in den zwanziger Jahren dieses Jahrhunderts ausgegrabene und konservierte Amphitheater II (Farbtafel 9.2). Seine Längsachse ist auf die Zivilstadt ausgerichtet und dürfte sich in eine dorthin führende Straße verlängert haben. Luftaufnahmen zeigen jedenfalls, daß der Bereich zwischen Amphitheater und Stadt noch mit Häusern verbaut war. Bei den Ausgrabungen wurde eine Inschriftplatte gefunden, mit der die Sitzplätze für die Priester des Kaiserkultes bezeichnet waren. Darin wird CARNUNTUM noch als Munizipium genannt, woraus geschlossen werden kann, daß das Amphitheater wahrscheinlich in der 1.Hälfte des 2.Jhs.n.Chr. errichtet worden ist. Die treppenförmig aufsteigenden Sitzreihen mit einer rekonstruierten Außenhöhe von 18 m sollen 13.000 Zuschauern Platz geboten haben. Der nicht ganz regelmäßige Grundriß läßt mehrere Umbauten der Anlage vermuten. In der Südwestecke des südlichen Durchganges wurde ein aus wiederverwendeten Architekturstücken zusammengefügtes, sechseckiges Becken mit einem Abfluß gefunden, das von den Ausgräbern R.Egger und F.Miltner als Taufbecken gedeutet wurde. Demnach wurde angenommen, daß nach Aufgabe des Amphitheaters im 4.Jh.n.Chr. in diesem Durchgang eine frühchristliche Kirche eingebaut worden ist. Eine absolute Sicherheit für diese Interpretation besteht leider nicht, was umso bedauerlicher ist, als die Zeugnisse des Frühchristentums in CARNUNTUM im Gegensatz zu anderen Orten am Donaulimes mit Ausnahme einiger Kleinfunde sehr spärlich sind.

Südlich und vor allem östlich des Amphitheaters II dehnte sich das große Gräberfeld der Zivilstadt aus, dessen Spuren bis zum Hotel Marc Aurel östlich der romanischen Rundkapelle wie auch nach Süden zumindest bis zur Bundesstraße 9 und der Bahnlinie beobachtet und teilweise auch ergraben worden sind. Jenseits der Bahn erhebt sich an einer Kreuzung moderner Feldwege das Wahrzeichen CARNUNTUMS, die Ruine des Heidentores (Abb.100), außerhalb der Stadt gelegen, aber dennoch nicht in gänzlich unverbautem Gebiet, wie Grabungen und Luftaufnahmen gezeigt haben. Von dem ursprünglichen Vierpfeiler-Bau sind heute noch die beiden westlichen mit dem sie verbindenden Tonnengewölbe erhalten. Ein Teil des darüber gelegenen Mauerwerkes liegt herabgestürzt östlich davon. Im Mittelpunkt wurde auf Grund archäologischer Beobachtungen eine runde Basis, vielleicht für eine Statue, rekonstruiert. Das Äußere der beiden stehenden Pfeiler ist nicht mehr original, sondern geht auf eine Konservierung des vorigen Jahrhunderts zurück, durch die ein Einsturz des durch Steinraub schon stark dezimierten Mauerwerkes verhindert werden sollte. Ein darin verarbeiteter Altar für Diana Augusta aus dem Beginn des 3.Jhs.n.Chr. gibt den Hinweis darauf, daß die Errichtung des Bauwerkes der Spätantike zuzuweisen ist; wahrscheinlich ist das 4.Jh.n.Chr. Eine sichere Deutung des Monumentes ist nicht möglich. Auszuschließen sind Vermutungen wie Grabbau, Torbau oder Straßenkreuzungspunkt, da die archäologischen Beobachtungen dagegen sprechen. Wahrscheinlicher ist, unter Beachtung der vermutlichen Errichtungszeit, darin ein politisches Denkmal zu sehen. Denkbar wäre einerseits die 307 oder 308 n.Chr. in CARNUNTUM abgehaltene Kaiserkonferenz, die vielleicht zum Bau des Tetrapylons geführt hat, andererseits berichtet der Historiker Ammianus Marcellinus, daß unter Kaiser Constantius II. (337–361 n.Chr.) in Gallien und Pannonien Triumphbögen errichtet worden seien. Einen davon haben wir vielleicht in der Ruine des Heidentores vor uns.

Manfred Kandler

Praktische Hinweise
Anreise: Petronell und Bad Deutsch-Altenburg sind von Wien mit dem PKW über die A4, Ausfahrt Fischamend-Ost, oder über die B 9, Ausfahrt Petronell-Carnuntum, zu erreichen. Braunen Hinweisschildern zum Archäologiepark folgen. Sowohl Petronell als auch Bad Deutsch-Altenburg sind mit der Schnellbahn S7 zu erreichen.
Besichtigung: Rundgang im Archäologischer Park Carnuntum gut ausgeschildert. Von Wien kommend, beginnt man die Besichtigung beim Amphitheater

Abb. 100: Carnuntum. Rekonstruktion des Heidentores

der Zivilstadt. Kurz nach der Abzweigung von der Bundesstraße 9 nach Petronell liegt linkerhand ein kleiner Parkplatz. Von hier aus erreicht man das Amphitheater der Zivilstadt zu Fuß über einen kurzen Gehweg. Fährt man ca. 200 m Meter weiter, öffnet sich links in der barocken Mauer um den Traunschen Schloßpark ein enges Tor mit einem Hinweisschild zur großen Therme „Palastruine". Folgt man dieser kurzen Stichstraße, steht man direkt vor den Überresten der Thermenanlage. Zurück zur Landstraße Richtung Petronell liegen linkerhand am Ortseingang das neue Eintrittsgebäude zum Archäologiepark und die konservierten Häuser der Zivilstadt von Carnuntum. Hier empfiehlt sich ein Rundgang in den Ruinen und die Besichtigung der rekonstruierten Straßenhalle und des Tempels der Diana. Folgt man der Landesstraße durch den Ort Petronell, gelangt man bei der Bundesbushaltestelle auf der rechten Straßenseite vor dem östlichen Ortsausgang zum neu entdeckten Auxiliarkastell. Ein kleines Museum mit wechselnden Ausstellungen und konservierten Abwasseranlagen kann hier besichtigt werden. Auf der rechten Straßenseite auf dem Weg nach Bad Deutsch-Altenburg liegt noch der einzige vom Legionslager sichtbare Befestigungsrest, ein Torturm der *porta principalis dextra.* Gleich danach erscheinen auf der linken Straßenseite die konservierten Ruinen des Militäramphitheaters. Fährt man auf der Bundesstraße 9 in Richtung Wien, erhebt sich knapp vor der Abzweigung Petronell auf der linken Straßenseite im Feld die Ruine des Heidentores. Sie ist besonders abends gut sichtbar, da sie durch Scheinwerfer beleuchtet wird.

Museum: Archäologisches Museum Carnuntinum, 2405 Bad Deutsch-Altenburg, Badgasse 40–46 (Tel.: 02165/62480, Fax: 02165/64070). Öffnungszeiten: Ganzjährig Dienstag–Sonntag 10–17 Uhr, Montag geschlossen.
Informationszentrum Petronell, 2404 Petronell, Hauptstraße 465 (Tel.: 02163/2882, Fax: 02163/2884). Öffnungszeiten: April–Oktober, täglich 9–17 Uhr.

Museum Petronell: Museumsverein Petronell-Carnuntum Auxiliarkastell, 2404 Petronell, Haupstraße 439. Öffnungszeiten: Mai–September, Samstag, Sonntag, Feiertage 10–16 Uhr.

Literatur
Genser 1986, Kandler in: Kandler-Vetters 1986, 213ff.; Stiglitz in: Kandler-Vetters 1986, 202ff.; W. Jobst (Hrsg.), Carnuntum. Das Erbe Roms an der Donau. Katalog der Ausstellung des Archäologischen Museums Carnuntinum in Bad Deutsch-Altenburg. Wien 1992.
M. Grünewald, Keramik und Kleinfunde des Legionslagers von Carnuntum (Grabungen 1976–1977). Der römische Limes in Österreich 34, 1986; W. Jobst u. a., Carnuntum Pfaffenberg 1985. Carnuntum Jahrbuch 1986, 65ff.; M. Kandler, Bericht über die Ausgrabungen auf der Trasse der B9 im Abschnitt Bad Deutsch-Altenburg. Carnuntum Jahrbuch 1986, 129ff.; M. Kandler u. a., Carnuntum – Canabae legionis. Materialien über die Ausgrabungen auf der Flur „Mühläcker" in Carnuntum. Wien 1986; M. Kandler, Österr. Jahreshefte 56, 1986, Hbl. 143ff.; M. Kandler – H. Zabehlicky, Untersuchungen am Ostrand der Canabae legionis von

Carnuntum. In: Studien zu den Militärgrenzen Roms III, Forschungen und Berichte zur Vor- und Frühgeschichte in Baden-Württemberg 20, 1986, 341ff.; M. Kandler – H. Zabehlicky, Carnuntum – Canabae legionis, Österr. Jahreshefte 57, 1986/87, Grab. 26f.; K. Knibbe – M. Zavadil, Rettungsgrabung auf der Trasse der Bundesstraße B9 im Abschnitt Bad Deutsch-Altenburg. Carnuntum Jahrbuch 1986, 135ff.; E. Lotter, Venusstatuette aus dem Amphitheater I von Carnuntum. Carnuntum Jahrbuch 1986, 31ff.; H. Stiglitz, Das Auxiliarkastell von Carnuntum. In: Studien zu den Militärgrenzen Roms III, Stuttgart 1986 416ff.; H. Stiglitz, Auxiliarkastell Carnuntum. Carnuntum Jahrbuch 1986,193ff.; W. Jobst u. a., Carnuntum Zivilstadt 1986/87. Carnuntum Jahrbuch 1987, 151ff.; W. Jobst, Das antike Stadtviertel bei Schloß Petronell. Archäologischer Park Carnuntum: Die Ausgrabungen 1; H. Stiglitz, Auxiliarkastell Carnuntum 1986. Carnuntum Jahrbuch 1987, 265ff.; B. Brandt – K. Knibbe, Fortführung der Rettungsgrabung auf der Trasse der B9 im Abschnitt Bad Deutsch-Altenburg. Carnuntum Jahrbuch 1988, 129ff.; W. Jobst – G. Kremer, Carnuntum – Pfaffenberg. Österr. Jahreshefte 58, 1988, Grab. 23 ff.; G. Hajnoczi, Versuch einer ideellen Rekonstruktion eines Siedlungsteils aus der Römerzeit. Carnuntum Jahrbuch 1988, 55ff.; G. Huber, Die Entwässerung der Restaurierung im Spaziergarten. Carnuntum Jahrbuch 1988, 87ff.; Chr. Ertel, Architekturdekoration eines Gebäudes mit korinthischer Ordnung im Kultbezirk der orientalischen Götter in den Canabae legionis von Carnuntum. In: Akten des 3. Österreichischen Archäologentages Innsbruck, Wien 1989, 57ff.; V. Gassner, Gelbtonige Keramik aus datierten Fundkomplexen in Carnuntum. Carnuntum Jahrbuch 1989, 133ff.; V. Gassner, Amphoren aus Carnuntum, Münstersche Beiträge zur Antiken Handelsgeschichte 8, 1989, 52ff.; M. Kandler, Zur siedlungsgeschichtlichen Entwicklung der Canabae legionis von Carnuntum. In: 17. Österr. Historikertag Eisenstadt 1987. Veröffentlichungen des Verbandes Österr. Geschichtsvereine 26, 1989, 45ff.; M. Kandler, Eine Erdbebenkatastrophe in Carnuntum ? Acta Archaeologica Hungarica 41, 1989, 313ff.; H. G. Kolbe, Zum Faustinianus – Stein. Carnuntum Jahrbuch 1987, 93ff.; H. Stiglitz, Das Auxiliarkastell Carnuntum (Petronell) und die Möglichkeiten seiner Präsentation. Carnuntum Jahrbuch 1989, 107ff.; H. Thür, Die Architektur des Heiligtums auf dem Pfaffenberg und ihre Rekonstruktion. Carnuntum Jahrbuch 1989, 111ff.; Chr. Ertel, Architekturfragmente aus der „Palastruine". Carnuntum Jahrbuch 1990, 181ff.; V. Gassner, Feinware aus Carnuntum. Carnuntum Jahrbuch 1990, 133ff.; V. Gassner, Schlangengefäße aus Carnuntum. Akten des 14. int. Limeskongresses in Carnuntum 1986. Der römische Limes in Österreich 36,1990, 651ff.; Chr. Ertel, Römische Architektur in Carnuntum. Der römische Limes in Österreich 38, 1991; Chr. Ertel, Der Tempel A im Kultbezirk der orientalischen Götter in den Canabae legionis von Carnuntum. In: Roman Frontier Studies 1989, Exeter 1991, 216ff.; V. Gassner, Glasierte Reliefkeramik aus Pannonien. Rei Cretariae Romanae Fautores Acta 29/30, 1991, 157ff.; V. Gassner, Mittelkaiserzeitliche glasierte Keramik aus Pannonien. Carnuntum Jahrbuch 1991, 9f.; V. Gassner – R. Sauer, Archäometrische Untersuchungen zur Keramikproduktion in Carnuntum. Der römische Limes in Österreich 37, 1991; I. Piso, Die Inschriften vom Pfaffenberg und der Bereich der Canabae legionis. Tyche 6, 1991, 131ff.; F. Humer u.a., Carnuntum – Zivilstadt 1989–1990. Carnuntum Jahrbuch 1991, 63ff.; S. Jilek, Die Kleinfunde aus dem Auxiliarkastell von Carnuntum. Roman Frontier Studies 1989. Exeter 1991, 230ff.; Chr. Öllerer, Neue Erkenntnisse zu Chronologie und Funktion der sog. „Palastruine" – Große Therme von Carnuntum. Ungedr. Diplomarbeit München 1992; V. Gassner, Pannonische Glanztonware mit Stempelverzierung aus Carnuntum. Ptujski arheološky zbornik 1993, 359ff., M. Kandler, Carnuntum – Canabae legionis, Tempelbezirk orientalischer Götter 1989 und 1991. Österr. Jahreshefte 62, 1993, Grab. 59ff.; S. Jilek, Ein Zerstörungshorizont aus der 2. Hälfte des 2.Jh.n.Chr. im Auxiliarkastell in Carnuntum. In: Markomannenkriege – Ursachen und Wirkungen. Brno 1994, 230ff.; M. Kandler, Carnuntum, Auxiliarkastell und Vicus. Österr. Jahreshefte 62, 1993, Grab. 43ff. und Österr. Jahreshefte 63, 1994 Grab 45ff.; S. de Maria, Cassia Dione, Ammiano Marcellino e gli archi trionfali della Pannonia. La Pannonia e l'Impero Romano. Roma 1994, 299ff.; I. Piso, Eine Parallele zwischen den Praetorien der Statthalter von Carnuntum und Apulum. Carnuntum Jahrbuch 1993/94, 203ff.; I. Piso, Zur Tätigkeit des L. Aelius Caesar in Pannonien. Carnuntum Jahrbuch 1993/94, 197ff.; F. Humer – A. Rauchenwaldt, Carnuntum – Zivilstadt 1991–1993. Carnuntum Jahrbuch 1993/94, 237ff.; F. Humer – A. Rauchenwald, Zivilstadt Carnuntum 1992. Carnuntum Jahrbuch 1995, 153ff.; I. Piso, Eine Votivinschrift vom Pfaffenberg (Carnuntum) für das Wohl des Tetrarchen Maximinianus. Carnuntum Jahrbuch 1995, 95ff.; H. Stiglitz – S. Jilek, Das Auxiliarkastell Carnuntum 1977–1988. Sonderschriften des Österr. Arch. Institutes 29 (im Druck); M. Kandler, Das Auxiliarkastell Carnuntum 2, Sonderschriften des Österr. Arch. Institutes 30 (im Druck).

HAINBURG – BRAUNSBERG

Vorrömische Befestigungsanlage

Östlich von HAINBURG/Donau erhebt sich der 346 m hohe BRAUNSBERG (Abb.101). Der isolierte, im westlichen Bereich aus Kalk und Dolomit aufgebaute Felsen zeigt an der Oberfläche Spuren einer Verkarstung. Das Plateau fällt nach Norden beziehungsweise Nordwesten hin ab. Es ist im Westen durch eine fast senkrechte Felswand und im Süden und Osten durch Steilhänge natürlich gesichert. Lediglich auf der Nordseite fällt der Berg in mehreren Stufen ab. Ein meist 1,2 bis 1,5 m hoher und rund 1600 m langer Randwall umschloß ein etwa 13 ha großes Siedlungsareal. Heute ist dieser Wall nicht mehr zur Gänze erhalten. Im nordöstlichen Abschnitt dürfte der Wall durch zahlreiche militärische Stellungsbauten so stark gestört worden sein, daß er praktisch völlig erodiert und nur mehr als Geländekante erkennbar ist.

Abb. 101: Hainburg-Braunsberg. 1931 angefertigte Luftaufnahme vom Plateau des Braunsberges mit deutlich erkennbarem Randwall und den bei Menghin erwähnten, tief in den Felsen eingeschlagenen Gruben

Die ältesten Fundnachrichten finden sich bereits in einem Bericht einer Reise zweier Engländer, die 1736/1737 durchgeführt worden ist. R. Pococke schrieb in seinem 1745 veröffentlichten Reisebericht über einen heute verschollenen, keltischen Münzschatz. J. Milles, der zweite Reiseteilnehmer, schilderte in einem unveröffentlichten Manuskript das Panorama vom Schloßberg und erwähnte dabei einen hohen Hügel östlich von HAINBURG, der scheinbar eine Befestigung trug. 1876 berichtet dann M. Much über Begehungen und „Schürfungen" auf dem BRAUNSBERG. Er liefert erstmals eine ausführliche topographische Beschreibung des Berges und datiert den Wall in die „Periode der Tumuli-Erbauer", da sich am Fuß des BRAUNSBERGES, heute im Bereich des Bergbades, ein großer Tumulus (der sog. „Schülerberg") befindet. 1894 werden in einer Ortsgeschichte Metallfunde erwähnt, die Graf Wurmbrand auf dem BRAUNSBERG entdeckt haben soll. 1900 berichtet M. v. Groller von „sechs Wohngruben"; die dabei gefundenen Gefäßfragmente hat J. Szombáthy in die

273

„Hallstattperiode" datiert (RLÖ 1, 1900, Sp. 100). Nähere Unterlagen und Dokumentationen zu diesen Grabungen, so sie jemals angefertigt worden sind, haben sich nicht erhalten. Doch soll die Hoffnung nicht aufgegeben werden. Im Frühjahr 1995 erfuhr der Verfasser zufällig vom Ehepaar Čizmář, daß 1918 auch I. L. Červinka auf dem Braunsberg Bergungen durchgeführt hatte und der Bericht mit Geländeskizze sowie die Funde im Mährischen Landesmuseum erhalten sind. 1923 veröffentliche O. Menghin eine ausführliche Beschreibung vom Braunsberg. Er berichtete über die durch Schützengräben stark gestörten Verwallungen, erkannte die vermutlich mittelalterlichen Weinbauterrassen an der Nordseite des Braunsberges und beschrieb am Plateau tief in den Felsen eingetiefte Gruben, die von ihm, wohl mit Recht, als Wasserzisternen gedeutet werden. Sie konnten leider bis heute archäologisch nicht untersucht werden. Als Entstehungszeit der Wallanlage vermutete Menghin die ausgehende Latènezeit. In den nächsten Jahren wurden zahlreiche kleinere Bergungen, u. a. von F. Mühlhofer, durchgeführt. Er datiert 1927 entgegen Menghin den Ringwall wiederum in die „illyrische Periode", d. h. in die Hallstattkultur.

Die ersten systematischen Untersuchungen auf dem Braunsberg wurden 1931 unter der Leitung von H. Mitscha-Märheim und E. Nischer-Falkenhof durchgeführt. Der umfassende Originalbericht sowie die Originalzeichnungen blieben im NÖ. Landesmuseum erhalten. Ein Teil der Funde sowie praktisch alle mitverpackten Fundzettel gingen jedoch verloren, als die Studiensammlung des Instituts für Urgeschichte der Universität Wien im 2. Weltkrieg schwer zu Schaden kam. Bei den Ausgrabungen wurden sechs Wallschnitte und eine Sondage auf dem Plateau, bei der ein Siedlungsbau freigelegt worden ist, durchgeführt. Die Ergebnisse der Grabungen veröffentlichten die Ausgräber 1935 und 1950; eine Fundvorlage erfolgte jedoch nicht.

Von 1986 bis 1990 wurden in einem von FWF und Land NÖ. unterstützten Forschungsprojekt des Instituts für Ur- und Frühgeschichte der Unversität Wien (O. H. Urban) die vorhandenen Altfunde aufgenommen und fünf Wallschnitte (1986–1988) sowie zwei Testflächen im Siedlungsinneren (1989 und 1990) gegraben.

Es konnten die Grabungsergebnisse H. Mitscha-Märheims und E. Nischer-Falkenhofs in weiten Bereichen verifiziert werden. Die Befestigung wurde im 2.Jh.v.Chr. (Latène C2) errichtet, wobei eine innenverschalte Pfostenreihe die Außenfront bildete, an der an der Innenseite eine Erdrampe angeschüttet worden war. Die Erdrampe dürfte an der Krone einen hölzernen Aufbau getragen haben, der vermutlich mit der Außenfront verbunden gewesen war. Von der Holzwand und dem Aufbau haben sich jedoch in dem heute noch vorhandenen Erdwall lediglich Pfostenreihen beziehungsweise Pfostengräbchen erhalten. In einem Wallschnitt an der Nordseite des Plateaus wies ein Teil der Holzwand Brandspuren auf. Die Steineinbauten, die bei der Ausgrabung 1931 im östlichen Abschnitt des Nordwalles beobachtet worden sind, konnten nicht verifiziert werden, da der Abschnitt heute, wie bereits oben gesagt, stark erodiert ist. Der Befund überzeugt heute wenig, da auf der originalen Grabungsskizze erkennbar ist, daß die Steineinbauten nicht ausgegraben, sondern lediglich an der Oberseite freigelegt worden waren. Ebenso mußte auch die vermutete Toranlage falsifiziert werden, so daß sie hier in diesem Rahmen nicht mehr näher behandelt wird.

Bei den Testschnitten im Siedlungsinneren konnte ein ähnlicher Befund wie 1931 gemacht werden: Es handelt sich dabei um ein schwach in den Hang eingetieftes Haus, das einen gestampften Fußboden sowie eine Feuerstelle aufweist. Das Haus kann nach zwei Scherbenlagen, die unter der Feuerstelle eingelassen worden waren und die Hitze reflektieren sollten, in die Subphase Latène C2 datiert werden.

Zusammenfassende Ergebnisse zur Besiedlung

Die ältesten gesicherten Funde auf dem BRAUNSBERG stammen aus dem Spätneolithikum. Aus der Spätbronzezeit sind lediglich Einzelfunde bekannt. Während der älteren und jüngeren Hallstattkultur (Hallstatt C1 bis D1) dürfte sich auf dem BRAUNSBERG eine bedeutende, zumindest ausgedehnte, Höhensiedlungen der Kalenderbergkultur befunden haben. Eine eigentliche Befestigung konnte jedoch nicht nachgewiesen werden. Die zahlreichen hallstättischen Funde im Wall sind sekundär verlagert. Aus der Frühlatènezeit sind nur wenige Einzelfunde, darunter eine Eisenfibel, bekannt.

Der Schwerpunkt der keltischen Besiedlung setzte in Latène C2 ein und reichte bis nach D1 (Abb. 102 und Farbtafel 30.2). Die oben beschriebene Befestigungstechnik ist in unseren Breiten eher selten; sie ist aber für spätkeltische Höhensiedlungen belegt und wird in der Fachliteratur als Typus Hollingbury bezeichnet. Die Bedeutung der Siedlung im Bereich der Porta Hungarica ist schwer abzuschätzen. Sie war befestigt und mit einer Größe von rund 13 ha sicher nicht von geringer Bedeutung. Die geschützte Lage direkt gegenüber der Marchmündung war wohl auch von verkehrsgeographischer Bedeutung. Das Fundmaterial zeigt Ähnlichkeiten mit den westslowakischen und mährischen Siedlungen, insbesondere mit POHANSKÁ und STARÉ HRADISKO. Es ist aber, entsprechend der viel bescheideneren Grabungsaktivitäten, im Umfang bedeutend kleiner.

Abb. 102: Hainburg-Braunsberg. Mit Eisenklammern reparierter Graphittontopf mit Kammstrich sowie ein kleines beutelförmiges Keramikgefäß, junglatènezeitlich

Wie auch immer, der Zentralort – und damit auch das *oppidum* – erstreckte sich während der Jahrzehnte zwischen 70 und 40 v.Chr. mit Sicherheit auf dem Burgberg von BRATISLAVA, und die an verschiedenen Stellen geäußerten Theorien, die eine Lokalisierung des bei Paterculus für das Jahr 6 n.Chr. genannten CARNUNTUMS auf dem BRAUNSBERG annahmen, konnten wegen des Fehlens augusteischer Funde durch die Ausgrabungen nicht bestätigt werden.Die Ausgrabungen sollen 1996 mit finanzieller Unterstützung des Museums Carnuntinum fortgesetzt werden.

Aus der römischen Epoche, der Völkerwanderungszeit und dem frühen Mittelalter liegen nur wenige Einzelfunde vor. Sie zeigen, daß der Berg begangen worden ist; von einer eigentlichen Besiedlung oder Befestigung, wie dies im ersten Vorbericht 1986 vermutet worden ist, kann jedoch heute nicht mehr ausgegangen werden. Der vorliegende Fundbestand aus der Spätantike ist dafür zu klein.

Otto H. Urban

Praktische Hinweise

Anreise: Hainburg liegt an der Bundesstraße 9. Den Braunsberg erreicht man von Hainburg-Ungartor (Schnellbahnstation S7), linker Hand der Bergstraße folgend, bis auf das Plateau (Achtung Wintersperre).
Rundgang: Vom Parkplatz aus sollte man einen Rundgang auf dem Plateaurandwall machen. Dabei bietet sich im Osten ein schöner Blick Richtung Bratislava und dem Burgberg von Preßburg sowie auf die Ruine von Devín, die sich direkt über der Marchmündung erhebt und im Westen ein Panoramablick über Hainburg mit seiner berühmten mittelalterlichen Stadtmauer. Beachten Sie den am Fuße des Braunsberges, im Bergbad gelegenen, großen und noch unerforschten Tumulus, den sog. Schülerberg.

Museum: Eine Ausstellung, in der eine kleine Grabungsdokumentation gezeigt wird, befindet sich in Hainburg, im Wiener Tor-Museum (Öffnungszeiten Mai–Oktober, So und Feiertag 9.00–11.00).

Literatur

M. Much, Germanische Wohnsitze und Bodendenkmäler in Niederösterreich. Bl. Ver. Landeskde. NÖ., N.F. 10, 1876, 51ff.; M. v. Groller, Die Ruine Röthelstein (Rottenstein) an der Donau. Der römische Limes in Österreich 1, 1900, Sp. 93ff.; O. Menghin, Der Braunsberg bei Hainburg (Niederösterreich). Wiener Prähist. Zeitschrift 10, 1923, 111f.; A. Mahr, Braunsberg. Nachrichtenbl. dtsch. Vorz. 3, 1927, 86; E. Beninger, Prähistorische, germanische und mittelalterliche Funde von Carnuntum und Umgebung. Mat. Urgesch. Österr. 4, 1930; H. Mitscha-Märheim, Die prähistorischen Siedlungen auf dem Braunsberg bei Hainburg an der Donau. Forsch. u. Fortschritt 8, 1932, 18; E. Nischer-Falkenhof, Die urgeschichtlichen Siedlungen auf dem Braunsberg bei Hainburg an der Donau. Unsere Heimat 8/11, 1935, 290ff.; H. Mitscha-Märheim, Die vorgeschichtliche Wallburg auf dem Braunsberg bei Hainburg. Mitt. Ges. Freunde Carnuntums 3, 1950, 2ff.; G. Wessely, Geologie der Hainburger Berge. Jahrb. d. Geolog. Bundesanst. 104, 1961, 273ff.; O.H. Urban, (mit einem Beitrag von W. Neubauer), Ausgrabungen auf dem Braunsberg bei Hainburg 1986. Carnuntum Jahrbuch 1987, 271ff.; O.H. Urban, Keltische Höhensiedlungen an der mittleren Donau vom Linzer Becken bis zur Porta Hungarica, 2. Der Braunsberg, Linzer Arch. Forschungen 23, 1995.

RUSOVCE – GERULATA

Kastell – Vicus

Das antike GERULATA liegt im Bereich der Gemeinde von RUSOVCE (KARLBURG/ OROSZVÁR), die administrativ schon zur Stadt BRATISLAVA gehört. Bereits am Ende des 19.Jhs. wurde mit den ersten Grabungen vor Ort begonnen. Aber erst seit der Durchführung von systematischen archäologischen For-

277

schungen ab dem Jahre 1961 kann der Fundort zweifelsfrei mit dem antiken GERULATA identifiziert werden (Abb.103).

Ursprünglich befand sich hier an einem schon lange ausgetrockneten Arm der Donau ein Lager für römische Hilfstruppen (*auxilia*). Es entstand spätestens unter der Regierung des Kaisers Domitianus in den 80er Jahren des 1.Jhs.n.Chr. Durch Grabungen wurde die erste Anlage, ein Holz-Erde-Kastell, erfaßt, die wahrscheinlich im Verlauf des 2.Jhs.n.Chr. durch ein Steinlager ersetzt wurde. Die Ausdehnung des Steinkastells deckte sich nur zum Teil mit dem Holz-Erde-Lager. Die Abmessungen beider Lager können nicht mehr exakt angegeben werden, da ihre Nordostseite durch einen Donauarm weggespült wurde.

Der Name der ersten in GERULATA stationierten Truppe ist bisher unbekannt. Am Ende des 1. und zu Beginn des 2.Jhs.n.Chr. ist eine 500 Mann starke Reitertruppe belegt, deren Mitglieder ursprünglich aus dem Stamm der Cannenefaten rekrutiert wurden (*ala I Cannenefatum*). Diese

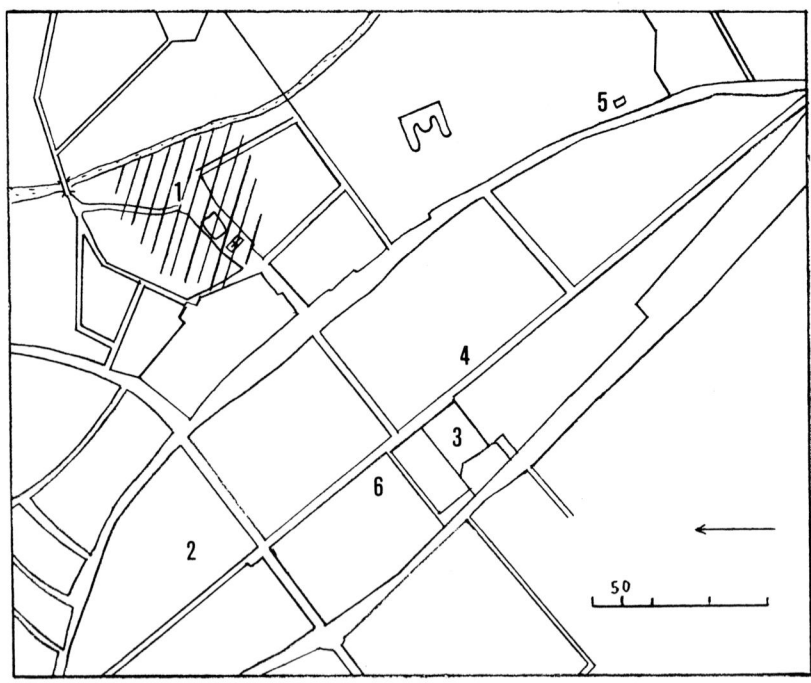

Abb. 103: Gerulata. Plan zur Lage der Fundstellen. 1. Rusovce – Bergl: Lager und Museum 2. 3. 5. Gräberfelder und Gräber 4. Vicus 6. Ziegel- und Kalkofen

Truppe blieb in Gᴇʀᴜʟᴀᴛᴀ bis in das 3.Jh.n.Chr. stationiert; über die Garnison der Spätantike gibt es bis jetzt nur spärliche Hinweise. Eine Erwähnung vom Anfang des 5.Jhs.n.Chr. nennt eine Reitertruppe von Bogenschützen (*equites sagittarii*).

Am Ende des 4.Jhs.n.Chr. wurde in das Lager, das damals seine rein militärische Bedeutung längst verloren hatte, eine kleine Festung von 30 x 30 m im Quadrat eingebaut, deren Mauern eine Stärke von bis zu 2,4 m aufwiesen (Abb.104). In ihrer Mitte befand sich ein Brunnen, der 8 m tief war. Im Gegensatz zu der früh- und mittelkaiserzeitlichen Kastellanlage, die wegen der starken modernen Überbauung archäologisch nicht untersucht werden kann, gehört die Innenbebauung des spätantiken Lagers zu den am besten erforschten Teilen des Kastells.

Während der Restaurierung und Konservierung der spätantiken Festungsmauern wurden im Mauergefüge ältere Grabsteine und Altäre entdeckt, die sekundär als Baumaterial benutzt worden waren. Eine der schönsten Spolien, eine große, reliefierte Steinplatte stellt Daidalos und Ikaros dar; sie besitzt noch eine außergewöhnlich gut erhaltene, mehrfarbige Bemalung.

Manche vor Ort gefundene Inschriften berichten von der Existenz eines Tempels des Jupiter Dolichenus, dessen Kult sich – von Syrien ausgehend – bis in die westlichen Teile des Imperium Romanum verbreitet hatte. Zu den bedeutendsten Funden gehört ein bronzener

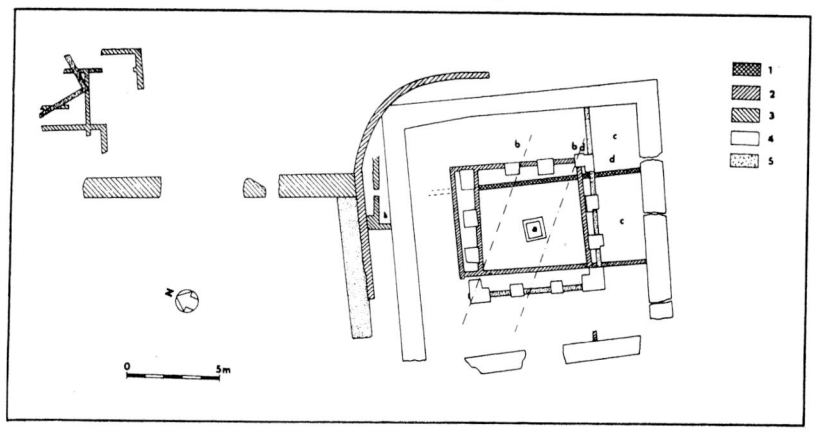

❏ *RUSOVCE – BERGL, GRUNDRISS; BAUHISTORISCHE ANALYSE RELATIVE CHRONOLO-GIE (4. – BURGUS), A – BRUNNEN, B – FOSSA, C – MÖRTELFUSSBODEN (TERAZZO) ZUR PHASE 4., D – STEINPFLASTER ZUR PHASE 1.*

Abb. 104: Gerulata. Grundriß des Burgus

279

Reiterparadehelm mit mythologischen Motiven in Relief- und Ritzver-
zierung.
Westlich und südwestlich vom Lager breitete sich das Lagerdorf (Vicus)
aus. Außerhalb des Vicus befanden sich drei Gräberfelder, von denen
insgesamt 400 Gräber untersucht werden konnten. Interessant ist das
Gräberfeld II, weil hier bis zum Ende des 2.Jhs.n.Chr. die gleichzeitige
Existenz von Brand- und Körperbestattung belegt ist. Unweit der
Gräberfelder wurden auch handwerkliche Betriebe erfaßt, darunter ein
Kalkofen und ein Ziegelofen.
Südlich vom Lager wurde Gräberfeld IV entdeckt, in dem hauptsächlich
Gräber aus dem 4.Jh.n.Chr. gefunden wurden.

Eduard Krekovic

Praktische Hinweise
Anreise: Von Wien auf der Bundesstraße 9 bis zum Grenzübergang Bratislava
oder Berg/Kittsee (nur für österreichische oder slowakische Staatsbürger offen), dann auf der E 15 Richtung Ungarn bis Rusovce knapp vor den Grenzübergang Rajka fahren.
Besichtigung: Die Überreste des Lagers sind im Zentrum des Dorfes hinter der
Kirche zu sehen, wo die abgedeckten Mauern des spätantiken Lagers und ein
kleines Museum stehen.
Museum: Öffnungszeiten: von Mai bis Oktober, von Di–So 10 bis 17 Uhr

Literatur
L. Kraskovská, Gerulata – Rusovce I. Bratislava 1974; M. Pichlerová, Gerulata –
Rusovce II. Bratislava 1981; M. Pichlerová, Gerulata und seine Rolle im Bratislavaer
Tor. Archeologické rozhledy 38, 1986, 435ff.; L. Snopko – J. Gerzová – V. Ferus,
Some remarks on the development of the Roman settlememt in Rusovce – Bergl.
Archeologické rozhledy 38, 1986, 446ff.; E. Krekovic, Archäologische Nachweise
zu den Anfängen des Lagers Gerulata. Archeologické rozhledy 43,1991, 447ff.; V.
Varsík, Die älteste Phase von Gerulata. In: Kelten – Germanen – Römer, Brno-Nitra
1995, 267ff..

PLANK AM KAMP
Marschlager

Nordwestlich von Plank am Kamp befindet sich auf einer annähernd
ebenen Hochterrasse in der Rechtsschlinge des Kamp eine rechteckige
Grabenanlage von etwa 130 x 120 m (Abb.105). Nach den Grabungser-

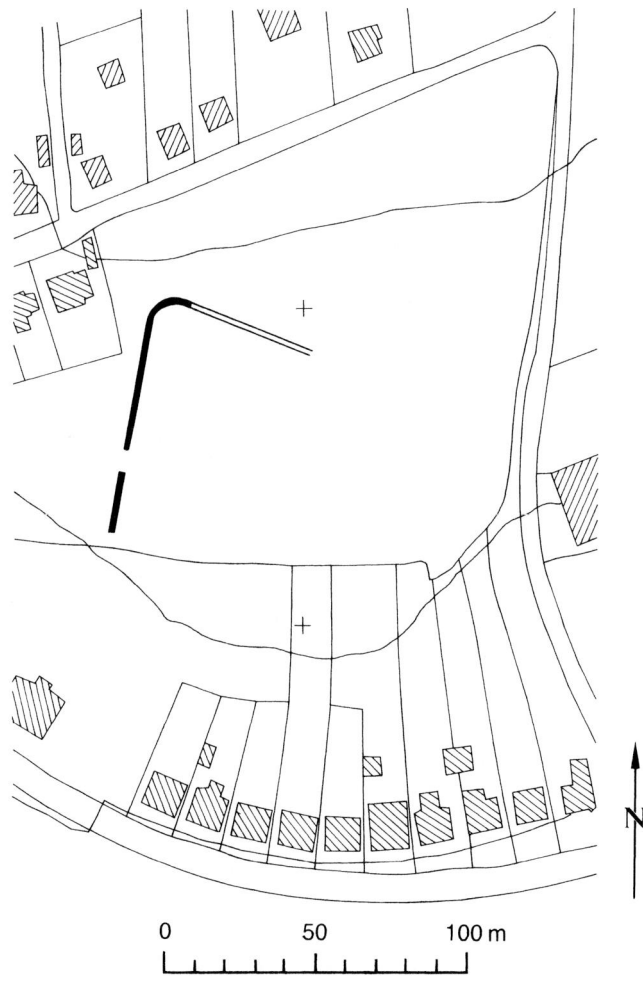

0   50   100 m

Abb. 105: Plank am Kamp. Umriß des Marschlagers

gebnissen handelt es sich um einen V-förmigen Spitzgraben. An der Westseite ist der Graben auf einer Länge von 14 m unterbrochen. Überreste sind keine sichtbar, nur eine Schautafel informiert über die Ausgrabungsergebnisse. Es handelt sich um ein Marschlager, das das römi-

281

sche Heer im Zuge von Aktivitäten im nördlichen Niederösterreich errichtet hatte.

Alois Stuppner

Praktische Hinweise
Anreise: Über die Kamptalbundesstraße 34 kommend biegt man am nordwestlichen Ortsende von Plank am Kamp nach Maiersch ab. Nach ca. 70 m liegt westlich der Straße die Fundstelle. Es sind keine Überreste sichtbar, aber eine Schautafel an Ort und Stelle – errichtet im Rahmen des Kulturparkes Kamptal – informiert über die Ergebnisse der Forschungen.

Literatur
Friesinger – Zabehlicky in: Kandler – Vetters 1986, 236ff.
H. Friesinger, Römische Befestigungsbauten nördlich der Donau in Niederösterreich. In: Lebendige Altertumswissenschaft. Festgabe zur Vollendung des 70. Lebensjahres von Hermann Vetters, Wien 1985, 258ff.; Fundberichte aus Österreich 24/25, 1985/86, 365ff. (E. Szameit); H. Friesinger – B. Vacha, Die vielen Väter Österreichs. Wien 1987, 35ff.

DER OBERLEISERBERG BEI ERNSTBRUNN

Vorrömische Siedlung – germanischer Fürstensitz

Der OBERLEISERBERG gehört zu einem größeren, zusammenhängenden Bergmassiv aus Jurakalk, das von Westen nach Osten verläuft und sich nördlich sowie nordöstlich von ERNSTBRUNN befindet. Es ist unter dem Namen „Leiserberge" bekannt. Von den vier Erhebungen ist der OBERLEISERBERG mit 457 m Meereshöhe die vierthöchste. Seine Gestalt und Lage ließen ihn besiedlungsgeschichtlich zu einem bedeutenden ur- und frühgeschichtlichen Siedlungsplatz werden.
Der OBERLEISERBERG stellt ein leicht nach Westen geneigtes Plateau in Form eines unregelmäßigen Oval mit einer Fläche von 6,5 ha (ca. 360 x 250 m) dar. Während es im Westen, Norden und Osten steil abfällt, geht es im Süden zunächst in ein etwas tiefer gelegenes Gelände über. Auch im Südwesten ist der Steilabfall etwas verflacht. Ein heute noch im Gelände sichtbarer Wall grenzt das Plateau ein. Ein zweiter Wall zweigt im Südwesten von diesem ab und umgibt das tiefergelegene Gelände (Farbtafel 31.1).
Schon im letzten Jahrhundert machte der OBERLEISERBERG u.a. durch römische Ziegelfunde auf sich aufmerksam. 1872 befaßte sich Matthäus

Much eingehend mit den Wallanlagen und verwies auf die zahlreichen vor- und frühgeschichtlichen Funde – vor allem römische Ziegel. Berichte über weitere römischen Funde in den Abhandlungen von V. Kudernatsch, einem Sammler und interessierten Laien aus POYSDORF, sowie E. Nowotny bewogen H. Mitscha-Märheim, den Altmeister der österreichischen Frühgeschichtsforschung, und E. Nischer-Falkenhof zu einer eingehenden Untersuchung des OBERLEISERBERGES in den Jahren 1925 bis 1931. Im Vordergrund stand die Frage der römischen Besiedlung dieser Gegend. Die umfangreichen Grabungen brachten Besiedlungsnachweise von der jüngeren Steinzeit bis ins späte Mittelalter. 1976 wurden die Grabungen durch H. Friesinger wiederaufgenommen und bis 1990 fortgesetzt. Sie hatten die Überprüfung der Altbefunde, die Frage des Befestigungswesen und der zeitlichen Siedlungsabfolge sowie die Frage der inneren Siedlungsstruktur zum Ziel. Die Ergebnisse dieser Grabungen unterliegen zur Zeit der wissenschaftlichen Auswertung.

Schon bei den Grabungen in den 20er Jahren stieß man neben einer bedeutenden Latène-Siedlung, die wahrscheinlich eine eigene Münzprägestätte besaß, auf ein mehrräumiges, villenartiges Gebäude, das nach römischer Art errichtet und von einer Umfassungsmauer umgeben war. H. Mitscha-Märheim interpretierte die Anlage in ihrer ersten Phase als ein Kastell mit Befestigungsmauer und datierte sie in die Zeit der Markomannenkriege (166 bis 180 n.Chr.). Er hielt das Gebäude für das Amts- und Wohngebäude eines Zenturio. Die Objekte der übrigen Bauperioden reihte er zum Großteil in die Völkerwanderungszeit ein, z.B. ein germanisches Wohngebäude mit einem Fußboden aus Mörtel und Kies und eine von diesen Bauten in größerer Entfernung liegende Heizanlage.

Durch die neueren Untersuchungen konnte die Existenz eines „Kastells" aus der Zeit der Markomannenkriege nicht bestätigt werden. Die wenigen Funde des 2. und 3. Jhs.n.Chr. können mit keinem der nachgewiesenen Gebäude verbunden werden. Somit gehören sämtliche Bauten, die auf römischer Art und Weise errichtet waren, der Völkerwanderungszeit an. Außerdem zeigte sich, daß zu dem großen Steingebäude einige Wirtschaftsgebäude gehörten, die aus Holz errichtet waren. Aufgrund der Ziegelstempel und Kleinfunde (glasierte und einglättverzierte Keramik, Fibeln mit umgeschlagenem und rechteckigem Fuß) beginnt die spätantike Besiedlung in der zweiten Hälfte des 4.Jhs.n.Chr. (Farbtafel 30.3 und 30.4). In Frage käme die Zeit des Constantius II (337–361 n.Chr.) oder Valentinian I (364–375 n.Chr.). Unter Kaiser Valentinian I wurden am Limes und in den vorgeschobenen Stützpunkten nördlich der Donau umfangreiche Befestigungsarbeiten durchgeführt. Das Ende der völkerwanderungszeitlichen Besiedlung liegt aufgrund der Stratigraphie in der 2. Hälfte des 5.Jhs.n.Chr.

Die Anlage wird heute als germanischer Fürstensitz aus der Völkerwanderungszeit betrachtet. Möglicherweise befand sich hier der Sitz des *tribunus gentis Marcomannorum*, der ohne Ortsangabe in der *Notitia Dignitatum* (occ. XXXIV,24) unter den Militärpräfekten der Provinz Pannonia I genannt ist. In diesem Zusammenhang wird auch der Briefwechsel der arianischen, markomannischen Fürstin Fritigil mit dem Bischof Ambrosius von MAILAND, der 397 n.Chr. gestorben ist, erwähnt. Dieser gab ihr den Rat, ihr Mann möge die römische Oberhoheit anerkennen und sich in den Dienst Roms stellen. Möglicherweise handelt es sich um den oben genannten Tribun.

Das große Steingebäude beim Aussichtsturm (Farbtafel 31.2)

Unter beziehungsweise vor dem rezent errichteten Aussichtsturm auf dem Plateau des OBERLEISERBERGES befindet sich das große Steingebäude der Siedlung, das im Grundriß an der Erdoberfläche als Freilichtmuseum rekonstruiert wurde.

Das Gebäude ist 35 m lang und 17 m breit; es weist 7 bis 8 Räume auf. Das Fundament ist in *opus incertum* mit Mörtelbindung errichtet. Die aufgehenden Wände wurden in Holzfachwerkbau ausgeführt. Das Dach wurde mit gebrannten, römischen Ziegeln (*tegulae* und *imbrices*) eingedeckt, die wahrscheinlich an Ort und Stelle hergestellt wurden. Möglicherweise befanden sich auf dem Dach auch noch türmchenartige Aufsätze aus gebranntem Ton. Der Eingang befand sich ursprünglich im Südosten und erfolgte später über den nordöstlichen Eckrisalit. Der Grundriß gleicht römischen Landhäusern, wie sie aus den römischen Provinzen bekannt sind und dort als Eckrisalitvillen bezeichnet werden. Das Gebäude dürfte mindestens dreimal umgebaut worden sein. In der letzten Bauphase wurden zwei Räume mit einer Heizung ausgestattet. Unter den Fußböden wurden einfache oder in Y-Form angeordnete Kanäle gezogen, die aus Lehm und Steinen gebaut waren. Teile der Heizung sind in dem Raum südlich des rezenten Aussichtsturmes rekonstruiert. Schlauchheizungen dieser Art sind gerade für spätantike Häuser charakteristisch. Im Inneren des Gebäudes fanden sich in mehreren Räumen die Reste von übereinanderliegenden, zeitlich verschiedenen Fußböden. Zuunterst wurde überall ein gestampfter Lehmboden angetroffen. Darüber lag ein Fußboden aus Kies und Mörtel. Über die genaue Zeitstellung dieses Gebäudes innerhalb der Völkerwanderungszeit können kaum Angaben gemacht werden, da die dazugehörigen Fundschichten durch den Ackerbau und die Altgrabungen entfernt wurden.

Zu diesem Gebäude gehörte auch eine Umfassungsmauer. Als westlichen Abschluß nahm H. Mitscha-Märheim an den Enden der Umfassungsmauer Wachttürme an. Diese konnten bei den neuen Grabungen nicht nachgewiesen werden. Der westliche Abschluß im Südwesten z.B. knickt im rechten Winkel zum Gebäude hin um und endet nach ein paar Metern. Aufgrund ihrer Bauart besaß sie einen repräsentativen Charakter und grenzte das Herrengebäude vom übrigen Siedlungsbereich ab. Nördlich dieses Steingebäudes und beiderseits des nördlichen Abschnittes der Umfassungsmauer kamen mehrere in den Felsen hineingehauene Gräbchen zum Vorschein (Abb.106). Die Gräbchen waren in kurzen regelmäßigen Abständen durch Eintiefungen unterbrochen, welches auf Ständerbauten mit Schwellbalkenriegel schließen läßt. In den Eintiefungen standen die senkrecht stehenden Ständer, die durch Schwellriegel miteinander verbunden waren. Ein Teil dieser Ständerbauten überlagert stratigraphisch den nördlichen Abschnitt der Umfassungsmauer. Dadurch kann angenommen werden, daß Teile der Umfassungsmauer schon vor dem Siedlungsende aufgelassen wurden bzw. daß sich möglicherweise die Struktur der Siedlung änderte.

Eine Nord-Süd verlaufende Trockenmauer fand sich nördlich des villenartigen Gebäudes als westlicher Abschluß der Siedlungsfläche, wobei sie im Nordwesten den nördlichen Abschnitt der Umfassungsmauer überlagert.

Das Steingebäude unter der mittelalterlichen bis frühneuzeitlichen Kirche

Begibt man sich von der Kirche in OBERLEIS kommend nach rechts, stößt man unmittelbar auf den als Freilichtmuseum rekonstruierten Grundriß der mittelalterlichen bis frühneuzeitlichen Wallfahrtskirche. Im Schiff dieser älteren Kirche sind die Grundmauern eines zweiräumigen, spätantiken Gebäudes sichtbar. Es mißt 8 x 8 m. Auch hier sind die Fundamentmauern in *opus incertum* mit Mörtelbindung errichtet. Für das Aufgehende ist ein Holzfachwerkbau anzunehmen. Zwei verschiedenartige Fußbodenlagen weisen auf zwei Bauphasen hin. Genaue Angaben sind weder zur zeitlichen Stellung noch zur Funktion möglich, da es durch den Kirchenbau stark in Mitleidenschaft gezogen wurde und sämtlich zugehörige Straten dadurch entfernt wurden. Eine Weiterbenutzung dieses Gebäudes im Frühmittelalter wird diskutiert, da ein frühmittelalterliches Gräberfeld seine Lage respektiert. In welcher Beziehung es zu dem Herrenhaus stand, kann noch nicht näher angegeben werden. Die idente Ausrichtung mit der Umfassungsmauer des Hauptgebäudes spricht wohl

Abb. 106: Oberleis. Ständerbau mit Schwellbalkenriegel, Grabungsphoto

dafür, daß beide Bauten gleichzeitig bestanden haben. Der unterste gemörtelte Fußboden wurde im Anbau der mittelalterlichen Kirche wieder verwendet.

Von den spätantiken Befestigungsanlagen sind heute noch die Reste im Gelände zu sehen. Sie folgten den prähistorischen Anlagen und führen um das Plateau rund herum. Es können vier Phasen unterschieden werden. In der ersten Phase dürfte sie aus einem Wallgraben bestanden haben. Ob auch eine Palisade vorhanden war, kann nicht eindeutig entschieden werden. Eine Eisenfibel mit rechteckigem Fuß, ein Bruchstück eines eiförmigen Glasbechers und ein Ziegel lagen in den Verfüllschichten des Grabens. Der Graben dürfte also in der 1. Hälfte des 5.Jhs.n.Chr. zugeschüttet worden sein. Die zweite und dritte Phase bestand aus einer hölzernen Palisadenkonstruktion. In der vierten Phase wurde die Befestigung mit einer Palisadenkonstruktion aufgegeben und statt dessen eine zweischalige Trockenmauer errichtet.

Herwig Friesinger – Alois Stuppner

286

Anreise: Der Oberleiserberg ist über die Bundesstraße Korneuburg-Ernstbrunn und von dort weiter in Richtung Au erreichbar. Am Fuße des Berges liegt die kleine Ortschaft Oberleis. Vom dortigen Parkplatz führen mehrere Wanderwege auf den Berg hinauf beziehungsweise rundherum.
Im Aussichtsturm ist eine Grabungsdokumentation mit einer kleinen Auswahl von Funden eingerichtet. Sie zeigt die Grabungsergebnisse der Grabungen 1976–1990. Rund um den Aussichtsturm erstreckt sich ein Freilichtmuseum, in dem das große und das kleine Steingebäude unter der mittelalterlichen Kirchenanlage in ihren Grundrissen rekonstruiert sind.
Im Gelände können die antiken Wallanlagen, die um den Berg herumführen, deutlich verfolgt werden.
Weitere Fundensembles sind im Museum der Frühgeschichte in Traismauer zu sehen. Funde von älteren Grabungen befinden sich im Museum Mistelbach, Naturhistorisches Museum Wien und im Institut für Ur- und Frühgeschichte der Universität Wien.

Literatur
Genser 1986, 685ff; H. Friesinger – H. Zabehlicky in: Kandler – Vetters 1986, 238ff. M. Pollak, Die germanischen Bodenfunde des 1.–4. Jahrhunderts n. Chr. im nördlichen Niederösterreich. Studien zur Ur- und Frühgeschichte des Ostalpenraumes 1, Wien 1980, 85ff.; Fundberichte aus Österreich 23, 1984, 293f. (A. Kern); Fundberichte aus Österreich 24/25, 1985/86, 294f. (A. Kern); H. Friesinger- B. Vacha, Die vielen Väter Österreichs. Kelten – Germanen – Slawen. Eine Spurensuche, Wien 1987; Fundberichte aus Österreich 27, 1988, 313f. (A. Kern); Fundberichte aus Österreich 28, 1989, 230 (A. Kern); A. Kern, 6000 Jahre Wohnberg Oberleis. Schriftenreihe „Das Weinviertel" Heft 11, 1992, 70ff.; M. Schneider- G. Raunjak, Archäobotanische Untersuchung verkohlter Pflanzenreste vom Oberleiserberg. Verhandl. d. Zoolog.-Botanischen Gesellschaft Österreich 131, 1994, 193ff.

MUŠOV – BURGSTALL, BEZ. BRECLAV
Römische Station

Die Fundstelle liegt im Nordwesten der einstigen Gemeinde Mušov etwa 17 km von Mikulov entfernt auf einer mäßigen, Burgstall (Hradisko) genannten Anhöhe (Abb.107). Der Burgstall hat eine hervorragende strategische Lage oberhalb der wichtigen Kreuzungen uralter Wege am Zusammenfluß der Jihlavka mit der Svratka sowie der Svratka mit der Dyje (Thaya). Zahlreiche Funde römischer Münzen waren hier seit dem 17.Jh. bekannt. Die Frage, ob man diesen Ort mit dem Aufenthalt der Römer verbinden

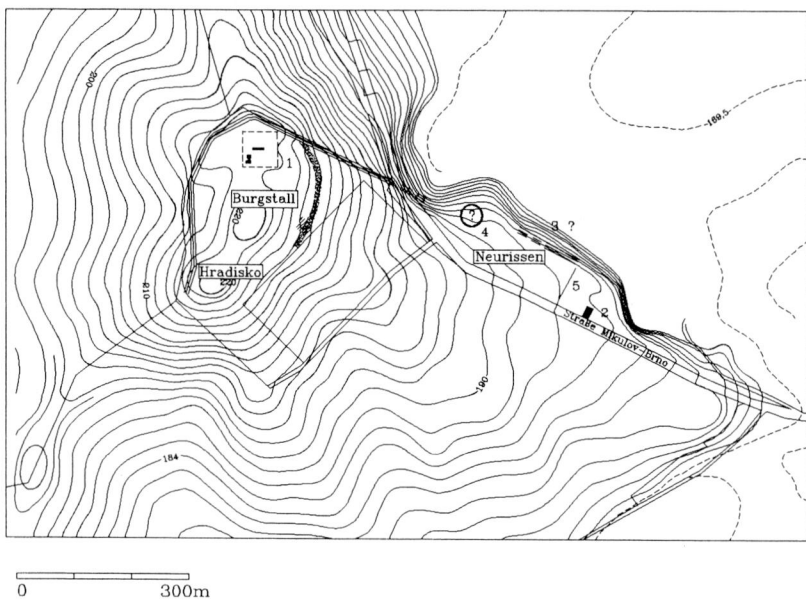

0   300m

Abb. 107: Mušov. Topographischer Plan der archäologischen Fundstellen.
1. Lage der römischen Gebäude am Burgstall, 2. – 5. Lage der Überreste von
mehreren Gräbern und der Wallanlage sowie römischer Militärobjekte

kann, blieb jedoch lange strittig und wurde erst durch die Funde von
römischen Ziegeln und vor allem durch die systematische Grabung von A.
Gnirs in den Jahren 1926–1928 gelöst.

Gnirs gelang es, Reste von zwei gemauerten antiken Bauten aufzudek-
ken: ein rechteckiges Wohngebäude mit vier Räumen und den westlichen Flügel eines weiteren Baukomplexes, der als Bad (*balneum*) diente.
Die Bauten waren mit allem Luxus, nämlich mit einer Fußbodenheizung
(*hypocaustum*) und einer Wasserleitung, ausgestattet. Die Wände waren
mit farbigem Verputz bedeckt, und der Fußboden bestand aus gegosse-
nem Mörtel. Unter den zahlreichen Baumaterialresten traten verschiedene Sorten von römischen, gebrannten Ziegeln hervor. Einige von ihnen
trugen Stempel der 10. Legion, die seit dem Beginn des 2.Jhs.n.Chr. ihre
Garnison in Vindobona, dem heutigen Wien, hatte. Ferner gelang es, eine
kleinere Kollektion typischer provinzialrömischer Keramik, Rüstungsteile
und weiteres Inventar zu gewinnen.

288

Wenn auch die Grabungen von Gnirs beweiskräftige Belege für römische Lebensart brachten, war damit das Problem der tatsächlichen Funktion der Mušover Objekte noch nicht gelöst. Es wurde darauf hingewiesen, daß eine militärischen Zwecken angemessene Befestigung fehlt, und daß die Bauten den Eindruck von zivilen Villen erwecken. Daher wurde die Möglichkeit in Betracht gezogen, daß es sich bei ihnen um Gebäude handeln könnte, die nur dem Handel oder politisch-repräsentativen Zwecken dienten. Eine neue Sicht auf dieses Problem gewähren erst die jüngsten Ausgrabungen des Archäologischen Institutes der Akademie der Wissenschaften ČR in Brno, die hier nach vorangegangenen kleineren Sondierungen seit dem Jahr 1985 stattfinden.

Zu den wichtigsten Ergebnissen zählt dabei die Erkenntnis, daß die Gnirs'sche Ansicht über die viereckige Umfassungsmauer der beiden in den zwanziger Jahren ausgegrabenen Gebäude nicht zutreffend ist, und die Rekonstruktion offensichtlich auf einer falschen Interpretation der Kieslager beruht (Abb.108). Die Existenz einer umfangreichen Befestigungsanlage und deren Datierung konnte bestätigt werden. Die Befestigung, welche die westliche, nördliche und nordöstliche Seite des Burg-

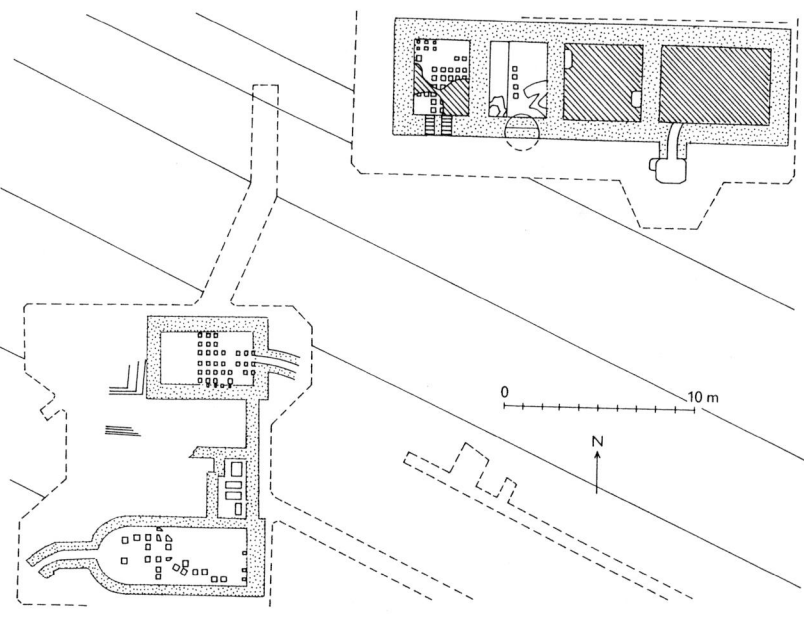

Abb. 108: Mušov. Römische Gebäude am Burgstall

stallgrabens umfaßt, bestand aus einem V-förmigen Spitzgraben (Abb.109) und einer Holz-Erde-Mauer, die durch eine hintere Bohlenwand gesichert wurde. Eine Schicht teilweise zerfallener, luftgetrockneter Lehmziegel oberhalb und am Abhang der destruierten Wallaufschüttung läßt vermuten, daß der Erdwall durch eine Mauer aus luftgetrockneten Lehmziegeln verstärkt wurde. Wie aus den neuesten Untersuchungen hervorgeht, haben die Umwehrungen am Burgstall größere Ausmaße, als man bisher vermutet hat. Mit großer Wahrscheinlichkeit schließt ein Teil des nordöstlichen Abschnittes der Wallanlage und des Grabens an die Schutzvorrichtungen an, die kürzlich in der am Fuße des Burgstalles liegenden Flur „Neurissen" festgestellt wurden. Es handelt sich hier um zahlreiche Verteidigungsgräben, ein Holz-Erde-Bauwerk und andere Objekte, deren Interpretation erst nach der abgeschlossenen Auswertung der in den Jahren 1993/1994 durchgeführten Rettungsgrabungen möglich sein wird.

Von Bedeutung ist, daß die römischen Funde nicht nur aus der von Gnirs erforschten Fläche stammen, sondern an allen Stellen dieser riesigen Anlage nachweisbar sind. Außer hunderten von Schuhnägeln, die bis-

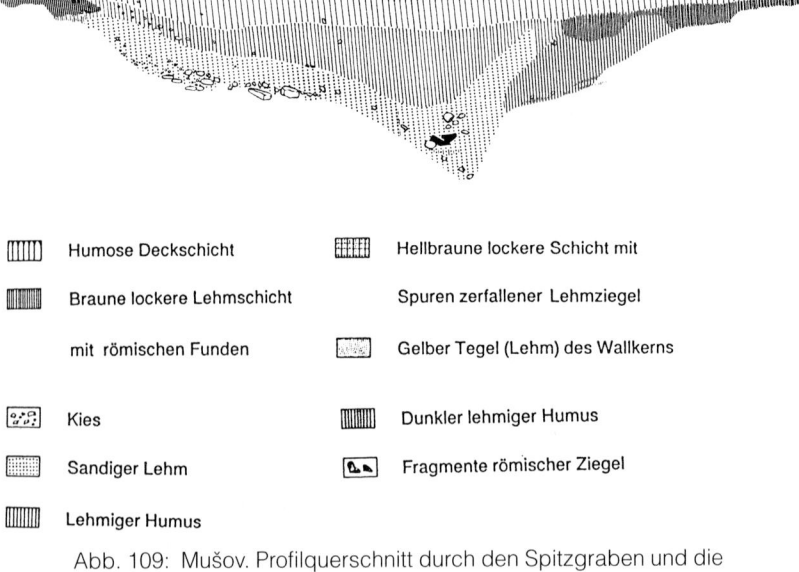

⬛ Humose Deckschicht		⬛ Hellbraune lockere Schicht mit	
⬛ Braune lockere Lehmschicht		Spuren zerfallener Lehmziegel	
mit römischen Funden		⬛ Gelber Tegel (Lehm) des Wallkerns	
⬛ Kies		⬛ Dunkler lehmiger Humus	
⬛ Sandiger Lehm		⬛ Fragmente römischer Ziegel	
⬛ Lehmiger Humus			

Abb. 109: Mušov. Profilquerschnitt durch den Spitzgraben und die Wallanlage

lang in germanischen Fundzusammenhängen nicht vorkommen, weisen vor allem römische Ausrüstungsgegenstände und Waffen, unter ihnen Reste von Schutzwaffen, wie Helme, Schienen- und Schuppenpanzer, darauf hin, daß es sich um ein Milieu handelt, das mit dem römischen Militär engstens zusammenhängt. Eine besondere Stellung nehmen die Verbindungsplatten der Paraderüstungen (auch aus Silber) ein. Jene mit der Inschrift LEG X läßt vermuten, daß der Träger ein Offizier der Kavallerie (*equites legionis*) der 10. Legion gewesen sein könnte. Damit ist auch die Anwesenheit von Soldaten dieser Legion auf dem Burgstall bestätigt.

Die Antwort auf die Frage nach dem Zeitpunkt der römischen Militärpräsenz auf „Hradisko" kommt von gut datierbaren Kleinfunden, vor allem den silbernen und bronzenen Münzen, die in der römischen Pflasterung und in den Brandschichten festgestellt wurden. Die Münzreihe beginnt mit Domitianus, läßt jedoch die größte Dichte in der Zeit des Marcus Aurelius erkennen. Aus historischer Sicht hat die größte Bedeutung ein bronzener Dupondius, eine ganz frische Prägung aus dem Jahr 177 n.Chr., emittiert für Commodus, den Sohn und Mitherrscher des Marcus Aurelius.

Wenngleich eine frühere römische Besetzung der Anhöhe bei Mušov, wie das der Umbau des Kommandantenhauses und die Reparaturarbeiten an der Wallanlage andeuten, nicht auszuschließen ist, kann die römische Präsenz am Burgstall für die siebziger Jahren des 2.Jhs.n.Chr., das heißt für die Zeit der Markomannenkriege anhand der Münzfunde als eindeutig gesichert gelten.

Die Datierung der römischen Anlage mit den mächtigen Befestigungen in die Zeit der Markomannenkriege bringt neue Aspekte in die Frage nach ihrer Funktion während der Kampfhandlungen mit sich. Die ungewöhnliche Lage sowie die unregelmäßige Form der Befestigung auf der Anhöhe, die sich dem Terrain anpaßt, überrascht und findet Parallelen vor allem in Lagern der Zeit der augusteischen Eroberungszüge. Vergleichbar sind etwa Anlagen am Annaberg bei HALTERN oder am Kops Plateau bei NIJMEGEN, besonders aber das Truppenlager von MARKTBREIT. Weitere solcher Befestigungen sind aus der claudischen Zeit in Britannien und aus der trajanischen Zeit in Dakien bekannt. Zur endgültigen Klärung dieser Frage bedarf es aber noch weiterer Untersuchungen auf dem Mušover Burgstall, vor allem in Bezug auf die Innenbebauung. Das Zerstörungsdatum dieses Lagers wurde indirekt durch die Datierung der barbarischen Siedlungen in den Talebenen in der Umgebung bestimmt. In häufigen Fällen hat man römisches Baumaterial gefunden, das aus zerstörten Bauten auf dem Burgstall stammt. Diese Siedlungsobjekte kann man verhältnismäßig verläßlich in die erste Hälfte des 3.Jhs.n.Chr.

datieren. Die sekundäre Verwendung des römischen Baumaterials in ihnen setzt die Zerstörung des römischen Lagers voraus.

Zu den bedeutendsten Entdeckungen der letzten Jahre gehört die Feststellung mehrerer Feldlager in einer Entfernung von 3 bis 8 km von der römischen Befestigungsanlage am Burgstall (Abb.110). Bis 1995 gelang es, fast 20 Objekte dieser Art an verschiedenen Stellen entlang der Flüsse Thaya und Igla auszumachen. Dies bezeugt die zentrale strategische Rolle der militärischen Einrichtungen am Burgstall für die Operationen des römischen Heeres in Südmähren, ja sogar im ganzen Gebiet nördlich der Donaugrenze.

Jaroslav Tejral

Praktische Hinweise
Anreise: Von Wien kommend auf der E 7 bis zur Staatsgrenze bei Mikulov, dann in Richtung Brünn (Brno) bis Pasohlavky fahren. Nach Überquerung des Stausees benützt man am besten den Parkplatz rechts der Straße beim Gasthaus und geht zu Fuß auf den Burgstall von Mušov.

Abb. 110: Mušov: Luftaufnahme des Burgstallberges und der Umgebung aus dem Westen

Besichtigung: Von der Höhe des Burgstalls läßt sich die topographische Situation der römischen Festigungsanlage gut überblicken. Im Westen und Norden der Anhöhe können im Gelände noch die Reste der Wallanlage gut verfolgt werden. Die Funde aus den älteren Grabungen befinden sich im Mährischen Landesmuseum in Brno.

Literatur

J. Tejral, Die Probleme der römisch-germanischen Beziehungen unter Berücksichtigung der neuen Forschungsergebnisse im niederösterreichisch-südmährischen Thayaflußgebiet. Bericht der Römisch-Germanischen Kommission 73, 1992, 377ff.; J. Tejral, Die archäologischen Zeugnisse der Markomannenkriege in Mähren. Probleme der Chronologie und historischen Interpretation. In: H. Friesinger – J. Tejral – A. Stuppner (Hrsg.), Markomannenkriege – Ursachen und Wirkungen, Brno 1994, 299ff.; J. Tejral – J. Bouzek – J. Musil, The Fortification of the Roman Military Station at Mušov near Mikulov. Archaeologia (Warszawa) 45, 1994, 57ff.

STILLFRIED – KIRCHBERG
Prähistorische Befestigung – römische Siedlung

Rund 35 km nördlich von Carnuntum erstreckt sich oberhalb eines günstigen Marchüberganges die große spätbronzezeitliche Abschnittsbefestigung von Stillfried (Abb.111). In ihrem Bereich wurden neben jungpaläolithischen Aufschlüssen auch hallstättische, spätlatènezeitliche, römische und mittelalterliche Siedlungsfunde getätigt.

M. Much machte 1872 erstmals auf die prähistorische Befestigung von Stillfried aufmerksam. Unter den zahlreichen Fachleuten, die zu Einzelproblemen in Stillfried Stellung genommen haben, sind besonders E. Nowotny (Grabung 1914) und O. Menghin (Grabung 1916) hervorzuheben. Große Bedeutung für die siedlungsarchäologische Erforschung von Stillfried kommt zweifellos F. Felgenhauer zu, der 1969 ein interdisziplinäres Forschungsprojekt des „Lebens- und Kulturraumes Stillfried an der March von der Eisenzeit bis zur Gegenwart" initiierte, das heute noch von seinem Schüler C. Eibner fortgeführt wird. Im Rahmen dieses Projektes wurden 1972 auch Sondagen von H. Stiglitz im Bereich der sogenannten „Römerhügel" durchgeführt, wo ein Kleinkastell vermutet wurde. Außerdem wurden sowohl bei den Flächengrabungen auf dem sogenannten „Hügelfeld" als auch in zahlreichen Suchschnitten am Plateau römische Funde festgestellt.

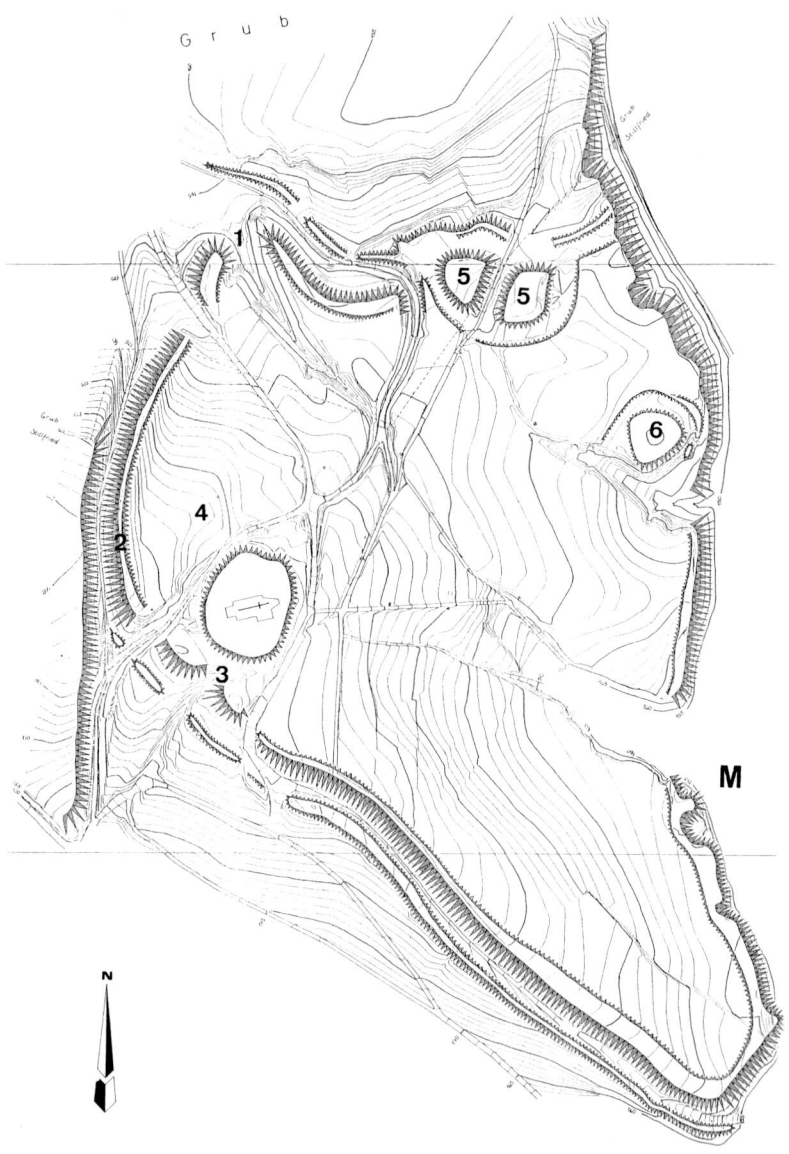

Abb. 111: Stillfried. Höhenschichtenplan von Stillfried-Kirchhügel 1. Nordtor.
2. Westwall, 3. Südtor, 4. Hügelfeld, 5. Römerhügel, 6. Hausberg, M Museum für
Ur- und Frühgeschichte Stillfried

Aus dem Siedlungsraum STILLFRIED sind bisher einige spätlatènezeitliche Fundstellen bekannt geworden, darunter ein Siedlungsobjekt bei GRUB, u. a. mit bemalter Ware, sowie eine Webhütte im Bereich des sogenannten „Westwalles". Diese Grubenhütte mit Resten eines Webstuhles und mehreren Keramikgefäße, die direkt in die Wallkrone des spätbronzezeitlichen beziehungsweise frühhallstättischen Walles eingetieft worden war, zeigt, daß in der ausgehenden Eisenzeit die Wallanlage keine fortifikatorische Bedeutung mehr besaß. Frühe germanische Funde fehlen bisher im Raum STILLFRIED.

Aus dem späten 1. und 2.Jh.n.Chr. sind neben einigen germanischen Alt- und Einzelfunden, darunter ein Knopfsporn, mehrere Sigillata-Gefäße (besonders Ware aus Lezoux und Rheinzabern) bekannt. Auf eine mehrmalige, vielleicht aber auch nur kurzfristige militärische Präsenz während der Markomannenkriege, besonders aber auch während des 3.Jhs.n.Chr. und der Zeit nach dem valentinianischen Limesausbaues dürften mehrere Fragmente römischer Legionärsausrüstungen – wie *gladius*, Helmaufsatz und Wangenklappe sowie Schuppenpanzer – und Einzelfunde, wie eine kleine Bronzeplastik eines buckligen Zwergathleten, zurückgeführt werden. Mehrere in den anstehenden Löß eingetiefte Kuppelöfen, darunter auch ein Ofen mit etwa 220 rund sechzig Dekagramm schweren, gebrannten Schleuderkugeln aus Lehm (Abb.112), wie sie von römischen Wurfgeschützen bekannt sind, können ebenfalls mit der Anwesenheit römischer Truppen oder befreundeter Föderaten erklärt werden. Im Versturzmaterial der Öfen finden sich allerdings nur selten datierende Funde. Eine Ausnahme stellt dabei eine Terra Sigillata-Schüssel von *Paternus* dar, die in einer Aschengrube (Objekt 481) entdeckt worden war (Farbtafel 32.1). Im Bereich der sogenannten „Römerhügel" lokalisierte die Ausgräberin H. Stiglitz ein Kleinkastell des 4.Jhs.n.Chr. Bisher sind jedoch aus der durch einen Hohlweg in einen westlichen und östlichen Hügel geteilten Anlage nur ein Holzhaus mit dickem Mörtelbewurf, Estrichboden und Ziegeldach veröffentlicht. Das Alter der Gräben ist ungeklärt; der Hohlweg dürfte mittelalterlich sein. An Ziegelstempeln sind aus STILLFRIED bisher die 10. Legion sowie die spätantiken Fabriken von *Ursicinus* und *Maxentius* belegt.

Neben einer militärischen Bedeutung könnte STILLFRIED auch als Handelsstützpunkt oder als Sitz eines mit den Römern befreundeten Föderaten gedient haben. Eindeutige Funde und Befunde dafür sind jedoch bisher nicht bekannt geworden. Ein oftmals in der älteren Literatur genanntes „römisches [Klein]kastell innerhalb einer quadischen [germanischen] Siedlung" konnte m. E. durch die neuen Ausgrabungen noch nicht verifiziert werden. Aus der spätantiken, nachvalentinianischen Zeit sind zahlreiche

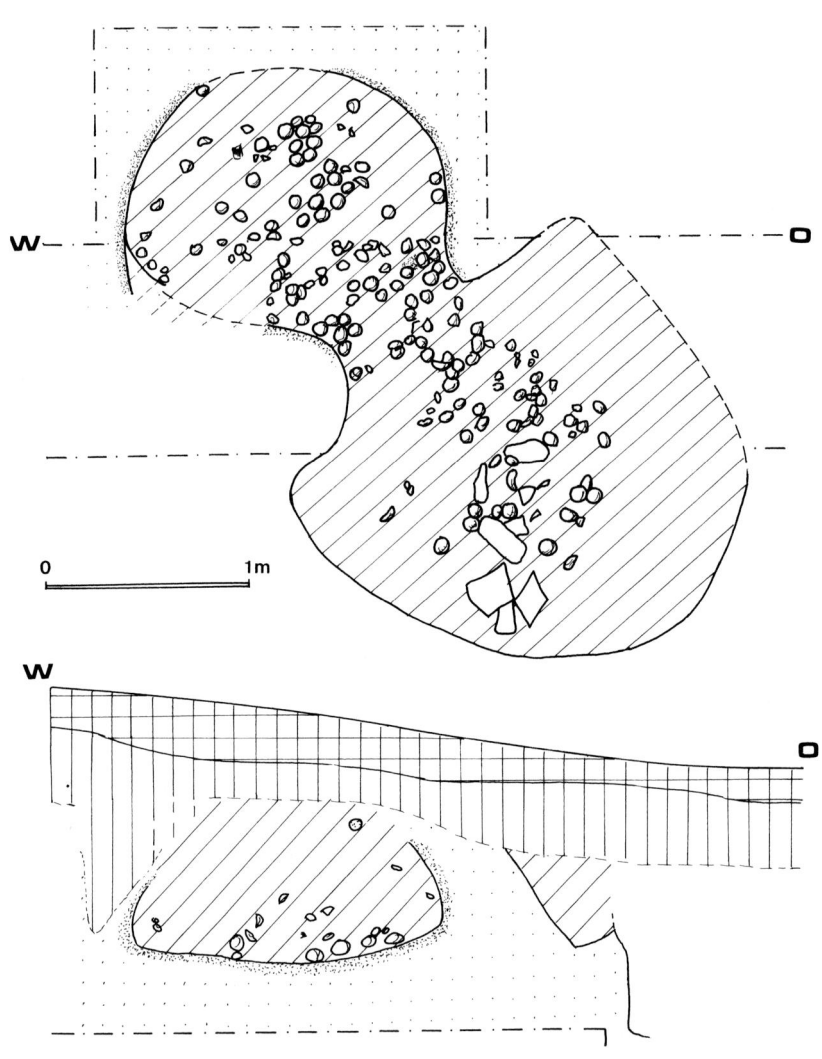

Abb. 112: Stillfried. Plan des sogenannten „Schleuderkugelofens"

germanische Funde bekannt. Neben glättverzierter Föderatenkeramik (Farbtafel 32.3) sind einfache, handgeformte, sogenannte „barbarische" Tonwaren belegt. An Kleinfunden sind weiters Fibeln mit umgeschlagenem Fuß, eine Dreiknopffibel und dreilagige Beinkämme (Farbtafel 32.2) anzuführen. Ein stark fragmentiertes Tormodell kann vielleicht im Anschluß an ein Stück vom OBERLEISERBERG ebenfalls in die Spätantike gestellt werden. Nach dem derzeitigen Forschungsstand endete die antike Besiedlung STILLFRIEDS im 5.Jh.n.Chr.

Otto H. Urban

Praktische Hinweise
Anfahrt und Rundgang: Von Wien über die Bundesstraße 8, von Deutsch-Altenburg über die Bundesstraße 49, bis Stillfried. Hinter dem Museum für Ur- und Frühgeschichte Beginn des Urgeschichtlichen Wanderweges, der zu den bedeutendsten Grabungsstellen von Stillfried führt.

Museum: Das Museum für Ur- und Frühgeschichte ist im Volksschulgebäude, Hauptstr. 23 untergebracht (Öffnungszeiten: April bis Oktober, Sa, So und Feiertag 13.30–17.30, im August auch 13.00–17.00

Literatur
Zabehlicky in: Kandler – Vetters 1986, 241 f.
I. Schmoll, Ein spätlatènezeitlicher Töpferofenfund aus Stillfried-Grub, NÖ., Forschungen in Stillfried 5, 1982, 43ff.; O.H. Urban, Römische Öfen – Zeugnisse einer militärischen Präsenz? In: Stillfried, Archäologie – Anthropologie, Veröff. Mus. f. Ur- u. Frühgesch. Stillfried, Sonderbd. 3, 1988, 129ff.; W. Antl, Spuren der Vergangenheit. Stillfried-Grub. Was es war, was es ist. 1: Von den Anfängen bis 1848, Stillfried 1995.

LISTE DER MUSEEN MIT RÖMISCHEM FUNDMATERIAL AM ÖSTERREICHISCHEN LIMESABSCHNITT

ORT	MUSEUM	ÖFFNUNGSZEITEN	OBJEKTE
PASSAU	Römermuseum Kastell Boiotro, Lederergasse 43 Telefon: (0851) 34769 und 316416 (Stadtarchäologie)	1. März–30. November Di–So 10.00–12.00 und 14.00–16.00	Auswahl an römischen Funden aus dem Kastell und dem Vicus
EFERDING	Stadtmuseum, Schloß Starhembergstr. 1 Telefon: (07272) 2529	Mai–September So, Feiertag 9.00–12.00 sonst nach Vereinbarung	Römische Funde aus Eferding und Umgebung
WELS	Stadtmuseum Pollheimerstr. 17 Telefon: (07242) 235694	Di–Fr 10.00–17.00 Sa, So, Feiertag 10.00–12.00	Römische Funde aus Wels und Umgebung
LINZ	OÖ. Landesmuseum Francisco Carolinum Zweigstelle Bäckermühlweg 41 Telefon: (0732) 84585	gegen Voranmeldung	Römische Funde aus Linz, Enns und Wels
LINZ	Stadtmuseum Nordico Bethlehemstr. 7 Telefon: (0732) 7070/1912 Dw.	Mo–Fr 9.00–18.00	Römische Funde aus Linz
ST. FLORIAN	Stiftsmuseum Telefon: (07224) 8902	gegen Voranmeldung	Römische Funde aus Lauriacum
ENNS	Museum Lauriacum Hauptplatz 19 Telefon: (07223) 5362	Di–So 10.00–12.00 und 14.00–16.00. In den Wintermonaten nur gegen Voranmeldung	Römische Funde aus Enns und Umgebung
ST. VALENTIN	Heimatmuseum, Hauptpl. 5 Telefon: (07435) 58660	Di, Do 17.00–20.00 So, Feiertag 10.00–12.00 und 15.00–18.00	Römische Funde aus dem Legionslager Albing und Enns-Donauwinkel

ORT	MUSEUM	ÖFFNUNGSZEITEN	OBJEKTE
WALLSEE	Limesmuseum im Salzhaus gegenüber Parkeingang vom Schloß Wallsee Telefon: (07433) 2216-22 (Gemeindeamt)	Auskunft am Gemeindeamt	Römische Funde aus dem Kastell Wallsee und Umgebung sowie dem Burgus Sommerau
YBBS	Stadtmuseum Herrengasse 23 Telefon: (07412) 526120 (Gemeindeamt)	April–September Mi 15.00–17.00 sonst nach Vereinbarung	Römische Inschriften und Funde
PÖCHLARN	Heimatmuseum im Welserturm, Regensburgerstr.	Mai–Oktober nach Vereinbarung beim Gemeindeamt Mo–Do 8.00–12.00 und 14.00–16.00, So 9.00–12.00	Römische Steine und Funde. Bearbeitete Steindenkmäler sind bei der Pfarrkirche aufgestellt.
WIESEL-BURG	Museum für Ur- und Frühgeschichte, Hauptpl. 7 Telefon: (07416) 52319	Mo–Do 9.00–11.00 und 13.00–16.00, Fr 9.00–11.00	Römische Funde aus dem Erlauftal
MELK	Stadtmuseum Linzerstr. 3–5 Telefon: (02752) 230736	nach Vereinbarung	Einige Römersteine und römische Kleinfunde
MAUTERN	Museum im Schüttkasten beim Schloß Telefon: (02732) 83151 (Stadtgemeinde)	Mi–So 9.00–12.00 (Wintersperre)	Römische Funde aus Mautern
GÖTTWEIG	Stift Göttweig	gegen Voranmeldung	Archäologische Sammlung, darunter auch römische Funde aus der näheren Umgebung

ORT	MUSEUM	ÖFFNUNGSZEITEN	OBJEKTE
ST. PÖLTEN	Stadtmuseum Prandtauerstraße 2, Karmeliterhof Telefon: (02742) 3332643 Fax: (02742) 3332609	Di–Sa 9.00–12.00, 14.00–17.00, So 9.00–12.00	In der römischen Abteilung sind Funde aus St. Pölten und Umgebung ausgestellt
ST. PÖLTEN	Diözesanmuseum Domplatz 1 Telefon: (02742) 352101-331 Fax: (02742) 352101-309	April–Oktober Di–Fr 10.00–12.00, 14.00–17.00, Sa 10.00–16.00	Kleine Sammlung von antiken und römischen Funden aus St. Pölten
SEITEN-STETTEN	Benediktinerstift Seitenstetten, am Klosterberg 1 Telefon: (07477) 42300 Fax: (07477) 4230050	April–Oktober gegen Voranmeldung	Sammlung von römischen Funden aus Mauer an der Url
NUSSDORF	Urzeitmuseum im Schloßkeller, Nußdorf ob der Traisen Telefon: (02783) 7465	April–Oktober Di–So 9.00–17.00	Neugegrabene Urzeitfunde aus dem Großraum St. Pölten
TRAIS-MAUER	Museum für Frühgeschichte des Landes NÖ., Hauptpl. 1 im Schloß Traismauer Telefon: (02783) 8555	April bis 15. November Di–So, Feiertag 9.00–17.00	Frühgeschichtliche Funde aus NÖ., wechselnde Sonderausstellungen
TRAIS-MAUER	Heimatmuseum im Hungerturm, Florianiplatz 13 Telefon: (02783) 8651 Fax: (02783) 865130	April bis Oktober So, Feiertag 10.00–11.30 oder nach Vereinbarung	Inschriften, Skulpturen und römische Funde aus Traismauer und Umgebung
ZWENTEN-DORF	Heimatmuseum	dzt. nicht zugänglich, Wiedereröffnung geplant	Funde aus dem römischen Kastell

ORT	MUSEUM	ÖFFNUNGSZEITEN	OBJEKTE
TULLN	Tullner Museen im Minoritenkloster, Minoritenpl. 1 Telefon: (02272) 61915 Fax: (02272) 619154	Mi–Fr 15.00–18.00 Sa 14.00–18.00 So und Feiertag 10.00–18.00 im Jänner geschlossen	Konservierte Ruinen und römische Funde aus Tulln
ZEISEL-MAUER	Ortsmuseum Gemeindeamt Telefon: (02242) 70402	Mo–Do 8.00–12.00 und 14.00–16.00	Römische Funde aus Kastell und Vicus Zeiselmauer
KLOSTER-NEUBURG	Stadtmuseum	dzt. nicht zugänglich Besichtigung gegen Voranmeldung	Römisches Fundmaterial aus dem Vicus
KLOSTER-NEUBURG	Stiftsmuseum. Stiftsplatz 1 Telefon: (02243) 411-154 oder 212 Fax: (02243) 41131	Di–So 10.00–17.00	Römische Inschriften und Funde aus dem Lager
WIEN	Kunsthistorisches Museum	Di–Fr 10.00–18.00 Sa, So, Feiertag 9.00–18.00	Antikensammlung, darunter auch einige Prunkstücke an Inschriften und Funden aus dem Limesbereich
WIEN	Historisches Museum der Stadt Wien Maderstr. 2 Telefon: (0222) 5058747 Fax: (0222) 5058747	Di–So 9.00–16.30 dzt. keine römischen Funde ausgestellt.	Mehrzahl der römischen Funde aus Wien und Umgebung
WIEN	Römische Baureste Am Hof, Am Hof 9 Fax: (0222) 5058747-7201	Sa, So und Feiertag 11.00–13.00	Konservierte Ruinen
WIEN	Römische Ruinen unter dem Hohen Markt, Hoher Markt 3 Fax: (0222) 5058747-7201	Di–So und Feiertag 9.00–12.15 und 13.00–16.30	Konservierte Ruinen

ORT	MUSEUM	ÖFFNUNGSZEITEN	OBJEKTE
WIEN	Wiener Ziegelmuseum, Penzinger Straße 59 Telefon: (0222) 9416124	1. und 3. So im Monat 10.00–12.00	Römische, mittelalterliche und neuzeitliche Ziegel
WIEN	Römische Ausgrabungen unter der Jakobskirche, Pfarrplatz 3 Telefon: (0222) 371343-0 Fax: (0222) 3713435	So und Feiertag 15.00–17.00	konservierte Ruinen
SCHWE-CHAT	Heimatmuseum Schloß Rothmühle, Rothmühlstraße 5	Sa 14.30–16.30 oder nach Vereinbarung	Römische Funde aus Schwechat und Umgebung
FISCHAM-END	Heimatmuseum im Stadtturm, Hauptplatz 5 Telefon: (02232) 77300	Mai–Oktober So 10.00–12.00	Römische Funde aus Fischamend
PETRONELL	Informationszentrum Archäologiepark Hauptstraße 465 Telefon: (02163) 2882 Fax: (0263) 2884	April–Oktober Mo–So 9.00–17.00	Kleine Ausstellung im rekonstruierten Dianatempel, Sonderausstellungen im Informationszentrum
PETRONELL	Museum Petronell Hauptstraße 439 Telefon: (0222) 7188448	Mai–September Sa, So und Feiertage 10.00–16.00	Römische Funde aus Petronell und dem Auxiliarkastell
BAD DEUTSCH-ALTEN-BURG	Archäolog. Museum Carnuntinum Badgasse 40–46 Telefon: (02165) 62480 Fax: (02165) 64070	Di–So 10.00–17.00	Römische Funde aus Petronell, Bad Deutsch-Altenburg und Umgebung

ORT	MUSEUM	ÖFFNUNGSZEITEN	OBJEKTE
HAINBURG	Stadtmuseum im Wiener Tor, Hauptpl. 23 Telefon: (02165) 62111 Fax: (02165) 62410	Mai–Oktober So und Feiertag 9.00–11.00	Römische Funde und Ausstellung zum Braunsberg
KLEMENT	Klement 79 Telefon: (02576) 80358 Ausstellung in der Aussichtswarte am Oberleiserberg	März–Oktober Sa 13.00–18.00, So und Feiertag 9.30–12.00 und 13.00–18.00	Archäologische Funde vom Oberleiserberg
STILLFRIED	Museum für Ur- und Frühgeschichte, Volksschulgebäude, Hauptstr. 23 Telefon/Fax: (02283) 2569	April–Oktober Sa, So, Feiertag 13.30–17.30, im August 13.00–17.00	Archäologische Funde aus Stillfried und Umgebung
RUSOVCE	Konservierte Ruinen und archäolog. Museum hinter der Kirche	Mai–Oktober Di–So 10.00–17.00	Römische Funde aus Rusovce

Korrektur zur Karte: Das bei Langenschönbichl eingetragene „M" für Museum wurde irrtümlich eingefügt.

LITERATURVERZEICHNIS

G. Alföldy, Noricum. London – Boston 1974.

Ausstellungskatalog „Die Römer an der Donau": Noricum und Pannonien. Katalog des niederösterreichischen Landesmuseums Nr. 54. Wien 1973.

Ausstellungskatalog „Severin: Zwischen Römerzeit und Völkerwanderung". Ausstellung des Landes Oberösterreich. Linz 1982.

Ausstellungskatalog „Reitervölker aus dem Osten. Hunnen – Awaren. Burgenländische Landesausstellung 1996. Schloß Halbturn. 26. April–31. Oktober 1996. Begleitbuch und Katalog. Eisenstadt 1996.

A. Betz – E. Weber. Aus Österreichs römischer Vergangenheit. Wien 1990.

CIL = Corpus Inscriptionum Latinarum

W. Czysz – K. Dietz – Th. Fischer – H.J. Kellner, Die Römer in Bayern. Stuttgart 1995.

G. Dobesch, Die Kelten in Österreich nach den ältesten Berichten der Antike. Wien 1980.

H. Friesinger – B. Vacha, Die vielen Väter Österreichs. Römer – Germanen – Slawen. Eine Spurensuche. Wien 1987.

H. Friesinger – J. Tejral – A. Stuppner (Hrsg.), Markomannenkriege – Ursachen und Wirkungen. VI. Internationales Symposium „Grundprobleme der frühgeschichtlichen Entwicklung im nördlichen Mitteldonaugebiet", Wien 23. – 26. November 1993, Brno 1994.

K. Genser, Der österreichische Donaulimes in der Römerzeit. Ein Forschungsbericht. Der römische Limes in Österreich 33, 1986.

M. Kandler – H. Vetters, Der römische Limes in Österreich. Ein Führer. Wien 1986.

A. Lippert, Reclams Archäologieführer: Österreich und Südtirol. Stuttgart 1985.

A. Mócsy, Pannonia und Upper Moesia. A History of the Middle Danube Provinces of the Roman Empire. London – Boston 1974.

J.-W. Neugebauer, Die Kelten im Osten Österreichs. Wissenschaftliche Schriftenreihe Niederösterreich 92/93/94, St. Pölten – Wien 1994[4].

R. Noll, Römische Siedlungen und Straßen im Limesgebiet zwischen Inn und Enns (Oberösterreich). Der römische Limes in Österreich 21, 1958.

G. Pascher, Römische Siedlungen und Straßen im Limesgebiet zwischen Enns und Leitha. Der römische Limes in Österreich 19, 1949.

H. Ubl, Tulln, Zeiselmauer, Klosterneuburg. Neue Forschungsergebnisse zu drei Hilfstruppenlagern im norisch-pannonischen Grenzbereich des österreichischen Limesabschnittes. Römisches Österreich 13/14, 1985/86, 293ff.

H. Ubl, Archäologie und Denkmalpflege am Donaulimes in Niederösterreich. Carnuntum Jahrbuch 1989, 1990, 87ff.

H. Ubl, Noricum Ripense und seine Beziehungen zu Norditalien am Beispiel der römischen Armee am Limes Danubicus. In: La Venetia nell´area Padano-Danubiana, Padova 1990, 305ff.;

H. Ubl, Römische Türme am Donaulimes. Ihre Bedeutung und Restaurierung. Sonderheft der Mitteilungen Museumsverein Petronell-Carnuntum Auxiliarkastell 1/ 1995.

O. H. Urban, Wegweiser in die Urgeschichte Österreichs. Wien 1989.

H. Vetters, Aufstieg und Niedergang der Römischen Welt II/6, 1977, 355ff.

Z. Visy, Der römische Limes in Ungarn. Stuttgart 1988.

H. Wolfram, Die Geburt Mitteleuropas. Geschichte Österreichs vor seiner Entstehung 378 – 907 n.Chr. Wien 1987.

ORTSREGISTER

Adiuvense s. Ybbs
Adrianopel s. Edirne
Albing   31, 140, 143, 190, 194
Altheim-Simetsberg   105, 107, 109
Amstetten   104
Ansfelden   94
Aquileia   31, 75, 123, 164, 184
Aquincum s. Budapest
Arelape s. Pöchlarn
Arrabona s. Györ
Aschach   132
Asturis s. Zwentendorf
Athen   134
Au/Rotte Hof **195f.**, 201
Au am Leithagebirge   105
Augsburg   97, 164
Augusta Vindelicum s. Augsburg
Augustianis s. Traismauer

Bacharnsdorf   53, 139, 140, **203f.**
Bad Deutsch-Altenburg s. Carnuntum
Bad Wimsbach   107, 108, 109, 111,
   112
Batavis s. Passau
Bernhardsthal   120
Bisamberg   20
Boiodurum s. Passau
Boiotro s. Passau
Bratislava   20, 21, 123, 276, 277,
   278, 281
Braunsberg   20, 21, 258, **272f.**
Bregenz   97
Brigantium s. Bregenz
Brigetio s. Komarno
Bruck an der Leitha   141, 253
Bruckneudorf   107, 109 111, 141
Budapest   63, 64, 66, 96

Cannabiaca s. Zeiselmauer
Carnuntum   12, 13, 15, 16, 17, 23,
   28, 30, 31, 33, 37, 38, 39, 40, 45,
   47, 49, 51, 57, 61, 63, 64, 66, 69,

79, 87, 96, 98, 99, 101, 102, 104,
   105, 114, 120, 128, 129, 130, 136,
   138, 139, 140, 141, 143, 241, 243,
   250, 253, 254, 256, **258f.**, 277, 293
Cetium s. St. Pölten
Cífer-Pác   123
Comagena s. Tulln

Degendorf   105
Deutschkreuz   70, 77
Devín   21, 22, 24, 120, 258

Eburacum s. York
Edirne   40, 125
Eining-Unterfeld   31
Eisenstadt   27, 107, 109
Emona s. Ljubljana
Engelhartsstetten   120
Engelhartszell   160, 173
Enns   13, 15, 16, 28, 31, 32, 33, 37,
   38, 39, 43, 44, 47, 57, 64, 66, 82,
   100, 101, 102, 104, 130, 132, 136,
   140, 141, 143, 164, **187f.**, 193,
   199, 218, 234
Ernstbrunn   s. Oberleiserberg
Ernsthofen   131

Falkenstein-Burgberg 20
Favianis s. Mautern
Flavia Solva s. Wagna
Freinberg   20, 25, **174f.**, 176, 179,
   180, 181, 182

Georgenberg bei Micheldorf   20
Gerulata s. Rusovce
Göttweig   20, 209
Gründberg   20
Gunskirchen   165, 169
Györ   238

Haardorf   28
Haibach   146, 149, **154f.**, 156, 157

306

ABBILDUNGSNACHWEIS

Umschlaggestaltung: R. Zündel, Wien.
Vorderseite: Vorlage H. Ubl, Bundesdenkmalamt, Wien
Rückseite: Institut f. Ur- und Frühgeschichte, Universität Wien und Österr. Archäolog. Institut, Wien
Kartenbeilage: Ausführung u. Gestaltung Bundesamt f. Eich- u. Vermessungswesen.

Abb. 1: Österr. Archäolog. Institut, Wien
Abb. 2, 3: Institut f. Klass. Archäologie, Universität Wien
Abb. 4: Institut f. Ur- und Frühgeschichte, Universität Wien (Photo G. Sperl)
Abb. 5: Institut f. Numismatik, Universität Wien
Abb. 6: Institut für Ur- und Frühgeschichte, Universität Wien (Gestaltung Chr. Ranseder)
Abb. 7: Burgenländisches Landesmuseum Eisenstadt (K. Kaus)
Abb. 8: S. Jilek, Wien
Abb. 9: G. Becatti, Colonna di Marco Aurelio. Roma 1957.
Abb. 10: Stadtmuseum Wels (R. Miglbauer)
Abb. 11: S. Jilek, Wien
Abb. 12: E. Bormann, Archäolog. epigraph. Mitteilungen aus Österreich-Ungarn 18, 1895, S. 196
Abb. 13: M. Kandler – H. Vetters 1986, S. 122 s. Literaturverzeichnis S. 304
Abb. 14: H. Friesinger – B. Vacha 1987, S. 65 s. Literaturverzeichnis S. 304
Abb. 15: Akademie der Wissenschaften, Forschungsstelle Archäologie, Wien
Abb. 16: K. Lehmann-Hartleben, Die Traianssäule. Berlin–Leipzig 1926
Abb. 17: M. Kandler – H. Vetters 1986, S. 94 s. Literaturverzeichnis S. 304
Abb. 18: Österr. Archäolog. Institut, Wien (H. Stiglitz)
Abb. 19: D. Baatz, Die Wachttürme am Limes. Kleine Schriften zur Kenntnis der römischen Besetzungsgeschichte Südwestdeutschlands 15 (Limesmuseum Aalen 1976), Abb. 25
Abb. 20: Institut f. Klass. Archäologie, Universität Wien
Abb. 21: Linzer Archäologische Forschungen 1, Taf. 34
Abb. 22: Akademie der Wissenschaften, Forschungsstelle Archäologie, Wien
Abb. 23: I. Piso, Die Inschriften vom Pfaffenberg und der Bereich der Canabae legionis. Tyche 6, 1991.
Abb. 24: W. Jobst, Provinzhauptstadt Carnuntum. Wien 1983, S. 99
Abb. 25: Photo Archeo-Prospections
Abb. 26: Institut f. Ur- und Frühgeschichte, Universität Wien (F. Daim – A. Stuppner)
Abb. 27: Stadtmuseum Wels (R. Miglbauer) (Photo W. Rieß)
Abb. 28: G. Kremer, Antike Grabbauten in Noricum. Ungedr. Dissertation Wien 1992, Typentafel
Abb. 29: Museum Carnuntinum, Bad Deutsch-Altenburg (W. Jobst)
Abb. 30: Österr. Archäolog. Institut, Wien

Abb. 31: E. Vorbeck – L. Beckel, Carnuntum. Rom an der Donau. Salzburg 1973
Abb. 32: Österr. Archäolog. Institut, Wien
Abb. 33: Österr. Archäolog. Institut, Wien
Abb. 34: Institut für Alte Geschichte, Universität Wien (Photo E. Weber)
Abb. 35: 1. nach Pollak-Stelzl 1992; 2. nach Melzer o. J. s. Literaturverzeichnis
S. 111–112 (Ausführung: N. Janošević)
Abb. 36: 1. nach Vetters 1952; 2. nach Kubitschek 1926; 3. nach Benda 1989;
s. Literaturverzeichnis S. 111–112 (Ausführung: N. Janošević)
Abb. 37: 1. nach Jobst 1981/82; 2. nach Kubitschek 1926; 3. nach Benda 1989; 4.
nach Heinzl 1994; 5. nach Vetters 1952; 6. nach Kastler 1993/94 s. Literaturver-
zeichnis S. 111–112 (Ausführung: N. Janošević)
Abb. 38: Institut f. Ur- und Frühgeschichte, Universität Wien (Photo G. Gattinger)
Abb. 39: nach J. Tejral, Bericht der Röm. Germ. Kommission 73, 1992, 402, Abb. 16
Abb. 40: Institut f. Ur- und Frühgeschichte, Universität Wien (Photo G. Gattinger)
Abb. 41: nach A. Leube, Siedlungskontinuität und Siedlungsmobilität im 1. bis
5./6. Jh. unserer Zeitrechnung in Nordostdeutschland. Mensch und Umwelt, Ber-
lin 1992, 75, Abb. 2
Abb. 42: nach J. Rajtár, Das Holz-Erde-Lager aus der Zeit der Markomannenkriege
in Iza-Leányvár. Probleme der relativen und absoluten Chronologie ab Latènezeit
bis zum Frühmittelalter, Kraków 1992, 152, Abb. 4 und 7
Abb. 43: Museum Carnuntinum, Bad Deutsch-Altenburg (W. Jobst), (Photo Helm-
reich)
Abb. 44: Prähistorische Staatssammlung, Museum für Vor- und Frühgeschichte,
München (Photo M. Eberlein)
Abb. 45: Stadt- und Bezirksmuseum Tulln (Photoarchiv Schobert)
Abb. 46: Museum Carnuntinum, Bad Deutsch-Altenburg (W. Jobst)
Abb. 47: Institut f. Ur- und Frühgeschichte, Universität Wien (N. Janošević, U. Pietzka)
Abb. 48, 49, 50, 51, 52: Bayerisches Landesamt für Denkmalpflege, nach Archäo-
logischer Plan von Passau in römischer Zeit 1991
Abb. 53: OÖ. Landesmuseum Linz (Chr. Schwanzar)
Abb. 54: Institut f. Ur- und Frühgeschichte, Universität Wien, Luftbildarchiv, freige-
geben durch das BMLV unter der Nr. 13.088139-1.6/96
Abb. 55: nach Schwanzar 1986 s. Literaturverzeichnis S. 164
Abb. 56: nach M. Kandler – H. Vetters 1986, S. 76 s. Literaturverzeichnis S. 304
Abb. 57, 58: Institut f. Ur- und Frühgeschichte, Universität Wien (Ausführung: N.
Janošević, U. Pietzka)
Abb. 59, 60: Stadtmuseum Wels (R. Miglbauer)
Abb. 61: OÖ. Landesmuseum Linz (Chr. Schwanzar)
Abb. 62: O. H. Urban 1994, Abb. 18 s. Literaturverzeichnis S. 180
Abb. 63: O. H. Urban 1994, Abb. 52 unten s. Literaturverzeichnis S. 180
Abb. 64: Institut f. Ur- und Frühgeschichte, Universität Wien (Ausführung: Chr.
Ranseder)
Abb. 65: Institut f. Ur- und Frühgeschichte, Universität Wien (Ausführung: N.
Janošević, U. Pietzka)
Abb. 66, 67: Stadtmuseum Nordico (E. M. Ruprechtsberger)

Abb. 68, 69: Institut f. Ur- und Frühgeschichte, Universität Wien (Ausführung: N. Janošević, U. Pietzka)
Abb. 70, 71: Bundesdenkmalamt, Wien (H. Ubl)
Abb. 72: Institut f. Ur- und Frühgeschichte, Universität Wien (Ausführung: N. Janošević, U. Pietzka)
Abb. 73, 74, 75, 76: Bundesdenkmalamt, Wien (H. Ubl)
Abb. 77, 78, 79, 80: Institut f. Ur- und Frühgeschichte, Universität Wien (Ausführung: N. Janošević, U. Pietzka)
Abb. 81: Institut f. Ur- und Frühgeschichte, Universität Wien, Luftbildarchiv, freigegeben durch das BMLV unter der Nr. 13.088139-1.6/96
Abb. 82: Institut f. Ur- und Frühgeschichte, Universität Wien (Photo G. Gattinger)
Abb. 83, 84, 85, 86: Bundesdenkmalamt, Wien (H. Ubl)
Abb. 87: Institut f. Ur- und Frühgeschichte, Universität Wien (Ausführung: N. Janošević, U. Pietzka)
Abb. 88, 89, 90, 91, 92, 93: Stadtarchäologie Wien (O. Harl)
Abb. 94, 95: Museum Carnuntinum, Bad Deutsch-Altenburg (R. Kastler)
Abb. 96, 97, 98: Österr. Archäolog. Institut, Wien
Abb. 99: W. Jobst, Archäologischer Park Carnuntum, Carnuntum Jahrbuch 1995 (1996), S. 140, Abb. 10
Abb. 100: Österr. Archäolog. Institut, Wien
Abb. 101: Institut f. Ur- und Frühgeschichte, Universität Wien, Luftbildarchiv, freigegeben durch das BMLV unter der Nr. Zl. 13986/30-1-682
Abb. 102: Institut f. Ur- und Frühgeschichte, Universität Wien (Photo G. Gattinger)
Abb. 103,104: Archäologisches Institut, Universität Bratislava (E. Krekovic)
Abb. 105, 106: Institut f. Ur- und Frühgeschichte, Universität Wien
Abb. 107: Archäologisches Institut, Akademie der Wissenschaften, Brno (Umzeichnung: N. Janošević, U. Pietzka)
Abb. 108, 109, 110: Archäologisches Institut, Akademie der Wissenschaften, Brno (J. Tejral)
Abb. 111: nach S. Felgenhauer, Forschungen in Stillfried 1, 1974
Abb. 112: Institut f. Ur- und Frühgeschichte, Universität Wien
Farbtafel 1.1: Institut f. Ur- und Frühgeschichte, Universität Wien (Photo W. Neubauer)
Farbtafel 1.2, 1.3: Institut f. Ur- und Frühgeschichte, Universität Wien
Farbtafel 2.1: H. Stiglitz, Wien
Farbtafel 2.2: Institut f. Numismatik, Universität Wien (Photo C. Kneringer)
Farbtafel 2.3: Akademie der Wissenschaften, Forschungsstelle Archäologie, Wien
Farbtafel 3.1: Österr. Archäolog. Institut, Wien
Farbtafel 3.2, 4: Museum Carnuntinum, Bad Deutsch-Altenburg (W. Jobst)
Farbtafel 5.1: Österr. Archäolog. Institut, Wien (M. Kandler)
Farbtafel 5.2: I. Kainz, Mautern
Farbtafel 6, 7, 8: Bundesdenkmalamt, Wien (H. Ubl)
Farbtafel 9.1: Tourismusverband Bruck-Neudorf
Farbtafel 9.2: Österr. Archäolog. Institut, Wien
Farbtafel 10: Tourismusverband Bruck-Neudorf
Farbtafel 11.1, 11.2, 12: Institut f. Ur- und Frühgeschichte, Universität Wien

Farbtafel 13.1: Museum Carnuntinum, Bad Deutsch-Altenburg (W. Jobst), (Aufnahme: Photo Helmreich)
Farbtafel 13.2: Institut für Klassische Archäologie, Universität Wien (Aufnahme: Photo Baumgartner)
Farbtafel 14.1, 14.2, 15: Museum Carnuntinum, Bad Deutsch-Altenburg (W. Jobst)
Farbtafel 16: Stadtmuseum Nordico (E. M. Ruprechtsberger)
Farbtafel 17, 18, 19.1, 19.2, 20.1, 20.2: Bundesdenkmalamt, Wien (H. Ubl)
Farbtafel 21: Museum Carnuntinum, Bad Deutsch-Altenburg (W. Jobst)
Farbtafel 22.1: Bundesdenkmalamt, Wien (H. Ubl)
Farbtafel 22.2, 22.3: Akademie der Wissenschaften, Forschungsstelle Archäologie, Wien (Photos C. Kneringer)
Farbtafel 23.1: Bundesdenkmalamt, Wien (H. Ubl)
Farbtafel 23.2: Akademie der Wissenschaften, Forschungsstelle Archäologie, Wien (Photo C. Kneringer)
Farbtafel 24, 25, 26.1, 26.2: Österr. Archäolog. Institut, Wien
Farbtafel 27.1: Institut f. Ur- und Frühgeschichte, Universität Wien
Farbtafel 27.2: Österr. Archäolog. Institut, Wien
Farbtafel 28: Museum Carnuntinum, Bad Deutsch-Altenburg (W. Jobst)
Farbtafel 29: Museum Carnuntinum, Bad Deutsch-Altenburg (R. Kastler)
Farbtafel 30.1: Österr. Archäolog. Institut, Wien
Farbtafel, 30.2: Institut f. Ur- und Frühgeschichte, Universität Wien (Photo G. Gattinger)
Farbtafel 30.3, 30.4: Institut f. Ur- und Frühgeschichte, Universität Wien (G. Gattinger)
Farbtafel 31.1, 31.2: Institut f. Ur- und Frühgeschichte, Universität Wien, Luftbildarchiv, freigegeben durch das BMLV unter der Nr. 13.088139-1.6/96
Farbtafel 32.1, 32.2, 32.3: Institut f. Ur- und Frühgeschichte, Universität Wien